中国专利侵权诉讼实务（第2版）

华诚律师事务所
华诚知识产权代理有限公司 ◎编著

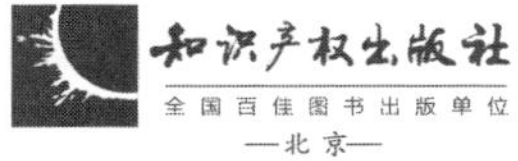

图书在版编目（CIP）数据

中国专利侵权诉讼实务/华诚律师事务所，华诚知识产权代理有限公司编著．—2 版．北京：知识产权出版社，2025.1．—ISBN 978-7-5130-9716-1

Ⅰ．D923.424

中国国家版本馆 CIP 数据核字第 2024PM0535 号

内容提要

本书较为完整地介绍了我国专利保护的司法途径和行政途径，内容涵盖了两种保护途径的程序和实体审理规则，并且注重实务的介绍，尤其是涉及证据准备、专利权有效性分析和侵权分析等的诉前准备、诉中程序，以及专利权无效宣告等重要环节。除基于最新的法律条文进行解释外，还针对热门法律理论和实务问题选择了大量典型案例配合说明，使本书更具实用性，适合企事业单位的法务工作者、律师、专利代理师及知识产权相关从业人员参考和学习。

责任编辑：卢海鹰　王瑞璞　　**责任校对**：谷　洋

封面设计：杨杨工作室·张　冀　　**责任印制**：刘译文

中国专利侵权诉讼实务（第 2 版）

华诚律师事务所　华诚知识产权代理有限公司　编著

出版发行：知识产权出版社有限责任公司　　**网　址**：http://www.ipph.cn

社　址：北京市海淀区气象路 50 号院　　**邮　编**：100081

责编电话：010-82000860 转 8116　　**责编邮箱**：wangruipu@cnipr.com

发行电话：010-82000860 转 8101/8102　　**发行传真**：010-82000893/82005070/82000270

印　刷：三河市国英印务有限公司　　**经　销**：新华书店、各大网上书店及相关专业书店

开　本：720mm×1000mm　1/16　　**印　张**：29.25

版　次：2025 年 1 月第 1 版　　**印　次**：2025 年 1 月第 1 次印刷

字　数：540 千字　　**定　价**：168.00 元

ISBN 978-7-5130-9716-1

编 委 会

主　编　徐申民

编　委　（按姓氏笔画排序）

汤国华　杨　煜　肖　华

张黎明　徐颖聪　黄剑国

编委会简介

徐申民　律师　专利代理师

现任中华全国专利代理师协会和中国知识产权研究会的常务理事，上海仲裁委员会仲裁员，是华诚律师事务所和华诚知识产权代理有限公司的创始人之一。1980—1984 年曾任职于中国专利局（现国家知识产权局），是中国第一批专利代理师和律师。

从业 40 余年，代理了大量中外机械与电子领域的专利申请案件和数百件中外商标权、著作权和专利权的侵权诉讼、许可合同纠纷等知识产权诉讼案件。曾代理中国第一起日本公司诉中国公司以及中国第一起外国公司间的专利侵权诉讼案件。

熟悉知识产权法律，尤其是工业产权相关法律，公开发表学术论文十余篇。

汤国华　专利代理师

2004 年加入华诚律师事务所，曾任华诚律师事务所化学代理部主管，现任华诚知识产权代理有限公司副总经理。

汤国华先生主要从事化学领域，如高分子材料、无机材料、有机化学和医药的专利申请、专利分析和专利无效，以及专利行政和侵权诉讼的代理，曾成功代理多家知名国有企业和外国企业的专利无效案件。

2023—2024 年，汤国华连续入选权威评级机构 Chambers and Partners 知识产权非诉领域个人榜单。

杨煜　律师　专利代理师

清华大学工学学士和民商法硕士。2000—2011 年，杨煜律师在上海市中级人民法院和上海市高级人民法院担任法官，从事知识产权审判工作，其主审的五起案件入选最高人民法院公报。

2012 年后，杨煜律师担任某法律科技有限公司副总经理，负责法律产品研发、制定战略合作方案和公司的法律事务。其负责研发的产品主要包括法律数据库、基于裁判文书的实证分析，以及基于人工智能在法律领域的探索而研发的法律科技产品。

杨煜律师于 2019 年加入华诚律师事务所，主要从事知识产权领域的诉讼及法律服务。杨煜律师结合长期从事知识产权司法审判过程中积累的丰富经验和公司运营的经验，代理不少疑难诉讼案件。

肖华　律师　专利代理师

物理学博士，曾任华诚律师事务所电学代理部主管，现任华诚知识产权代理有限公司总经理。

肖华博士在攻读博士学位期间，以第一作者身份在 SCI 收录期刊发表数篇学术论文。2008 年加入华诚以来，一直从事机电领域的专利申请和侵权诉讼等方面的工作，代理了大量涉及通信、计算机、光学、电学、机械等技术领域的专利申请和侵权诉讼案件，应对专利无效案件和侵权诉讼案件等方面成绩斐然。其曾作为技术鉴定专家多次参与专利侵权诉讼案件的司法鉴定工作，其参与司法鉴定的多起案件，因鉴定报告在案件审理过程中对确认事实发挥了重要作用，其中一件亦被最高人民法院评为年度十大知识产权典型案例。

2021—2023 年，肖华博士连续荣登权威评级机构 IAM Patent 1000 专利申请领域个人榜单。

张黎明　律师　专利代理师

工学学士和法律硕士，现任华诚知识产权代理有限公司副总经理。

张黎明律师 2001 年加入华诚律师事务所，长期从事专利、商标的申请代理和侵权诉讼业务，擅长提供解决知识产权纠纷的综合性法律意见和方案。其代理的案件曾入选中国国家知识产权局评选的 2004 年度“中国知识产权十大典型案件”、英国 *Manage IP* 评选的 2012 年度“全球十大知识产权案件”、北京知识产权法院评选的 2017 年度典型案例、中华商标协会 2018 年度评选的典型案例。

张黎明律师是最高人民检察院聘任的“民事行政检察专家咨询网”专家，同时也是上海市商标品牌协会副会长、上海市律师协会知识产权专业委员会委员、中国法学会会员；首批入选“司法部全国千名涉外律师人才”、“上海涉外法律人才库”和“上海知识产权海外纠纷应对指导专家”。

徐颖聪　专利代理师

工学学士和商法硕士，司法鉴定人和技术经纪人，现任华诚知识产权代理有限公司副总经理。

徐颖聪先生曾在世界500强圣戈班上海研发中心以及中国科学院上海国家技术转移中心从事知识产权管理工作，具有较丰富的企业知识产权管理经验。2014年加入华诚律师事务所后，曾被派遣至美国知识产权律师事务所工作和研修。除代理专利申请、商标注册和著作权登记，以及专利侵权诉讼外，其还从事知识产权海关备案和保护，知识产权许可、转移转化等方面的业务，擅长于专利检索以及专利数据库建设和专利侵权分析。

徐颖聪先生于2021—2023年连续荣登IAM Patent 1000专利申请领域个人榜单。

黄剑国　律师

现任上海市知识产权局法律顾问。

黄剑国律师专注于知识产权争议解决业务，擅长处理各类专利纠纷和诉讼。自2002年加入华诚以来，已先后为数百家国内外企业提供了法律咨询和诉讼代理服务，其中不乏全球顶尖的跨国公司、世界500强企业。其代理的案件曾入选最高人民法院评选的年度典型案例、江苏法院知识产权司法保护年度十大案例、上海知识产权法院年度典型案例。

黄剑国律师发表过大量有关专利侵权方面的文章，其撰写的《专利法中功能性技术特征的解释规则探讨》一文被评选为第十四届华东律师论坛优秀论文。

黄剑国律师入选“上海市涉外律师人才库”和“上海知识产权海外纠纷应对指导专家名录”，荣登知产力第二届中国优秀知识产权律师榜TOP 50榜单，荣获“上海市知识产权服务领域杰出人物”。2023—2024年连续荣登IAM Patent 1000专利诉讼领域个人榜单。

再版说明

本书前版一经面世便受到了广泛关注，许多来自海内外的读者通过各种渠道表达了对本书的肯定，也分享了他们的阅读体验和进一步的期待。对读者的宝贵反馈和热情支持，在此，我们向所有读者表示衷心的感谢。读者的支持和认可，是我们不断更新补充和完善本书内容的动力。

一、再版背景

自 2017 年第一版《中国专利侵权诉讼实务》出版以来，与专利制度相关的法律法规有了较大的调整和修改：《专利法》进行了第四次修改，此次修改对专利法的多个重要方面进行了调整和完善，旨在进一步提升我国的专利保护力度，优化专利审查和诉讼程序，促进技术创新与经济发展，相应地，《专利法实施细则》《专利审查指南》也作了适应性修改；《民法典》于 2021 年 1 月 1 日起正式实施，该法整合了此前《民法通则》《民法总则》《合同法》《侵权责任法》等法律的内容，并对相关制度作了进一步的修改和完善；《民事诉讼法》《行政诉讼法》分别作了修正，以更好地保障当事人司法救济路径的实现。针对上述法律的修改，最高人民法院出台了有关知识产权的惩罚性赔偿、行为保全、民事诉讼证据等制度的司法解释，对既有的相关司法解释也作了相应的更新。为保证本书内容的前沿性和实用性，在此次再版中，我们对本书的内容进行了全面的修订和更新，以确保读者能够及时掌握最新的法律动态和实务操作要点。

随着上述法律法规的修改，还涌现出了一系列具有重要影响力的新案例。这些案例不仅涵盖了传统的制造业领域，还涉及生物医药、通信等新兴技术领域。这些案例也代表了司法审判的一些新动向，如惩罚性赔偿、性能参数专利的保护、等同侵权的判断等。向读者介绍这些审判新动向，是本书再版的目的之一。

在这一再版中，我们根据读者的建议和最新的研究成果，增加了对新修改的法律条文的解读，对诉讼程序的介绍采用了更贴合实际的解读逻辑，并引入了一系列业内广受关注的案例分析，以期为读者提供更为深入和实用的视角，在法律学习或实务工作中发挥更大的作用。

二、再版修订与调整

基于上述法律法规修改，我们对本书进行了以下几个方面的修订和调整。

1. 法律条文的更新

对涉及专利法具体条文的内容进行了全面更新，确保书中的法律依据与现行法律一致。

2. 针对新专利法实施的具体实务问题的优化

针对新专利法实施后在专利侵权诉讼中的具体操作问题进行了详细梳理，提供了最新的案例分析和操作指南。例如，新增了关于惩罚性赔偿的适用条件和计算方法的详细介绍，标准必要专利许可纠纷处理的实务建议，以及GUI外观设计专利侵权案件审理趋向的解读。

3. 对涉及诉讼程序的章节的重新布局

按照诉讼准备的逻辑和流程，对我国专利侵权诉讼的处理程序的说明进行了优化。在诉前准备的部分，对证据准备、侵权行为分析、专利有效性分析、专利侵权分析、损害赔偿计算、警告信的介绍以及诉讼代理的说明进行了系统的说明，更加贴合专利侵权诉讼实务。对于诉讼保全这一重要的程序，单独成章进行系统的说明，分别从行为保全、财产保全和证据保全三个方面进行了介绍。

4. 案例分析的补充

增加了近几年发生的典型专利侵权诉讼案例，通过案例解析帮助读者更好地理解新专利法的适用和影响。这些案例涵盖了多个行业和技术领域，具有较强的代表性和参考价值。

5. 流程图和表格的更新

对涉及专利申请、审查、复审、无效宣告和侵权诉讼的流程图和表格进行了重新绘制和更新，力求直观、清晰地展示最新的法律程序和实务操作步骤。

三、结　语

本书的再版不仅是对专利法第四次修正的回应，更是对专利侵权诉讼实务操作的一次全面升级。希望本书能为广大专利权人、律师、企业法务和知识产权从业人员提供有价值的参考，帮助大家更好地应对专利侵权诉讼中的各种挑战，维护自身的合法权益，促进技术创新和产业发展。

感谢所有读者对本书的支持和关注，希望本书的再版能继续为大家提供有益的指导和帮助。并且，我们深知，没有读者的参与和反馈，本书的完善是不可能的。因此，我们诚挚地邀请您继续与我们分享您的想法和见解。您的每一条建议都将被认真考虑，并可能影响本书的未来发展。

最后，我们希望这一版能够继续得到您的喜爱，并期待与您一同见证本书的成长与进步。

再次感谢！

第 2 版前言

专利侵权诉讼属民事诉讼范畴，但是由于存在请求宣告专利权无效程序，一件普通的专利侵权诉讼往往会引起专利权无效宣告的行政审查和要求撤销该无效宣告审查决定的行政诉讼，因此，专利侵权诉讼的特点是民事诉讼通常会引发行政审查和行政诉讼，而行政审查和行政诉讼的结果对专利侵权民事诉讼有决定性的影响。

另外，中国专利制度对专利权提供司法保护和行政保护双轨制的救济措施，即专利权人除可对专利侵权行为向人民法院提起侵权诉讼外，也可以向地方知识产权局寻求行政保护；对地方知识产权局作出的调处决定不服的，当事人可以向人民法院提起要求撤销该决定的行政诉讼。

显然，专利侵权诉讼可能涉及的程序不仅仅是民事诉讼程序，还将涉及行政审查程序和行政诉讼程序，一件普通的专利侵权案件走完所有程序历时 3—4 年或者更长也不足为奇。因此，专利侵权诉讼可以说是所有诉讼中最为复杂的诉讼之一。

为了能较为完整和系统地向读者介绍专利司法保护和行政保护程序，本书从诉讼前的准备、专利侵权的民事诉讼、地方知识产权局的行政保护、专利权无效宣告和海关知识产权保护涉及的专利侵权处理等五个方面展开。

本书第二章的“诉前准备”，从证据的准备、侵犯专利权行为分析、专利权有效性分析、专利侵权分析、损害赔偿、警告信、专利侵权诉讼代理等多方面，对提起专利侵权诉讼前的准备工作作了详细的介绍。

针对专利侵权中重要的民事诉讼程序，本书第三章至第七章，分别介绍了诉讼保全、第一审程序、第二审程序、民事再审程序及执行程序，向读者完整地展现了详细的专利侵权诉讼的流程及特点。

并且，为便于读者了解被诉侵权后被告可以采取的应对之道，本书在第四章“第一审程序”中也介绍了被告被诉侵权后可采取的多种抗辩方法和策略。

地方知识产权局的专利行政保护，是具有中国特色的专利保护制度的一部分。本书第九章“专利行政保护和行政诉讼”介绍了地方知识产权局开展行政调处的程序和具体操作方法，包括专利侵权行政处理、专利侵权纠纷调解、专利侵权行政诉讼等程序，为专利权的保护提供了另一种选择。

专利无效宣告请求是被控专利侵权时被告的重要抗辩手段。本书第十章“专利无效宣告请求和审理”介绍了包括无效宣告请求、审理、无效决定以及对无效决定提起行政诉讼等在内的专利无效宣告的具体程序以及要点，并介绍了发明专利、实用新型专利和外观设计专利常见的无效宣告理由，为专利权人制定应对专利无效宣告请求的策略以及被告应对专利侵权诉讼的方法提供了参考。

知识产权海关保护是世界贸易组织法律制度中关于知识产权保护的一项极为重要的法律措施。本书第十一章“知识产权海关保护”介绍了中国知识产权海关保护的制度沿革，以及知识产权海关保护的申请和保护措施，并以流程图的方式辅以说明，为中国进出口国际贸易中涉及的知识产权保驾护航。

为便于读者了解与专利侵权诉讼有关的法律法规的规定及其适用，作者写作时注意结合一些较有典型代表意义的案例和以往的经验进行论述。

本书写作过程中，时语若对本书稿的准备和修改作了大量工作，在此，致以诚挚的谢意。

本书的目标读者主要是专利纠纷当事人以及初次参加专利权侵权诉讼活动的律师和专利代理师，希望本书能具有专利侵权诉讼手册那样的效果，为当事人以及代理律师和专利代理师提供应对思路和方法，妥当解决专利纠纷。

作　者

2024 年 8 月

第 1 版前言

专利侵权诉讼属民事诉讼范畴，但是由于宣告请求专利权无效的原因，一件普通的专利侵权诉讼往往会引起专利权无效宣告的行政审查和要求撤销该无效宣告审查决定的行政诉讼，因此，专利侵权诉讼的特点是民事诉讼通常会引发行政审查和行政诉讼，而行政审查和行政诉讼的结果对专利侵权民事诉讼有决定性的影响。

另外，中国专利制度对专利侵权行为提供司法保护和行政保护双轨制的救济措施，即专利权人除可对专利侵权行为提起侵权诉讼外，也可以向地方知识产权局寻求行政保护；对地方知识产权局作出的调处决定不服的，当事人可以提起要求撤销该决定的行政诉讼。

显然，专利侵权诉讼可能涉及的程序不仅仅是《民事诉讼法》，还将涉及行政审理程序和《行政诉讼法》，一件普通的专利侵权案件走完所有程序历时 3 ~4 年或者更长也不足为奇。因此，专利侵权诉讼可以说是所有诉讼中程序最为复杂的诉讼。

为了能较为完整和系统地向读者介绍专利司法和行政保护的程序，本书从诉讼前的准备、专利侵权的民事诉讼、地方知识产权局的行政保护、专利权无效宣告和海关知识产权保护涉及的专利侵权处理等五个方面展开；并且按诉讼的进展，分别说明专利侵权民事诉讼程序中的第一审程序、第二审程序以及再审程序和强制执行程序。

本书在第二章“诉前准备”，从证据的准备、专利权有效性分析、专利侵权分析、诉讼时效、警告信、诉讼管辖、专利侵权诉讼代理、诉前禁令、损害赔偿、财产保全、证据保全以及标准专利等多方面对提起专利侵权诉讼前的准备工作作了详细的介绍。

针对专利侵权中最为重要的民事诉讼程序，本书第三章至第六章从民事诉讼的起诉开始，贯穿了第一审审理和判决，第二审的上诉、审理和判决，申请再审，再审审理和判决，以及强制执行的申请和执行，包括其中的预备庭、司法鉴定、调解和和解等程序，向读者完整地展现了详细的专利侵权诉讼流程。

并且，为便于读者了解被诉侵权后被告可以采取的应对之道，本书在第三章“第一审程序”中也介绍了被告被诉侵权后可采取的多种抗辩方法和策略。

地方知识产权局的专利行政保护，是最具中国特色的专利保护制度的一部分。本书第七章“专利权行政保护和行政诉讼”，介绍了地方知识产权局开展行政调处的程序和具体操作方法，包括专利侵权行政处理、专利侵权纠纷调解、专利侵权行政诉讼等程序，为专利权的保护提供了另一种选择。

专利无效宣告是被控专利侵权时被告的重要抗辩手段。本书第八章“专利无效宣告请求审理”，介绍了包括无效宣告请求、审理、无效决定以及对无效决定提起的行政诉讼等在内的专利无效宣告的具体程序，并介绍了发明专利、实用新型专利和外观设计专利常见的无效理由，为专利权人应对专利无效宣告请求以及被告应对专利侵权诉讼的策略提供了参考。

知识产权海关保护是世界贸易组织法律制度中关于知识产权保护的一项极为重要的法律措施。本书第九章“知识产权海关保护”，介绍了中国知识产权海关保护的制度沿革，以及知识产权海关保护的申请和保护措施，并以流程图的方式辅以说明，为中国进出口国际贸易中涉及的知识产权保驾护航。

为便于读者了解与专利侵权诉讼有关的法律法规的规定及其适用，作者写作时注意结合一些较有典型代表意义的案例和以往的经验进行论述。

本书写作过程中，证据的准备、外观设计的有效性分析和侵权分析，以及标准专利等内容分别由**徐颖聪**、**张黎明**和**黄剑国**协助撰写，对他们的帮助深表感谢。另外，还要向在本书稿的准备和修改中做了大量工作的潘琦和黄玉洁同学致以诚挚的谢意。

本书的目标读者主要是专利纠纷当事人以及初次参加专利权侵权诉讼的律师和专利代理人，希望本书能具有专利侵权诉讼手册那样的效果，为当事人以及代理律师和专利代理人提供应对思路和方法，妥当解决专利纠纷困扰。

作　者

2017 年 4 月

目　录

第一章　中国专利保护制度概论

中国的专利制度包括专利权的授予、专利的实施和专利的保护三个基本方面。《专利法》[1] 第一条[2]明确了实施专利制度的重大目的，即保护专利权人的合法权益，鼓励发明创造，推动发明创造的应用，提高创新能力，促进科学技术进步和经济社会发展，其中以保护专利权人的合法权益为《专利法》的首要任务。

中国的法律体系主要由多个不同层级的法律规范构成，依效力层级由上至下依次为宪法、法律、行政法规和地方性法规、自治条例和单行条例及规章。

专利侵权诉讼涉及众多法律、法规和司法解释，还包括人民法院公布的指导案例。了解法律、法规、司法解释间的关系和指导案例的作用，对制定专利侵权诉讼策略和参与专利侵权诉讼具有重大的意义。

本章的主要内容包括中国专利侵权诉讼相关现状的介绍和分析，以及中国专利侵权诉讼的审判制度及所适用的法律、法规和司法解释等内容的说明。

第一节　中国专利侵权诉讼现状

自 1985 年 4 月 1 日《专利法》正式实施以来，随着中国经济的发展、科学技术的进步和技术研发能力的提高以及专利保护意识的增强，专利申请量呈现逐年上升的趋势。尤其是在 2000 年《专利法》第二次修改以及 2001 年中国加入世界贸易组织（World Trade Organization，WTO）后，中国的专利申请量大幅度上升。

《专利法》规定的专利分为三类，即发明专利、实用新型专利和外观设计专利。根据国家知识产权局统计公报的数据，在 1985 年《专利法》实施的当

[1] 为便于读者阅读，本书中相关法律文件名称中的“中华人民共和国”均予以删除。

[2] 《专利法》第一条规定：“为了保护专利权人的合法权益，鼓励发明创造，推动发明创造的应用，提高创新能力，促进科学技术进步和经济社会发展，制定本法。”

年，中国专利局（1998 年更名为国家知识产权局）仅受理国内外专利申请共计 14 372 件，其中发明专利申请 8 558 件，实用新型专利申请 5 174 件，外观设计专利申请 640 件。2000 年，国内外专利申请达到 170 682 件，其中发明专利申请 51 747 件，实用新型专利申请 68 815 件，外观设计专利申请 50 120 件。2016 年国内外专利申请已达 3 464 824 件，其中发明专利申请 1 338 503 件，实用新型专利 1 475 977 件，外观设计专利 650 344 件。[1]

随着中国专利申请量的增加，中国的专利授权量也在不断增加。根据国家知识产权局的统计数据，截至 2016 年，中国已累计授权发明专利 2 315 412 件，实用新型专利 5 872 858 件，外观设计专利 401 310 件。2017—2021 年这 5 年间，我国累计的授权发明专利已经相较于中国专利法诞生以来的前 30 年实现总量翻番，达到了 4 250 312 件。实用新型专利更是翻了两番，达到了 14 426 329 件。外观设计专利的授权数量达到 4 412 066 件。对于单年度的专利授权量而言，近年来发明专利的授权量每年攀升。2023 年年度授权发明专利数量为 920 797 件，相较于 2022 年年度授权的发明专利数量为 798 347 件，增加了 15. 3%；相较于 2021 年年度授权的发明专利数量为 695 946 件，则增加了 32. 3%。然而，近 3 年来，实用新型和外观设计的授权量持续降低。2023 年年度授权实用新型专利 2 090 331 件，相较于 2022 年年度授权的实用新型专利数量为 2 804 155 件，降低了 25. 5%；相较于 2021 年年度授权的实用新型专利数量为 3 119 990 件，则降低了 33. 0%。2023 年年度授权外观设计专利 637 994 件，相较于 2022 年年度授权的外观设计数量为 720 907 件，降低了 11. 5%；相较于 2021 年年度授权的外观设计专利数量为 785 521 件，则降低了 18. 8%。

从专利申请和专利授权的地区分布来看，江苏、广东、北京、浙江、上海等省市近年来一直稳定居于前列。

随着大量的专利申请和专利授权而来的是专利侵权诉讼案件越来越多，并且专利侵权案件的疑难和复杂程度也在不断上升。2008 年《专利法》第三次修改时，全国人民法院年新收专利案件已逾 4 000 件；据《中国法院知识产权司法保护状况（2015 年）》的记载，2015 年全国人民法院接收专利和技术合同民事一审案件共计 13 087 件，而且在各类知识产权诉讼中，专利和技术类案件增长较快，涉及尖端、前沿的疑难复杂案件不断增多。根据 2016 年最高人民法院发布的《中国法院知识产权司法保护状况（2016 年）》，其中虽然没有记载专利侵权诉讼案件的收案情况，但提到知识产权案件总体数量持续增长，知识产权

[1] 国家知识产权局. 知识产权统计数据公开查询指引（2024 版）[EB/OL].（2024 - 11 - 26）[2024 - 12 - 07]. https://www.cnipa.gov.cn/art/2024/11/26/art_88_196286.html.

案件的审理难度日益增大，尤其突出的是很多知识产权案件涉及复杂技术事实的认定、巨额利益的分配，以及社会公共利益、国家利益与知识产权权利人的利益平衡等问题。随着中国市场经济的发展和创新驱动发展战略的实施，涉及复杂技术事实认定的技术类侵权案件，特别是涉及通信、制药等尖端技术的专利侵权纠纷案件、专利无效行政纠纷案件，以及新技术合作开发和技术成果应用的技术合同纠纷等案件将不断增加。据 2021 年最高人民法院披露的相关数据，我国各级法院受理的知识产权案件呈现了新的特点。首先，随着我国近 10 年来互联网行业的高速发展，网络成为知识产权侵权违法行为的最主要发生地之一，从而，涉互联网案件持续增加。其次，新技术新业态新模式蓬勃发展，为经济社会发展注入新动能的同时，也带来了很多新的法律问题以及新类型的纠纷。涉及互联网核心技术、基因技术、信息通信、集成电路、人工智能及平台经济等方面的知识产权案件日益增多，复杂技术事实认定和法律适用难度加大，新领域新业态知识产权保护的权利边界、责任认定给司法裁判提出新挑战。同专利侵权诉讼的状况相类似，专利行政执法的案件数量也在不断上升。根据国家知识产权局发布的《中国知识产权保护状况》年度白皮书：1998 年，中国专利局改制为国家知识产权局，当年各地方知识产权局共受理专利纠纷案件 612 件，其中专利侵权纠纷案件 544 件，占受理案件的 88. 9%；2000 年，《专利法》第二次修正扩大了专利行政管理机关的权限，当年各地方知识产权局共受理专利纠纷案件 802 件，其中专利侵权纠纷案件 722 件，占受理案件的 90. 0%；2008 年，《专利法》第三次修正进一步扩大了专利行政管理机关的权限，当年各地方知识产权局共受理专利纠纷案件 1 786 件，其中专利侵权纠纷案件 1 092 件，假冒专利案件 660 件。而根据 2016 年国家知识产权局主要工作统计数据及有关情况新闻发布会发布的数据，2016 年全国专利行政执法办案总量达 48 916 件，同比增长 36. 5%，其中专利纠纷案件首次突破 2 万件，达到 20 859 件（其中专利侵权纠纷案件 20 351 件），假冒专利案件则达到 28 057 件；从区域分布来看，华东和华中地区的专利行政执法办案量最多，西南和东北地区的办案量增长最快，例如，浙江、广东和江苏的专利侵权纠纷案件办案量均超过 1 000 件，辽宁、湖北、安徽、河南、四川、湖南、河北、海南和宁夏九个省区的专利侵权纠纷办案量的增幅均超过 100%。2017 年，国家机构改革，各地专利行政管理机关归入当地市场监督管理部门管理以来，专利行政保护的措施和手段持续加强，并有一系列的措施出台，以强化对知识产权的保护。2021 年全年共查处的知识产权案件已超过 12 万件，涉及专利纠纷的案件约占其中一半，约为 5 万件。2023 年全国各级知识产权管理部门共办理专利侵权纠纷行政案件 6. 80

万件，相较于2022年的案件量增长18.8%。并且，专利行政执法的工作还得到全国各地法院、检察院、公安机关等多部门的配合，形成了逐渐完善的执法网络。

第二节　中国的专利保护体制

中国的专利保护体制极具中国特色，包括司法保护和行政保护。行政保护除各地方知识产权局进行的专利保护外，还包括知识产权海关保护。

中国实行司法保护与行政保护并行的机制，针对专利侵权纠纷，专利权人或利害关系人既可以向人民法院起诉，也可以请求管理专利工作的部门处理。

针对边境进出口货物中涉及的知识产权侵权案件，中国海关依法实施知识产权海关保护，可以实施查封、扣押和没收等行政手段，禁止知识产权侵权货物的进出口。

一、人民法院

（一）组织结构

人民法院为实施专利司法保护的主体。

我国人民法院分为四级：最高人民法院、高级人民法院、中级人民法院和基层人民法院。此外，还有军事法院和海事法院、知识产权法院、金融法院等专门人民法院。人民法院主要依照《人民法院组织法》的规定组织、运行。

最高人民法院设于北京，是中国最高审判机关。最高人民法院审理下列案件：

（1）法律规定由它管辖和它认为应当由自己管辖的第一审案件；

（2）对高级人民法院、专门人民法院判决和裁定的上诉、抗诉案件；

（3）按照全国人民代表大会常务委员会的规定提起的上诉、抗诉案件；

（4）按照审判监督程序提起的再审案件；

（5）高级人民法院报情核准的死刑案件。

高级人民法院设于省、自治区、直辖市，是省一级的最高审判机关。高级人民法院审理下列案件：

（1）法律规定由它管辖的第一审案件；

（2）下级人民法院报请审理的第一审案件；

（3）最高人民法院指定管辖的第一审案件；

（4）对中级人民法院判决和裁定的上诉、抗诉案件；

（5）按照审判监督程序提起的再审案件；

（6）中级人民法院报请复核的死刑案件。

中级人民法院设置于省、自治区内的地区、设区的市、自治州以及直辖市。中级人民法院审理下列案件：

（1）法律规定由它管辖的第一审案件；

（2）基层人民法院报请审理的第一审案件；

（3）上级人民法院指定管辖的第一审案件；

（4）对基层人民法院判决和裁定的上诉、抗诉案件；

（5）按照审判监督程序提起的再审案件。

中级人民法院对它所受理的刑事和民事案件，认为案情重大应当由上级人民法院审理的，可以请求移送上级人民法院，即其对应的高级人民法院审理。

基层人民法院设置于县、县级市、自治县以及市辖区。基层人民法院审理刑事和民事的第一审案件，但是法律另有规定的案件除外。基层人民法院对它所受理的刑事和民事案件，认为案情重大应当由上级人民法院审理的，可以请求移送上级人民法院，即其对应的中级人民法院审理。

专利侵权一审案件，由知识产权法院，省、自治区、直辖市人民政府所在地的中级人民法院和最高人民法院确定的中级人民法院管辖；损害赔偿请求额特别高、新类型、疑难复杂或具有法律适用指导意义的重大案件的第一审案件，也可由有管辖权的高级人民法院审理。

（二）知识产权法院和知识产权法庭的现状

1. 知识产权法院

为了进一步提高审判效率和质量，提升知识产权保护的整体水平，在法院体系中成立专门的知识产权法院的需求日益迫切。2014 年 8 月 31 日，第十二届全国人民代表大会常务委员会第十次会议表决通过《全国人民代表大会常务委员会关于在北京、上海、广州设立知识产权法院的决定》，决定在北京、上海和广州这三个地区建立知识产权法院。

设立知识产权法院的目的是，统一我国知识产权司法标准，整合我国知识产权司法资源，提高我国知识产权司法效率，并有效克服保护主义和从根本上理顺知识产权民事、行政与刑事审判的体制与机制，顺应国际知识产权司法保护的发展潮流和通行经验以及加强知识产权运用和保护。

选择北京、上海和广州这三个地区建立知识产权法院，除这三个地区的人民法院审判知识产权案件的经验丰富、审判能力强，还因为这三个地区的知识产权案件分别代表了中国各地知识产权案件审理的情况。

由于北京辖区内设有国家知识产权局、国家知识产权局商标局、国家版权局等国家职能机关，有大量与这些机关作出的决定有关的行政诉讼案件；虽然上海与天津、重庆同为直辖市，但其作为国际经济、金融、贸易及航运中心，更具有代表性；广州作为中国经济最具活力的广东省的省政府所在地，与中国其他省和自治区的行政设置情况相同，具有代表性。

北京知识产权法院下设立案庭、审判一庭、审判二庭、审判三庭、审判四庭、审监庭、技术调查室、综合办公室和司法警察支队等九个机构。

上海知识产权法院目前与上海市第三中级人民法院合署办公，下设审判一庭、审判二庭和技术调查室三个机构，其余立案、执行及综合管理等事务均由上海市第三中级人民法院承担。

广州知识产权法院下设立案庭、专利审判庭、著作权审判庭、商标及不正当竞争审判庭、综合办公室、技术调查室和司法警察支队七个机构。

关于知识产权法院法官的任免，知识产权法院的院长由所在地的市人民代表大会常务委员会主任会议提请本级人民代表大会常务委员会任免；副院长、庭长、审判员和审判委员会委员由本院院长提请所在地的市人民代表大会常务委员会任免；最高人民法院将对三地的知识产权法官选任标准提出指导性意见。

2020 年 12 月，我国知识产权法院的行列中增加了一个新的成员。2020 年 12 月 31 日海南自由贸易港知识产权法院正式挂牌成立，成为中国第四家知识产权法院，同时也是作为中国（海南）自由贸易试验区建设配套的重要举措之一。知识产权法院第一审案件的管辖权如下：

（1）所在省（直辖市）辖区内的涉及专利、植物新品种、集成电路布图设计、技术秘密、计算机软件、涉及驰名商标认定和垄断纠纷等七类民事和行政案件。

（2）北京知识产权法院还管辖，因不服国务院行政部门（国家知识产权局专利局复审和无效审理部、国家知识产权局商标局、国家版权局）裁定或者决定而提起的第一审知识产权授权确权行政案件。

（3）知识产权法院所在市的基层人民法院对其所管辖的第一审知识产权案件，认为需要由知识产权法院审理的，可以报请知识产权法院审理。

（4）知识产权法院对所在市的基层人民法院管辖的重大涉外或者有重大影响的第一审知识产权案件，可以根据《民事诉讼法》第三十八条和第三十九条的规定提级审理。

知识产权法院所在地的高级人民法院审理知识产权法院第一审判决、裁定的上诉案件。

知识产权法院所在省（直辖市）内的第一审知识产权民事案件，除法律和司法解释规定应由知识产权法院管辖外，由基层人民法院管辖，不受诉讼标的额的限制。

知识产权法院还审理知识产权法院所在市的基层人民法院第一审著作权、商标、技术合同、不正当竞争等知识产权民事和行政判决、裁定的上诉案件。

设立北京、上海、广州及海南自由贸易港知识产权法院顺应了我国知识产权司法裁判制度改革的需要，通过专利等技术类知识产权案件实行省（直辖市）域内集中管辖的积极探索，和总结跨区域整合审判资源和审理案件的经验，将更好地发挥知识产权法院的职能，进而不断推进知识产权法院建设。

北京、上海、广州知识产权法院成立后，各项工作有序开展，经过多年的发展，知识产权法院取得了良好的效果。

以北京知识产权法院为例，根据2022年北京知识产权法院服务首都高质量发展工作情况发布会中披露的相关数据和信息，2022年北京知识产权法院实际收案33 750件，审结23 757件。2022年的收案量是北京知识产权法院成立之初收案量的3倍多。

对于上海知识产权法院，依据《上海知识产权法院知识产权司法保护状况（2022年）》的数据，2022年，上海知识产权法院共受理各类知识产权案件5 487件，相较2021年增长1.01%。其中，民事一审案件4 336件，民事二审案件1 101件，行政一审案件2件，诉前保全案件4件，其他案件44件。当前收案量是上海知识产权法院成立之初收案量的3倍多。在受理的全部案件中，收案数量最多的案件是专利权案件3 832件，占69.85%，同比增长7.94%。涉互联网案件增幅明显，共受理涉互联网知识产权案件4 505件，同比上升31.8%，占收案总数的82.1%。案件所涉技术领域，尤其是专利案件涉及移动芯片、生物医药、数据系统、导航设备、新材料等前沿技术领域，专业技术性强、法律问题复杂、审理难度较大，对案件技术事实认定的精确度和高效率提出更高要求，有社会影响力的案件较多。

2. 知识产权法庭

继北京、上海、广州知识产权法院设立运行并取得良好的效果后，2017年1月开始，最高人民法院陆续批复了全国范围内多家知识产权法庭。首批知识产权法庭于2017年设立，基于最高人民法院印发的《最高人民法院关于同意南京市、苏州市、武汉市、成都市中级人民法院内设专门审判机构并跨区域管辖部分知识产权案件的批复》（法〔2017〕2号），内设于成都市、南京市、苏州市、武汉市中级人民法院的知识产权法庭相继成立。

选择在成都、南京、苏州、武汉这四个城市较早地设立知识产权专门法庭，主要是由于这四个城市自身的经济发展水平较高、科技创新能力较强，知识产权案件的数量也较多，对知识产权专门审判机构的需求较大，法官的审判经验也较丰富。例如，江苏省已有超过2.9万家企业拥有专利申请，其中有73家企业入选国家知识产权示范企业和优势企业，数量居于全国首位，而江苏省2016年全年受理专利案件6 390起，案件数量也居于全国前列。

2017—2022年，紧随成都、南京、苏州及武汉之后，知识产权法庭陆续在合肥、杭州、宁波、福州、济南、青岛、深圳、西安、天津、长沙、郑州、南昌、长春、兰州、厦门、乌鲁木齐、景德镇、重庆、沈阳、温州、无锡、徐州等地成立，知识产权法庭的数量达到26家。知识产权案件审理趋向跨区域集中管辖。

这些知识产权法庭均分别内设于所在地的各中级人民法院，跨区域管辖专业技术性较强的知识产权案件。它们仍是相关中级人民法院的内设机构，不是独立的法院。

随着全国各地的经济快速发展，创新活动大量出现，知识产权纠纷数量也越来越多，社会对知识产权专门审判机构的需求较大。知识产权在地方上的设立，不仅有利于集中优质专业的审判资源，提高知识产权纠纷解决的效率和质量，也为各地的创新创业环境提供了良好的司法保障，促进各地经济发展。

各地知识产权法庭管辖的知识产权案件，主要包括：

（1）发生在指定辖区内有关专利、植物新品种、集成电路布图设计、商业秘密、计算机软件、驰名商标认定及垄断纠纷的第一审知识产权民事和行政案件。

（2）发生在所在市辖区内有关商标、著作权、不正当竞争、技术合同纠纷的第一审知识产权民事、行政案件。

（3）不服所在市或者指定的市辖区基层人民法院审理的第一审知识产权民事、行政、刑事案件的上诉案件。

知识产权法庭虽然隶属于各中级人民法院，但其管辖范围并不限于其所属中级人民法院的地域管辖范围，而可以跨行政区域管辖部分知识产权案件。

诸如在一些省会城市设置的知识产权法庭，包括成都、武汉、西安、长沙、郑州、合肥等地设置的知识产权法庭，所管辖的范围不仅包括本市的商标、著作权、不正当竞争、技术合同纠纷的第一审知识产权民事、行政案件，还包括本省辖区范围内专利、植物新品种、集成电路布图设计、商业秘密、计算机软件、驰名商标认定及垄断纠纷的第一审知识产权民事和行政案件。

在一些经济和知识产权活动更为活跃的省份，在多个城市设有知识产权法庭，设置在省会的知识产权法庭的管辖范围则不同于成都、武汉等上述知识产权法庭，所管辖的区域只有省内部分指定城市。例如，浙江省内有杭州（省会）、宁波、温州等地设置知识产权法庭，杭州知识产权法庭的管辖范围覆盖浙江省内杭州市、湖州市、衢州市；宁波知识产权法庭的管辖范围覆盖浙江省内宁波市、嘉兴市、绍兴市、台州市、舟山市，温州知识产权法庭管辖范围覆盖温州市、金华市、丽水市。又如，江苏省内有南京（省会）、苏州、无锡、徐州等地设置知识产权法庭，南京知识产权法庭的管辖范围覆盖南京市、镇江市、扬州市、泰州市、盐城市、淮安市；苏州知识产权法庭管辖范围覆盖苏州市、常州市、南通市；徐州知识产权法庭管辖范围覆盖徐州市、宿迁市、连云港市；而无锡知识产权法庭只管辖本市内的案件。在山东省、福建省各地设置的知识产权法庭的管辖布局也类似。

在上述26个地区的中级人民法院中设置的知识产权法庭与北京、上海、广州、海南自由贸易港四家知识产权法院均可以在一定程度上跨区域管辖部分知识产权案件，二者的区别在于：一方面，知识产权法庭分别内设于不同的中级人民法院，是隶属于中级人民法院的法庭，而四家知识产权法院则是单立的中级人民法院；另一方面，知识产权法庭可以管辖知识产权案件的区域有的涉及全省，有的涉及几个市、区，而四家知识产权法院对知识产权案件的跨区域管辖权均覆盖全省（直辖市）。因此，就知识产权案件的管辖范围而言，四家知识产权法院的管辖范围分别大于各知识产权法庭。

随着知识产权制度的发展和完善以及知识产权案件数量的日益增长，管辖专利侵权诉讼案件的人民法院的数量经历了一个由扩张到集中的转变过程。以专利侵权纠纷第一审案件为例，这类案件最早只能由各省、自治区、直辖市人民政府所在地中级人民法院管辖，而后逐步扩大到最高人民法院指定的非省、自治区和直辖市人民政府所在地的中级人民法院和特定的基层人民法院（义乌市人民法院）。具有专利侵权纠纷案件管辖权的人民法院增多后，产生了不同人民法院之间同案不同判的判决，为减少该情况的发生，管辖专利侵权诉讼案件的人民法院趋于集中。设立知识产权法院和知识产权法庭实际上正是管辖专利侵权诉讼案件的人民法院集中趋势的体现。

设立知识产权法庭的26个城市遍布全国。位于长江经济带、大湾区经济带、东南沿海的个别省份内还有多个知识产权法庭，配合北京、上海、广州、海南自由贸易港知识产权法院自北向南纵向排列布点，有利于跨区域集中管辖知识产权案件。知识产权案件司法审判的专门化以及裁判标准的统一化是知识产权司法体制改革的最终目标，可以预料今后将会进一步增设知识产权法院或者知识产权法庭，以集中管辖专利侵权诉讼案件。例如，将北京知识产权法院跨区域管辖范围扩大至京津冀地区，或者是设立跨区域的专门知识产权上诉法院，这些都可能会实现。

3. 最高人民法院知识产权法庭

自2019年1月1日起，针对不服各地高级人民法院、知识产权法院、中级人民法院作出的发明专利、实用新型专利、植物新品种、集成电路布图设计、技术秘密、计算机软件、垄断第一审民事案件判决、裁定；不服各地高级人民法院、知识产权法院、中级人民法院作出的发明专利、实用新型专利、植物新品种、集成电路布图设计的授权确权第一审行政案件判决、裁定而提起上诉的案件；不服各地高级人民法院、知识产权法院、中级人民法院作出的发明专利、实用新型专利、植物新品种、集成电路布图设计、技术秘密、计算机软件、垄断行政处罚等第一审行政案件判决、裁定而提起上诉的案件，均需要由最高人民法院知识产权法庭负责审理。

人民法院专利侵权诉讼管辖权的规定详见第四章第二节“诉讼管辖”。

二、知识产权局

《专利法》第三条❶将专利行政管理分成两个系统，即国务院专利行政部门和省、自治区、直辖市人民政府管理专利工作的部门。前者通常称为国家知识产权局，后者统称为地方知识产权局。

专利行政保护由专利行政管理部门实施。现行《专利法》中规定的管理专利工作的部门指各地方知识产权局，由各地方知识产权局负责专利行政执法工作，包括处理专利侵权纠纷以及查处假冒专利行为。

2018年之前，国家知识产权局为国务院直属机构，主管专利工作以及统筹协调涉外知识产权事宜，其下属单位包括专利局和专利复审委员会等。前者负责专利申请的受理、审查、授权；后者负责对专利申请的复审和对专利权无效宣告请求的审查。

地方知识产权局与国家知识产权局不存在行政隶属关系，其隶属于地方政府，但国家知识产权局对地方知识产权局可以进行业务指导。地方知识产权局

❶《专利法》第三条规定：“国务院专利行政部门负责管理全国的专利工作；统一受理和审查专利申请，依法授予专利权。省、自治区、直辖市人民政府管理专利工作的部门负责本行政区域内的专利管理工作。”

分为三级：隶属于省、自治区和直辖市人民政府的知识产权局，隶属于设区的市级人民政府的知识产权局，隶属于县区级人民政府的知识产权局。

2018 年，十三届全国人大一次会议批准通过对于国务院机构进行改革。根据国务院机构改革的具体方案，新组建了国家市场监督管理总局，以改革市场监管体系，实行统一的市场监管。国家市场监督管理总局将作为国务院直属机构，整合原国家工商行政管理总局、原国家知识产权局、原国家质量监督检验检疫总局、原国家食品药品监督管理总局、原国家发展和改革委员会的价格监督与反垄断执法职责、原商务部的经营者集中反垄断执法职责以及原国务院反垄断委员会办公室的职责。

根据国务院机构改革的方案，国家知识产权局不再作为国务院的直属机构，而是由国家市场监督管理总局管理。重新组建的国家知识产权局整合了原国家知识产权局的职责、原国家工商行政管理总局的商标管理职责、原国家质量监督检验检疫总局的原产地地理标志管理职责。国家知识产权局的重新组建，有利于整合各方资源，强化知识产权创造、保护、运用，是加快建设创新型国家的重要举措。国家知识产权局下辖专利局和商标局。原国家知识产权局中与专利局平级的专利复审委员会，更名为国家知识产权局专利局复审和无效审理部，作为专利局内设机构。

相应于国家市场监督管理总局的成立，以及国家知识产权局的重新组建，各地方知识产权局也进行了相应的机构变更。省、自治区、直辖市一级的知识产权局都隶属于省、自治区、直辖市的市场监督管理局。四个直辖市中，北京、上海的情况和天津、重庆稍有区别。北京、上海的知识产权局属于所在地市政府的直属机构。其下属的区级及以下知识产权局隶属于区市场监督管理局。天津、重庆等直辖市的知识产权局隶属于市一级市场监督管理局，区一级的知识产权局隶属于区市场监督管理局。

2023 年 3 月，第十四届全国人大一次会议表决通过了关于国务院机构改革方案的决定，其中引人瞩目的是：根据改革方案，原来由国家市场监督管理总局管理的国家知识产权局，将被重新调整为国务院的直属机构。

此次调整的意义在于：一是提升了国家知识产权局在国家行政机构中的地位，这对推动知识产权事业发展、推进知识产权强国战略、促进知识产权保护从布局转向运用，具有重大意义；二是通过机构改革，纵向上使得管理链条缩短，横向上强化了协调联动，整体提升了管理效能；三是国家知识产权局有条件更加聚焦于知识产权宏观规则的设计，并且可以把更多的精力和资源投入到提高专利、商标的授权质量上。

并且，根据机构调整方案，商标、专利等领域的执法职责将继续由各地市场监督管理局下属的市场监管综合执法队伍来承担。国家知识产权局将对相关执法工作提供专业的业务指导，制定商标权、专利权侵权判定标准并指导实施相应工作，以及建立商标、专利执法的检验、鉴定和其他相关标准和工作机制。通过这样的设置，可以有效发挥各机构原本的优势。

过去数十年间，知识产权主管部门的调整经历了专利局由国家科委代管，到独立成立作为国务院直属机构的知识产权局，再到归入国家市场监督管理总局管理，并整合了商标管理、原产地地理标志管理等职责，直至今日重新回到国务院直属机构的行列。时至今日，国家知识产权局的管理职能中实现了专利、商标的统一归口，对知识产权管理体制进行了进一步的理顺和优化。

三、知识产权海关保护

知识产权海关保护是指中国海关依据法律的授权，在边境依法制止侵犯受国家法律或行政法规保护的知识产权的货物进出口。

中国货物进出口环节的知识产权管理与保护工作由中国海关负责。进口货物的收货人或其代理人、出口货物的发货人或其代理人应向海关如实申报与进出口货物有关的知识产权状况，并提交有关证明文件。中国海关对进出口货物中涉及的并受中国法律、行政法规保护的商标专用权、著作权和与著作权有关的权利以及专利权实施保护，并有权禁止侵犯知识产权的货物进出口。知识产权权利人可主动请求海关实施知识产权保护，但应事先向海关提出采取保护措施的申请。

第三节　专利侵权诉讼的审判制度

中国专利保护制度中的司法保护指专利侵权诉讼，专利侵权诉讼属于民事诉讼的范畴，应遵循民事审判制度。专利侵权诉讼的审判制度包括两审终审制和不服终审判决的民事再审，以及强制执行。而对于地方知识产权局所作的专利行政决定，中国法律为当事人提供了行政诉讼的救济措施。

一、两审终审制

《民事诉讼法》第十条规定，人民法院审理民事案件，依照法律规定实行两审终审制度。

两审终审制是指民事诉讼案件经过两级人民法院审判即告终结的制度。我国的人民法院分为四级，两审终审制又称为四级两审制。

对于地方各级人民法院依照审判管辖权的规定审理的第一审案件，若当事人在法定期限内未提起上诉，则第一审判决、裁定在法定的上诉期满后即生效。但若当事人不服地方各级人民法院作出的一审判决、裁定，有权在第一审判决书、裁定书送达之日起 15 日内向上一级人民法院提起上诉，由上一级人民法院依照法律规定进行第二审案件的审理。上一级人民法院依法作出的第二审判决、裁定即为终审判决、裁定，当事人不得再提起上诉。

专利侵权诉讼通常由中级人民法院管辖，若当事人不服第一审判决、裁定，可以在法定期限内向该中级人民法院的上一级法院提起上诉。该上一级法院的二审判决、裁定为最终判决、裁定，专利侵权诉讼即告终结。

另外，全国范围内重大、复杂的第一审民事和行政案件，诸如损害赔偿额特别大的重大专利侵权诉讼的第一审案件，是由最高人民法院知识产权法庭负责审理，此类案件的第二审法院也是最高人民法院。

二、民事再审

民事再审制度是针对已经发生法律效力的判决、裁定，发现确有错误的，依法对案件进行再审的制度，是对两审终审制度的救济。

民事诉讼中民事再审程序的启动有三种渠道：一是原审当事人申请启动再审，当事人申请再审必须在判决、裁定发生法律效力后 6 个月内提出，法律规定的特殊情况除外；二是人民法院基于审判监督权提起的再审，由人民法院启动的再审不受时间的限制；三是检察院基于检察监督权提起抗诉的再审，由检察院启动的再审也不受时间的限制。

专利侵权诉讼案件的再审，通常都由原审当事人申请启动。

三、行政诉讼

专利侵权行政诉讼是以地方知识产权局为被告提起的行政诉讼。在当事人就专利侵权纠纷选择行政保护，即请求地方知识产权局处理的情况下，若当事人对地方知识产权局处理专利侵权纠纷的决定不服，可以自收到处理通知之日起 15 日内依照《行政诉讼法》的规定向人民法院提起行政诉讼。

专利侵权行政诉讼由地方知识产权局所在地的中级人民法院管辖。专利侵权行政诉讼同样实行两审终审制，若当事人不服专利侵权行政诉讼第一审判决、裁定，有权在判决书、裁定书送达之日起 15 日内向最高人民法院知识产权法庭提起上诉。

同样，再审制度也适用于行政诉讼。

四、强制执行

强制执行即当被申请人拒不履行生效法律文书所确定的义务时，申请执行人有权根据生效的法律文书向人民法院申请执行，强制被申请人履行其所承担的义务，以保障或实现申请人的权利。

强制执行多应用于需要执行财产赔偿的案件，通过对被执行人的财产采取强制措施以保障申请人债权的实现。强制执行亦应用于对行为的执行，对于生效法律文书指定的行为，被执行人未履行的，人民法院可以强制执行。

专利侵权诉讼既涉及对财产赔偿的强制执行，也涉及对停止侵权行为的强制执行。

第四节　专利行政保护

专利行政保护是与专利司法保护并行的专利权保护制度，主要包括地方知识产权局的行政调处和知识产权海关保护措施两大内容。

一、地方知识产权局的行政调处

地方知识产权局拥有专利执法职能和专利管理职能，其专利执法职能包括了地方知识产权局的行政调处权力。地方知识产权局的行政调处是《专利法》赋予的、制止侵犯专利权行为的行政救济制度，对专利权的保护发挥着重要的补充作用。因此，对于专利侵权行为，专利权人或利害关系人除了向人民法院寻求司法保护之外，还可以向地方知识产权局寻求行政保护。

地方知识产权局的行政调处主要是指地方知识产权局对专利侵权行为进行行政调查、处理和调解。地方知识产权局根据专利权人或利害关系人的申请，通过行政调查，确认专利侵权的事实后，在作出责令专利侵权人停止侵权行为的处理决定的同时，也可以就侵犯专利权的赔偿数额进行调解。

若当事人对地方知识产权局作出的停止专利侵权行为的行政决定不服，可以按照有关法律的规定提起撤销该决定的专利行政诉讼。

二、知识产权海关保护措施

知识产权海关保护措施是知识产权行政保护在货物进出口环节的体现，是对与进出口货物相关并受我国法律保护的商标权、专利权以及著作权和与著作权有关的权利等相关知识产权采取的保护措施。

知识产权海关保护措施有两种启动方式：一是依知识产权权利人的申请启动保护措施，二是我国海关依职权启动保护措施。

在依知识产权权利人的申请启动保护的方式中，海关依据权利人提交的申请书、证据以及提供的担保可以扣留侵权嫌疑货物。在我国海关依职权启动保护的方式中，海关发现侵权嫌疑货物可以中止其通关并通知相关知识产权权利人，在权利人提出申请并提供担保后可以扣留侵权嫌疑货物，经海关调查后认定该被扣留货物侵犯有关知识产权的，由海关作出处罚决定，对货物予以没收并处以罚款。

第五节　与专利侵权诉讼有关的主要法律

法律在专利法律体系中居于最高位阶，具有最高效力。《立法法》规定法律由全国人民代表大会及其常务委员会制定、修改和解释，并经国家主席签署主席令予以公布。

为了让社会大众熟悉、接受新的法律规定，以及为实施新的法律作必要准备，在新的法律通过和正式施行之间会设定一段时间间隔。

法律在诉讼中具有基础性的地位。法律的程序性内容规定了诉讼的基本运行程序，实体性内容则规定了当事人的权利、义务以及权利救济措施。诉讼争议必须在法律的框架下，根据法律的规定处理和解决。法律既是当事人通过诉讼来维护自身权益的依据，也是人民法院审理案件并作出判决的依据。

专利侵权诉讼和行政调处涉及的主要法律包括《民法典》、《专利法》、《民事诉讼法》和《行政诉讼法》。这些法律既规定了专利侵权诉讼的程序，又规定了专利权的权利内容和侵权救济措施。详细内容在本书的后续章节展开介绍。

一、《民法典》

新中国成立以后，曾于1954年、1962年、1979年和2001年先后4次启动民法典制定工作。第一次和第二次由于各种原因而未能取得实际成果。1979年第三次启动，由于刚刚进入改革开放新时期，制定一部完备民法典的条件还不具备，因此，按照“成熟一个通过一个”的工作思路，确定先制定民事单行法。

1985 年 6 月，全国人民代表大会常务委员会法制工作委员会召开一系列民法总则座谈会，协商起草《民法总则》。在当时，民法体系中已经有《婚姻法》《继承法》《经济合同法》《商标法》《专利法》等，尚缺民法总则、物权和关于侵权责任的立法。全国人民代表大会常务委员会法制工作委员会经过商议，决定起草以总则内容为主，兼顾分则内容的民法通则，目的是让内容超出《民法总则》的范围，解决实践中的法律问题。

1986 年 4 月 12 日，《民法通则》通过，于 1987 年 1 月 1 日起正式施行，并于 2009 年 8 月 27 日修正。

《民法通则》是新中国第一部正式颁行的民事基本法，在长达 30 年的时间里为中国民事司法提供了根本性依据和原则性指导。

随着国家经济的发展，社会各界对于出台统一的民法典的呼声越见高涨。为了顺应时代的发展，2015 年，全国人民代表大会常务委员会法制工作委员会启动了民法典编纂工作，决定首先起草《民法总则》。

2017 年 3 月 15 日，第十二届全国人民代表大会第五次会议审议通过了《民法总则》，并于 2017 年 10 月 1 日起正式实施。《民法总则》正式实施后，彼时《民法通则》仍然有效。

《立法法》第一百零三条规定：“同一机关制定的法律、行政法规、地方性法规、自治条例和单行条例、规章，特别规定与一般规定不一致的，适用特别规定；新的规定与旧的规定不一致的，适用新的规定。”

《民法总则》正式实施后，《民法通则》《合同法》《物权法》《侵权责任法》等民事单行法的规定与《民法总则》不一致的，根据新法优于旧法的原则，适用《民法总则》的规定。但《专利法》《商标法》《著作权法》等特别法的规定与《民法总则》不一致的，根据特别法优于一般法的原则，适用特别法的规定。

2020 年 5 月 28 日，第十三届全国人民代表大会第三次会议通过《中华人民共和国民法典》，并于 2021 年 1 月 1 日起实施，同时，《婚姻法》《继承法》《民法通则》《收养法》《担保法》《合同法》《物权法》《侵权责任法》《民法总则》等同时废止。

为便于表述，在此后引用《民法总则》、《民法通则》和《民法典》的法条时，三者规定相同、类似或者不一致的，均以《民法典》的规定为准。

二、《专利法》

《专利法》作为中国专利制度的基本法律，是专利侵权诉讼涉及的最主要的法律之一。《专利法》自 1984 年制定以来已经过四次修正，现行《专利法》是 2020 年第四次修正的成果。《专利法》的不断修正表示中国的专利制度在不断发展，其对专利权的保护也在不断完善，《专利法》历次修正的重点变化如下。

1984 年制定颁布《专利法》，1985 年 4 月 1 日正式实施《专利法》。

1984 年以前中国并没有专利方面的相关法律，但当时国际专利保护制度已经逐渐形成，国外的专利保护制度较为成熟。1984 年《专利法》是在借鉴发达国家专利制度和国际专利保护的基础上，根据中国的具体情况制定的。

1984 年《专利法》分为八章，共六十九条，包括总则，授予专利权的条件，专利的申请，专利申请的审查和批准，专利权的期限、终止和无效，专利实施的强制许可，专利权的保护和附则。1984 年《专利法》虽较为简单，但结构完整，其后的历次修改均遵循 1984 年《专利法》的体例，未有改变。并且，1984 年《专利法》初步规定了中国专利保护的“双轨制”，即中国的专利保护实行行政保护和司法保护并行的机制，专利权人针对侵害其专利权的行为，既可以请求专利管理机关处理，也可以向人民法院起诉。中国专利保护“双轨制”的特色自此确立并一直延续至今。

1992 年，《专利法》第一次修正，主要内容包括：①扩大专利权的保护范围，将“药品和用化学方法获得的物质”以及“食品、饮料和调味品”纳入专利权的范围；②延长专利权的期限，将发明专利的保护期限由 15 年改为 20 年，实用新型专利和外观设计专利的保护期限由 5 年加 3 年的续展期改为 10 年；③增加对专利产品进口的保护，明确未经专利权人许可进口其专利产品属于专利侵权行为；④将方法专利的保护延及依该方法直接获得的产品；⑤将专利授权前的异议程序改为授权后的撤销程序，规定自专利局授予专利权之日起 6 个月内，任何单位或个人均可请求专利局撤销该专利权。

2000 年，《专利法》第二次修正，主要内容包括：①增加了禁止“许诺销售”的专利权保护内容，明确未经专利权人许可许诺销售其专利产品属于专利侵权行为；②增加了诉前禁令制度，赋予专利权人在起诉前向人民法院申请采取责令停止侵权行为或财产保全措施的权利；③取消了专利权撤销程序，与专利权无效程序进行合并；④增加了确定专利侵权赔偿额的计算方法，依次为权利人的损失、侵权人的获利以及专利许可费的倍数；⑤将“双轨制”中的行政保护由专利管理机关明确为省级人民政府管理专利工作的部门，并且明确了管理专利工作的部门对假冒专利进行行政处罚的权限。

2008年，《专利法》第三次修正，主要内容包括：①增加了现有技术抗辩；②增加了禁止重复授权的规定，即同样的发明创造只能授予一项专利权；③进一步细化诉前禁令制度，并增加了证据保全的内容；④加大了专利侵权的赔偿力度，将权利人为制止侵权行为所支付的合理开支纳入专利侵权的赔偿中；⑤规定了对遗传资源的保护，明确对于违反法律、行政法规的规定获取或者利用遗传资源，并依赖该遗传资源完成的发明创造，不授予专利权；⑥进一步加强了管理专利工作的部门在查处假冒行为中的权限，包括询问当事人、现场检查、查封或扣押假冒专利的产品、进行行政罚款等。

2020年，《专利法》第四次修正被通过，并于2021年6月1日起实施。《专利法》第四次修正，是我国专利制度发展史上的一个新的里程碑。第四次修正的《专利法》，旨在加大对专利权人的合法利益的保护力度，完善专利保护制度；促进专利的实施和运用，完善职务发明制度，健全以市场需求为导向的专利技术转化机制；明确政府职能和分工，促进政府职能转变；以及完善专利审查制度和专利代理法律制度。《专利法》第四次修正的主要内容包括：①引入针对故意专利侵权行为的惩罚性赔偿，并提高专利侵权行为以及假冒专利行为的法定赔偿额的上限；②新增专利权期限补偿制度和新药相关发明专利权期限补偿制度，以及引入药品专利纠纷早期解决程序；③完善职务发明制度；④新增专利开放许可制度；⑤完善外观设计保护相关制度，尤其是，增加外观设计优先权制度，延长外观设计专利的保护期限至15年，并引入了对局部外观设计的保护；⑥完善专利权评价报告制度；⑦强调专利行政部门在提供专利信息公共服务、促进专利运用等方面的职责等。

三、《民事诉讼法》

《民事诉讼法》是中国民事诉讼的基本法律。

《民事诉讼法》于1982年制定并实施《民事诉讼法（试行）》版本，于1991年正式颁布实施《民事诉讼法》，并于2007年、2012年、2017年、2021年、2023年先后经过五次修正，现行《民事诉讼法》是2023年第五次修正的成果。

现行《民事诉讼法》分为二十七章，共三百零六条，规定了从诉前至一审、二审、再审以及执行等贯穿民事诉讼的一系列基本程序。任何在中国境内进行的民事诉讼均必须遵守《民事诉讼法》，专利侵权诉讼属于民事诉讼的范畴，应遵照《民事诉讼法》规定的程序进行。

四、《行政诉讼法》

《行政诉讼法》是中国行政诉讼的基本法律，其于1990年正式实施，并于2014年、2017年先后经过两次修正，现行《行政诉讼法》是2017年修正的成果。

现行《行政诉讼法》分为十章，共一百零三条，规定了从诉前至一审、二审、再审以及执行等贯穿行政诉讼的一系列基本程序。任何在中国境内进行的行政诉讼均必须遵守《行政诉讼法》。

当事人不服国家知识产权局专利局复审和无效审理部的专利无效宣告请求审查决定，可提起撤销该审查决定的诉讼，该诉讼属于行政诉讼，适用《行政诉讼法》。同样，专利侵权纠纷的当事人对地方知识产权局处理专利侵权纠纷的决定不服，而提起撤销该决定的诉讼，也属于行政诉讼的范畴，应遵照《行政诉讼法》规定的程序进行。

第六节　与专利侵权诉讼有关的主要法规及规章

我国的法规与规章包括行政法规、地方性法规、部门规章以及地方政府规章。其中，行政法规位于最高效力层级；地方性法规的效力高于本级和下级地方政府规章；部门规章与地方政府规章之间具有同等效力，在各自的权限范围内施行；地方性法规和部门规章的适用存在冲突时，由国务院提出意见或者提请全国人民代表大会常务委员会裁决。[1]

专利侵权诉讼和行政调处涉及的法规与规章主要包括行政法规、地方性法规以及部门规章。

一、国务院制定的行政法规

《立法法》规定，行政法规由国务院根据宪法和法律的规定制定，并经国

---

[1] 《立法法》第一百零六条规定："地方性法规、规章之间不一致时，由有关机关依照下列规定的权限作出裁决：（一）同一机关制定的新的一般规定与旧的特别规定不一致时，由制定机关裁决；（二）地方性法规与部门规章之间对同一事项的规定不一致，不能确定如何适用时，由国务院提出意见，国务院认为应当适用地方性法规的，应当决定在该地方适用地方性法规的规定；认为应当适用部门规章的，应当提请全国人民代表大会常务委员会裁决；（三）部门规章之间、部门规章与地方政府规章之间对同一事项的规定不一致时，由国务院裁决。"

务院总理签署国务院令公布施行。根据《立法法》第七十二条的规定，行政法规可以就下列事项作出规定：

（1）为执行法律的规定需要制定行政法规的事项。

（2）《宪法》第八十九条❶规定的国务院行政管理职权的事项。

除此之外，对于应当由全国人民代表大会及其常务委员会制定法律的事项，国务院根据全国人民代表大会及其常务委员会的授权决定可以先制定行政法规，经过实践检验，制定法律的条件成熟时，国务院应当及时提请全国人民代表大会及其常务委员会制定法律。

专利侵权诉讼和行政调处中涉及的行政法规主要是《专利法实施细则》。《专利法实施细则》是针对《专利法》的规定，在程序上或实体内容上作出更具体和细化的规定，使《专利法》的执行更具有可操作性。

此外，《知识产权海关保护条例》是国务院根据《海关法》制定的与知识产权海关保护有关的行政法规。该条例规定了进出口货物中与我国商标权、著作权以及专利权等知识产权保护有关的备案、扣留侵权嫌疑货物的申请及其处理和法律责任等内容。本书第十一章将重点介绍知识产权海关保护的相关内容。

二、地方性法规

地方性法规在不与宪法、法律、行政法规相抵触的情况下，由省、自治区、直辖市的人民代表大会及其常务委员会根据本行政区域的具体情况和实际需要制定，例如《上海市企业专利工作办法》《上海市查处专利违法行为办法》。

地方性法规可以就下列事项作出规定：

（1）为执行法律、行政法规的规定，需要根据本行政区域的实际情况作具

---

❶《宪法》第八十九条规定："国务院行使下列职权：（一）根据宪法和法律，规定行政措施，制定行政法规，发布决定和命令；（二）向全国人民代表大会或者全国人民代表大会常务委员会提出议案；（三）规定各部和各委员会的任务和职责，统一领导各部和各委员会的工作，并且领导不属于各部和各委员会的全国性的行政工作；（四）统一领导全国地方各级国家行政机关的工作，规定中央和省、自治区、直辖市的国家行政机关的职权的具体划分；（五）编制和执行国民经济和社会发展计划和国家预算；（六）领导和管理经济工作和城乡建设、生态文明建设；（七）领导和管理教育、科学、文化、卫生、体育和计划生育工作；（八）领导和管理民政、公安、司法行政等工作；（九）管理对外事务，同外国缔结条约和协定；（十）领导和管理国防建设事业；（十一）领导和管理民族事务，保障少数民族的平等权利和民族自治地方的自治权利；（十二）保护华侨的正当的权利和利益，保护归侨和侨眷的合法的权利和利益；（十三）改变或者撤销各部、各委员会发布的不适当的命令、指示和规章；（十四）改变或者撤销地方各级国家行政机关的不适当的决定和命令；（十五）批准省、自治区、直辖市的区域划分，批准自治州、县、自治县、市的建置和区域划分；（十六）依照法律规定决定省、自治区、直辖市的范围内部分地区进入紧急状态；（十七）审定行政机构的编制，依照法律规定任免、培训、考核和奖惩行政人员；（十八）全国人民代表大会和全国人民代表大会常务委员会授予的其他职权。"

体规定的事项。

（2）属于地方性事务需要制定地方性法规的事项。

除《立法法》第十一条[1]规定的必须制定法律的事项外，对于国家尚未制定法律或者行政法规的其他事项，省、自治区、直辖市和设区的市、自治州人民代表大会及其常务委员会可根据本地方的具体情况和实际需要，先行制定地方性法规。

地方性法规具有地域性，基本上只在本省、自治区、直辖市和特定的区域内生效，不具备全国范围的效力，超出其基于地域性的管辖权范围，地方性法规便失去约束力。地方性法规的效力等级低于法律和行政法规，在国家制定的法律或行政法规生效后，地方性法规同法律或行政法规相抵触的规定无效，制定机关应当及时予以修改或者废止。

三、部门规章

与地方性法规同一层级的规章是由国务院各部、各委员会、中国人民银行、审计署和具有行政管理职能的国务院直属机构根据法律和国务院的行政法规、决定、命令，在本部门的权限范围内制定的，并经部门首长签署命令予以公布。

部门规章的效力级别低于法律和行政法规，但由于部门规章大多是由相关领域的部门或机构在法律和行政法规规定的范围内，针对某一领域作出的专门性规定，其专业性和可操作性都较强，在具体实践中被大量适用。

专利侵权诉讼和行政调处中涉及的部门规章主要包括：《专利审查指南2023》和《专利行政执法办法》。这两部部门规章均由国家知识产权局根据《专利法》制定。其中，《专利行政执法办法》专为地方知识产权局进行专利侵权行政调处以及处理假冒专利行为而制定，是地方知识产权局的主要执法依据。专利行政保护是中国专利保护的重要制度之一，《专利法》的历次修改逐渐扩大了专利行政保护的范围和强化了专利行政保护的力度，《专利行政执法办法》则明确了地方知识产权局的职责、执法范围和执法程序，为地方知识产权局实际处理专利侵权纠纷、查处假冒专利的行为和调查取证等职权均作出了明确的

[1] 《立法法》第十一条规定："下列事项只能制定法律：（一）国家主权的事项；（二）各级人民代表大会、人民政府、监察委员会、人民法院和人民检察院的产生、组织和职权；（三）民族区域自治制度、特别行政区制度、基层群众自治制度；（四）犯罪和刑罚；（五）对公民政治权利的剥夺、限制人身自由的强制措施和处罚；（六）税种的设立、税率的确定和税收征收管理等税收基本制度；（七）对非国有财产的征收、征用；（八）民事基本制度；（九）基本经济制度以及财政、海关、金融和外贸的基本制度；（十）诉讼制度和仲裁基本制度；（十一）必须由全国人民代表大会及其常务委员会制定法律的其他事项。"

规定。本书第九章将重点介绍专利行政保护和行政诉讼的相关内容。

第七节　与专利侵权诉讼有关的司法解释

司法解释是中国法律体系中特有的法律规范形式，也是中国司法制度的一大特色。

在法律规定中，有些条款因为太过原则而无法适用于具体案件，有些条款则因为专门性太强而适用面窄，因此，无论是大陆法系国家还是英美法系国家，法官在将法律条文应用到具体案件时，都会对法律的具体适用进行解释。中国的司法解释不同于法律解释。法律解释是指中国的立法机关全国人民代表大会常务委员会对法律进行的解释，主要是针对法律的规定进一步明确具体含义，或者针对法律制定后出现的新情况阐明适用法律依据的情形。而司法解释则是指最高人民法院和最高人民检察院就审判工作中具体适用法律问题所作的一般性、规范性的解释。

相比于法律解释，司法解释更贴合司法实践的需要。在法律制定并公布后，往往通过司法解释来阐明某些法律规定的真正含义，解释立法者的意图，并对法律条文在具体案件中的适用问题进行针对性的说明。最高人民法院的司法解释大致分为两种类型：一类是规范性文件类型的司法解释，即规范性司法解释，是指最高人民法院主动以发布规范性文件的形式对法律进行解释，以指导各级人民法院的审判活动；另一类是针对具体案件类型的司法解释。当各级人民法院在审理案件的过程中遇到法律没有明确规定或者对相关法律条文的适用需要进一步释明时，可以向最高人民法院咨询如何适用法律，最高人民法院对此进行的答复也是一种司法解释。

一、司法解释产生的历史背景

1949 年新中国成立时，即宣告全面废除新中国成立之前的旧法，但旧法虽废，新法未立，为建立司法秩序，最高人民法院不得不通过发布一系列规范性文件的方式来指导各地法院的工作。1954 年全国人民代表大会成立，但其通过的法律数量非常有限，并未建立起基本的法律制度。1955 年全国人民代表大会常务委员会发布《关于解释法律问题的决议》，其中第二条规定：“凡关于审判过程中如何具体应用法律、法令的问题，由最高人民法院审判委员会进行解释。”

1978 年改革开放后，中国的立法进入全面发展的时期，这一时期新通过的法律法规虽多，但法律规定较为原则，许多法律制度都尚在探索中，具体的法律规定也有待细化，因此司法解释的必要性增强。1979 年经过修改的《人民法院组织法》第三十三条（现为 2018 年修订版第十八条）规定：“最高人民法院对于在审判过程中如何具体应用法律、法令的问题，进行解释。”1981 年全国人民代表大会常务委员会再次发布《关于加强法律解释工作的决议》，其中第二条规定：“凡属于法院审判工作中具体应用法律、法令的问题，由最高人民法院进行解释……”上述规定都构成了最高人民法院进行司法解释的直接的法律依据。例如，对于 1987 年实施的《民法通则》，最高人民法院就其在具体执行中遇到的问题，1988 年发布的《最高人民法院关于贯彻执行〈中华人民共和国民法通则〉若干问题的意见（试行）》（法办发〔1988〕6 号）进一步细化了《民法通则》的规定，使之更贴合审判活动的实际需要。

1997 年，最高人民法院发布《最高人民法院关于司法解释工作的若干规定》（法发〔1997〕15 号），这是第一份专门规范司法解释工作的文件，对司法解释的形式和制定程序（包括立项、起草与报送、讨论和发布、施行与备案四个阶段）均作了比较具体的规定，使得最高人民法院的司法解释工作全面规范化。

同时，1997 年《最高人民法院关于司法解释工作的若干规定》第十四条第一款还明确规定：“司法解释与有关法律规定一并作为人民法院判决或者裁定的依据时，应当在司法文书中援引。”2021 年《最高人民法院关于司法解释工作的规定》（法发〔2021〕20 号）第五条规定：“最高人民法院发布的司法解释，具有法律效力。”第二十七条第一款规定：“司法解释施行后，人民法院作为裁判依据的，应当在司法文书中援引。”2009 年《最高人民法院关于裁判文书引用法律、法规等规范性法律文件的规定》（法释〔2009〕14 号）第二条规定：“并列引用多个规范性法律文件的，引用顺序如下：法律及法律解释、行政法规、地方性法规、自治条例或者单行条例、司法解释。”上述这些规定均明确了司法解释可以作为我国法院审判案件的法律依据之一，也可以作为裁判文书中裁判理由所引用的法律渊源，逐步确立了司法解释在我国作为一种独立的法律规范的地位。

二、司法解释的主体、目的和形式

（一）司法解释的主体

在我国，司法解释的主体为最高人民法院和最高人民检察院。最高人民检察院主要是针对刑事方面的法律发布司法解释，而最高人民法院发布司法解释的范围则非常广泛，除了刑事类型的司法解释外，还包括民商事类型的司法解释。我国的司法解释一般多指最高人民法院发布的司法解释。

司法解释的起草工作由最高人民法院各审判业务部门负责；涉及不同审判业务部门职能范围的综合性司法解释，则由最高人民法院研究室负责起草或者组织、协调相关部门起草。司法解释的起草很重视专家学者的意见，最高人民法院会邀请相关的专家学者以及经验丰富的法官参与司法解释的起草、讨论，并提出咨询或修改意见，必要的时候还要向社会公开征求意见。

（二）司法解释的目的

最高人民法院发布司法解释的目的主要有以下三个：

（1）明确法律条文的含义，提高法律条文的适用性。

（2）通过法律适用辅助实现法律的功能。

（3）统一全国的法律适用，同类型案件适用同样的处理原则。

（三）司法解释的形式

2021 年《最高人民法院关于司法解释工作的规定》第六条规定了司法解释的形式分为“解释”“规定”“规则”“批复”“决定”五种。

（1）“解释”是指对在审判工作中如何具体应用某一法律或者对某一类案件、某一类问题如何应用法律制定的司法解释。

（2）“规定”是指根据立法精神对审判工作中需要制定的规范、意见等进行司法解释。

（3）“规则”是指对规范人民法院审判执行活动等方面的司法解释。

（4）“批复”是指对高级人民法院、解放军军事法院就审判工作中具体应用法律问题的请示制定的司法解释。

（5）“决定”是指修改或者废止司法解释的公告。

三、司法解释发布的时间、效力

司法解释通常是在新的法律发布一段时间后发布的，相比于法律，司法解释的发布往往具有滞后性。司法解释是在结合法律和司法实践的基础上作出的，当一部新的法律公布后，在司法实践中适用该法律时可能会出现问题，因此需要发布司法解释来进一步明确法律条文的含义、适用范围，以及解决法律条文之间出现相互抵触的情形。

司法解释的文本会标明其正式施行时间，即司法解释的生效时间。司法解释生效时正在审理的案件，以及司法解释生效后进行审理的案件均应适用司法解释的规定。但司法解释滞后于法律的时间或长或短，在法律发布后至司法解释发布前的这段时间内可能会出现案件的处理结果和司法解释的规定不一致的情形。对于司法解释发布之前已经处理的案件，如果未出现原则性的错误，一般不再追溯处理；但若存在根本性的错误，应通过再审程序予以纠正。

由于司法解释是依附于特定的法律而对法律作出的解释，因此随着法律的修改或废除，司法解释的效力或者其中部分规定的效力也随即终止。新的司法解释生效时可以同时废止之前发布的司法解释，也可以标注最高人民法院以前发布的相关司法解释与新的司法解释不一致的，以新发布的司法解释为准。

就最高人民法院发布的两种类型的司法解释而言，规范性司法解释具有普遍的效力，适用于全国各级人民法院的所有案件；而针对具体案件所作的批复类型的司法解释，最高人民法院对该特定案件中出现的具体问题的回答仅适用于该特定案件，但对于其他类似的案件也具有很重要的参考价值。

四、司法解释的公开方法

司法解释以最高人民法院公告的形式发布，一般会在《最高人民法院公报》和《人民法院报》上刊登，也可以在中国法院网（http：//www. chinacourt. org/index. shtml）以及中华人民共和国最高人民法院的官方网站（http：//www. court. gov. cn/index. html）上检索。

第八节　指导性案例

除了司法解释，最高人民法院还会将其审判的或者各级地方人民法院审判的典型案例，以及其认为对今后的同类型案件具有指导意义的判决书以刊登在《最高人民法院公报》上等方式进行公布。这些公布的案例及判决书中对法律的解释对全国各级人民法院都具有很重要的参考价值，也可以将其界定为对司法解释的补充。

最高人民法院统一确定并发布对全国法院的审判和执行工作具有指导作用的指导性案例；最高人民检察院则统一发布检察机关的指导性案例。涉及知识产权的指导性案例一般均由最高人民法院予以发布。最高人民法院发布的指导性案例统一在《最高人民法院公报》、最高人民法院网站、《人民法院报》上以公告的形式发布。

《最高人民法院关于案例指导工作的规定》（法发〔2010〕51 号）第二条

所规定的指导性案例是指裁判已经发生法律效力，并且符合下列条件的案例：

（1）社会广泛关注的；

（2）法律规定比较原则的；

（3）具有典型性的；

（4）疑难复杂或者新类型的；

（5）其他具有指导作用的案例。

最高人民法院截至2023年12月7日，已经发布了39批224件指导性案例。其中，民事案例100件，总占比约为45%；刑事类指导性案例共计39例，总占比约为17%；知识产权类指导性案例从2022年的27例增加至34例，总占比约为15%；行政类指导性案例共计31例，总占比约为14%。

另外，在最高人民法院形成指导性案例发布制度之前，自2008年起最高人民法院每年出版《最高人民法院知识产权审判案例指导》一书。该书是最高人民法院对其审理的知识产权典型案例的分析、梳理和归纳，并在“4·26”世界知识产权日期间向社会公布最高人民法院的知识产权年度报告。该书归纳和总结了每年最高人民法院审理的知识产权案件的总体特点和趋势，还对所涉及的相关案例的典型法律适用问题进行提炼、整理和归纳，并附整理后的判决书全文，它与最高人民法院每年公布的知识产权指导案件一样，对各级法院审判知识产权案件具有指导作用。

由于知识产权领域疑难复杂案件较多，需要及时对司法实践中出现的新情况和新问题进行研究和指导，在法律未能对相关问题作出反应和加以规定时，最高人民法院发布的司法实践中前沿的指导性案例就显得非常及时和重要。自1997年最高人民法院首次进行“知识产权司法保护典型案例”评选活动开始，经过20多年的探索，目前已经形成以指导性案例、年度十大案件、50件典型案例、案例年度报告为主体的知识产权案例指导制度体系。各级地方人民法院通过对指导案例的学习和借鉴，可以提高裁判水平，并有助于统一司法裁判尺度。

需要注意的是，中国的指导案例与英美法系的判例法都通过具体案例所体现出来的判决逻辑和思路来指导审判活动，二者存在相同之处，但性质完全不同。在英美法系国家，判例是正式的法律规范之一，也是其审判活动中主要的法律依据；而在中国，法律、行政法规和司法解释等法律法规才是人民法院审判活动的法律依据，指导性案例仅为指导和参考。由于成文法不能完全覆盖到审判实践的方方面面，因此指导案例可以起到对成文法的补充作用，对中国的各级人民法院的审判实践具有十分重要的指导和参考作用。

在审判活动中，依照效力等级的不同，人民法院应当首先适用法律，其次是行政法规，最后是司法解释。最高人民法院发布的指导案例可以视为对司法解释的补充，若审判实践中出现法律、行政法规或司法解释等成文法均未规定的事项，则人民法院一般会参照同类型的指导案例中的判决思路对案件进行处理，因此指导案例对人民法院具有相当重要的参考价值，律师在诉讼中也会提交相关的指导案例供人民法院参考。

根据最高人民法院公布的命名规则，第 191 号及其之前的案例被称为“指导案例”，自第 192 号案例开始被称为“指导性案例”。本书中所提到的“指导案例”，涵盖了上述所有的“指导案例”和“指导性案例”。

第九节　法律、行政法规、地方性法规、司法解释与指导案例的关系

法律、行政法规、地方性法规与司法解释作为四种不同的法律规范形式，其效力等级虽有所不同，但均为人民法院审判活动的法律依据。

在中国的法律体系中，宪法位于最高位阶，其次为法律，法律的效力高于行政法规，国务院制定的行政法规的效力高于地方性法规。司法解释是对法律所作的解释，其效力当然也服从于法律。

法律规定了中国的基本法律制度，行政法规和司法解释都必须遵循法律的规定。从制定的目的来看，行政法规制定的目的是提高法律的适用性，司法解释制定的目的不仅是提高法律的适用性，也是阐明法律的真正含义和立法者的意图，因此，行政法规和司法解释都不得与法律的规定相抵触。从适用的范围来看，行政法规主要是解决行政活动中的法律问题，而最高人民法院所作的司法解释主要是为了解决实际裁判过程中的法律问题。

行政法规和司法解释的侧重点不同，一般不会相互抵触，但也不排除会出现二者相抵触的情形。当法律没有规定，而司法解释和国务院制定的行政法规先行规定的事项，在该行政法规的规定未与其他法律相抵触的前提下，若司法解释和该行政法规的规定不一致，法官应适用该行政法规的规定。但若存在地方性法规和司法解释相抵触的情形，在司法实践中法官一般适用司法解释的规定。

指导案例是对法律、行政法规和司法解释适用具体案件的补充，仅具指导和参考作用，一般不会与法律、行政法规和司法解释有抵触；若有抵触，适用法律、行政法规和司法解释的规定。

第二章　诉前准备

《民法典》和《民事诉讼法》规定了民事诉讼中原告对自己的主张应当承担的举证责任，所以做好诉前准备是取得胜诉的关键之一。

提起诉讼之前的准备，包括取得胜诉所必需的证据和根据取得的证据制定相应的诉讼策略。这些诉讼前的准备工作，对于专利侵权诉讼中的原告而言，具有很重要的意义。准备提起诉讼的当事人应当根据《民事诉讼法》有关证据、时效、管辖、诉前禁令以及财产保全等方面的规定进行诉讼前的准备。

第一节　证据的准备

《民事诉讼法》第六十七条规定："当事人对自己提出的主张，有责任提供证据。当事人及其诉讼代理人因客观原因不能自行收集的证据，或者人民法院认为审理案件需要的证据，人民法院应当调查收集。人民法院应当按照法定程序，全面地、客观地审查核实证据。"

我国民事诉讼证据制度不仅强调了当事人的举证责任，也提供了当事人举证困难或举证不能时的司法救济。当事人除自己取证和利用司法救济外，在专利侵权诉讼中，针对新产品制造方法的发明专利，《专利法》还通过举证责任转移的规定来减轻专利权人举证责任。

一、证据的真实性、关联性和合法性

民事诉讼证据具有"三性"，即真实性、关联性和合法性。证据的关键在于其证明力，而证据具有证明力的前提就是具有这"三性"，因此在诉前收集证据时要特别注意证据的真实性、证据与案件的关联性以及证据的合法性。"三性"不仅是人民法院审查证据的依据，也是双方当事人据以辩驳对方主张的依据。

真实性是指该证据的形成过程及其内容必须是客观真实的，不得篡改或者

伪造，否则可能导致原本具有一定证明力的证据因为真实性的瑕疵而不被采用，最终导致败诉。

关联性是指证据与待证事实之间必须具备一定的联系，即该证据必须能证明权利人所主张的事实。在专利侵权诉讼中，原告需要提供权利证据、侵权证据和索赔证据，分别证明自身专利权的合法性、被告存在侵权行为和主张的赔偿金额。证据的关联性的强弱会影响证据证明力的大小，《最高人民法院关于民事诉讼证据的若干规定》（以下简称《民事诉讼证据规定》）第八十八条规定："审判人员对案件的全部证据，应当从各证据与案件事实的关联程度、各证据之间的联系等方面进行综合审查判断。"

合法性主要有三个方面：一是证据必须属于法定的八种证据类型，在这八种类型以外的证据均无效；二是证据必须符合法定形式要件，如证据是合同，该合同必须有所涉当事人的签字或盖章和签订日期；三是证据收集的过程不得侵犯他人的合法权益，否则也将因为取证过程不合法而不具有合法性。

二、证据的种类

《民事诉讼法》第六十六条按证据的载体形式和证据产生的原因将证据分成如下八种：

（1）当事人的陈述；

（2）书证；

（3）物证；

（4）视听资料；

（5）电子数据；

（6）证人证言；

（7）鉴定意见；

（8）勘验笔录。

上述证据也常见于专利侵权诉讼中。

当事人陈述一般以开庭庭审中当事人的发言为主。专利权人在专利申请审查以及专利无效宣告请求审查时，对有关技术所作的说明和陈述，可用于限定其专利的保护范围，是十分重要的证据。

书证是运用最普遍的证据。书证种类较多，例如，专利证书、说明书、权利要求书，以及各种书面的证明文件等。在专利侵权诉讼中，书证主要是纸质出版物，纸质出版物通常指各种印刷的、打字的纸件，例如纸质的专利文献、科技杂志、科技书籍、学术论文、专业文献、教科书、技术手册、正式公布的会议记录或者技术报告、报纸、产品样本、产品目录、广告宣传册等。另外，对于购买侵权产品时获取的发票、产品说明书以及专利权人申请公证机构对购买过程进行公证后，由公证机构对此出具的公证书等也属书证的范围。书证通常必须是原件，但对于专利公报等可以从专利局官方网站下载的专利申请文件、专利无效宣告请求审查决定书以及判决书等可以是复印件。

物证一般必须提供原物，专利侵权诉讼中的物证主要是专利权人从市场上购得的侵权产品。

视听资料可以是用电、光、磁、照相等方法制成的资料，例如微缩胶片、影片、照相底片、录像带、磁带、唱片、光盘等。在专利侵权诉讼中，此类证据不仅包括被告以视听资料的形式推出的广告、产品介绍以及生产某产品的实况录像等证据，还包括原告、被告或者第三人以视听资料形式对专利权利要求保护范围和侵权产品的结构、性能、外观等的相同或者相似性的分析说明。

电子数据在专利侵权诉讼中的形式是存在于互联网或者其他在线数据库中的资料，具体是指以数据形式存储、以网络为传播途径的文字、图片、音视频等资料，例如，在线网站刊登的图片、录音、影像、广告、产品介绍，以及各种技术论文等文献。这些电子数据除被原告用于证明被告使用和销售侵权产品外，其中有些技术内容还可证明产品的结构、性能，被告也可用于现有技术抗辩和用作专利无效宣告请求审理时的对比文件。

证人证言是知悉案件事实的人对案情的陈述。由于证人可能作虚假陈述，而且证人的陈述可能会受情绪、记忆、表达能力的影响而偏离事实，因此实务中，人民法院通常不会仅依据证人证言来认定事实，而会通过对证人的质询和与其他证据相互印证，经查证属实后才会采纳。

鉴定意见在专利侵权诉讼中分为两种：一种是一方当事人委托或者双方共同委托有关的专业技术人员所作的技术分析报告；另一种是人民法院在案件审理过程中依职权委托司法鉴定机构作的司法鉴定。在实务中，双方当事人就案件的技术争议问题共同委托有关的技术人员进行技术分析的案例十分罕见，常见的是一方当事人向法庭提供由其单方委托相关技术人员所作的技术分析报告。该报告和人民法院依职权委托司法鉴定机构所作的司法鉴定报告，两者虽然都可能会影响法官心证的形成，但是人民法院通常会采纳司法鉴定报告，不会将遭到另一方当事人反对的由一方当事人委托有关技术人员所作的技术分析报告作为证据使用。除非另一方当事人提出了反证，或者反对的意见缺乏证明力。

勘验笔录是指人民法院指派勘验人员对诉讼标的物和有关证据进行现场勘查、检验所作的记录。在专利侵权诉讼中常见于人民法院指派专家对不易搬动的设备等诉讼标的物和有关证据进行现场勘查、检验所作的记录。勘验笔录应由勘验人、当事人以及应邀的其他参加人签字。在有关新产品制造方法的专利侵权诉讼中，为了证实被告披露的“不同于涉案专利的制造方法”是否可以制造出被控侵权产品或者与被告的实际制造方法是否相同，人民法院也可依职权指派勘验人员赴被告的制造现场进行现场勘查、检验。

三、专利侵权诉讼证据的分类

一般来说，专利侵权诉讼时原告提交的证据可分为三类：权利证据、侵权证据和索赔证据。在准备提起专利侵权诉讼的过程中，按该分类收集和整理相关证据，不仅条理清晰，而且不容易发生疏漏。

权利证据是原告主体资格和持有专利权的证明，是其提起专利侵权诉讼的基础；侵权证据用于支持原告所起诉的事实；索赔证据则用于支持原告基于侵权事实所提出的赔偿请求。在专利侵权诉讼中，权利证据和侵权证据是必不可少的，索赔证据只有在原告提出赔偿请求的情况下才需要提供。

（一）权利证据

1. 原告主体资格证明

一般分为原告持有专利权的证明和原告身份证明。而原告又分为自然人和企事业法人。

（1）原告持有专利权的证据，是指原告用以证明自己拥有专利权或者专利许可使用权的证据，包括国家知识产权局授权公告的专利文件、专利证书、最新的专利年费缴纳凭证或者专利登记簿副本等可用来证明自己的专利权真实有效的证明材料；若原告持有实用新型或者外观设计专利权的，最好提交国家知识产权局出具的专利权评价报告。

原告若是专利实施的被许可人的，应提交专利实施许可合同及该合同在国家知识产权局备案的材料，其中排他实施许可合同的被许可人单独提起诉讼的，还应提交专利权人明知有侵权行为却放弃起诉的相关证明材料。

（2）原告的身份证明文件为：中国自然人应提交身份证复印件；外国自然人应提交护照复印件和《取消外国公文书认证要求的公约》（简称《海牙认证公约》）规定的附加证明书（Apostille）；中国法人应提交营业执照复印件；外国法人应提交外国企业登记机关出具的证明及其所在国公证机构的公证和《海牙认证公约》规定的附加证明书。专利财产权利的合法继承人应提交已经继承或者正在继承专利权的证明材料。

需说明的是，在 2023 年 11 月 7 日《海牙认证公约》生效前，外国自然人应提交护照复印件和中国驻外国使领馆的认证；外国法人应提交外国企业登记机关出具的证明及其所在国公证机构的公证和中国驻该国使领馆的认证。《海牙认证公约》生效后，“中国驻该国使领馆的认证”切换为“《海牙认证公约》规定的附加证明书”，其中，附加证明书一般由所在国的外交部出具。

2. 被告主体资格证明

自然人应提交户籍机关证明；企事业单位应提交有关市场监督管理局出具的盖章机读档案，这些资料均可委托律师到被告所在地的公安局和市场监督管理局调取。市场监督管理局出具的盖章机读档案包含：基本信息（企业名称、住所地、法定代表人、资本状况、经营范围、设立时间、经营期限、电话信息等）、股东信息（股东名称、出资额、出资时间、出资方式等）。提供这些证明资料的目的是证明被告目前客观存在。被告为外国法人的，则不需要提供以上证明材料。

3. 专利权有效证据

这类证据主要包括：

（1）专利权证书。记载专利授权时的权属状况。

（2）专利登记簿副本。记载专利权的变化及现有状态，例如，转让、终止、专利被宣告无效等情形。若提交专利登记簿副本，则可不需要再提交专利权证书。

（3）专利授权公告文本。发明或者实用新型为权利要求书、说明书、摘要及摘要附图；外观设计为公告授权的图片或者照片及简要说明。

（4）专利年费收据。若有专利登记簿副本则一般不用提供专利年费收据。

（5）实用新型专利权或者外观设计专利权评价报告等（起诉时可以不提交，但人民法院要求提交时，必须提交）。

（二）产品侵权的证据

侵权行为不同，侵权证据也不同。产品侵权的证据通常包括：

（1）实物样品，当事人从市场或者被告处购得的被疑侵权产品实物。

（2）发票，购买被疑侵权产品实物时获取的凭证。

（3）使用说明书，购买的被疑侵权产品实物包装中所附的产品说明书。

（4）广告、电子数据、影视资料，刊登被疑侵权产品结构的视听广告、网上信息等。

（5）鉴定意见或者分析检验报告，证明被疑侵权产品属于专利保护范围的技术分析报告等。

（三）方法侵权的证据

方法侵权大致有三种：产品和设备的使用方法、产品和设备的装配或安装方法、产品的制造方法。产品和设备的使用方法，以及产品和设备的装配或者安装方法都与产品和设备本身有关，对于一些公开销售的产品和设备的使用方法，购入的产品或设备及其所附的使用说明书中有关于其使用方法的说明，可作为有力的证据。当然被疑侵权人刊登和散发的广告中如果有关于使用方法的说明，也可以作为证据。

也有些安装在整套设备上使用的零部件产品，这些零部件产品的使用保证了整套设备的运作，如果这些产品不单独销售，要证明其使用方法可以通过购入产品或整套设备的方法来实现。即购入整套设备后，再拆卸下其中的相关零部件产品用作上述使用方法专利侵权的证据。

上述证据都与产品有关，其证据的要求参见上述“（二）产品侵权的证据”的相关内容。

对于制造产品的方法专利侵权，由于产品是在企业内部制造的，与制造方法有关的证据存在于被告或者第三人的企业内部，在实务中很难从公开渠道获得，也很难进入现场取证。目前最有效的方法是向人民法院申请证据保全，争取通过人民法院的现场证据保全取得相关证据。具体的操作方法将在第三章第三节“证据保全”中进行说明。

（四）新产品制造方法侵权的证据

新产品制造方法侵权的证据在专利侵权诉讼中较为特殊。与世界各国的做法相同，《专利法》规定了对新产品制造方法的侵权举证实行举证责任转移制度。

在实务中，由于产品制造区域通常位于被疑侵权人的工厂内，专利权人很难进入被疑侵权人的厂房、车间、实验室或办公场所等获取被疑侵权产品制造方法的直接证据。为了减轻新产品制造方法专利的专利权人的举证责任，《专利法》第六十六条[1]提供了一个法律救济措施。

根据《专利法》第六十六条的规定，专利权人或利害关系人在举证证明被控侵权产品是新产品，以及被控侵权产品与利用涉案专利方法制造的新产品相同后，举证责任转移至被告；被告若不能证明其利用的是不落入专利保护范围的其他方法，或者其产品是现有技术而不是新产品的，人民法院将推定其使用

[1] 《专利法》第六十六条规定：“专利侵权纠纷涉及新产品制造方法的发明专利的，制造同样产品的单位或者个人应当提供其产品制造方法不同于专利方法的证明。专利侵权纠纷涉及实用新型专利或者外观设计专利的，人民法院或者管理专利工作的部门可以要求专利权人或者利害关系人出具由国务院专利行政部门对相关实用新型或者外观设计进行检索、分析和评价后作出的专利权评价报告，作为审理、处理专利侵权纠纷的证据；专利权人、利害关系人或者被控侵权人也可以主动出具专利权评价报告。”

了专利权人的方法专利，构成对专利权的侵犯。

显然，专利权人或利害关系人证明新产品制造方法侵权的证据有两种。

1. 证明被疑侵权产品属于专利法意义上的“新产品”

《最高人民法院关于审理侵犯专利权纠纷案件应用法律若干问题的解释》（以下简称《专利解释（一）》）第十七条规定：“产品或者制造产品的技术方案在专利申请日以前为国内外公众所知的，人民法院应当认定该产品不属于专利法第六十一条第一款❶规定的新产品。”因此，只要被疑侵权产品在涉案专利申请日之前已经为国内外公众所知，该产品就不属于新产品。权利人或利害关系人对“新产品”的证明一般可以通过专利说明书中的产品介绍、自己获得的新产品认定证书、国内外相关领域公开出版物的现有技术分析报告、科技查新报告等证据材料证明。其中，利用科技查新报告来证明是新产品最为普遍。

2. 证明被告生产的产品与该“新产品”属于“同样产品”

证明被疑侵权产品与利用涉案专利方法直接获得的产品是同样产品的证据，首先，要提供被疑侵权产品的样品。被疑侵权产品样品的证据要求，参见前述“（二）产品侵权的证据”的相关内容。其次，权利人将涉案专利权利要求和说明书中记载和描述的产品与被疑侵权产品进行比较，或者委托第三方技术鉴定机构进行测试的方法来证明二者为相同产品的测试报告等，都可作为证据。

（五）索赔证据

《专利法》第七十一条❷规定了现行专利侵权损害赔偿计算的四种方式，这四种计算方式下的索赔证据如下。

1. 原告因被侵权所受到的损失的证据

原告的损失一般指由被告的侵权行为而导致的销售数量降低，或者价格下降造成的利润减少等，而原告的销售数量和利润涉及原告的商业秘密，在专利侵权诉讼实务中，原告基本上不愿意披露，因此原告主张按自己的实际受损情况请求赔偿的情况很少见。

2. 直接证明和可用于推定被告侵权所获得的利益的证据

可直接证明被告侵权所得利润的证据一般为记载有被告的销售额、单价和

---

❶ 现为《专利法》第六十六条。

❷ 《专利法》第七十一条规定：“侵犯专利权的赔偿数额按照权利人因被侵权所受到的实际损失或者侵权人因侵权所获得的利益确定；权利人的损失或者侵权人获得的利益难以确定的，参照该专利许可使用费的倍数合理确定。对故意侵犯专利权，情节严重的，可以在按照上述方法确定数额的一倍以上五倍以下确定赔偿数额。权利人的损失、侵权人获得的利益和专利许可使用费均难以确定的人民法院可以根据专利权的类型、侵权行为的性质和情节等因素确定给予三万元以上五百万元以下的赔偿。”

成本的财务账册等资料。这些证据大多保存于被告处，是被告的商业秘密，因此原告很难收集，并且易涉及证据收集的合法性，在专利侵权诉讼实务中原告实际上难以主张。而结合证据保全用推定的方式来主张赔偿的请求，由于证据因案件的不同而有所差异，将在本章第五节“损害赔偿”中说明。

3. 要求按许可合同的专利许可使用费进行赔偿的证据

该证据主要是原告的许可合同。许可合同同样涉及原告的商业秘密，在专利侵权诉讼实务中原告也很少主张。

4. 主张法定赔偿的证据

法定赔偿是法官根据侵权的情节、侵权范围大小和侵权时间长短等因素在3万元至500万元人民币的范围内酌情判决。主张法定赔偿的证据越能证明被告侵权情节严重的，人民法院判定的赔偿额可能就越高，例如，多次侵权、故意侵权或者大范围侵权等。在中国各地取得被告侵权的证据可以证明被告大范围侵权；在不同的时间段取得被告侵权的证据，可以证明被告长时间侵权，这些证据有利于人民法院在确定具体赔偿额时作出有利于原告的判决。

此外，如果原告主张合理费用的，证据包括：支付调查取证费用、公证费用、翻译费用和律师服务费用的合同、发票和银行收款凭证等证据。

四、证据的收集

民事诉讼证据是整个诉讼活动的核心，专利侵权诉讼也不例外。当事人在诉前收集证据主要有以下四种方法。

（1）当事人自行收集证据。

（2）委托代理人调查取证。

（3）申请公证机构进行证据保全，即公证取证。

（4）申请人民法院进行诉前证据保全。

（一）当事人自行收集证据

当事人自行收集证据是民事诉讼中当事人的一种诉讼权利。专利诉讼中当事人自行收集证据主要指专利权人自行收集证据。专利权人是诉讼的主体，了解涉案专利有关的行业情况，信息来源丰富，而且证据的收集结果关系到将来的诉讼能否成功，与专利权人的利益有最直接的关联，因此专利权人往往可以充分调动各种资源进行证据的收集工作。专利权人收集证据的对象包括前述的权利证据、侵权证据和索赔证据。

专利权人虽然有熟悉行业情况和对方当事人的便利，可是在自行收集侵权证据和索赔证据的实务中会遇到三个困难：一是缺少调查取证的专业知识和经验，有时会取不到证据，尤其是有关方法专利和使用设备侵权方面的证据；二是取得的证据不符合证据条件，或者某些独立的证据间缺乏相互连接的证明，致使不能形成完整的证据链，并导致证据未能被人民法院采用；三是受调查取证权的限制，无法获取某些需要的证据。

（二）委托代理人调查取证

专利侵权诉讼前委托代理人调查取证主要是指委托律师调查取证，主要是针对侵权证据和索赔证据。

侵权证据和索赔证据对于专利侵权诉讼而言是至关重要的，只有得到侵权证据和索赔证据的支持，专利权人的诉讼请求才有可能得到人民法院的支持。但正如上述“（一）当事人自行收集证据”所分析的那样，专利权人自行调查取证，如果获得的证据有瑕疵，自己又无法判断该瑕疵，或者第一次取证后引起被调查者的戒备以致无法再次取证，或者所取得的证据不能构成完整的证据链，这些都将影响证据的证明力，可能导致专利权人败诉。

委托律师调查取证则可以较好地解决专利权人自行调查取证中存在的问题。律师是专门从事法律工作的人员，具有丰富的法律知识与办案经验，能帮助专利权人制定出合理、周密的调查取证方案，以保证所取得的证据符合法律规定的要求，即真实性、合法性和关联性。此外，《律师法》第三十五条[1]规定了律师的调查取证权，保证了律师调查取得证据的合法性；由于律师具有调查取证权，在很多情况下由律师进行调查取证比专利权人自行调查取证更为便利，范围也更为广泛。

（三）公证取证

在专利侵权诉讼中，常常会发生被告否认原告提交的被控侵权产品源自被告，而原告无法证实的情况，并由此导致证据不能被人民法院采纳。例如，侵犯产品专利的侵权证据通常包括侵权产品原物、购买发票、附在侵权产品包装中的产品使用说明等，这些证据虽然是在向被告购买侵权产品的同时获得的，但这些证据相互独立，相互之间没有联系的证明。因此，被告在诉讼中虽然可能会承认发票是其开具的，但会要求原告进一步证明被控侵权产品的实物是购自被告，若此时原告没有进一步的相关客观证据佐证，将处于十分不利的境地。

中国公证制度中的证据保全相关规定，为防止上述情况的发生提供了一个

---

[1] 《律师法》第三十五条规定：“受委托的律师根据案情的需要，可以申请人民检察院、人民法院收集、调取证据或者申请人民法院通知证人出庭作证。律师自行调查取证的，凭律师执业证书和律师事务所证明，可以向有关单位或者个人调查与承办法律事务有关的情况。”

较好的解决方案。通过公证取得的证据可以加强证据的证明力，确保该证据的真实性。在诉讼过程中，若被告没有相反证据，则无法否认经公证取证的证据。因此，请公证机构派员对原告的取证过程和取得的证据进行证据保全，近年来已成为收集专利侵权证据的常用手段。

1. 公证的效力

公证可以增强证据效力，经过公证的证据的效力一般强于民事诉讼中其他证据的效力，可以直接作为人民法院认定争议事实的依据。《民事诉讼法》第七十二条规定："经过法定程序公证证明的法律事实和文书，人民法院应当作为认定事实的根据，但有相反证据足以推翻公证证明的除外。"《公证法》第三十六条❶也作了同样的规定。

公证证据的效力来源于公证主体的独立性。在民事诉讼中，一般由原告承担绝大部分的举证责任，被告为了对抗原告的起诉，在必要的时候也会提供用以反驳原告主张的证据。无论是原告的证据还是被告的证据，由于都来源于己方，通常都会被对方认为具有很强的利益导向性和目的性，不仅互不承认，并且相互对抗。而经当事人申请，由独立的非营利第三方公证机构经过法定程序出具的公证证明所确认的证据，具有真实性和可靠性，其效力必然高于其他证据的效力，人民法院可以直接予以确认。

例如，在本书第十二章的案例一中，原告提供的所有证据都经过公证，人民法院均将其作为认定案件事实的根据；而被告提供的证据则属于内部资料，其真实性难以保证。相比之下，原告提供的证据的真实性和可靠性明显强于被告，人民法院自然会倾向于相信原告的证据及其所主张的事实。

总的来说，经过公证的证据，具有真实性和合法性，可以作为人民法院认定事实的依据。

2. 公证机构

《公证法》第六条规定："公证机构是依法设立，不以营利为目的，依法独立行使公证职能、承担民事责任的证明机构。"

根据《公证法》第七条❷和第八条❸的规定，可以在县、不设区的市、设区

❶ 《公证法》第三十六条规定："经公证的民事法律行为、有法律意义的事实和文书，应当作为认定事实的根据，但有相反证据足以推翻该项公证的除外。"

❷ 《公证法》第七条规定："公证机构按照统筹规划、合理布局的原则，可以在县、不设区的市、设区的市、直辖市或者市辖区设立；在设区的市、直辖市可以设立一个或者若干个公证机构。公证机构不按行政区划层层设立。"

❸ 《公证法》第八条规定："设立公证机构，应当具备下列条件：（一）有自己的名称；（二）有固定的场所；（三）有二名以上公证员；（四）有开展公证业务所必需的资金。"

的市、直辖市或者市辖区设置公证处，行使公证职能。公证处应当有自己的名称、固定的场所、两名以上的公证员和开展公证业务所必需的资金。

公证机构派公证员对购买专利侵权产品的过程和获得的侵权产品进行公证，属于《公证法》第十一条❶规定的保全证据。

3. 公证的管辖

公证的管辖主要是地域管辖，即以公证机构所在的行政区域为标准划分公证机构之间的管辖权，各公证机构之间无上下隶属关系，即不存在级别管辖，这是公证管辖明显区别于诉讼管辖的地方。

《公证法》第二十五条规定："自然人、法人或者其他组织申请办理公证，可以向住所地、经常居住地、行为地或者事实发生地的公证机构提出。申请办理涉及不动产的公证，应当向不动产所在地的公证机构提出；申请办理涉及不动产的委托、声明、赠与、遗嘱的公证，可以适用前款规定。"因此，公证的管辖可以分为以下四种情况。

（1）由当事人住所地或经常居住地的公证机构管辖：住所地一般是指自然人的户籍所在地、法人或者其他组织的主要办事机构所在地；若当事人的住所地与其经常居住地不一致的，则由经常居住地的公证机构管辖。

（2）由行为地的公证机构管辖：如签订合同的行为由合同签订地的公证机构管辖；若行为地涉及两个公证机构，则由当事人双方协商一致，选择由任意一个有管辖权的公证机构管辖。

（3）由事实发生地的公证机构管辖：这一公证管辖在实践中较多地涉及对法律文书的证明，如学历证书、权利证书、文件的签名以及印章的真实性等。

（4）由不动产所在地的公证机构管辖：当事人申请办理涉及不动产的公证事项的，由不动产所在地的公证机构管辖。

因此，除涉及不动产的公证事项，当事人可以向符合前述三种管辖中的任何一个公证机构提出公证申请。

另外，《公证程序规则》第十五条规定："二个以上当事人共同申办同一公证事项的，可以共同到行为地、事实发生地或者其中一名当事人住所地、经常居住地的公证机构申办。"第十六条规定："当事人向二个以上可以受理该公证

---

❶ 《公证法》第十一条规定："根据自然人、法人或者其他组织的申请，公证机构办理下列公证事项：（一）合同；（二）继承；（三）委托、声明、赠与、遗嘱；（四）财产分割；（五）招标投标、拍卖；（六）婚姻状况、亲属关系、收养关系；（七）出生、生存、死亡、身份、经历、学历、学位、职务、职称、有无违法犯罪记录；（八）公司章程；（九）保全证据；（十）文书上的签名、印鉴、日期，文书的副本、影印本与原本相符；（十一）自然人、法人或者其他组织自愿申请办理的其他公证事项。法律、行政法规规定应当公证的事项，有关自然人、法人或者其他组织应当向公证机构申请办理公证。"

事项的公证机构提出申请的，由最先受理申请的公证机构办理。”具体来说，申请专利侵权证据的公证保全，适用以下管辖规定。

（1）申请人所在地和侵权行为发生地的公证机构具有管辖权。例如，专利权人或者利害关系人A公司的住所地是上海市静安区，而涉嫌专利侵权的B公司在北京市海淀区，A公司拟到B公司所在地取证时，可申请上海市静安区的公证机构或者北京市海淀区的公证机构进行证据保全，因为上海市静安区是A公司住所地，而北京市海淀区是B公司的侵权行为发生地，该两区的公证机构都有管辖权。

（2）中国现有四个直辖市，即北京市、上海市、天津市和重庆市。直辖市内的任一公证机构对住所地在直辖市内的申请人提出的证据保全请求和对发生在直辖市内的任何侵权行为提出的证据保全公证申请都有管辖权。例如，A公司的住所地在上海市静安区，其可以申请上海市黄浦区的公证机构对住所地在北京市海淀区的B公司进行证据保全的公证。

4. 公证的申请

（1）公证申请人。《公证法》第三十一条第（二）项规定，当事人与申请公证的事项没有利害关系的，公证机构不予办理公证。《公证程序规则》第九条也明确规定，“公证当事人是指与公证事项有利害关系并以自己的名义向公证机构提出公证申请，在公证活动中享有权利和承担义务的自然人、法人或者其他组织”。

公证申请人必须是与公证事项有利害关系的自然人、法人或者其他组织。申请专利侵权证据保全公证的，专利权人具有申请人的资格，律师当然可以接受专利权人的委托向公证机构申请证据保全。律师代理申请的，其律师事务所所在地的公证机构具有管辖权。

（2）申请公证的资料。主要包括：①申请人为自然人应提交身份证复印件，申请人为法人应提交营业执照复印件及其法定代表人的身份证明；②委托律师代理申请公证的，律师须提交当事人的授权委托书和律师事务所的执业许可证复印件；③申请公证；④与申请公证的事项有关的其他材料。

5. 公证的取证方式

公证机构经审查，认为申请提供的证明材料真实、合法、充分，申请公证的事项真实、合法的，应当受理该公证申请，并自受理公证申请之日起15个工作日内向申请人出具公证书。

公证取证的方式主要有以下五种：

（1）通过询问当事人、公证事项的利害关系人来核实公证事项。

（2）通过询问证人来核实公证事项。

（3）向有关单位或者个人了解相关情况或者核实、收集相关书证、物证、视听资料等证明材料。

（4）通过现场勘验核实公证事项。

（5）委托专业机构或者专业人员鉴定、检验检测、翻译公证事项。

除了核实、收集书证以外，公证机构派公证员外出核实公证事项的，应当由两人共同进行；若特殊情况下只有一个人外出核实公证事项的，应当有一名见证人在场。但在公证取证的过程中，公证员可以表明也可以不表明其公证员的身份。在专利侵权证据保全时，公证员通常在未表明身份的情况下如实地对侵权产品的购买和取证过程进行公证。

公证机构派公证员办理专利侵权证据保全公证时，公证员根据当事人的要求和被保全对象的不同情况，通常会对当事人购买或者获取侵权实物的过程进行公证，并且将现场获得的侵权实物、发票和其他物品进行公证封存。如果当事人取证时与对方营业员的交谈内容需要公证的，公证员也会对谈话录音进行公证。

6. 出具公证书

公证书，是指国家公证机构依法对当事人申请公证的法律行为、有法律意义的文书和事实进行审查后，确认其真实性、合法性而出具的证明文书。

《公证程序规则》第四十五条规定："公证机构制作的公证书正本，由当事人各方各收执一份，并可以根据当事人的需要制作若干份副本。公证机构留存公证书原本（审批稿、签发稿）和一份正本归档。"

证据保全公证书应记载申请保全的时间、理由以及进行证据保全的时间、地点、方式等内容。保全证据时所拍摄的照片、录像及实物、发票等，应在清单中列明；通常公证取证会取到数个实物，而经过公证保全的资料、录音录像等可复制对应的套数与实物一起公证封存，一般由公证机构保管一套，其他由公证申请人自行保管。

7. 公证书和公证物品的保管期限

公证事项办理结束后，公证机构应当将公证文书以及相关的公证材料原件复印件、物证照片以及文字描述等记载留存附卷，并分类立卷，归档保存。《公证档案管理办法》第二十一条规定："公证档案的保管期限规定为永久、长期和短期三种。凡属于需要长远查考、利用的公证档案，列为永久保管。凡属于在相当长时期内需要查考、利用，作为证据保存的公证档案，列为长期保管，保管期限为六十年。凡属于在较短时间内需要查考、利用，作为证据保存的公证档案，列为短期保管，保管期限为二十年。”

专利侵权诉讼有专利权期限和诉讼时效的限制，专利侵权的证据保全资料包括公证书和公证物品，公证机构的保管期限为20年，属短期保管。

公证取证后的公证文书本身不存在时效问题，它是随着所公证的事项的存在而存在的，只要该公证文书没有被依法撤销，它就一直有效，不受公证机构保管期限的限制。但公证文书作为证据之一适用于民事诉讼中时，应遵循举证期限的一般要求，即在民事诉讼第一审程序的预备庭程序之前，当事人应当向人民法院提交相关的公证证据。

（四）申请人民法院进行诉前证据保全

在专利侵权诉讼案件中，为了获得一些难以取得的证据，可以向人民法院申请诉前证据保全，具体内容详见本书第三章“诉讼保全”。

（五）证据收集时的注意事项

专利权人或相关人员在制订调查取证策略、调查取证过程中或者使用已取得的证据时，应注意以下事项。

1. 证据的关联性

实务中，专利权利人调查取证时，应注意所调查收集的证据，包括单独的直接证据和已形成证据链的间接证据，可以明确地证明侵权产品确实是由被告制造、使用或者销售的。例如，收集的侵权产品上标记有被告的企业名称或者商标，被告出具的销售发票上明确地记载了侵权产品的名称、型号以及盖有被告单位的印章等。因为缺少上述能直接证明调查收集到的侵权产品是由被告制造、销售的这些内容，一旦被告不承认侵权产品是由其制造或销售的，证据很可能失去关联性，不被法院采用。

2. 优势证据规则

调查取证工作十分复杂，经过努力收集到的侵权证据中也常常出现缺少能直接证明侵权者或者侵权行为的证据，或者间接证据缺少其中一环，无法形成证据链的情况。对此，专利权利人应根据优势证据规则进行调查取证和使用取得的证据。

优势证据规则是指，当证明某一事实存在或不存在的证据的分量与证明力比反对的证据更具有说服力，或者比反对的证据可靠性更高，由法官采用具有优势的一方当事人所列举的证据认定案件事实。

例如，最高人民法院（2019）最高法知民终152号判决的案例如下。

被告在国内制造的珠子玩具产品仅在国外通过亚马逊销售。原告委托一家提供代购涉案产品服务的淘宝店铺A，成功购得了被告生产的并在海外销售的三种涉案珠子玩具产品。

该案的争议焦点之一是被控产品是否由被告在中国制造。原告提供了被告的官网宣传资料以及从淘宝店铺A处取得的涉案物证下单和物流信息，结合淘宝店铺A的证据和被控产品外包装上所记载的“made in China”等证明被控产品系由被告在中国境内制造，之后由美国亚马逊网站进行销售，再由中国的淘宝店铺A购买并运输至中国。对此，被告虽然予以否认，但并未提供任何反证。

在确认被控产品落入权利保护范围和产品上标有“made in china”的情况下，由于被告无法提供被控产品不在国内制造的相反证据，人民法院根据优势证据规则确认被控产品由被告在国内制造，一审判决被告侵权，并赔偿原告经济损失人民币80万元。二审法院维持原判。

又如，北京知识产权法院（2019）京73民初1612号判决的案例如下。

该案涉及测定仪的图形用户界面（GUI）外观设计专利。专利简要说明记载了3张图形用户界面图片跳转变化的动态过程。被控产品的产品用户手册包含上述3张显示图形用界面状态变化的图片。

被告提出：①被控产品的产品用户手册证据中只有3张显示界面状态变化的图片，这些图像没有显示与涉案专利相同的完整的动态变化过程，因此无法证明其产品侵权；②在申请日以前，被控产品已公开销售。

法院经审理认为：① 被控产品在该案的专利申请日之前已向药品监督管理局进行了产品备案登记，送检报告等文件中的该3张图片可证明被告在涉案专利申请日前已完成设计；② 对比被告产品备案登记用的用户手册和被控产品正式上市时附随的第二版用户手册，二者的3张图形用户界面图片无实质性差异，说明被控产品自备案至上市以来其产品配置的用户界面并没有发生实质性变更，而原告公证购买被控产品的时间与被告销售给案外人某医院产品的时间间隔很短，被告在该期间内变更用户界面的可能性很小；③ 虽然该案证据仅有与涉案专利相近似的3张关键帧图片（主视图A部界面放大图、界面变化状态图1、界面变化状态图2)，缺少图片的跳转顺序，由于原告证据中的被控产品配备的是第二版用户手册，与送检报告中的用户手册相同，显然二者图形用户界面跳转顺序实质性相同存在高度盖然性；④ 在确认了3张图片的排列顺序后，不难推演出这3张图片状态变化的动态过程。

综上，法院推定被控产品3张界面状态显示图及其动态变化过程在涉案专利申请日前已为相关公众知晓，属于现有设计。

3. 证据的合法性

证据收集过程还要注意取证的合法性。真实性、关联性、合法性是民事诉讼证据的三个重要属性，而证据的合法性，往往是专利侵权诉讼中双方当事人争辩的主要事项之一。

关于证据合法性的认定，《最高人民法院关于适用〈中华人民共和国民事诉讼法〉的解释》（以下简称《民事诉讼法解释》）第一百零六条规定："对以严重侵害他人合法权益、违反法律禁止性规定或者严重违背公序良俗的方法形成或者获取的证据，不得作为认定案件事实的根据。"上述规定确立了民事诉讼非法证据的判断标准：第一，取证行为是否严重侵害了他人合法权益；第二，取证行为是否违反了法律禁止性规定；第三，取证行为是否严重违背公序良俗。

实务中，发现真实显然是民事诉讼的主要目标之一。对非法证据的认定，应当兼顾程序正义与实体公正，既有效保障各方当事人的合法权益，又有利于案件事实的查明。一般而言，人民法院根据具体的案情，从比例原则出发，综合考虑取证行为的必要性、取证行为造成的实际损害等因素，对民事诉讼中的证据是否适用非法证据排除作出认定。

（1）取证行为的必要性。如果法律已经为当事人设置了从对方当事人或第三人处获取证据的合法途径，当事人能够选择合法途径却弃而不用，则其通过非法取证行为所形成或者获取的证据不应被采纳。但是，如果客观上当事人并无其他更为合适的取证途径可以选择，或者存在证据可能灭失的紧急情况，当事人非通过轻微违法的方式取证其权益无法获得保护，则该取证行为可视为具有必要性。在知识产权侵权诉讼中，基于权利客体的无形性，权利人"取证难"的问题客观存在。在侵权证据为被诉侵权人或者第三人所掌握的情况下，过分苛责取证方式，对取证行为的合法性作出比较狭窄的解释，将使得侵权事实难以查明，不利于知识产权的司法保护。

（2）实际损害的考量。对民事诉讼中非法取证行为的认定，还需要考量该取证行为对他人合法权益造成了何种损害，该损害是否涉及刑事违法性或者触及他人重要民事权益等。通常，具有刑事违法性的取证行为，或者以侵犯他人重要民事权益的方式形成或者获取的证据，应当作为非法证据在民事诉讼中予以排除。但是，对于以轻微行政或民事违法行为形成或者获取的查明案件基础事实的关键证据，其既未损害他人重要民事权益，亦未违反法律禁止性规定或者严重违背公序良俗，则不应不加区别直接予以排除。

（3）比例原则的适用。取证行为在方式、手段上的不合法，不能否定证据内容的真实性。对民事诉讼非法证据的认定，需要在轻微违法的取证行为给他人合法权益造成的损害与诉讼所要保护的利益（忽略取证行为的违法性所能够保护的利益）之间进行平衡，使二者保持适当、合理、均衡的比例关系。

侵害专利权纠纷案件中，对于原告提供的侵权证据，一旦被诉侵权人主张专利权利人是以《民事诉讼法解释》第一百零六条规定的违法方式取证的，专利权人可以结合其是否并无其他更为合适的取证途径、证据是否存在可能灭失的紧急情况、证据是否属于专利权救济的关键证据、他人权益因取证行为的受损是否明显小于专利权利人因取证行为的获益等因素进行抗辩。

例如，最高人民法院（2022）最高法知民终222号判决的案例。

该案的原告法定代表人未经被告许可在被告公司生产车间拍摄了涉案照片，被告报警。派出所的工作人员对拍摄的照片进行删除，但遗漏了两张。原告请求莆田市市场监督管理局查处专利侵权，莆田市市场监督管理局认为原告提供违法所得的照片作为证据材料，不符合证据合法性，遂决定撤销原告提起的涉案专利侵权纠纷案。

原告向福建省福州市中级人民法院提起专利侵权诉讼。一审法院认为原告提供的两张被诉侵权产品照片为原告法定代表人在被告公司拍摄的照片，经莆田市涵江区梧塘派出所处理及莆田市市场监督管理局认定，照片系违法取得的证据，不应作为该案认定事实的依据。另，从该两张照片中也无法得出被诉侵权产品是否包含相关技术特征。一审法院认为原告提交的证据不足以证明被告存在侵权行为，故其要求被告停止侵权及赔偿损失等诉讼请求缺乏事实和法律依据，依法予以驳回。

原告不服，向最高人民法院提起上诉。二审法院认为原告提交的被诉侵权产品照片不属于《民事诉讼法解释》第一百零六条规定的情形，不应视为非法证据予以排除。其理由如下。

（1）被诉侵权产品是用于生产鞋眼松紧带的机器设备，被告使用该设备生产鞋眼松紧带产品，但未对外销售该设备，除进入被告生产场所拍摄取证外，原告难以通过其他方式从被告或者第三人处获取初步证据，其取证行为具有必要性。而且，原告在其取证受阻后，及时请求市场监管部门立案调查，但由于市场监管部门作撤销案件处理，其维权目的无法借助执法部门的介入而实现。

（2）原告隐瞒身份进入被告的生产场所进行拍摄取证，该行为未经过被告许可，但并未对被告的生产经营秩序或者其他重要民事权益造成严重妨碍或严重损害。公安机关要求原告删除所拍摄的照片，属于履行社会治安管理职责的行为，其与民事诉讼在目的、任务、价值取向、法律依据等方面均不同，不能仅基于此在民事诉讼中简单适用非法证据排除规则。公安机关仅要求删除照片而未作进一步处理，也说明原告的行政违法行为情节轻微，未造成严重的损害后果。

（3）经过原审法院现场调查和二审法官询问，被诉侵权产品已经被被告处理，亦无产品设计图纸，无法对被诉侵权产品实物进行比对，原告所提交的两张照片成为查明该案事实的关键证据，如果不予采纳，将导致该案的技术事实无法查明，专利权人的权益无法维护。与之相应地，原告的取证行为虽然对被告的生产秩序造成了一定干扰，但并不能认定其侵害了被告的重要权益。被告主张该取证行为侵害了其商业秘密，但不能对商业秘密的内容、范围及载体作出明确陈述，故不能认定原告实际侵害了被告的商业秘密。被告亦未举证证明其因原告的取证行为遭受了其他严重损害。

该案中，最高人民法院的二审判决正是基于上述分析，认定原告取证行为的违法性对被告权益的损害明显弱于忽略该违法性所能够保护的专利权人的利益，因此原告所提交的在被告公司拍摄的两张被诉侵权产品照片可予采纳，作为查明该案技术事实的依据。

五、专利权评价报告

中国的实用新型专利和外观设计专利只进行初步审查，没有像发明专利申请一样进行新颖性、创造性和实用性的实质性审查。因此，在专利侵权诉讼中，实用新型专利和外观设计专利的有效性常常会影响诉讼的进程和结果。专利权评价报告的目的就是解决实用新型专利和外观设计专利未经实质性审查存在的权利有效性问题。

国家知识产权局根据专利权人或者利害关系人的请求，对相关实用新型专利或者外观设计专利进行检索，并就该专利是否符合专利法及其实施细则规定的授权条件进行分析和评价后，作出专利权评价报告。

专利权评价报告是人民法院或者管理专利工作的部门审理、处理专利侵权纠纷的证据，主要用于人民法院或者管理专利工作的部门确定是否需要中止相关程序。

（一）专利权评价报告的制度沿革

1984 年颁布的《专利法》没有关于专利权评价报告的内容。当时的专利侵权诉讼，被告只要对原告的专利权提出无效宣告请求并要求人民法院中止其专利侵权诉讼审理的，人民法院一般都会中止专利侵权诉讼的审理，等待无效宣告请求的结论明确后再继续专利侵权诉讼的审理。

2000 年第二次修正的《专利法》第五十七条第二款规定：“专利侵权纠纷涉及新产品制造方法的发明专利的，制造同样产品的单位或者个人应当提供其产品制造方法不同于专利方法的证明；涉及实用新型专利的，人民法院或者管理专利工作的部门可以要求专利权人出具由国务院专利行政部门作出的检索报告。”

第二次修正的《专利法》增加了实用新型专利的检索报告的内容。当人民法院审理实用新型专利侵权诉讼时，只要被告针对原告的实用新型专利权提出无效宣告请求并请求人民法院中止专利侵权诉讼审理的，原告如果没有检索报告或者检索报告没有确认实用新型专利的新颖性和创造性的，人民法院同样会因被告的专利无效宣告请求和中止专利侵权诉讼的请求而中止专利侵权诉讼的审理。

2008 年第三次修正的《专利法》第六十一条第二款规定：“专利侵权纠纷涉及实用新型专利或者外观设计专利的，人民法院或者管理专利工作的部门可以要求专利权人或者利害关系人出具由国务院专利行政部门对相关实用新型或者外观设计进行检索、分析和评价后作出的专利权评价报告，作为审理、处理专利侵权纠纷的证据。”

第三次修正的《专利法》增加了实用新型专利权和外观设计专利权评价报告的内容。根据该规定，人民法院在审理这两种专利的侵权诉讼时，只要被告针对原告的实用新型专利或者外观设计专利提出无效宣告请求并请求人民法院中止专利侵权诉讼审理的，原告如果没有专利权评价报告或者专利权评价报告没有确认实用新型专利或者外观设计专利的新颖性和创造性的，人民法院同样会因被告的无效宣告请求和中止专利侵权诉讼的请求而中止专利侵权诉讼的审理。

2020 年第四次修正的《专利法》进一步强调补充了“专利权人、利害关系人或者被控侵权人也可以主动出具专利权评价报告”。

（二）申请专利权评价报告的程序

出具专利权评价报告的主体是国家知识产权局。申请专利权评价报告的主体既可以是专利权人，也可以是其利害关系人（利害关系人，参见第四章第四节之一“当事人信息”的相关内容）。

申请专利权评价报告的，应当向国家知识产权局提交专利权评价报告请求书，写明申请号或专利号，并按要求支付请求费。每项请求应当限于一项专利权。国家知识产权局在收到合格的专利权评价报告请求书和请求费后，必须在 2 个月内作出专利权评价报告。

任何单位或个人可以向国家知识产权局申请查阅和复制专利权评价报告。

（三）专利权评价报告的更正请求

请求人对于专利权评价报告有异议的，可以在收到专利权评价报告后 2 个月内向国家知识产权局提出更正请求。

可以请求更正的内容为：

（1）著录项目信息或文字错误；

（2）作出专利权评价报告的程序错误；

（3）法律适用明显错误；

（4）结论所依据的事实认定明显错误；

（5）其他应当更正的错误。

国家知识产权局在接到更正请求后，一般应成立包括组长、主核员和参核员三人组成的复核组，对原专利权评价报告进行复核。复核结果经复核组合议作出，合议时采取少数服从多数的原则，作出原专利权评价报告的审查员和审核员不参加复核组。

（四）专利权评价报告的效力

由于专利权评价报告不是行政决定，因此专利权人或者利害关系人不能就此提起行政复议和行政诉讼。

在实用新型专利和外观设计专利侵权纠纷案件中，原告可以在起诉时提交专利权评价报告。如果原告没有提交，人民法院也可以要求原告提交，或者在被告的请求下要求原告提交专利权评价报告。

专利权评价报告是证明形式的参考文件，当人民法院或者地方知识产权局审理、处理专利侵权纠纷时，人民法院或者地方知识产权局可以此作为参考，用于确定是否需要中止专利侵权诉讼或者行政调处的相关程序。

专利权评价报告本身没有法律效力，它只能用作判断专利有效性时的参考。在现行法律体系下，专利权评价报告的性质为民事诉讼的普通证据。

（五）专利权评价报告与诉讼中止的关系

专利权评价报告的主要作用是，在被告提起专利无效宣告请求和请求人民法院中止专利侵权诉讼审理的情况下，供人民法院参考决定是否应当中止该专利侵权诉讼的审理。

当原告没有提交专利权评价报告或者专利权评价报告否认了实用新型专利或者外观设计专利权的新颖性和创造性，并且被告提出专利无效宣告请求以及中止专利侵权诉讼审理请求的，人民法院一般会中止诉讼的审理程序。如果专利权评价报告肯定了实用新型专利或者外观设计专利的新颖性和创造性，但是被告提出新的有可能破坏原告专利的新颖性和创造性的对比文件时，法官也可能会根据其裁量权作出中止专利侵权诉讼审理的裁定。

（六）专利权评价报告的运用

由于实用新型专利和外观设计专利在申请时没有进行过实质性审查，专利权人对其所拥有的专利权的有效性并不清楚，而通过专利权评价报告，专利权人能够较好地了解其专利权是否足够稳定，并据此决定是否提起专利侵权诉讼。

在实用新型专利和外观设计专利侵权纠纷中，有利于专利权人的专利权评价报告能够促进法官形成有利于专利权人的心证，从而使法官极有可能不中止专利侵权诉讼的审理，并作出有利于专利权人的判决。

对实用新型和外观设计专利的专利权人而言，请求作出专利权评价报告的费用并不高，且在 2 个月内就能有结果，因此诉前申请专利权评价报告已成常态。

对于被告而言，一方面，如果专利权评价报告认定涉案专利存在不符合专利法及其实施细则相关规定的缺陷，则可以据此请求人民法院中止诉讼的审理程序；另一方面，尽管专利权评价报告对于涉案专利是否符合授权条件的评价不具有法律效力，但是其可以为专利无效宣告请求中证据的收集提供启示或者线索。

第二节　侵犯专利权行为分析

《专利法》第十一条规定：发明和实用新型专利权被授予后，除本法另有规定的以外，任何单位或者个人未经专利权人许可，都不得实施其专利，即不得为生产经营目的制造、使用、许诺销售、销售、进口其专利产品，或者使用其专利方法以及使用、许诺销售、销售、进口依照该专利方法直接获得的产品。

外观设计专利权被授予后，任何单位或者个人未经专利权人许可，都不得实施其专利，即不得为生产经营目的制造、许诺销售、销售、进口其外观设计专利产品。

该条款规定了构成违法实施专利权的三个条件：

（1）未经专利权人许可；

（2）以生产经营为目的；

（3）实施了专利保护的内容。

任何人满足上述三个条件的行为，都将构成专利侵权。

该条款还列举了多种实施专利权的行为，区别于发明和实用新型专利，外观设计专利权保护的内容不涉及使用行为，本章主要介绍与实施专利权有关的行为。

一、实施专利的行为

（一）制　造

“制造”是常用词，不难理解，北京市高级人民法院发布的《专利侵权判定指南（2017）》（以下简称《北京专利指南》）对“制造”的定义是：“制造发明或者实用新型专利产品，是指权利要求中所记载的产品技术方案被实现”，“制造外观设计专利产品，是指专利权人向国务院专利行政部门申请专利时提交的图片或者照片中的该外观专利产品被实现”。简而言之，制造是指技术方案或者设计方案被实现。从行为角度而言，产品的实现方法（以方法限定的产品权利要求除外）和产品的数量、质量并不影响对制造行为的认定，将部件组装成专利产品同样被定性为“制造”。

从司法实践来看，“制造”行为本身不会产生太大的歧义，当事人争议焦点比较多的集中在如何认定“制造者”。

1. 未直接实施制造行为，但在产品上标注企业名称和专属产品型号

在（2017）最高法民再122号侵害实用新型专利权纠纷案[1]中，被诉侵权人主张其并未实施制造行为，仅系销售者，并以销售产品具有合法来源抗辩其不应承担赔偿责任。法院认为，被诉侵权人虽未直接制造被诉侵权产品，但根据其对他人制造行为的控制、最终成品上标注的被诉侵权人企业名称和专属产品型号等因素，可以推定被诉侵权人实施了制造行为。[2]

2. 在3C认证中将自己标注为制造商

在（2017）粤民终2900号侵害外观设计专利权纠纷案[3]中，权利人以被诉侵权产品上有被诉侵权人的名称、地址和商标为由，主张被诉侵权人为制造商；被诉侵权人主张其产品来源于他人并提供了来源凭证而否认权利人的指控；一审法院以优势证据原则认定有关制造商的指控不成立。二审法院进一步查明，被诉侵权人以制造商的身份对涉案产品申请了3C认证并获得证书。法院认为，3C认证即“强制性产品认证制度”，是我国政府为保护消费者人身安全和国家安全、加强产品质量管理、依照法律法规实施的一种产品合格评价制度。为保护国家安全、防止欺诈行为、保护人体健康或者安全、保护动植物生命或者健

---

[1] 该案入选《最高人民法院知识产权案件年度报告（2017）》。

[2] 如果被诉侵权人举证证明该产品来源于他人，则需要根据案件证据材料综合认定被诉侵权人行为的性质。

[3] 该案入选“2018年中国法院50件典型知识产权案例”。

康、保护环境，国家规定的相关产品必须经过认证，并标注认证标志后，方可出厂、销售、进口或者在其他经营活动中使用。3C 认证中的制造商负责产品设计和定型，是产品的设计者；生产厂是对产品设计负责生产，是产品的加工场所，对产品加工质量负责。3C 认证的申请人和证书列明的制造商皆为被诉侵权人，可以证明被诉侵权人为产品的制造者。

3. 委托他人制造

在前述（2017）粤民终 2900 号侵害外观设计专利权纠纷案中，法院认为："制造专利产品"，首先是直接的生产行为。对于外观设计来说，是指在与专利产品相同或者近似类别产品上作出或者形成与专利图片或者照片中的专利产品外观设计相同或者近似外观的产品。其次还包括间接生产行为，即在委托加工专利产品的情况下，如果委托方要求加工方根据其提供的设计方案制造专利产品，或者专利产品的形成中体现了委托方提出的设计要求，或者专利产品的形成是委托方参与的结果，体现了委托方的意志，则可以认定是双方共同实施了制造专利产品的行为，二者均为专利法意义上的制造者。因此，制造的方式并不影响制造的认定。直接制造和间接制造都是制造。制造的本义也并不在于自己直接制造还是假他人之手间接制造，而是产品的形成与其存在因果关系。

4. 采购他人生产的产品并最终对外宣示自身为"制造者"

在（2017）沪 73 民初 596 号案[1]中，被诉侵权人主张其系从他人处采购整机，不应仅凭被诉侵权产品外包装信息就认定其为专利法意义上的制造者。法院经查明事实认为：被诉侵权人自行提供的与案外人采购订单中记载"气柱状包装、不封口，硒鼓上不用贴标贴。做一个记号并通知，方便售后气泡袋上面贴型号"，足以证明相关采购系内部法律关系，不对外披露，对外显示被诉侵权人为被诉侵权产品的制造商，且产品型号由被诉侵权人确定并标记、产品外包装为被诉侵权人提供。因此，可以认定被诉侵权产品的最终制造行为由被诉侵权人实施完成。

同时，从被诉侵权产品的商业外观来看，被诉侵权产品附加的产品信息（生产商及地址、服务热线、网址信息、型号、商标等）表明被诉侵权人就商品溯源和品质保证向购买者进行了明确提示，自称"生产者"，表达了其将自己对外公示为被诉侵权产品制造者的意思表示。现代商业分工日益细化，"制造"概念并非仅指作出或者形成覆盖专利权利要求所记载的全部技术特征的产品的生产活动，采购他人生产的产品最终对外宣示自身为"制造者"已是较为

---

[1] 该案入选"2018 年中国法院 50 件典型知识产权案例"。

常见的商业惯例。因此，从被诉侵权产品及其外包装等处标注的信息来看，购买者确信被诉侵权人是该产品的制造者。

5. 组织生产资源、协调上下游生产环节、确定产品技术方案的组织者，可能构成被诉侵权产品的制造者

在（2021）最高法知民终2301号侵害发明专利权纠纷案[1]中，一审法院查明，涉案产品包装外部标有“DISNEY 迪士尼”“被许可方：广州冠某贸易公司，制造商：浙江复某工贸公司”；产品合格证及使用说明书都显示“被许可方：广州冠某贸易公司；制造商：浙江复某工贸公司”。二审时，广州冠某贸易公司和浙江复某工贸公司陈述，浙江复某工贸公司系广州冠某贸易公司的股东，两公司之间存在关联关系，两公司授权金华某文体用品公司使用其“迪士尼”商标，防伪标签由其提供；其仅对杯子的外观、图标进行审核，对杯子的性能、技术参数没有审核，并要求产品冠名时必须将两公司列为制造商；其不清楚金华某文体用品公司对外销售何种产品，以及被诉侵权产品由谁生产。

一审法院认为，尽管该案中侵权产品多处标注广州冠某贸易公司系被许可方、制造商为浙江复某工贸公司，但侵权产品实际并非由该两公司制造，原告以广州冠某贸易公司许可金华某文体用品公司使用迪士尼品牌，主张广州冠某贸易公司、浙江复某工贸公司实施了销售侵权产品的行为，证据不足，不予支持。

但二审法院对于制造者作出了不同的认定。二审法院认为，虽然没有证据证明广州冠某贸易公司、浙江复某工贸公司与被诉侵权产品的实际制造者进行了接触，没有实施物理意义上的制造行为，但其通过金华某文体用品公司对产品的外观、图案进行审核以及对于防伪标签数量的控制，对于被诉侵权产品的制造行为实施了控制。从最终成品来看，产品包装及说明书、产品合格证标注被许可方及制造商为广州冠某贸易公司、浙江复某工贸公司，进一步确认了两公司的制造者身份。广州冠某贸易公司在其签发的授权书中“许可金华某文体用品公司销售我司的迪士尼产品”的表述也表明了广州冠某贸易公司的制造者身份。被诉侵权产品上的防伪标识系由广州冠某贸易公司、浙江复某工贸公司向金华某文体用品公司提供，被诉侵权产品上贴有防伪标识即意味着产品来源的真实性。综合以上事实，应当认定广州冠某贸易公司、浙江复某工贸公司系被诉侵权产品的制造者。广州冠某贸易公司、浙江复某工贸公司以其仅向金华某文体用品公司销售防伪标识为由抗辩其不是被诉侵权产品制造者，其主张显然不能成立。一审法院以被诉侵权产品实际并非由广州冠某贸易公司、浙江复

[1] 该案入选“最高人民法院知识产权法庭裁判要旨摘要（2023）”。

某工贸公司制造为由，否定两公司制造者身份，割裂了上述各事实之间的联系和整体证明力，事实认定有误，应予纠正。

（二）使　用

“使用”是常用词，容易理解。《北京专利指南》对“使用”的定义是：“使用发明或者实用新型专利产品，是指权利要求所记载的产品技术方案的技术功能得到了应用或者效果得以实现”；“使用外观设计专利产品，是指该外观设计产品的功能、技术性能得到了应用”。该指南对于“使用专利方法”也给出了界定，“使用专利方法，是指权利要求记载的专利方法技术方案的每一个步骤均被实现，使用该方法的结果不影响对是否构成侵犯专利权的认定”。需要注意的是，根据《专利法》的规定，使用外观设计专利产品并不构成侵权。

以下列举司法实践中特殊的“使用行为”，供大家参考。

1. 将侵权产品作为零部件组装于另一产品中属于“使用”专利产品的行为

在（2019）最高法民申1947号侵害实用新型专利权纠纷案中，被诉侵权人自他人处购买侵权产品花洒，再和水龙头、不锈钢硬管和软管组合装配成组合式淋浴器后销售。法院认定，根据《专利解释（一）》[1]的规定，上述组合装配行为属于“使用”专利产品，而非“制造”专利产品。区分“制造行为”和“使用行为”是有意义的，就“使用”而言，法律规定了免责条款。[2]

2. “使用”包含了“许诺使用”

在（2014）昆知民初字第384号侵害发明专利权纠纷案[3]中，权利人认为被诉侵权人在给他人提供设备堵漏施工服务时使用其专利方法，诉请停止使用专利方法。法院最终认定被诉侵权人在施工过程中使用了专利方法，构成专利侵权。鉴于被诉侵权人的施工服务已经结束，在判断其是否需要承担停止侵权的民事责任问题上，法院论述了“许诺使用”和“使用”的关联，并基于被诉侵权人仍在继续的“许诺使用”行为判定停止侵权。

---

[1] 《专利解释（一）》第十二条规定：“将侵犯发明或者实用新型专利权的产品作为零部件，制造另一产品的，人民法院应当认定属于专利法第十一条规定的使用行为……”

[2] 《专利法》第七十七条规定：“为生产经营目的使用、许诺销售或者销售不知道是未经专利权人许可而制造并售出的专利侵权产品，能证明该产品合法来源的，不承担赔偿责任。”

《最高人民法院关于审理侵犯专利权纠纷案件应用法律若干问题的解释（二）》（以下简称《专利解释（二）》）第二十五条规定：“为生产经营目的使用、许诺销售或者销售不知道是未经专利权人许可而制造并售出的专利侵权产品，且举证证明该产品合法来源的，对于权利人请求停止上述使用、许诺销售、销售行为的主张，人民法院应予支持，但被诉侵权产品的使用者举证证明其已支付该产品的合理对价的除外……”

[3] 该案入选“2015年中国法院50件典型知识产权案例”。

法院认为：被诉侵权人为他人提供侵权的设备堵漏施工行为已经完结，客观上不具有再停止实施该行为的条件，但该案中其实施的侵害行为并不仅限于此。“对方法专利而言，《专利法》同一条款仅提及使用专利方法属于专利实施行为，没有明确提及许诺使用专利方法的行为及其法律后果，但这并不表示法律已经确定许诺使用行为不会对方法发明专利权造成危害，并排斥方法发明专利权对许诺使用行为的控制。方法专利的价值在于其逐步实施将产生物质性（产生产品）或非物质性的效益，故实施专利方法可以成为商业性服务的内容并形成有效的竞争力，故许诺使用专利方法提供服务与许诺销售专利产品在商业领域和竞争语境下并无差别，均对专利权的完满性和竞争控制力造成损害之威胁，应当予以制止。此外，《商标法实施条例》第三条已经将商标的使用行为扩展至在商品交易文书、广告宣传、展览等商业活动中使用。所以法院认为，对知识产权的竞争力给予充分保护是法律应有之义，故方法发明专利权可控制的使用行为范畴应当作合理扩宽解释：既包括实际实施专利方法的行为，也包括许诺使用专利方法的行为。”

法院进一步认为，被诉侵权人在其经营宣传册中宣扬使用与原告专利相同的注胶堵漏技术，并且将为他人提供的侵权技术服务作为“成功案例”介绍，足见其致力于推广实施侵权行为的商业意图和实际作为。法院认为被诉侵权人的这些行为属于未经许可许诺使用原告专利方法，构成侵权，应当立即予以停止。

在该案中，法院详细论述了“使用”既包括实际实施专利方法的行为，也包括许诺使用专利方法的行为。但我们同时应该认识到，这个观点目前仅体现在个案中，而且在实际案件中，更大的难点还在于如何证明“许诺使用的方法”是专利方法。

3. 终端用户的“使用”对被诉侵权人行为定性的影响

《专利法》第十一条明确了专利侵权系以“生产经营为目的”，如果制造者在制造过程中并未使用专利方法，但有关专利方法的内容已经固化在其制造的产品中，终端消费者使用产品时必然要实施该专利方法，对制造者的行为如何定性？

根据《专利法》的规定，从直接界定角度，制造者显然不是专利方法的使用者，很难被认定使用专利方法侵权。对此，法院也经历了一个探索的过程，并最终于2019年年底由最高人民法院知识产权法庭作出了一个标杆性判决。在（2019）最高法知民终147号侵害发明专利权纠纷案[1]中，被诉侵权人主张，涉案专利保护的是一种网络接入认证方法，该案中系终端用户使用该专利方法进

[1] 该案入选《最高人民法院知识产权案件年度报告（2019）》。

行操作，实施相应步骤；被诉侵权人本身仅制造了涉案产品，其并未使用涉案专利保护的技术方案，故不构成侵权。最高人民法院认为，在网络通信领域多主体实施方法专利的侵权判断中，从表面上看，终端用户是专利方法的实施者，但实质上，如果被诉侵权行为人以生产经营为目的，将专利方法的实质内容固化在被诉侵权产品中，该行为或者行为结果对专利权利要求的技术特征被全面覆盖起到了不可替代的实质性作用，也即终端用户在正常使用该被诉侵权产品时就能自然再现该专利方法过程的，则应认定被诉侵权行为人实施了该专利方法，侵害了专利权人的权利。

4. 设计研发或样品检测阶段“使用专利方法”属于“实施专利”

就方法专利而言，“实施专利”通常是指在“商业化的制造阶段”使用专利方法，在（2017）京民终454号侵害发明专利权纠纷案中，法院对于使用专利方法的阶段作了更为深入的说明，就手机制造行业，法院区分了设计研发阶段、样品检测阶段、产品定型后的生产制造阶段和出厂检测阶段。法院在认定被诉侵权人至少在设计研发或样品检测阶段未经许可完整地实施了涉案专利技术方案的基础上指出，“就手机制造行业而言，无论在产品设计研发、产品定型后的生产制造以及出厂测试的哪个阶段使用了涉案专利，均构成专利法意义上的实施涉案专利的行为”，并据此认定被诉侵权人的侵权行为。❶

（三）销　售

《北京专利指南》对于销售行为给出了界定：销售专利产品，是指将落入专利权保护范围的被诉侵权产品的所有权，或者依照专利方法直接制得的产品的所有权，或者将含有外观设计专利的产品的所有权从卖方有偿转移到买方。

销售行为本身不难理解，但销售自哪个时间点实现，有过争议。就普通的销售行为而言，至少存在合同法上的四个时间节点：合同成立、合同生效、合同价款支付完成、标的物交付或者所有权转移，应该以哪个时间节点来判断销售行为已经成立呢？

---

❶ 该案系多主体实施专利方法的典型，即技术方案在实施过程中需要多个主体参与，多个主体共同或交互作用方可完整实施专利技术方案。涉案产品制造出来后，包括个人用户在内的任何实施人均不能独自完整实施涉案专利，同时，也不存在单一行为人指导或控制其他行为人的实施行为，或多个行为人共同协调实施涉案专利的情形。因此，无法基于产品本身指控被诉侵权人构成直接侵权或者间接侵权。在这种情境下，基于设计研发或样品检测阶段使用专利方法认定侵权实系法院基于价值取向保护权利人的一个无奈的选择。正如之后的（2019）最高法知民终147号判决书所述，“仅认定被诉侵权人在测试被诉侵权产品过程中实施专利方法构成侵权，不足以充分保护专利权人的利益，因为该测试行为既非被诉侵权人获得不当利益的根本和直接原因，也无法从责令停止测试行为来制止专利方法遭受更大规模的侵害，而专利权人更无权主张虽直接实施了专利方法但并无生产经营目的的终端用户构成专利侵权”。而从（2017）京民终454号判决到（2019）最高法知民终147号判决，法院审理思路的推进也充分显示了法院对此类问题的积极探索。

在（2015）民申字第1070号侵害实用新型专利权纠纷案[1]中，最高人民法院提出了“合同成立”的标准，法院表示，“如果采用标的物交付或者所有权转移标准，则被诉侵权人自合同成立到标的物交付或者所有权转移之前的行为不构成销售，此段行为将脱离专利权人的权利范围，过分缩小了专利权人的权利空间；而且，标的物交付或者所有权转移必须结合合同具体内容以及履行过程来判断，不仅使得认定标准复杂化，还大大增加了专利权人维权时的取证成本和证明难度。

如果采用价款支付完成标准，则被诉侵权人自合同订立到合同价款支付完成之前的行为同样无法构成销售，脱离专利权人的权利范围，缩小了权利人的权利空间；而且，合同价款支付涉及合同履行过程，当事人在实践中可能采取分期支付、抵销、债务让与等多种方式履行合同，同样会导致认定标准复杂化，增加专利权人维权时的取证成本和证明难度。

如果采用合同生效标准，则自合同成立到生效之前的行为同样无法构成销售，脱离专利权人的权利范围，缩小了权利人的权利空间；而且，合同生效是法律对合同效力评价的结果，是否发生效力并非完全取决于当事人的意愿，将其作为认定销售行为尤其是销售侵权的标准，与作为侵权责任基础的意志自由原则相背。

如果采用合同成立作为认定销售行为的判断标准，由于合同成立之前当事人以广告、商品展示等方式作出的销售商品的单方意思表示属于许诺销售行为，双方就销售商品的意思表示达成合意属于销售行为，则销售行为与许诺销售行为可以实现密切衔接，使得销售行为与许诺销售行为之间不存在专利权无法覆盖的空间，有利于充分保护专利权人的利益。同时，合同成立是双方当事人就销售商品的意思表示达成合意的事实状态，往往通过书面合同等材料体现出来，不需要进一步考察合同的具体条款和履行过程，专利权人获取证据和证明销售行为成立更为容易，取证成本和认定成本均较低。”

上述裁判观点后来落实为最高人民法院司法解释的条文，即《专利解释（二）》第十九条规定，“产品买卖合同依法成立的，人民法院应当认定属于专利法第十一条规定的销售”。

下面列出司法实践中有关“销售”的一些讨论，供大家参考。

1. 销售者的认定

在（2018）粤03民初1415号侵害外观设计专利权纠纷案中，法院根据开

[1] 该案入选《最高人民法院知识产权案件年度报告（2015）》。

具发票的主体、包装盒上载明的经销商等信息认定了销售行为。

在（2019）最高法民申4580号侵害实用新型专利权纠纷案中，虽然公证销售行为的公证书中有笔误，但法院在综合了被诉侵权人工商登记地址、购买被诉侵权产品的购物袋上显示的地址、质量保证单上显示的地址、POS签购单载明的商户名称等认定了被诉侵权人销售了被诉侵权产品。

2. 将侵犯外观设计专利权的产品作为零部件，制造另一产品并销售，构成销售

《专利解释（一）》第十二条第二款规定：“将侵犯外观设计专利权的产品作为零部件，制造另一产品并销售的，人民法院应当认定属于专利法第十一条规定的销售行为，但侵犯外观设计专利权的产品在该另一产品中仅具有技术功能的除外。”

定性为销售行为还是制造行为会影响法律责任的承担，故也是当事人关注的重点。要确认被诉侵权人实施的是制造行为还是销售行为，首先需要明确被诉侵权产品是什么，在此基础上可以比较准确地判断被诉侵权人的行为。

在（2013）民提字第186号侵害外观设计专利权纠纷案中，专利产品是“茶几”，被诉侵权产品是“茶几”，被诉侵权产品的“茶几”由“茶几架”和“大理石台面”组成，其中“茶几架”由B制造并提供给被诉侵权人A，被诉侵权人A将自B处获得的“茶几架”和自他人处获得的大理石台面组合成“茶几”并出售。该案的一审法院将“茶几架”和“茶几”都认定为侵权产品。一审法院认定被诉侵权人A实施了制造、销售行为，在此基础上确认了A应承担的赔偿责任等；二审法院认为A系将侵犯外观设计专利权的“茶几架”作为零部件、制造“茶几”并销售的，故应认定其为“销售商”，在A提供了合法来源的前提下，无须承担赔偿责任；在再审程序中，法院认为被诉侵权产品为“茶几”，并非“茶几架”，A将“茶几架”和大理石台面组合为“茶几”，A就是“茶几”的制造者，鉴于各方当事人对于被诉“茶几”侵权并无异议，故A应承担作为“制造商”的法律责任，而非作为“销售商”的法律责任。

最高人民法院法官在（2019）最高法民申1023号侵害外观设计专利权纠纷案中对上述司法解释的条文也有过进一步的解释，“本条规定是针对将已构成外观设计专利侵权的产品作为零部件，制造另一产品并销售的情形。亦即，司法解释该条款所规范的系被诉侵权人利用已经构成侵权的产品，作为其制造另一产品的零部件的行为。因此，适用该条款的前提条件是被作为零部件使用的部分已经被认定为构成侵权的产品；同时，该条规定中零部件侵权产品的制造人与利用零部件制造另一产品的被诉侵权人应指不同的民事主体，即该规定不包含整个产品均由被诉侵权人自行制造完成的情形”。

3. 将侵犯外观设计专利权的产品作为零部件，制造另一产品并销售，但在该另一产品中仅具有技术功能的，该行为不侵权

前述《专利解释（一）》第十二条第二款还规定，如果侵犯外观设计专利权的零部件在另一产品中仅具有技术功能的，则该另一产品的销售者并不侵权。《北京专利指南》将“仅具有技术功能”解释为“是指该零部件构成最终产品的内部结构，在最终产品的正常使用中不产生视觉效果，只具有技术作用和效果”。如在（2017）最高法民申2649号侵害外观设计专利权纠纷案中，专利名称为“铝型材”，根据专利的简要说明中记载，最能表明设计要点的图片为主视图，主视图显示的是铝型材的端面造型。被诉侵权产品为被诉侵权人销售的玻璃移门，作为该玻璃移门的部件，铝型材与移门上的玻璃镶嵌为一体，无法观察到铝型材的端面。法院认为，铝型材在该产品中仅具有技术功能，根据《专利解释（一）》第十二条第二款关于“将侵犯外观设计专利权的产品作为零部件，制造另一产品并销售的，人民法院应当认定属于专利法第十一条规定的销售行为，但侵犯外观设计专利权的产品在该另一产品中仅具有技术功能的除外”的规定，被诉侵权人将铝型材作为零部件制造玻璃移门并进行销售的行为，不构成侵权。

4. 搭售、具有商业目的的赠送和免费提供软件属于销售

在日常生活中，搭售一般是指将不同商品捆绑销售或者组合销售。搭售属于销售在实践中没有什么争议，部分法院还在规范性文件中对其直接进行定性。如《北京专利指南》规定，“搭售或以其他方式转让侵犯专利权产品的所有权，变相获取商业利益的，也属于销售该产品”，《天津市高级人民法院关于侵害外观设计专利权纠纷案件的审判指南》规定，“销售是指以买卖、搭售或以其他方式转让侵害外观设计专利权产品所有权获取商业利益的行为”。上海知识产权法院在其（2018）沪73民初587号判决书中也明确，“销售专利产品是指将落入专利权保护范围的被诉侵权产品的所有权有偿转让给买方，搭售或以其他方式转让上述产品所有权，变相获取商业利益，也属销售该产品”。

赠送能否构成销售，关键要看赠送是否具有商业目的。在《北京专利指南》中，北京市高级人民法院认为“以生产经营目的的赠送侵犯他人专利权的产品的，亦同（注：是指属于销售该产品）”。在（2016）辽01民初800号侵害实用新型专利权纠纷案中，法院认为，“被告对在其处订奶的客户提供涉案‘奶箱’，虽未收取奶箱额外费用，但现有证据可以初步证明其仅对购买奶制品的特定客户赠送，与其销售奶制品不可分离，应认定其向特定客户提供奶箱的性质属于销售行为”。在（2018）皖民终671号侵害实用新型专利权纠纷案中，法院表示“即使被诉侵权产品系赠品，赠送行为和主销售行为合并成的特殊销售行为亦构成侵犯专利权的行为”。

向用户免费提供软件是否属于销售？在（2017）京民终13号侵害发明专利权纠纷案中，被诉侵权人主张其提供涉案软件供网络用户免费下载，并非专利法意义上的销售行为。对此，法院认为，“对专利法第十一条规定中的‘销售’行为，不应当作过于狭窄的理解，凡是通过转让专利产品，直接或间接谋取利益的行为，都应当认定为‘销售’行为，否则就无法为专利权提供有效的保护。被诉侵权人在其网站提供涉案软件供网络用户免费下载的行为，可以提高网络用户点击量，相应带来广告收益或提高网站知名度，从而为被诉侵权人带来经济利益。被诉侵权人通过该行为直接或间接谋取了经济利益。因此，上述行为构成‘销售’”。

5. “出租”可以被定性为“销售”

《北京专利指南》对此予以了规范，“将侵犯他人专利权的产品用于出租的，应当认定属于对专利产品的销售”。实践中这类案例不多，我们认为，上述规范是合理的，出租虽然不发生所有权的变动，但是使用权发生了转移，如果不将其定性为侵权行为，就会出现一个侵权行为认定的真空。

6. 许诺销售侵权的，其销售行为不一定构成侵权

虽然在商业活动中许诺销售和销售紧密相关，但许诺销售和销售是两个独立的侵权行为，应按照构成要件分别判断。在（2013）皖民三终字第00074号案中，权利人的专利为“绿茶液体发酵酿造酒的生产方法”，被诉侵权人被控许诺销售侵权，生产、销售侵权。就被诉侵权人在互联网上宣传“采用独特的国家专利技术——高科技绿茶液体发酿法酿造而成”等行为，法院认为，虽然产品宣传中所示的专利方法并未记载专利号，其名称与涉案专利名称亦不完全相同，但考虑到宣传材料中的专利名称与涉案专利名称的关键词相同、与被诉侵权人具有相同法定代表人的另一公司曾经与权利人授权专利许可的公司谈过合作等事实，认定宣传材料所言的专利方法即指向涉案发明专利，因此被诉侵权人构成许诺销售侵权。但针对权利人认为的被诉侵权人在广告宣传、生产、销售茶酒的照片及实物外包装中均使用了前述宣传用语，不仅已构成许诺销售，更可证明其自认实施了生产、销售行为。法院并未认同，并指出应当分别根据不同的证据与事实，分析是否构成许诺销售、销售。法院指出：虽然法院根据证据材料综合认定被诉侵权人许诺销售侵权，但不能据此认定其生产的涉案茶酒产品就必然实际使用了该宣传材料中所言的专利方法，正如许诺销售行为和实际生产、销售行为是两个独立的行为一样，要证明被诉侵权人同时实施两个行为，必须对两个不同的事实分别加以证明，因为许诺销售不当然等同于实际生产和销售。被诉侵权人在其生产、销售茶酒外包装上，虽然称其茶酒采用独特的国家专利技术——高科技绿茶液体发酿法酿造而成，但该处也没有记载专利号，其指向同样不具有唯一性，不能基于前述对宣传材料中许诺销售行为的判断，当然地得出被诉侵权人实际生产、销售涉案茶酒系依照该专利方法直接获得产品的结论。

笔者理解，基于许诺销售侵权的成立去判断销售侵权是否成立体现了一定的自由裁量性，法院会结合当事人的综合举证去判断。

7. 网络环境下销售行为地的确认

对于销售行为地的讨论主要源于销售行为地作为侵权行为地之一可以作为管辖的依据。相当长一段时期内，当事人为了获取对自己有利的管辖，经常可在不同地点利用网络购买的自由，以其选定的管辖地作为收货地，将其解释为侵权行为地，并据此在该地区提起诉讼。针对全国法院做法不一的局面，最高人民法院近年来屡次表态一般情况下不得以网络购物收货地作为销售行为地，并将（2018）最高法民辖终93号侵害实用新型专利权纠纷管辖权异议案作为典型案例列入《最高人民法院知识产权案件年度报告（2018）》，以指导全国法院工作。该案中，最高人民法院指出：一审裁定以权利人网络购物的下单和收货行为地作为认定该案被诉侵权产品销售地的依据，适用法律有所不当。最高人民法院认为：在网络环境下，知识产权侵权案件中的销售行为地原则上包括不以网络购买者的意志为转移的网络销售商主要经营地、被诉侵权产品储藏地、发货地或者查封扣押地等，但网络购买方可以随意选择的网络购物收货地通常不宜作为网络销售行为地。

（四）许诺销售

"许诺销售"是2000年修正的《专利法》新增的侵权类型，当时仅适用于发明和实用新型专利；2008年修正的《专利法》将"许诺销售"延伸至外观设计专利。根据《最高人民法院关于审理专利纠纷案件适用法律问题的若干规定》（以下简称《专利规定》），许诺销售，是指以做广告、在商店橱窗中陈列或者在展销会上展出等方式作出销售商品的意思表示。《北京专利指南》给出更加抽象化的概括，"在销售侵犯他人专利权的产品行为实际发生前，被诉侵权人作出销售侵犯他人专利权产品意思表示的，构成许诺销售"，对于许诺销售的方式亦作了进一步的列举，包括网络展出。[1]

[1] 《北京专利指南》第107条规定："……以做广告、在商店橱窗中陈列、在网络或者在展销会上展出等方式作出销售侵犯他人专利权产品的意思表示的，可以认定为许诺销售。"

在（2013）皖民三终字第00045号侵害外观设计专利权纠纷案中，安徽省高级人民法院的法官在判决书中列举了许诺销售的特征，可供参考：第一，行为发生在实际销售之前，行为的目的是实际销售；第二，许诺销售的行为表示可以是针对特定人的，也可以是针对非特定人的；第三，许诺销售的表示可以是书面的，也可以是口头的，还可以是通过实际行为进行；第四，许诺销售行为可以是单一的，也可以是与其他侵权行为相复合。

以下列举司法实践中有关"许诺销售"讨论的若干案例，供大家参考。

1. 在电商平台开设店铺销售被诉侵权产品构成许诺销售

在（2019）最高法民申1563号侵害外观设计专利权纠纷案中，法院认为，被诉侵权人在"天猫网"上开设店铺，展示了包含被诉侵权产品在内的多款商品，已构成了向不特定公众推销的性质，有无标价或是否发生了实际交易均不影响许诺销售行为的成立。

2. 许诺销售应指向相关消费者

在（2019）津民终68号侵害发明专利权纠纷案中，权利人认为被诉侵权人在相关生产线现场的门牌上标注注册商标图案、公司名称及联系方式、宣传语等行为属于一种产品宣告展示，类似于广告橱窗和样机展览，意图引导潜在购买者（参观者或行业人士）购买，从而增加市场销售，构成许诺销售。法院则认为，认定是否构成许诺销售，应当考虑行为人是否有向不特定的相关消费者宣传被诉侵权产品的主观意识，并且客观上实施了明确指向被诉侵权产品的销售意思表示。由于被诉侵权产品所在车间不属于向相关消费者自由开放的区域，因此不能仅凭车间门楣标注相关信息的行为认定被诉侵权人实施了许诺销售被诉侵权产品的行为。

3. 许诺销售应明确指向被诉侵权产品

在前述（2019）津民终68号侵害发明专利权纠纷案中，法院还指出，权利人虽然提供公证书等证据证明被诉侵权人在网站宣传"自行车工业涂装设备"相关产品的行为，但是其没有提供该宣传行为能够指向被诉侵权产品的证据，故对于许诺销售的指控未予认定。

而在（2017）粤民终2758号侵害发明专利权纠纷案中，法院则基于展销会上产品宣传册中特定产品的型号、外观与已被认定为侵权产品的型号、外观一致而认定构成许诺销售。

4. 许诺销售并非以产品处于能够销售的状态为基础

在（2021）最高法知行终451号专利行政裁决案❶中，被诉侵权人抗辩涉

❶ 该案入选《最高人民法院知识产权法庭典型案例（2022）》。

案产品并未处于可以销售的状态，其也没有对涉案产品标注价格和供货量，其宣传涉案产品的目的不是销售，因此不构成许诺销售侵权行为。对此，最高人民法院认为，“许诺销售行为的目的指向销售行为，是一种法定的、独立的侵权行为方式，其民事责任承担不以销售是否实际发生为前提。许诺销售在性质上系销售者的单方意思表示，并非以产品处于能够销售的状态为基础，只要存在明确表示销售意愿的行为即可认定为许诺销售。当双方达成合意时，即不再属于许诺销售的范畴，而是属于销售。因此，当销售产品的意思表示内容明确、具体时，即可认定存在许诺销售行为。缺少有关价格、供货量以及产品批号等关于合同成立的条款，并不影响对许诺销售行为的认定”。最高人民法院同时指出“通过在官网、展会上展示印有其注册商标的涉案产品图片等行为，传递了销售涉案产品的信息，其销售涉案产品的意思表示是明确、具体的”。

5. 不以销售为目的的展示不构成许诺销售

根据前述法律规定，一般来说，在商店橱窗中陈列或者在展销会上展出被诉侵权产品构成许诺销售，但也有特殊情况。如果现有证据不能证明展出具有销售的目的，则不宜认定为许诺销售。如在（2018）京民终467号侵害实用新型专利权纠纷案中，被诉侵权人为公众提供一种移动电源的设备，其与商家合作，为商家免费提供该设备。在该案中，法院认为，鉴于现有证据不足以证明被诉侵权人存在销售被诉侵权产品的行为，且根据公司的经营模式，其在相关展会上展出或在商业场所中陈列被诉侵权产品并不足以认定其系作出了销售被诉侵权产品的意思表示，故在无其他证据的情况下，法院认定现有证据不足以证明该公司实施了许诺销售被诉侵权产品的行为。

6. 向药监部门申请药品批准文号不构成许诺销售

在（2016）最高法民申3224号侵害发明专利权纠纷案中，法院认为，“向国务院药品监督管理部门申请药品批准文号的行为，系满足国家相关部门对于药品注册行政审批的需要而进行的申请行为，尚不能说明被诉侵权人存在向社会公众作出的销售该药品的意思表示，故此行为不属于许诺销售行为”。

7. 向客户邮寄样品构成许诺销售

在（2010）津高民三重字第1号侵害发明专利权纠纷案中，法院认为，被诉侵权人的欧洲执行经理向客户邮寄七种侵权产品样品的行为，是被诉侵权人销售相关产品的意思表示，构成许诺销售。

8. 洽谈购买需根据洽谈内容判断是否构成许诺销售

洽谈购买是否构成许诺销售关键要看洽谈过程所展示的证据材料。在（2019）粤73民初289号侵害外观设计专利权纠纷案中，权利人主张其公证取证时与被诉侵权人的工作人员洽谈之后购买被诉灯饰产品，可以表明被诉侵权人许诺销售被诉侵权产品。法院认为仅有洽谈购买事宜不足以直接证明被诉侵权人许诺销售被诉侵权产品的行为；在（2017）粤73民初3259号侵害实用新型专利权纠纷案中，针对当事人提出的电子邮件往来证据材料，法院亦认为点对点地商谈交易并不构成许诺销售。

而在（2017）粤民终1692号侵害外观设计专利权纠纷案中，鉴于洽谈过程中被诉侵权人通过QQ聊天展示了被诉产品照片、型号、价格等信息，并向客户寄送样品，法院认定其实施了许诺销售被诉侵权产品的行为依据充足。

9. 发布推介会信息需根据相关信息内容判断是否构成许诺销售

在（2012）鲁民三初字第3号侵害发明专利权纠纷案中，法院认为，根据最高人民法院司法解释对于许诺销售的定义，发布推介会信息等行为并不构成在商业环境下做广告的许诺销售行为。

我们认为，发布推介会信息是否构成许诺销售需要根据发布的具体信息作个案分析，核心在于判断根据发布的信息，能否得出“销售被诉侵权产品”的意思表示。

10. 网站许诺销售存在地域范围

专利是有地域性的，而网站的特点在于互联网内容是无地域限制的，那么在网页内容为全英文的网站上所实施的许诺销售行为能否被认定为侵权意义上的许诺销售行为？在（2014）粤高法民三终字第513号侵害外观设计专利权纠纷案[1]中，法院认为，“互联网具有其特殊性，理论上讲，在基础网络通畅的情况下，任何一个互联网站都是开放的，全球范围内可以任意进行访问。若简单地以互联网的开放性为由，将网站上的宣传、展示行为视为全球范围的许诺销售行为，则对许诺销售行为作了过于宽泛的认定，导致专利权保护地域性限制的落空。许诺销售行为本身是一种商业活动，其行为应当具有商业理性，符合商业常识和惯例。涉案网站的所有者为境外企业，网站使用语言为英文，没有任何中文内容，域名不包含“. cn”等特别标识中国区域的字符，故综合以上因素，不能确定网站宣传、展示行为是针对中国大陆市场作出的。至于中国大陆市场事实上是否有人关注该网站，并不直接影响该案许诺销售地域范围的认定”。法院据此认定该案所诉许诺销售行为侵权证据不足。

（五）进　口

《北京专利指南》对于进口专利产品作了界定，“将落入产品专利权利要求

[1] 该案被选入“2014年中国法院50件典型知识产权案例”。

保护范围的产品、依照专利方法直接获得的产品或者含有外观设计专利的产品在空间上从境外越过边界运进境内的行为”。

进口行为与海关管理密不可分，我国《海关法》规定，“海关依照法律、行政法规的规定，对与进出境货物有关的知识产权实施保护。需要向海关申报知识产权状况的，进出口货物收发货人及其代理人应当按照国家规定向海关如实申报有关知识产权状况，并提交合法使用有关知识产权的证明文件”。国务院、海关总署还分别制定了《知识产权海关保护条例》《知识产权海关保护条例实施办法》，其对海关知识产权保护作了具体的规定。

以“进口”主张侵权或者抗辩时，进口环节的证据材料对于认定实施进口行为的主体、进口的物品等很重要，必要时可以申请法院调查取证。如在（2015）榕民初字第 1068 号侵害外观设计专利权纠纷案中，原告主张被告 B 作为进口货主将涉案车辆进口至中国并转由被告 A 进行销售，被告 B 的进口行为侵犯了原告的专利权，应该说原告提供了被告 B 进口侵权的初步证据材料。但被告 B 主张，该公司不是涉案车辆的收货人，也不是涉案车辆的报关手续办结人，该公司是被别人冒用为涉案车辆的收货人和海关手续办结人，据该公司了解，涉案车辆是案外人 C 为国际贸易合同买方、许可证的被许可方、涉案车辆的经营人也即进口商，从上海外高桥港区进口，并在上海外高桥港区海关报关进口的车辆。并且，案外人 C 是涉案车辆的出入境检验检疫手续办理人和收货人。在海关货物进口证明书和车辆检验检疫单上的收货人不一致。海关货物进口证明书记载 B 公司是收货人，但出入境检验检疫单上收货人是案外人 C。故请求法院派人到上海外高桥港区调取涉案车辆报关的全部资料，并补充要求到上海出入境检验检疫局调取涉案车辆入境检验检疫的全部手续。同时，请求法院追加案外人 C 作为该案共同被告或第三人参加诉讼。

在该案中，法院查明被告 A 的产品来源于案外人 C，而原告拒绝追加案外人 C 为该案当事人，法院据此判决认为：侵权汽车系来源于案外人 C，原告明确反对追加 C 公司参加该案诉讼，导致 C 公司的上手来源在该案中无法查明，但可以认定被告 B 与被告 A 缺乏行为上的直接关联，无论其是否实施了进口行为，均不能与被告 A 成为共同被告；原告可另案解决与案外人 C、被告 B 公司的专利侵权纠纷。

（六）使用、许诺销售、销售和进口依照专利方法直接获得的产品

《专利司法解释（一）》对于“直接获得的产品”作了界定。《专利解释（一）》第十三条规定，对于使用专利方法获得的原始产品，人民法院应当认定为《专利法》第十一条规定的依照专利方法直接获得的产品。对于将上述原始

产品进一步加工、处理而获得后续产品的行为，人民法院应当认定属于《专利法》第十一条规定的使用依照该专利方法直接获得的产品。《专利解释（二）》第二十条规定，对于将依照专利方法直接获得的产品进一步加工、处理而获得的后续产品，进行再加工、处理的，人民法院应当认定不属于《专利法》第十一条规定的“使用依照该专利方法直接获得的产品”。《北京专利指南》也有比较详细的描述：依照专利方法直接获得的产品，是指将原材料、物品按照方法专利权利要求记载的全部步骤特征进行处理加工，使得原材料、物品在结构上或物理化学性能上产生实质性变化后所获得的原始产品。将上述原始产品进一步加工、处理而获得的后续产品，即以该原始产品作为中间部件或原材料，加工、处理成为其他的后续产品，应当认定属于使用依照该专利方法直接获得的产品。对该后续产品的进一步加工、处理，不属于使用依照该专利方法所直接获得的产品的行为。

以下列举司法实践中的具体案例供大家参考。

1. 依专利方法直接获得的产品

例1：“以过碳酸钠为试剂制备环氧蒎烷的方法”，环氧蒎烷和该专利方法；

例2：“一种对留竹青竹黄圆弧状的竹材的展平方法”，展平的竹材和该展平方法；

例3：“一种实时变化美甲图案的方法”，包含该方法模块的美甲机和该专利方法；

例4：“一种小键盘上数字编码的汉语拼音和注音多字连续输入法，包含以下步骤××……×”，包含该输入法的软件和该方法。

上述例1、例2中，“环氧蒎烷”“展平的竹材”对应于相关专利方法被认定为“依照专利方法直接获得的产品”应无争议；但例3中的美甲机是否为“一种实时变化美甲图案的方法”直接获得的产品？例4中的软件是否为“××……×输入法”直接获得的产品？我们觉得是有疑问的，使用美甲方法直接获得的“产品”应该为美化的指甲，而对于输入法步骤方法专利而言，所述的软件是包含该专利方法的产品，还是使用该专利方法获得的产品？

在（2018）粤民终1370号侵害发明专利权纠纷（上述美甲方法为涉案专利）案中，广东省高级人民法院对该问题作了一些探讨，法院认为：并非所有专利方法都能享受前述规定中“方法延及产品”的延伸保护。在当前常见的制造加工方法、作业方法和用途方法这三种方法专利中，一般仅限于制造加工方法能够延伸保护到产品，而其他两类方法不存在延伸保护问题。该案中，涉案专利系作业方法，涉案S9彩绘美甲机显然不属于“依专利方法直接获得的产品”，故该案涉及的侵权行为仅为“未经专利权人许可使用其专利方法”。

但在（2017）京民终13号侵害发明专利权纠纷（上述输入法为涉案专利）案中，发明专利为“一种小键盘上数字编码的汉语拼音和注音多字连续输入法，包含以下步骤×××…×”，被诉侵权软件是实现上述输入法的。法院认为，涉案专利保护一种输入法，被诉侵权产品是一种输入法软件产品，因此，被诉侵权人研发并在其网站提供该软件产品下载的行为构成未经许可，为生产经营目的使用专利方法以及销售依照该专利方法直接获得的产品的行为。

笔者更认同前述广东省高级人民法院的意见，是否能够被界定为“依专利方法直接获得的产品”至少会影响该产品销售行为的定性，在具体案件中值得关注。

2. 原始产品的查明

原始产品是指依专利方法直接获得的产品，而对原始产品进一步加工获得的产品为“后续产品”。

在（2009）民提字第84号侵犯发明专利权纠纷案[1]中，依照涉案专利权利要求1记载的方法，直接获得“结合一个DMSO－d6的（S）－（－）－氨氯地平的D－酒石酸盐”，或“结合一个DMSO－d6的（R）－（＋）－氨氯地平的L－酒石酸盐”，它们分别是制造左旋氨氯地平或者右旋氨氯地平的中间产品。被诉侵权人制造了马来酸左旋氨氯地平及其片剂，需以左旋氨氯地平为原料。一审、二审法院以“左旋氨氯地平作为一种化合物，本身并不能成为直接供消费者消费的产品”以及“涉案专利为左旋氨氯地平的拆分方法，依据该方法不能直接得到产品”为由，认为“左旋氨氯地平化合物与马来酸、苯磺酸等经过成盐工艺成为马来酸左旋氨氯地平、苯磺酸左旋氨氯地平后，才真正成为产品”，据此将马来酸左旋氨氯地平、苯磺酸左旋氨氯地平视为“依照专利方法直接获得的产品”。

再审法院则认为“能否直接供消费者消费”不是区分原始产品与后续产品的标准，需要考虑的是，使用专利方法直接获得何种物质。再审法院指出：“马来酸左旋氨氯地平、马来酸左旋氨氯地平片以及左旋氨氯地平，均属于对上述产品（注：‘结合一个DMSO－d6的（S）－（－）－氨氯地平的D－酒石酸盐’，或‘结合一个DMSO－d6的（R）－（＋）－氨氯地平的L－酒石酸盐’）作进一步处理后获得的后续产品，不属于依照涉案专利方法直接获得的产品。因此，涉案专利权的保护范围不能延及左旋氨氯地平、马来酸左旋氨氯地平及其片剂”。

---

[1] 该案入选《最高人民法院知识产权案件年度报告（2010）》。

3. 销售依照专利方法直接获得产品后续加工产品的行为

上述表述有点绕，具体而言是指下述情形：X 依照专利方法直接获得产品 A，Y 对该产品 A 进一步加工获得产品 B，Z 销售产品 B。X 属于使用专利方法获得原始产品 A，构成使用专利方法侵权；Y 对原始产品进一步加工，获得后续产品 B，属于使用依照该专利方法直接获得的产品，构成侵权；Z 是否侵权？

根据《专利解释（二）》第二十条规定，Z 不构成侵权，有关专利方法的保护不延及后续产品的销售。

如在（2014）浙知终字第 17 号侵害发明专利权纠纷案中，涉案专利为“以过碳酸钠为试剂制备环氧蒎烷的方法”，依照专利方法直接获得的产品为环氧蒎烷，被诉侵权人使用专利方法制造了环氧蒎烷，并对环氧蒎烷进一步加工处理获得龙脑烯醛。权利人诉请为停止使用该专利所要求保护的以过碳酸钠为试剂制备环氧蒎烷的方法；停止制造、使用、销售、许诺销售龙脑烯醛及檀香 208、环氧蒎烷等。法院认为：依照专利方法直接获得的产品为环氧蒎烷，被诉侵权人将环氧蒎烷进一步加工处理获得龙脑烯醛的行为属于使用依照该专利方法直接获得的产品的行为，故对权利人提出的停止使用落入涉案专利权保护范围的方法以及停止使用依照落入涉案专利权保护范围的方法直接获得的产品的诉讼请求，法院予以支持。由于龙脑烯醛及檀香 208 不属于依照该专利方法直接获得的产品，故对权利人针对龙脑烯醛及檀香 208 提出的诉讼请求，法院不予支持。即法院没有支持权利人提出的要求被诉侵权人停止销售后续产品的诉请。

（七）不侵犯专利权或不视为侵犯专利权的行为

前已述及，《专利法》第十一条规定了违法实施专利权的三个条件，即①未经专利权人许可；②以生产经营为目的；③实施了专利保护的内容。以上（一）至（六）部分主要从行为角度解释“实施”的具体含义。如果相关实施行为不具备“以生产经营为目的”，则不侵犯专利权。《专利法》第七十五条还规定了几种不视为侵犯专利权的行为，从实务角度看，不侵犯专利权和不视为侵犯专利权都构成被告不侵权抗辩，在适用场景上亦有部分交叉，这里一并分析。

1. 权利用尽

权利用尽，是《专利法》规定的不视为侵犯专利权的情形之一，指专利产品或者依照专利方法直接获得的产品，由专利权人或者经其许可的单位、个人售出后，使用、许诺销售、销售、进口该产品的。被诉侵权人主张因权利用尽而不视为侵犯专利权的，首先需要举证产品的合法来源，其次需要证明其销售、许诺销售的产品源于该合法来源。

在（2018）粤民终2445号侵害外观设计专利权纠纷案中，被诉侵权人与权利人曾经有过交易。一审法院认为，被诉侵权人确认从权利人处采购的正品是有外包装的，而其所销售的被诉侵权产品没有外包装，所以不能确认被诉侵权产品系其从权利人处购得的产品；即便被诉侵权人销售的被诉侵权产品系其拆封从权利人处购得的产品，则其拆封权利人产品包装、另行包装后进行销售的行为，不能使客户了解产品是权利人的产品，不属于正常的经销行为，而属于《专利法》第十一条第二款规定的未经专利权人许可进行许诺销售、销售其外观设计专利产品的行为；此外，公证书显示被诉侵权产品库存远大于其从权利人处采购的数量；被诉侵权人还曾声称其从权利人处购买产品后当天即发走，但其淘宝和阿里巴巴店铺却有大量库存。一审法院据此认定权利用尽抗辩的基础事实不成立。

但二审法院作出了不同的判断，认定部分产品权利用尽抗辩成立。法院认为：首先，被诉侵权人确实曾经和权利人发生交易；其次，根据当前的证据材料无法认定被诉侵权人已将该次交易产品全部售出，且权利人公证购买被诉侵权产品的时间距离被诉侵权人向权利人批量采购相关产品不足五个月，商业交易中，通常进货和销售之间存在一定时间周期，补库存和去库存也都属正常商业行为，该案产品在市场上并非稀缺商品，而被诉侵权人进货时间亦不长，被诉侵权人的采购数量远大于网店显示的已售数量，也一定程度上印证了存在库存的事实。结合采购数量、销售情况等因素，法院认为在被诉侵权人提交了采购等证据的情况下，称销售的是库存产品，存在其合理性。至于外包装问题，法院认为，被诉侵权人采购的专利产品系叉勺各一支的套装，但权利人的订单仅购买勺，被诉侵权人销售产品无原外包装符合常理。

2. 先用权

先用权是《专利法》规定的不视为侵犯专利权的情形之一，是指在专利申请日前已经制造相同产品、使用相同方法或者已经作好制造、使用的必要准备，并且仅在原有范围内继续制造、使用的。先用权抗辩的核心在于证据材料。

在（2017）最高法民申972号侵害实用新型专利权纠纷案中，最高人民法院认为，被诉侵权人在一审程序中提交的证据《玉米收获机的备案企业标准》《山东省农业机械产品质量监督检验站进行的性能检验报告》《山东省农业机械产品质量监督检验站进行的可靠性检验报告》《产品图纸》《山东省企业产品执行标准登记证书》，可以证明该公司在涉案专利申请日之前，已经对被诉侵权产品开始了规模化生产。但是，被诉侵权人未提交证据证明，在涉案专利申请日之前就被诉侵权产品已具备何种生产规模，以及利用已有的生产设备或者根据已有的生产准备可以达到何种生产规模；也未提交证据证明，其在涉案专利申请日之后仅在前述生产规模内继续制造、销售被诉侵权产品。最高人民法院认为对此涉案事实，二审法院并未予以查明，仅仅依据“被诉侵权人在涉案专利申请日前已经做好了使用与涉案专利技术相同的技术制造被诉侵权产品的必要准备，并且已经制造了相同产品”就认定该公司的先用权抗辩成立，该认定不当。

在另一起（2016）最高法民申2848号侵害发明专利权纠纷案中，对于被诉侵权人提交的证据材料，法院认为：配料单上并未记载相关的尖古岭土和太阳土等坯料；被诉侵权人在原审中提交的原料配方单、入库单系自行制作，证明力有限；原料购买发票上记载的货物名称为黏土，并未直接指向涉案专利所记载的原料；买卖合同和发票只能说明有销售行为，但无法证明被诉侵权人在先使用与涉案专利相同的原料组分配比技术方案。故法院认为被诉侵权人以先用权作为不侵犯涉案专利权的抗辩主张依据不足，不予采信。

在（2019）最高法知民终89号侵害发明专利权纠纷案[1]中，被诉侵权人主张其于涉案专利申请日前已经设计相关机壳图纸并委托加工生产，已做好制造、使用的必要准备，并且仅在原有范围内继续制造、使用。虽然该案专利为“电机壳为焊接件的小型电潜水泵”，被诉侵权人仅提供了该电潜水泵中一个部件“机壳”的相关图纸，法院并未简单驳回被诉侵权人的先用权抗辩，而是首先分析了权利人的专利技术。最高人民法院指出，“涉案专利技术方案非常特殊，其技术方案的电机壳部分系涉案专利强调的唯一发明点，其余部分均为潜水泵的已有通用部件。电机壳产品作为潜水泵零部件，必然需要与其他部件相结合形成潜水泵产品”。“设计图纸是机械制造领域产品加工、检验的基本依据，在被诉侵权人已经设计出被诉侵权产品关键部件图纸且该产品的其他部件均为通用部件的情况下，可以认定其已经完成了实施发明创造所必需的主要技术图纸，为生产被诉侵权产品做好了必要准备，其先用权抗辩成立。”

3. 专为科学研究和实验而使用有关专利

专为科学研究和实验而使用有关专利是《专利法》规定的不视为侵犯专利权的情形之一，同时该行为因不具备“以生产经营为目的”而从根本上不构成侵犯专利权。因此，专为科学研究和实验而使用有关专利的，可以从两个角度来抗辩侵权：一是不具备《专利法》第十一条规定专利侵权中的实施需“以生

[1] 该案入选《最高人民法院知识产权案件年度报告（2019）》。

产经营为目的”，二是属于《专利法》第七十五条所述的“不视为侵犯专利权”的情形。

在（2016）京73民初994号侵害发明专利权纠纷案中，权利人主张被诉侵权人就相关主题申请国家自然科学基金、提交论文构成专利侵权。法院认为上述行为均不属于以生产经营为目的的制造、使用、许诺销售、销售、进口专利产品的行为，不构成专利法规定的侵犯专利权行为。法院同时认为，在法院已认定被诉行为不属于《专利法》第十一条规定的行为的情形下，该案并无必要适用《专利法》中有关“不视为侵权”的规定。

4. 行政审批

“为提供行政审批所需要的信息，制造、使用、进口专利药品或者专利医疗器械的，以及专门为其制造、进口专利药品或者专利医疗器械的”，不视为侵犯专利权。这条规则也常被称为“Bolar例外”，主要目的是促进仿制药的研发生产，以满足社会公共健康需求。

能够行使上述不视为专利侵权抗辩的两类主体：一是为了获得仿制药品和医疗器械行政审批所需要的信息而实施专利的行为人，二是为该行为人专门实施专利的行为人。前一主体系为自己申请行政审批，后一主体系为帮助前一主体申请行政审批，后一主体以药品和医疗器械行政审批例外为由提出抗辩时，应以前一主体的实际存在为前提和条件。就行为而言，最高人民法院在（2021）最高法知行终451号专利行政裁决案[1]中指出，“药品和医疗器械行政审批例外条款所调整的行为是，为提供行政审批所需要的信息，为自己申请行政审批而实施‘制造、使用、进口行为’，以及专门为前一主体申请行政审批而实施‘制造、进口’行为，均不包括许诺销售行为”。

值得注意的是，根据该条规则，行政审批阶段，相关行为“不视为侵权”，因此权利人无法在此阶段主张相关药品的研制构成侵权。为了平衡权利人和社会公众的利益需求，落实有关改革举措和中美经贸协议有关要求，2020年修正的《专利法》参考有关国家的药品专利链接制度，建立了药品专利纠纷早期解决机制。《专利法》第七十六条第一款规定，“药品上市审评审批过程中，药品上市许可申请人与有关专利权人或者利害关系人，因申请注册的药品相关的专利权产生纠纷的，相关当事人可以向人民法院起诉，请求就申请注册的药品相关技术方案是否落入他人药品专利权保护范围作出判决。国务院药品监督管理部门在规定的期限内，可以根据人民法院生效裁判作出是否暂停批准相关药品

---

[1] 该案入选“2022最高人民法院知识产权法庭典型案例”。

上市的决定”。该条只涉及技术层面的判断，不作侵权定性，也不适用侵权救济，主要是为了避免通常情况下权利人只有等仿制药上市之后才能采取措施进行维权，从而导致相当长一段时期内其权益可能受损的情形。

5. 发明专利临时保护期的实施

无论哪种专利，授权之后才能获得法律上的保护。但对于发明专利而言，国务院专利行政部门收到发明专利申请后，经初步审查认为符合《专利法》要求的，自申请日起满十八个月，即行公布，申请人申请的，也可以提早公布。公布后，专利技术方案即公之于众。专利公布后至授权前，他人实施公布的技术方案并不侵权，权利人无法通过侵权之诉来主张侵权赔偿，这对于权利人来说，显然是不合理的。为了平衡权利人的利益，《专利法》第十三条规定，申请人可以要求在发明专利申请公布日至授权公告日期间实施其发明的单位或者个人支付适当的费用，该费用可以参照有关专利许可使用费合理确定。

需要注意的是，发明专利申请公布时申请人请求保护的范围与发明专利公告授权时的专利权保护范围可能不一致，仅在一致的情形下，才能认定实施人在前款所称期间内实施了该发明；当被诉技术方案仅落入其中一种范围的，不能认定实施了该发明。

6. 发明专利临时保护期内制造、销售、进口的被诉专利侵权产品的后续使用、销售等

《专利解释（二）》第十八条第三款规定，发明专利公告授权后，未经专利权人许可，为生产经营目的使用、许诺销售、销售在临时保护期内已由他人制造、销售、进口的产品，且该他人已支付或者书面承诺支付《专利法》第十三条规定的适当费用的，对于权利人关于上述使用、许诺销售、销售行为侵犯专利权的主张，人民法院不予支持。

因此，已经支付或者书面承诺支付临时保护期费用的，临时保护期内制造、销售、进口的产品后续的使用和销售都不视为侵权。

这里有必要提一下最高人民法院发布的第20号指导案例——深圳市斯瑞曼精细化工有限公司诉深圳市坑梓自来水有限公司、深圳市康泰蓝水处理设备有限公司侵害发明专利权纠纷案，该案目前已被明令不再参照适用。该案例的裁判要旨为：在发明专利申请公布后至专利权授予前的临时保护期内制造、销售、进口的被诉专利侵权产品不为专利法禁止的情况下，其后续的使用、许诺销售、销售，即使未经专利权人许可，也不视为侵害专利权，但专利权人可以依法要求临时保护期内实施其发明的单位或者个人支付适当的费用。该案例之所以不再参照适用，主要在于法理解释上存在逻辑问题。根据《专利解释（二）》第十八条的规定，首先认定后续使用、许诺销售、销售行为属于侵权行为，只有在临时保护期内的实施者已支付或者书面承诺支付《专利法》第十三条规定的适当费用的情况下才能认定不视为侵权。而根据指导案例第 20 号的裁判要旨，首先是认定后续实施不视为侵犯专利权，其次才是有权主张临时保护期内的费用。这两者的法律逻辑和法理是不一样的，目前来看最高人民法院选择了司法解释中的做法。

7. 实用新型专利权申请日后至专利权授予前制造、销售、进口的被诉侵权产品的后续使用、许诺销售、销售行为

在（2019）最高法民申 1442 号侵害实用新型专利权纠纷案中，最高人民法院将不视为侵权的情形进一步完善，该案针对的是他人在实用新型专利授权公告日前实施涉案专利的后续行为。法院认为，他人在实用新型专利授权公告日前实施该发明，包括制造、使用、销售、许诺销售和进口实用新型专利产品，并不为专利法所禁止，相关实用新型专利产品不构成侵权产品。在此情况下，对于实用新型专利授权公告日前已经制造、销售的产品的后续行为，包括使用、许诺销售和销售，也应得到允许。如果实用新型专利权人在授权公告日后可以禁止该专利授权公告日前已经制造、销售的产品的后续行为，则相当于实用新型专利权的效力可以在授权公告日后延伸到授权公告日前的合法行为，不适当地扩大了专利法授予实用新型专利权人的权利范围，损害了社会公众利益。[1]

《专利法》还规定了“临时过境”不视为侵权的情形，即“临时通过中国领陆、领水、领空的外国运输工具，依照其所属国同中国签订的协议或者共同参加的国际条约，或者依照互惠原则，为运输工具自身需要而在其装置和设备中使用有关专利的”，因并不常见，本书不予展开。

二、间接侵权分析

在中国专利审判的司法实践中，对专利侵权判断实行全面覆盖原则，如果被控侵权产品或方法缺少一个必要技术特征，不能全面覆盖权利要求的全部技术特征时，一般认定不构成侵权。

但是实务中常有一些行为人故意诱导、怂恿、教唆，或者帮助别人实施他人专利，发生直接的侵权行为，而自己实施的行为并不构成直接侵犯他人专利权。行为人在主观上有诱导或者唆使别人侵犯他人专利权的故意，客观上为别

---

[1] 该案在论述部分也提及了前述指导案例第 20 号。虽然指导案例已经不再参照适用，但我们认为该案的裁判要旨并不受影响。

人直接侵权行为的发生提供了必要的条件，这种行为通常被称为间接侵权。一般情况下，对于教唆、帮助他人侵犯专利权的间接侵权行为，权利人可以依据《民法典》第一百七十八条第一款“二人以上依法承担连带责任的，权利人有权请求部分或者全部连带责任人承担责任”，以及《民法典》第一千一百六十九条第一款有关教唆、帮助他人实施侵权行为的，应当与直接侵权行为实施人承担连带责任的规定，追究直接侵权人和间接侵权人的法律责任。

由于专利间接侵权已经成为专利侵权中的一种独立侵权行为方式，而且社会对专利间接侵权危害性的认识逐渐加深，2016 年 3 月 21 日发布的《专利解释（二）》（2020 年已修正）规定了权利人可以针对两种类型的专利间接侵权行为直接提起诉讼。

专利间接侵权的表现形式多种多样，《专利解释（二）》明确规定以下两种类型的专利间接侵权，权利人可以对实施该行为的行为人直接提起专利侵权诉讼：①教唆侵权；②帮助侵权。

（一）最高人民法院关于间接侵权的说明

最高人民法院在发布《专利解释（二）》时对其进行了说明，其中包括了对间接侵权的说明如下。

实践中，间接侵权人与最终实施发明创造的侵权人之间可能没有意思联络，并不构成共同过错。但鉴于间接侵权人主观恶意明显且其提供的零部件等是直接侵权行为的专用品，或者其积极诱导他人实施侵权行为，故应承担相应的法律责任。这并非在现行法律框架之外给予专利权人以额外的保护，而是侵权责任法律适用的应有之义，符合加强专利权保护的客观实际。

通常情况下，间接侵权应当以直接侵权为前提，不过 2018 年 7 月召开的第四次全国法院知识产权审判工作会议中，最高人民法院副院长陶凯元指出，“专利领域中的帮助侵权以被帮助者利用侵权专用品实施了覆盖专利权利要求全部技术特征的行为为条件，既不要求被帮助者的行为必须构成法律意义上的直接侵权行为，也不要求必须将帮助者和被帮助者作为共同被告”。之所以采用“覆盖专利权利要求全部技术特征”的表述代替“直接侵权”，主要是有些行为虽然覆盖了专利权利要求的全部技术特征，但是因为直接行为人“不以营利为目的”或者直接行为人的行为“不视为侵犯专利权”等而导致直接侵权行为不构成，相应地，在这种情形下，也不宜将直接行为人，即被帮助者列为被告。

除了上述不宜将直接行为人列为被告的情形外，在司法实践中，法院通常会要求原告在起诉间接侵权主体的同时起诉直接侵权主体，以便审理。最高人民法院的法官在其撰写的《专利解释（二）》的理解与适用的文章中也曾提到

"从实际操作看，无论是查明案件事实，还是连带责任的确定，乃至判决的执行，将直接侵权人和间接侵权人作为共同被告，效果可能更好"。

同时需要注意的是，虽然帮助侵权以被帮助者利用侵权专用品实施了覆盖专利权利要求全部技术特征的行为为条件，但并不意味着，在提起间接侵权诉讼之前，必须存在认定直接侵权成立的裁判。

（二）教唆侵权

教唆侵权是指行为人并未直接实施侵犯他人专利权的行为，但却故意诱导、怂恿、教唆别人实施侵犯他人专利权的行为，导致发生直接侵权行为。

《专利解释（二）》第二十一条第二款规定："明知有关产品、方法被授予专利权，未经专利权人许可，为生产经营目的积极诱导他人实施了侵犯专利权的行为，权利人主张该诱导者的行为属于民法典第一千一百六十九条规定的教唆他人实施侵权行为的，人民法院应予支持。"

根据该规定，除了实施诱导、怂恿、教唆等行为外，构成教唆侵权还必须满足以下三个要件：

（1）行为人明知有关产品或者方法已被授权；

（2）被教唆人实施的行为落入专利权保护范围；

（3）侵权行为已经实施。

1. 行为人明知有关产品或者方法已被授权

行为人明知有关产品或者方法已被授予专利权是指行为人在主观上有诱导或者唆使别人侵犯他人专利权的故意。专利侵权行为一般采用"无过错责任"原则，只要行为人实施了侵犯专利权的行为，无论其是否知悉该行为系侵犯专利权的行为，均应当承担停止侵权的责任。但是教唆侵权适用过错责任原则，行为人主观上的"明知"是构成教唆侵权的要件之一，若行为人并非出于故意，而是并不知晓有关产品或者方法已被授予专利权，或者能证明有关产品或者方法有合法来源的，将不构成教唆侵权。

显然，专利侵权诉讼中主张教唆侵权的，专利权人负有证明行为人明知有关产品或者方法已被授予专利权的举证责任。行为人的明知虽然属于主观范畴，但"明知"与"知道或者应当知道"的法律用语一样，可以通过行为人的某些行为或者经历来合理地推定行为人必然知悉有关产品或者方法已被授予专利权。

一般情况下，专利权人可以通过以下四种方法来证明行为人的明知。

（1）行为人与专利权人曾存在与对象专利相关的劳务关系；

（2）行为人与专利权人曾存在与对象专利相关的交易关系；

（3）专利权人曾就对象专利的侵权事宜与行为人进行过交涉；

（4）专利权人曾就对象专利的相关侵权事宜向行为人发出过警告信等。

2. 被教唆人实施的行为落入专利权保护范围

构成教唆侵权的另一个要件是行为人教唆别人实施的行为（教唆方案）必须落入专利权保护范围，即行为人唆使别人制造侵犯他人专利权的产品或者使用侵犯他人专利的方法必须覆盖专利权的所有技术特征。该判断方法适用专利侵权判定的全面覆盖原则，只有教唆方案全面覆盖权利要求的全部技术特征，才能判定行为人要对后续的侵权行为承担间接侵权责任。

教唆方案是否落入权利要求保护范围的分析判断方法，可以参见本节中有关发明专利、实用新型专利和外观设计专利侵权分析的相关内容。

3. 侵权行为已经实施

在行为人诱导、教唆下专利侵权行为已经实施，亦是构成教唆侵权的要件之一。但是，这里讲的侵权行为已实施，并不要求提起教唆侵权诉讼前，必定存在认定直接侵权成立的裁判。

教唆侵权不是一个独立的行为，其与被教唆的直接侵权行为之间存在因果关系，且其成立必须以直接侵权行为已实施为前提。如果行为人有故意诱导、唆使别人侵犯他人专利权的行为，但是被教唆人没有实施侵犯他人专利的侵权行为，即被教唆人没有实际制造该专利产品或者使用该专利方法的，则不能认定行为人构成教唆侵权。

显然，权利人在专利权侵权诉讼中同样负有证明相关专利产品或者方法已被被教唆人实际制造或者使用的举证责任。权利人虽然可以通过购买被教唆侵权的产品以及使用被教唆侵权方法制造的产品来证明直接侵权行为已实施，但是教唆侵权引发的直接侵权通常发生于最终消费者或者生产链的末端的企业，而最终消费者或者生产链的末端的企业是不特定的群体，针对不特定者的取证难度很大。

一般情况下，行为人以教唆侵权为目的销售相关产品，由于涉及的专利技术或者专利方法能明显增加相关产品的价值或者使用效用，因此实务上对于教唆侵权行为人的销售、许诺销售以及广告宣传等行为必然导致他人侵权行为发生的合理推断，人民法院会予以认可。

例如，A 公司发现了一种有多种用途的添加剂的新的使用方法，并获得专利权。按该专利方法将添加剂用于肉类加工，可使被加工后的肉制品保存时间大幅延长和口味更佳。某添加剂制造商 B 公司在销售其制造的添加剂时用的广告和产品使用说明书中介绍了添加剂的使用方法。该使用方法与该专利权利要求的内容相同，并且使用添加剂后产生的使用效果的说明同该专利的说明书的相关内容。

根据《专利解释（二）》第二十一条第二款的规定，A公司如果要起诉B公司教唆侵权，则必须向人民法院举证证明B公司知道A公司有专利权、其销售的添加剂已侵权。对此，A公司可以向B公司发一封包括以下三点内容的警告信：

（1）A公司拥有专利权（写明专利名称、专利号、申请日）；

（2）B公司推销添加剂时介绍添加剂使用方法的行为已构成侵权（写明添加剂的具体产品名称和型号）；

（3）要求B公司立即停止侵权。

B公司在收到警告信后仍未停止销售和宣传的，A公司向人民法院起诉时，就可以主张B公司知道A公司拥有专利权，其推销添加剂的使用说明书中介绍的使用方法就是专利方法，B公司销售添加剂和宣传添加剂使用方法的行为就是教唆侵权，消费者购买添加剂后必然会按照说明书使用，从而侵犯A公司的专利权。

（三）帮助侵权

帮助侵权是指行为人制造、销售的相关产品虽未侵犯他人专利，但该产品是用于实施专利的材料、设备、零部件、中间物，且只有唯一的用途，即只能用于实施他人专利，又称专用品侵权。专用品通常仅具备了他人专利的主要或者大部分技术特征，由于未全面覆盖他人专利的全部技术特征，依照专利侵权判定的全面覆盖原则，行为人销售或者提供专用品的行为并不构成专利侵权。

然而使用专用品的企业通常也是最终消费者或者产业链末端的企业，它们是一个不特定的群体，侵权取证困难，并且数量庞大，以发生直接侵权的群体为专利侵权诉讼的对象，不利于专利权的保护。

我国长期以来虽然没有与专用品侵权相关的法律规定，但在司法实践中对制止专用品侵权仍给予司法救济。

《专利解释（二）》第二十一条第一款规定："明知有关产品系专门用于实施专利的材料、设备、零部件、中间物等，未经专利权人许可，为生产经营目的将该产品提供给他人实施了侵犯专利权的行为，权利人主张该提供者的行为属于民法典第一千一百六十九条规定的帮助他人实施侵权行为的，人民法院应予支持。"根据该规定，帮助侵权必须满足以下四个要件。

（1）产品只有唯一用途；

（2）专用品与特定物的结合使用落入专利保护范围；

（3）明知专用品只能用于实施他人专利；

（4）侵权行为已经实施。

1. 产品只有唯一用途

产品只有唯一用途，这是构成帮助侵权必不可少的要件之一。

产品除此之外无其他用途的，可以合理推定行为人销售或者提供该产品时必然知道该产品的特定用途，以及再据此推定行为人向他人提供专用品具有让他人使用的故意。如果该产品除了实施他人专利之外还具备其他用途的就不是专用品，行为人销售或者提供该具有其他用途的产品虽然可能导致别人利用该产品实施侵犯他人专利的行为，但仍不构成专用品侵权。

专用品的种类和形态多种多样。一般而言，专用品只能与相关特定物品结合使用才能发挥其功能。实践中，帮助侵权最大的难点就在于要证明“专用”。判断具体产品是否专用品时，主要有两个要件：①该产品对实现涉案专利所请求保护技术方案是否具备实质性意义；②该产品除用于涉案专利所保护技术方案外，是否还有其他“实质性非侵权用途”。

在专利侵权诉讼中，权利人主张相关产品是专用品的，其后的举证责任转移到对方，只要对方无法证明该产品有其他用途，人民法院就会认定该产品为专用品。

2. 专用品与特定物的结合使用落入专利保护范围

除产品是专用品且只有唯一用途外，该产品与特定物结合使用形成的技术方案落入专利保护范围内是构成专利侵权的另一要件。

分析判断专用品与特定物结合使用时构成的技术方案是否落入专利保护范围可参照本节中发明专利、实用新型专利和外观设计专利侵权分析的相关内容。

3. 明知专用品只能用于实施他人专利

“明知专用品只能用于实施他人专利”是《专利解释（二）》第二十一条第一款规定的专用品侵权的第三个要件，但是该规定没有对专用品侵权的“明知”给出进一步的解释。

专用品提供者可以是制造者也可以是销售者。笔者认为，专用品制造者在设计制造专用品时肯定要考虑其用途，由于专用品只有唯一的用途，即与特定物结合使用，专用品制造者在设计制造专用品时，必然知道专用品与特定物结合使用的技术方案，为此，可以推定其制造专用品时，知晓有相关内容专利的存在。然而对于专用品销售者，由于专用品用途的限制，虽然销售对象可能是特定的，但是专用品销售者可能不一定了解专用品与特定物结合使用形成的技术方案，因此，无法推定专用品销售者明知。

4. 侵权行为已经实施

专用品侵权行为已经实施的分析判断方法同教唆侵权行为已实施。请参照前述“（二）教唆侵权”下的“3. 侵权行为已经实施”的相关内容。

三、使用环境侵权分析

使用环境特征是指专利权利要求中用来描述发明所使用的背景或者条件的技术特征，通常情况下是与被保护对象的安装位置或者连接结构等相关的技术特征，特定情况下包括与被保护对象的用途、适用对象、使用方式等相关的技术特征。

在日常生活中，常常会有两种产品分开制造销售，但是须结合使用的情况，例如，产品 A 和产品 B 可以分别由不同的企业制造销售，但产品 A 必须通过接口安装在产品 B 上配合使用，两产品的配置方式受到产品 A 和产品 B 二者间的位置关系和配置条件的限制。

如果发明的技术方案涉及产品 A 本体结构以及产品 A 与产品 B 配合使用的位置关系和配置条件的，则该发明授权后的权利要求一般会有两种技术特征，即与产品 A 本体有关的结构特征和体现在产品 B 上的产品 B 怎样与产品 A 配合使用有关的技术特征。前者称为产品 A 的结构特征，后者称为产品 A 的使用环境特征。

使用者分别购得产品 B 和具有与产品 A 相同结构特征的被疑侵权产品，两产品结合使用时，就发生专利侵权。专利权人对被疑侵权产品制造、销售者提起专利侵权诉讼的，由于单独制造、销售的被疑侵权产品本体上不具备使用环境特征，一般会被认为没有全面覆盖权利要求的所有技术特征而可能被认定不构成侵权。

原告×××株式会社诉被告广州×××科技有限公司等侵犯专利权纠纷案[1]就是一个例子。该案中原告对墨盒享有专利权，该墨盒的权利要求中不仅记载了墨盒本体的结构特征，还记载了墨盒与托架配合使用的位置关系和配置条件，即记载了墨盒的使用环境特征。被告制造销售被控侵权墨盒，但并不生产托架，即该单独制造销售的墨盒本体上不具备墨盒的使用环境特征，北京市第二中级人民法院据此认定该被控侵权产品未覆盖原告专利权利要求的全部技术特征，判决不构成侵权。

由于当时没有与使用环境有关的法律规定，具有使用环境特征的专利实际上很难得到保护。北京市高级人民法院于 2013 年 9 月 4 日发布的《专利侵权判定指南》第二十三条规定："被诉侵权技术方案可以适用于产品权利要求记载的使用环境的，应当认定被诉侵权技术方案具备了权利要求记载的使用环境特

---

[1] 参见北京市第二中级人民法院（2007）二中民初字第 527 号民事判决书。

征，而不以被诉侵权技术方案实际使用该环境特征为前提。”2016 年 3 月 21 日发布的《专利解释（二）》❶ 第九条规定：“被诉侵权技术方案不能适用于权利要求中使用环境特征所限定的使用环境的，人民法院应当认定被诉侵权技术方案未落入专利权的保护范围。”

上述规定引入了使用环境特征，使该类专利的保护得以实现。北京市高级人民法院在 2017 年发布的《专利侵权判定指南》时，对使用环境特征予以进一步说明，该指南规定，专利文件明确限定该技术方案仅能适用于该使用环境特征，有证据证明被诉侵权技术方案可以适用于其他使用环境的，则被诉侵权技术方案未落入专利权的保护范围。

上述规定明确了侵权判断时应区分使用环境特征和权利要求记载的其他结构特征，以及使用环境特征限定权利要求的保护范围。使用环境特征侵权分析分成两部分，即权利要求记载的其他结构特征的分析比较和使用环境特征分析比较❷。

1. 其他结构特征

权利要求记载的其他结构特征一般是某特定的产品或者与该特定产品有关的技术方案，例如，前述墨盒案例中涉案专利的权利要求中有关墨盒本体结构的技术特征。该其他结构特征与被疑侵权产品的技术特征的对比及分析方法同实用新型专利和发明专利的侵权分析。具体分析方法参照本章第四节之二“确认是否落入发明或实用新型专利权利要求保护范围”的相关内容。

如果被疑侵权产品的技术特征覆盖了权利要求记载的其他结构特征的，再进行使用环境特征分析。

2. 使用环境特征分析

使用环境通常会涉及被疑侵权产品的安装位置、安装顺序、对应部件的结构以及特殊使用环境要求等。这里讲的特殊使用环境要求一般指温度、湿度或者磁场强度等物理或者化学环境要求。

权利要求中记载的使用环境特征对专利保护的范围具有限定作用，使用环境特征对保护范围的限定程度按如下方法确定。

一般情况下，使用环境特征应该理解为要求被保护的主题对象可以使用于该使用环境即可，不要求被保护的主题对象必须用于该种使用环境。也就是说

❶ 本条在 2020 年的修正版本中没有变化。

❷ 关于使用环境侵权判定的规则在最高人民法院的几个典型案例中有体现，如最高人民法院（2012）民提字第 1 号民事判决书和最高人民法院（2020）最高法知民终 313 号民事判决书。因案件比较复杂，本书不予展开，有兴趣的读者可以自行查阅裁判文书。

具有权利要求记载的其他结构特征的产品可以使用于包括该使用环境的多种使用环境，就构成侵权，不必强调必须使用于该使用环境。

例如，权利要求保护的主题对象是复印机的墨盒，被疑侵权产品墨盒的技术特征与权利要求记载的其他结构技术特征相同，并且可以与多种不同结构接口的复印机配合使用，其中包括了具有权利要求记载的使用环境技术特征的复印机的配合使用。被疑侵权产品的墨盒虽然可与多种不同复印机配合使用，但仍落入专利保护范围。

如果本领域普通技术人员在阅读专利权利要求书、说明书以及专利审查档案后可以明确而合理地得知被保护对象必须用于该种使用环境，那么该使用环境特征应被理解为要求被保护对象必须使用于该特定环境。

例如，权利要求保护的主题对象是复印机的墨盒，并限定了该墨盒的基本结构和该墨盒的接口只能与具有与权利要求记载的使用环境特征的特定复印机的接口配合使用，如果被疑侵权产品的墨盒接口的技术特征与权利要求限定的墨盒的技术特征相同，但是该墨盒接口除与具有权利要求限定的使用环境特征的复印机接口配合使用外，还可与具有其他不同结构接口的复印机配合使用，则不侵犯涉案专利权。

被疑侵权产品的使用环境特征与权利要求记载的使用环境特征对比分析方法与本章第四节之二“确认是否落入发明或实用新型专利权利要求保护范围”所述的技术特征对比分析相同，故本小节不再展开。

第三节　专利权有效性分析

专利权有效性分析，是指专利权人或利害关系人在对涉嫌专利侵权人提起专利侵权诉讼之前，对准备主张权利的专利权的稳定性进行客观的评估，以防止在提起专利侵权诉讼后可能发生的专利无效宣告请求的审查过程中，主张权利的专利权被宣告无效。

根据《专利法》第四十五条[1]和《专利法实施细则》第六十九条[2]的规定，

---

[1] 《专利法》第四十五条规定：“自国务院专利行政部门公告授予专利权之日起，任何单位或者个人认为该专利权的授予不符合本法有关规定的，可以请求国务院专利行政部门宣告该专利权无效。”

[2] 《专利法实施细则》第六十九条第一款规定：“依照专利法第四十五条的规定，请求宣告专利权无效或者部分无效的，应当向国务院专利行政部门提交专利权无效宣告请求书和必要的证据一式两份。无效宣告请求书应当结合提交的所有证据，具体说明无效宣告请求的理由，并指明每项理由所依据的证据。”

任何单位或者个人认为该专利权的授予不符合《专利法》有关规定的，包括缺少新颖性、创造性和实用性以及权利要求得不到说明书支持、技术方案无法实施和修改超范围等，都可请求国务院专利行政部门宣告该专利权无效。

笔者曾对专利复审委员会（2019 年更名为国家知识产权局专利局复审和无效审理部）于2011 年3 月8 日到2012 年10 月30 日之间作出的525 份针对发明专利权的无效宣告请求审查决定进行了统计。除去重复的 16 份决定，2 份由于专利复审委员会网络数据库无法查看的决定，总共分析了 507 份无效宣告请求审查决定。其中，宣告全部专利权无效的有 200 份决定，占 39.4%；宣告部分专利权无效的有 83 份决定，占 16.4%。宣告全部专利权无效的决定中，缺少新颖性或者创造性的 144 份，缺乏必要技术特征的 4 份，说明书不清楚的 8 份，修改超范围的 15 份，发明无法实施的 9 份，权利要求得不到说明书支持的 20 份。

为避免专利侵权诉讼中主张权利的专利权被宣告无效，在提起专利侵权诉讼之前，通过进一步的检索和从不同的角度对拟主张权利的专利权进行一次专利权有效性分析，并在该分析结果的基础上，比对被疑侵权产品或方法的技术特征，并分析侵权的可能性，是美国、欧洲、日本等发达国家和地区的相关专利权人在提起专利侵权诉讼前必做的工作。目前采用此类诉前分析准备工作的中国企业呈增加趋势。

一、检　索

无论是制作实用新型和外观设计专利权评价报告，还是进行发明专利申请的实质性审查，国家知识产权局的审查员都要进行文献检索，并依据检索结果来分析和确认授权专利的有效性或者是否可以授予专利权。国家知识产权局的审查员受到语种和检索工具的限制，若要全面地检索各国文献以及所有的专业杂志和出版物，困难较大且难免发生漏检。因此，起诉前再次检索和收集拟主张的专利权在专利申请日以前的对比文献，重新评估专利权的有效性十分必要。检索可以从以下三方面展开。

（一）专利权人提供对比文献

专利权人参与专利技术的开发，了解开发的背景和现有技术的情况，有的专利权人还掌握一些国家知识产权局的审查员未检索到的公知技术。由于这些公知技术有可能被对方当事人检索到并用于无效宣告请求，因此有必要在专利权有效性分析时予以重点考虑。

（二）检索与该专利技术有关的竞争对手的专利文献

国家知识产权局的审查员基本上按国际专利分类进行检索。虽然各国专利都采用国际专利分类，但是各国专利局对国际专利分类的运用有区别，加上即使是同一国家专利局的专利分类员在分类时考虑的角度也不同，也会影响分类的一致性。因此，扩大检索相近专利分类的专利文献和与该专利技术有关的主要竞争对手的相关专利文献的方法，经常被采用。

（三）检索相关专业杂志

世界知识产权组织（World Intellectual Property Organization，WIPO）规定了PCT专利申请审查必须检索的最低文献量，其中包括145种专业期刊。在这145种规定的专业期刊以外的期刊中，有可能存在影响专利性的对比文献，因此扩大专业期刊的检索范围十分必要。

关键词检索是专利检索中使用最广泛的方法。由于同一部件和技术有多种技术用语，关键词检索的准确率与关键词的选定和关键词的组合检索式有十分密切的关系。此外，专利检索的准确率，不仅与选用的检索工具和数据库有关，而且与检索人员的业务能力密切相关。因此，专利检索最好委托专业的专利检索公司或者有检索能力的专利代理师进行为妥。

二、发明和实用新型专利权有效性分析

发明创造具备新颖性、创造性和实用性是其获得专利权的必要条件。《专利审查指南2023》对新颖性、创造性和实用性的审查规则作了详细的规定，国家知识产权局对授权专利进行新颖性、创造性和实用性分析实质上是按照《专利审查指南2023》的规定对比新检索到的对比文献，全面分析其专利权有效性。

限于篇幅，本小节仅介绍新颖性、创造性和实用性分析的基本方法和思路。

（一）新颖性分析

《专利法》第二十二条第二款规定：“新颖性，是指该发明或者实用新型不属于现有技术；也没有任何单位或者个人就同样的发明或者实用新型在申请日以前向国务院专利行政部门提出过申请，并记载在申请日以后公布的专利申请文件或者公告的专利文件中。”

新颖性分析遵循单独对比原则。即发明专利或实用新型专利申请的各项权利要求只能分别与每一项现有技术，或在专利申请日前有其他单位或个人已提出申请并在专利申请日后（含专利申请日）公布的其他发明或实用新型（以下统称“现有技术资料”）的相关技术内容单独进行对比，不得与几项现有技术

资料的组合，或与一份对比文件中的多项技术方案的组合进行对比。例如，专利申请的权利要求 1 中有 A、B 两个技术特征，而有两项现有技术分别具备相同的 A、B 两个技术特征，但就与每一项现有技术的对比来看，都没有同时具备 A、B 两个技术特征的一项现有技术，因此可以认定该专利申请具备新颖性。

新颖性分析的基本方法如下。

（1）在检索到的资料中选择一篇满足下述条件的对比文献。

① 该篇对比文献的公开日早于被对比专利的申请日或者优先权日。

② 该篇对比文献的技术领域与实用新型专利相同或者与发明专利相同或者相近。

（2）分解独立权利要求的技术特征。

（3）确定对比文献中的相应技术特征。

（4）对比独立权利要求和对比文献的对应技术特征；对比文献具备与独立权利要求的技术特征相应的所有技术特征，则该独立权利要求不具备新颖性；若对比文献缺少一个以上技术特征或者一个以上的技术特征与独立权利要求相应的技术特征不相同，则该独立权利要求具备新颖性。

（5）对比从属权利要求和对比文献的对应技术特征：引用该独立权利要求的从属权利要求的附加技术特征是对该独立权利要求的进一步限定，其保护范围小于独立权利要求，独立权利要求具备新颖性时，不需要再展开对比分析该从属权利要求的新颖性；独立权利要求不具备新颖性的，需再比对其从属权利要求和前述对比文献，以确认是否具备新颖性。

① 分解从属权利要求的附加技术特征，和确认与该分解的附加技术特征对应的前述对比文献中的技术特征；该从属权利要求的附加技术特征如果没有被前述对比文献覆盖，则该从属权利具备新颖性；引用该从属权利要求的其他从属权利要求的保护范围小于该从属权利要求，该从属权利要求具备新颖性的，不需要再展开对比分析引用该从属权利要求的其他从属权利要求。

② 如果上述从属权利要求的附加技术特征被前述对比文献覆盖，则该从属权利要求不具备新颖性；然后采用同样的方法再比对引用该从属权利要求的其他从属权利要求的新颖性，以此类推。

新颖性分析还应注意下列具体问题。

1. 上下位概念的区别

涉案专利的发明或实用新型与对比文件相比，二者的区别仅在于上下位概念时，若发明或实用新型采用了上位概念，对比文件采用了下位概念，由于上位概念涵盖了下位概念的保护范围，则下位概念的公开使得采用上位概念的发明或实用新型丧失了新颖性；反之，若涉案专利的发明或实用新型采用了下位概念，而对比文件采用了上位概念，上位概念的公开并不会影响下位概念限定的发明或实用新型的新颖性。具体来说，权利要求的技术特征是上位概念，例如动力装置，而对比文献公开的是具体的下位概念，例如马达，对比文献公开的下位概念能破坏权利要求中作为上位概念的技术特征的新颖性，即马达能破坏动力装置的新颖性；但是对比文献公开的上位概念不能破坏权利要求中作为下位概念的具体技术特征的新颖性，即动力装置不能破坏马达的新颖性。

2. 惯用手段的直接置换

如果涉案专利的发明或者实用新型与对比文件的区别仅仅是所属技术领域的惯用手段的直接置换，则该发明或者实用新型不具备新颖性。例如，对比文件公开了采用螺钉固定的装置，而涉案专利的发明或者实用新型仅将该装置的螺钉固定方式改换为螺栓固定方式，则该发明或者实用新型不具备新颖性。

3. 包含数值或数值范围的权利要求

如果涉案专利的发明或实用新型中存在以数值或者连续变化的数值范围限定的技术特征，只有当技术特征的数值或数值范围落在对比文件公开的数值范围内，且与对比文件公开的数值范围没有共同的端点（最大值或最小值），涉案专利才具备新颖性。

如果涉案专利的技术特征的数值或数值范围包含了对比文件公开的数值或数值范围，或与对比文件公开的数值或数值范围部分重叠，或有一个共同的端点，则涉案专利不具备新颖性。例如，涉案专利的权利要求为一种内燃机用活塞环，其技术特征中活塞环的圆环直径为95毫米，如果对比文件公开了圆环直径为70~105毫米的内燃机用活塞环，则涉案专利具备新颖性；若涉案专利的权利要求为一种氮化硅陶瓷的生产方法，其技术特征中烧成时间为1~10小时，若对比文件公开的氮化硅陶瓷的生产方法中的烧成时间为1~8小时或4~12小时，则涉案专利不具备新颖性。

此外，如果涉案专利的技术特征为离散数值，且与对比文件公开的数值范围的两个端点中任何一个重合，则该重合的离散数值的技术特征将丧失新颖性，但未被对比文件公开的数值范围的两个端点包含的离散数值或对比文件公开的数值范围之外的离散数值的新颖性不受影响。例如，涉案专利的权利要求为一种二氧化钛光催化剂的制备方法，其技术特征中干燥温度为40℃、58℃、75℃或者100℃。如果对比文件公开了干燥温度为40~100℃的二氧化钛光催化剂的制备方法，则干燥温度分别为40℃和100℃时权利要求不具备新颖性，但干燥温度分别为58℃和75℃时权利要求仍具备新颖性。

4. 包含性能、参数、用途或制备方法等特征的产品权利要求

对于包含性能、参数或用途特征的权利要求，只有当该性能、参数或用途特征隐含了要求保护的产品具有区别于对比文件产品的结构和（或）组成时，该权利要求才具备新颖性，反之则不具备新颖性。例如，涉案专利的权利要求为用X衍射数据等多种参数表征的一种结晶形态的化合物A，若该参数表征无法使之与对比文件公开的结晶形态的化合物A区分开来，则该权利要求不具备新颖性。

对于包含制备方法特征的产品权利要求，只有当所属技术领域的技术人员可以判断该方法必然使产品具有不同于对比文件产品的特定结构和（或）组成，该权利要求才具备新颖性，反之则不具备新颖性。例如，涉案专利的权利要求为用X方法制得的玻璃杯，对比文件公开的是用Y方法制得的玻璃杯，如果两个方法制得的玻璃杯的结构、形状和构成材料相同，则涉案专利的权利要求不具备新颖性。

（二）创造性分析

《专利法》第二十二条第三款规定：“创造性，是指与现有技术相比，该发明具有突出的实质性特点和显著的进步，该实用新型具有实质性特点和进步。”

在确认涉案的发明或实用新型专利具备新颖性条件后，评价涉案专利的发明或实用新型的创造性。

创造性分析不同于新颖性分析的单独对比原则，其是将一份或者多份现有技术中的不同的技术内容组合在一起对要求保护的发明或实用新型进行分析，并且创造性的分析是针对权利要求限定的技术方案的整体评价，而不是仅仅针对某一技术特征进行创造性分析。

1. 实质性特点

发明有突出的实质性特点，是指对所属技术领域的技术人员来说，发明相对于现有技术是非显而易见的。如果发明是所属技术领域的技术人员在现有技术的基础上仅仅通过合乎逻辑的分析、推理或者有限的试验可以得到的，则该发明是显而易见的，也就不具备突出的实质性特点。

发明的突出的实质性特点，是通过与现有技术比对分析来确认的，其基本方法如下。

（1）分解独立权利要求的技术特征。

（2）确定最接近的现有技术。最接近的现有技术，是指现有技术中与权利要求保护的发明最密切相关的一个技术方案，它是判断发明是否具有突出的实质性特点的基础。

最接近的现有技术从检索到的数篇对比文献中选出一篇，例如，该选出的对比文献可以是与要求保护的发明技术领域相同、所要解决的技术问题、技术效果或者用途最为接近和/或公开了发明的技术特征最多的现有技术，或者虽然与要求保护的发明技术领域不同，但能够实现发明的功能，并且公开发明的技术特征最多的现有技术。应当注意的是，确定最接近的现有技术时，应首先考虑技术领域相同或者相近的现有技术，其中，要优先考虑与发明要解决的技术问题相关联的现有技术。

（3）确定发明的区别特征和发明实际要解决的技术问题。像新颖性分析一样分解独立权利要求的技术特征，对应于独立权利要求的技术特征分解最接近的现有技术的技术特征；将两者进行对比，将未被最接近的现有技术覆盖的技术特征确认为区别特征。该最接近的现有技术的技术特征要解决的技术问题一般不同于申请人在说明书中所描述的现有技术，因此，基于最接近的现有技术重新确定区别特征实际要解决的技术问题。

重新确定要解决的技术问题，依据每项发明的区别特征的具体情况而定。作为一个原则，发明的任何技术效果都可以作为重新确定要解决的技术问题的基础，只要本领域的技术人员从该专利的说明书中所记载的内容能够得知该技术效果即可。

（4）确认其他对比文献中的与区别特征对应的技术特征。分析检索到的其他对比文献，确认在这些对比文献中是否记载有与区别特征对应的技术特征。

（5）将记载于其他对比文献中的与区别特征对应的技术特征，与最接近的现有技术中的技术特征相结合，并判断这种结合对本领域的技术人员来说是否显而易见。在该步骤中，要从最接近的现有技术和涉案专利的区别特征实际要解决的技术问题出发，判断将记载于其他对比文献中的与区别特征相对应的技术特征结合到最接近的现有技术时对本领域的技术人员来说是否显而易见。判断要点是，现有技术整体上是否存在某种技术启示，即现有技术中是否给出将上述区别特征应用到该最接近的现有技术以解决其存在的技术问题（即发明实际解决的技术问题）的启示，这种启示会使本领域的技术人员在面对所述技术问题时，有动机改进该最接近的现有技术并获得要求保护的发明。如果现有技术存在这种技术启示，则发明是显而易见的，不具有突出的实质性特点。

通常的判断方法是分析判断区别技术特征要解决的技术问题是否与其他对比文献中记载的与区别特征的对应技术特征相同，相同的可以考虑现有技术给出了启示。所有的区别特征，现有技术都给出了启示，则该权利要求没有实质性的特点。

（6）从属权利要求的实质性特点的分析。独立权利要求具备实质性特点时，引用该独立权利要求的从属权利要求的附加技术特征是对独立权利要求的进一步限定，从属权利要求的保护范围小于独立权利要求，因此独立权利要求具备实质性特点，不需要再展开对比分析引用该独立权利要求的从属权利要求的实质性特点。独立权利要求不具备实质性特点的，需再比对分析引用该独立权利要求的该从属权利要求的实质性特点。

① 如前所述的新颖性分析那样分解该从属权利要求的附加技术特征，和确定其他对比文献中是否记载有与之相对应的技术特征。该从属权利要求的附加技术特征如果没有被对比文献中的任一篇文献覆盖，则该从属权利要求具有实质性特点。引用该从属权利要求的其他从属权利要求的保护范围小于该从属权利要求，因此具有实质性特点，不需要再展开对比分析。

② 如果经过比对确认该从属权利要求的附加技术特征被其他对比文献覆盖，并且该对比文献给出了可与其他现有技术结合的启示，则该从属权利要求不具备实质性特点。

然后采用同样的方法再分析引用该从属权利要求的其他从属权利要求的实质性特点，以此类推。

2. 显著的进步

发明有显著的进步，则是指发明与现有技术相比能够产生有益的技术效果，如发明克服了现有技术中存在的缺点和不足，或者为解决某一技术问题提供了一种不同构思的技术方案，或者代表某种新的技术发展趋势。

发明是否具有显著的进步的分析则相对简单，主要考虑发明是否具有有益的技术效果。例如，下列情况通常应当认为发明具有有益的技术效果。

（1）发明与现有技术相比具有更好的技术效果，例如，质量改善、产量提高、节约能源、防治环境污染等。

（2）发明提供了一种技术构思不同的技术方案，其技术效果能够基本上达到现有技术的水平。

（3）发明代表某种新技术发展趋势。

（4）尽管发明在某些方面有负面效果，但在其他方面具有明显积极的技术效果。

分析判断涉案发明专利是否具有突出的实质性特点和显著的进步困难的，例如，判断现有技术是否给出了区别特征与最接近的现有技术结合的启示困难的，或者判断发明创造是否具有有益效果困难的，若存在下列四种情形之一的，可以认为涉案发明专利具备创造性。

（1）发明解决了人们一直渴望解决但始终未能获得成功的技术难题，则该发明具有突出的实质性特点和显著的进步，具备创造性。

（2）发明克服了技术偏见，采用了人们由于技术偏见而舍弃的技术手段，从而解决了技术问题，则该发明具有突出的实质性特点和显著的进步，具备创造性。

（3）发明取得了预料不到的技术效果，同现有技术相比，该技术效果产生了质的变化，具有新的性能，或者产生了超出人们预期的量的变化，且是所属技术领域的技术人员事先无法预测或者推理出来的，则该发明具有突出的实质性特点和显著的进步，具备创造性。

（4）发明在商业上获得成功，且这种成功是由于发明的技术特征直接导致的，则该发明具有突出的实质性特点和显著的进步，具备创造性。

3. 实质性特点和进步

实用新型专利的创造性是指与现有技术相比，具有实质性特点和进步，其创造性的标准低于发明专利的创造性的标准。两者在创造性判断标准上的不同，主要体现在现有技术中是否存在“技术启示”的判断。

实质性特点分析时引用的对比文献的技术领域和数量受到限制。一般实用新型专利引用相同技术领域的对比文献，发明专利引用相同或相近技术领域的对比文献；而实用新型专利引用对比文献为两篇以内，发明专利一般不超过三篇，但是公知常识的引用不受篇数的限制。公知常识是指教科书、技术词典、技术手册和工具书中公开的技术内容。

（三）实用性分析

《专利法》第二十二条第四款规定：“实用性，是指该发明或者实用新型能够制造或者使用，并且能够产生积极效果。”

实用性应当从产业的角度来分析，在产业上能够制造或者使用的技术方案，是指符合自然规律、具有技术特征的任何可实施的技术方案；而能够产生积极效果，是指发明或实用新型在提出专利申请之日，其产生的积极和有益的经济、技术和社会的效果是所属技术领域的技术人员可以预料到的。对于产品专利（包括发明和实用新型）而言，该产品必须在产业中能够制造，并且能够解决技术问题；对于方法专利（仅限发明）而言，该方法必须在产业中能够使用，并且能够解决技术问题，才具备实用性。

新颖性和创造性只分析权利要求所记载的内容，而实用性的分析与此不同，实用性分析应当以专利申请日提交的说明书（包括附图）和权利要求书所公开的整体技术内容为依据，而不仅仅局限于权利要求所记载的内容。

对实用性进行分析时，以下六种情形应当认定为不具备实用性。

（1）无再现性：具备实用性的发明或实用新型应当具有再现性，即所属技术领域的技术人员，根据公开的技术内容，能够重复实施专利申请中为解决技术问题所采用的技术方案；反之，无再现性的发明或实用新型不具备实用性。

（2）违背自然规律：具备实用性的发明或实用新型应当符合自然规律；违背自然规律的发明或实用新型专利申请是不能实施的，不具备实用性。

（3）利用独一无二的自然条件的产品：具备实用性的发明或实用新型专利申请不得是由自然条件限定的独一无二的产品；利用特定的自然条件建造的自始至终都是不可移动的唯一产品不具备实用性。

（4）人体或者动物体的非治疗目的的外科手术方法：非治疗目的的外科手术方法，由于是以有生命的人或者动物为实施对象，无法在产业上使用，因此不具备实用性。

（5）测量人体或者动物体在极限情况下的生理参数的方法：测量人体或动物体在极限情况下的生理参数需要将被测对象置于极限环境中，这会对人或动物的生命构成威胁，不同的人或动物个体可以耐受的极限条件是不同的，需要有经验的测试人员根据被测对象的情况来确定其耐受的极限条件，因此这类方法无法在产业上使用，不具备实用性。

（6）无积极效果：具备实用性的发明或者实用新型专利的技术方案应当能够产生预期的积极效果；明显无益、脱离社会需要的发明或者实用新型专利的技术方案不具备实用性。

相对于新颖性和创造性，发明和实用新型的实用性要求较容易得到满足，因缺少实用性被无效的案件也较少，一般来讲能够工业化生产或者重复再现的发明创造，都具备实用性，因此本小节不再展开说明。

三、其他影响发明和实用新型专利权有效性的理由

《专利法实施细则》第六十九条第二款[1]规定的无效理由，除新颖性、创造性和实用性外，还包括众多其他理由，其中修改超范围，说明书不清楚、不完整和发明无法实施，权利要求得不到说明书的支持，以及缺少必要的技术特征

---

[1] 《专利法实施细则》第六十九条第二款规定："前款所称无效宣告请求的理由，是指被授予专利的发明创造不符合专利法第二条、第十九条第一款、第二十二条、第二十三条、第二十六条第三款、第二十六条第四款、第二十七条第二款、第三十三条或者本细则第十一条、第二十三条第二款、第四十九条第一款的规定，或者属于专利法第五条、第二十五条规定的情形，或者依照专利法第九条规定不能取得专利权。"

等是常见的无效理由。

这些无效理由不仅会影响专利权的有效性，而且会进一步对专利侵权诉讼产生影响。原告提起专利侵权诉讼是基于被告未经许可的行为落入了其专利权的保护范围，构成专利侵权，因此，原告的专利权及其权利要求所限定的保护范围是原告进行侵权指控的基础，一旦原告专利权的有效性受到影响，则势必会对原告的侵权指控造成不利的影响。本小节将根据《专利审查指南2023》第二部分的相关规定，在下面说明这些无效理由会对专利侵权诉讼产生的具体影响。

（一）修改超范围

在专利申请过程中，为克服原独立权利要求无新颖性或创造性、缺少解决技术问题的必要技术特征、未以说明书为依据或者未清楚地限定要求专利保护的范围等缺陷，几乎每件专利申请的权利要求都可能会进行修改，说明书因专利权利要求的修改，有时也可能会作一些相应的修改。

对权利要求书的修改主要包括：通过增加或变更独立权利要求的技术特征，或者通过变更独立权利要求的主题类型或主题名称以及其相应的技术特征，来改变该独立权利要求请求保护的范围；增加或者删除一项或多项权利要求；修改独立权利要求，使其相对于最接近的现有技术重新划界；修改从属权利要求的引用部分，改正其引用关系，或者修改从属权利要求的限定部分，以清楚地限定该从属权利要求请求保护的范围。

对于说明书的修改，主要有两种情况：一种是针对说明书中本身存在的不符合《专利法》及其实施细则规定的缺陷作出的修改；另一种是根据修改后的权利要求书作出的适应性修改。

《专利法》第三十三条[1]规定了修改不得超过原权利要求和说明书的范围，作为一个原则，凡是对说明书（及其附图）和权利要求书作出不符合《专利法》第三十三条规定的修改，均是不允许的。具体地说，如果授权专利在专利申请过程中，申请的内容通过增加、改变和/或删除其中的一部分，致使所属技术领域的技术人员看到的信息与原申请记载的信息不同，而且又不能从原申请记载的信息中直接地、毫无疑义地确定，那么，这种修改会超过原权利要求和说明书的范围，权利要求的保护范围有可能会超过原专利申请的范围，从而影响授权专利的有效性。

---

[1] 《专利法》第三十三条规定："申请人可以对其专利申请文件进行修改，但是，对发明和实用新型专利申请文件的修改不得超出原说明书和权利要求书记载的范围，对外观设计专利申请文件的修改不得超出原图片或者照片表示的范围。"

对涉案专利相对于原专利申请是否经过修改，和该修改是否超范围的分析方法如下。

（1）对比涉案专利的授权公告文本和涉案专利的专利申请公开文本。对照专利申请公开文本的章节段落，确认在授权公告文本的权利要求和说明书的对应章节段落中有无对应的记载或者二者的内容有无差异。

（2）没有对应的记载，则进一步确认在专利申请公开文本的其他章节段落中有无相关的对应记载。二者的内容有差异，则进一步确认该有差异的内容在专利申请公开文本的其他章节段落中有无相应的记载。

（3）如果没有对应的记载也没有相应的记载，则确认涉案权利要求或说明书的该部分经过修改。

（4）分析判断这些经过修改的内容能否从原申请记载的信息中直接地、毫无疑义地导出。

关于这些修改的内容能否从原申请记载的信息中直接地、毫无疑义地导出的分析，《专利审查指南2023》第二部分第八章第5.2节列举了多种允许修改和不允许修改的情况，但是这些都无法穷尽分析方法。在遇到此类问题时，应该根据涉及的技术领域和具体的技术内容，以及原说明书的上下文和相关记载的表述方法具体应对。

（二）说明书不清楚、不完整和发明无法实施

《专利法》第二十六条第三款规定："说明书应当对发明或者实用新型作出清楚、完整的说明，以所属技术领域的技术人员能够实现为准；必要的时候，应当有附图。摘要应当简要说明发明或者实用新型的技术要点。"

说明书对发明或者实用新型作出清楚、完整的说明，应当达到所属技术领域的技术人员能够实现的程度。也就是说，说明书应当满足充分公开发明或者实用新型的要求。

1. 清　楚

说明书的内容应当清楚，具体应满足下述要求：

（1）主题明确。说明书应当从现有技术出发，明确地反映出发明或者实用新型想要做什么和如何去做，使所属技术领域的技术人员能够确切地理解该发明或者实用新型要求保护的主题。换句话说，说明书应当明确发明或者实用新型所要解决的技术问题以及解决其技术问题采用的技术方案，并有相对于现有技术的有益效果。发明或者实用新型要解决的技术问题、技术方案和有益效果应当相互适应，不应有相互矛盾或者不相关联的情形。

（2）表述准确。说明书应当使用发明或者实用新型所属技术领域的技术术

语。说明书应当准确地表达发明或者实用新型的技术内容，不得含糊不清或者模棱两可，以至于所属技术领域的技术人员不能清楚、正确地理解该发明或者实用新型。

2. 完　整

一份完整的说明书应当包含下列各项内容。

（1）帮助理解发明或者实用新型不可缺少的内容。例如，有关所属技术领域、背景技术状况的描述以及说明书有附图时的附图说明等。

（2）确定发明或者实用新型具有新颖性、创造性和实用性所需的内容。例如，发明或者实用新型所要解决的技术问题，解决其技术问题采用的技术方案和发明或者实用新型的有益效果。

（3）实现发明或者实用新型所需的内容。例如，为解决发明或者实用新型的技术问题而采用的技术方案的具体实施方式。

凡是所属技术领域的技术人员不能从现有技术中直接、唯一地得出的有关内容，通常都会被认为说明书的记载不完整。

3. 发明或者实用新型能够实施

所属技术领域的技术人员能够实施发明或者实用新型，是指所属技术领域的技术人员按照说明书记载的内容，就能够实施该发明或者实用新型的技术方案，解决其技术问题，并且产生预期的技术效果。

说明书应当清楚地记载发明或者实用新型的技术方案，详细地描述实现发明或者实用新型的具体实施方式，完整地公开对于理解和实现发明或者实用新型必不可少的技术内容，达到所属技术领域的技术人员能够实施该发明或者实用新型的程度。

以下各种情况由于缺乏解决技术问题的技术手段而被认为无法实现。

（1）说明书中只给出任务和/或设想，或者只表明一种愿望和/或结果，而未给出任何使所属技术领域的技术人员能够实施的技术手段。

（2）说明书中给出了技术手段，但对所属技术领域的技术人员来说，该手段是含糊不清的，根据说明书记载的内容无法具体实施。

（3）说明书中给出了技术手段，但所属技术领域的技术人员采用该手段并不能解决发明或者实用新型所要解决的技术问题。

（4）申请的主题为由多个技术手段构成的技术方案，对于其中一个技术手段，所属技术领域的技术人员按照说明书记载的内容并不能实现。

（5）说明书中给出了具体的技术方案，但未给出实验证据，而该方案又必须依据实验结果加以证实才能成立。例如，对于已知化合物的新用途发明，通常情况下，需要在说明书中给出实验证据来证实其所述的用途以及效果，否则将无法达到能够实现的要求。

说明书不清楚、不完整和发明无法实施不仅严重影响其专利权的有效性，而且在专利侵权诉讼中，会导致无法确定权利保护的范围，致使专利权人败诉。

原告胡某和×××股份有限公司诉被告上海×××电子有限公司侵害发明专利权纠纷案[1]就是一个很好的例子。

这是一个涉及连接电缆用的接插连接器的专利侵权案件，原告一审败诉后，没有提起上诉。

专利权利要求1对于连接器记载如下：……连接机构这样设置，使得连接机构在配对插头（3）上施加一个轴向压力，该压力使配对插头（3）的外导体接触面（10）相对于插接壳体（5）的外导体接触面（9）压紧，其中所述连接机构具有一个可径向扩张的紧固套（11），在进行上述插接时该紧固套可以与配对插头（3）上的一个压紧面（13）卡锁并且将所述压紧面（13）上的一个径向力转变为一个轴向分力，该分力将外导体接触面（9，10）相互压紧。

由于权利要求1没有记载实现“压紧”这一功能与紧固套有关的具体结构，一审判决首先根据权利要求的记载，结合说明书及附图，确定与能实现“压紧”功能相关的紧固套的具体结构。

根据原告专利说明书第1页第2自然段、第3自然段和说明书第2页第2自然段的记载，一审判决认定原告专利权利要求中的“压紧”这一技术术语应当理解为“功能可靠”，即能产生“保证最小的例如为300N的接触力”，以使“配对插头插接之后，两个部件相互机械连接并无需附加其他措施就可保证产生上述接触力”。

虽然专利说明书第2页第3自然段记载，“配对插头最好在外表面上具有环绕的凸肋，外导体套可以卡锁在所述凸肋上。为了产生所述轴向压紧，所述凸肋最好在背面具有倾斜的压紧面”，并且说明书第3页倒数第3自然段进一步记载了紧固套的技术特征，“该紧固套设有轴向缝隙24并构成多个弹性卡舌29，在这些卡舌29的前端形成径向向内的卡钩8，在外面分别通过轴肩22构成止挡”，但是一审判决认为该种结构的紧固套适用于原告专利说明书记载的可通过增设“附加锁紧套”来实现压紧功能的另一实施例。

一审判决尤其提到，说明书第4页第2自然段还有这样的记载，“紧固套11在端部弹性扩张并且在两个接触面9和10临近接触之前卡进凸肋12后面的

[1] 参见上海市第一中级人民法院（2010）沪一中民五（知）初字第146号民事判决书。

卡钩 8 并靠放在压紧面 13 上”。由此一审判决认为，依据权利要求 1 的记载，结合原告专利说明书第 2 页第 3 自然段、第 3 页倒数第 3 自然段所限定的技术方案，在插头插入插座后，即使前述结构的紧固套的卡钩也仅是“靠放”在压紧面上，这种“靠放”怎样实现原告权利要求 1 中所述的“轴向分力”，并且达到“压紧”的技术效果则仍不清楚，因此，本领域普通技术人员并不能通过权利要求和说明书及附图获知原告专利权利要求 1 的具体实施方式。

鉴于原告专利权利要求 1 所记载的技术特征的实施方式不清楚，无法确定其专利权利要求的保护范围，一审判决判定无论该案被控侵权产品采用何种技术方案，均不能认定为构成侵权。

（三）权利要求得不到说明书的支持

权利要求得不到说明书的支持，是专利权无效的主要理由之一。

《专利法》第二十六条第四款规定：“权利要求书应当以说明书为依据，清楚、简要地限定要求专利保护的范围。”

权利要求书应当以说明书为依据，是指权利要求应当得到说明书的支持。权利要求书中的每一项权利要求所要求保护的技术方案应当是所属技术领域的技术人员能够从说明书充分公开的内容中得到或者概括得出的技术方案，并且不得超出说明书公开的范围。在实务中，权利要求得不到说明书支持，常发生于权利要求记载的上位概念的技术特征的表述以及功能性技术特征的概括得不到说明书的支持。

用上位概念概括用并列选择方式或者以参数概括的权利要求，应当得到说明书的支持。是否得到说明书的支持，还通常按下述方法判断。

如果权利要求的概括包含申请人推测的内容，而其效果又难以预先确定和评价，应当认为这种概括超出了说明书公开的范围。

如果权利要求的概括使所属技术领域的技术人员有充分理由怀疑该上位概括或者并列概括所包含的一种或者多种下位概念选择方式或者以参数不能解决发明或者实用新型所要解决的技术问题，并达到相同的技术效果，则应当认为该权利要求没有得到说明书的支持。

通常，产品权利要求中所包含的功能性限定的技术特征，应当理解为覆盖了所有能够实现所述功能的实施方式。如果权利要求中限定的功能或者参数是以说明书实施例中记载的特定方式完成的，并且所属技术领域的技术人员不能明了此功能还可以采用说明书中未提到的其他替代方式来完成，或者所属技术领域的技术人员有充分理由怀疑该功能性限定所包含的一种或者几种方式不能解决发明或者实用新型所要解决的技术问题，并达到相同的技术效果，则权利要求中的这种功能性表述的技术特征得不到说明书的支持。

同样，产品或方法权利要求中所记载的参数技术特征，应当理解为参数范围内的所有数值都是可以实施的。如果权利要求中记载的参数范围的某一数值无法实施，或者参数范围不明确，并且所属技术领域或技术人员不能确定其边界的，这种参数表示的技术特征得不到说明书的支持。

（四）权利要求不清楚

权利要求应当清楚是《专利法》第二十六条第四款规定的另一个专利性要件之一。在实务中，权利要求不清楚的常见情况主要指权利要求中使用了含义不确定的用语。此类用语主要有以下三种。

（1）例如“厚”“薄”“强”“弱”“高温”“高压”“很宽范围”等类似用语，因为该些用语表示了物体的一种物理状态，而不是一个确切的物理指标，因此无法确定该用语拟表达的物理参数的范围，从而无法判定保护范围。

（2）同样，“约”“接近”“等”“基本上”“或类似物”等类似的用语表示了一个程度，而没有一个清楚的程度界限，因为此类用语通常也会使权利要求的范围不清楚。

（3）而“例如”“最好是”“尤其是”“必要时”等类似用语会在一项权利要求中限定出不同的保护范围，例如“最好的”和“一般好”的两种保护范围，导致保护范围不清楚。

权利要求的用语含义不确定，不仅是缺乏专利权有效性的理由，而且在专利侵权诉讼中会导致保护范围无法确定而招致败诉的结果。

笔者就曾经遇到一个与液压发动机降温结构有关的案例。

液压发动机的主机在工作时会产生大量的热，现有技术的液压发动机均用空气散热。为解决空气散热效率低的问题，该发明提出了将液压发动机放置在一个密封容器，在容器中上方开一个可注入冷却油并能关闭的开孔，冷却油有一个循环冷却装置。权利要求1中的一个区别技术特征是“容器中的冷却油基本浸没液压发动机”。

被疑侵权产品具备权利要求记载的相同的结构，被疑侵权产品销售时附有一桶冷却油，用户购入后，自行通过开孔注入冷却油就可使用。由于冷却油使用过程的挥发，产品说明书注明产品使用一段时间后，在油标显示最低位置时用户必须注入冷却油，以保障液压发动机的正常冷却。

该案的问题是冷却油的液面高度在什么程度时，“容器中的冷却油基本浸没液压发动机”。冷却油浸没液体发动机的程度是大于60%、70%还是80%以上？尤其是经过一段时间使用，冷却油挥发后，冷却油的液面高度降至最低位置时，冷却油仅浸没液压发动机的三分之一高度，这种情况是否还在专利保护的范围内？由于涉案专利区别特征中的“基本浸没”一语无法确定其确切含义，因此也无法确认其保护范围。

（五）用语不统一

用语不统一是指权利要求或者说明书就同一物体采用两个以上的用语。这种用语的不统一，不仅会引起权利要求不清楚、发明无法实施以及权利要求得不到说明书支持等影响专利权有效性的问题，而且极有可能会在专利侵权诉讼中因无法判定专利保护范围而招致败诉的后果。

用语不统一主要有以下三种。

（1）同一权利要求中就同一物件除有一个上位概念的技术术语外，还有一个由上述用语引出的下位概念的用语，例如传动装置和齿轮齿条转动副。

同一权利要求中就同一物件出现上述上下位概念的用语时，其保护范围一般按下位概念用语的含义来确认。在上述例子中，按齿轮齿条转动副来确认传动装置的保护范围。

（2）权利要求中就同一物件出现两个不同的用语。通常用语不同，该用语所代表的物体也不同。同一物体出现两个不同用语时，该不同用语代表的技术方案已不同于相同用语的技术方案，除非根据说明书和附图的解释可以得出唯一结论，即这两个不同用语实际上指的是同一物体，否则将按不同用语的字面含义来解释该权利要求代表的技术方案，也可能由于解释不通被认定发明无法实施。

该同一物体不同用语的技术方案即使能够通过解释将错就错地成立，但是该技术方案已不同于和脱离于申请专利时原始意义上的技术方案。

（3）就同一物件，权利要求和该说明书中的用语不同。权利要求可以采用从实施例下位概念概括出来的上位概念，这种上下位概念用语只要在说明书中有相关的逻辑联系，就不会产生误解和歧义。如果上下位概念的用语无相关逻辑联系的说明，会让人认为其分别代表了两个不同的物体。另外，如果权利要求和说明书对同一物体采用了等同概念的两个不同用语时，通常也会被认为是两个不同的物体。

出现上述两种情况时，一般会被认为，权利要求记载的技术方案不同于该说明书实施例，并且由于权利要求中的用语在说明书中无相应的记载，因此还很有可能被认为权利要求得不到说明书的支持。同一物体的技术用语不同，不仅会影响专利权的有效性，而且会殃及权利要求保护范围的正确判定。

在专利权有效性分析时，通常不会刻意地去分析用语是否不统一，而是在理解发明和确定技术方案困难时，才意识到这些困难是由于用语不统一而造成的。

用语不统一只能通过说明书和附图来解释，并且只有唯一解释结果的，即能证明两不同用语同指一物后，才有可能按该唯一解释结果来确定权利要求的保护范围。

（六）缺少必要的技术特征

《专利法实施细则》第二十条第二款规定："独立权利要求应当从整体上反映发明或者实用新型的技术方案，记载解决技术问题的必要技术特征。"

《专利审查指南 2023》第二部分第二章第 3. 1. 2 节中进一步规定："必要技术特征是指，发明或者实用新型为解决其技术问题所不可缺少的技术特征，其总和足以构成发明或者实用新型的技术方案，使之区别于背景技术中所述的其他技术方案。判断某一技术特征是否为必要技术特征，应当从所要解决的技术问题出发并考虑说明书描述的整体内容，不应简单地将实施例中的技术特征直接认定为必要技术特征。"

所以，判断某一技术特征是否为发明创造的必要技术特征，应当从发明或者实用新型所要解决的技术问题出发，结合说明书背景技术记载的技术内容来考虑。通常其分析方法如下。

（1）分解独立权利要求的技术特征。

（2）对应前述独立权利要求的技术特征，分解说明书背景技术中的现有技术的技术特征。

（3）比对和分析独立权利要求和现有技术的技术特征：如果两者相同，则无区别，该独立权利要求缺少必要的技术特征；如果独立权利要求具有与该现有技术不同的技术特征，则该两者有区别，独立权利要求不缺少必要技术特征。

必要技术特征是发明或者实用新型为解决其技术问题所不可缺少的技术特征，缺少该必要技术特征，则发明或者实用新型专利的技术方案与背景技术所述的其他技术方案无区别。

（七）重复授权的排除

重复授权是指同样的发明创造申请了权利要求内容相同的多项发明专利、多项实用新型专利或者发明专利和实用新型专利。

《专利法》第九条第一款规定："同样的发明创造只能授予一项专利权……"该条款规定了不能重复授予专利权的原则。禁止对同样的发明创造授予多项专利权，是为了防止权利之间存在冲突。

1. 同样的发明创造

《专利法》第九条中所述的“同样的发明创造”是指两件或者两件以上专利中存在的保护范围相同的权利要求。

《专利法》第六十四条第一款规定：“发明或者实用新型专利权的保护范围以其权利要求的内容为准，说明书及附图可以用于解释权利要求的内容。”

在判断是否为同样的发明创造时，应当将两件发明专利或者实用新型专利的权利要求书的内容进行比较，而不是将权利要求书与专利申请的全部内容进行比较。

如果一件专利的一项权利要求与另一件专利的某一项权利要求保护范围相同，应当认为它们是同样的发明创造。两件专利说明书的内容相同，但其权利要求保护范围不同的，应当认为所要求保护的发明创造不同。例如，同一专利权人同日申请的两件专利的说明书都记载了一种产品以及制造该产品的方法，其中一件专利的权利要求书要求保护的是该产品，另一件专利的权利要求书要求保护的是制造该产品的方法，应当认为要求保护的是不同的发明创造。

权利要求保护范围仅部分重叠的，不属于同样的发明创造。例如，权利要求中存在以连续的数值范围限定的技术特征的，其连续的数值范围与另一件发明或者实用新型专利申请或者专利权利要求中的数值范围不完全相同的，不属于同样的发明创造。

2. 常见的同样的发明创造

由于发明专利申请进行实质性审查，在发明专利之间发生重复授权的情况很少见；实用新型专利申请不进行实质性审查，常见的重复专利授权基本都与实用新型专利有关，大致有以下三种情况。

（1）同一专利权人就同样的发明创造在同日申请了两项以上不同类别的专利，例如一项发明和一项实用新型。

（2）同一专利权人或者不同的专利权人就同样的发明创造先后多次申请了权利要求内容相同的多项实用新型专利，或者在他人申请发明专利后又申请实用新型专利。

（3）不同的专利权人就同样的发明创造在同日分别申请了两项以上的相同类别的专利。例如，甲和乙分别申请了权利要求内容相同的实用新型专利。

3. 重复授权的处理方法

《专利法》第九条第一款还规定：“……同一申请人同日对同样的发明创造既申请实用新型专利又申请发明专利，先获得的实用新型专利权尚未终止，且申请人声明放弃该实用新型专利权的，可以授予发明专利权。两个以上的申请人分别就同样的发明创造申请专利的，专利权授予最先申请的人。”

重复授权的专利，依据申请日（有优先权的，指优先权日）分成两类来处理。

申请日（有优先权的，指优先权日）不同的，根据先申请原则，在先申请的专利权有效和在后申请的专利权无效。对于同一申请日（有优先权的，指优先权日）的重复授权专利，按如下方法处理。

（1）专利权人相同

① 授权公告日不同。在不存在其他宣告专利权无效的理由的情况下，授权在先的专利权有效，授权在后的专利权无效。如果上述两项专利权为同一专利权人同日（仅指申请日）申请的一项实用新型专利权和一项发明专利权，专利权人在申请时根据《专利法实施细则》第四十一条第二款[❶]的规定作出过说明，且发明专利权授予时实用新型专利权尚未终止，在此情形下，专利权人可以通过声明放弃授权在先的实用新型专利权以保留发明专利权。

② 授权公告日相同。同一专利权人具有相同申请日（有优先权的，指优先权日）和相同授权公告日的两项重复授权的专利权，专利权人只能通过专利无效宣告程序，用选择的方法保留一项专利权。

（2）专利权人不同

属于不同专利权人的两项具有相同申请日（有优先权的，指优先权日）的重复授权专利，两专利权人只能在专利无效宣告程序中通过协商选择保留其中一项专利权；专利权人协商不成未进行选择的，两项专利权很可能在专利无效宣告程序中被全部宣告无效。

四、外观设计专利权有效性分析

外观设计专利权有效性分析，实务上主要是判断涉案外观设计专利是否符合《专利法》第二十三条、第九条和第二十七条第二款的规定。

（一）涉案外观设计专利是否符合《专利法》第二十三条规定的分析

《专利法》第二十三条规定了授予外观设计专利权的条件。涉案外观设计专利是否符合《专利法》第二十三条的规定主要是从以下三个方面来分析判断。

---

❶ 《专利法实施细则》第四十一条第二款规定：“同一申请人在同日（指申请日）对同样的发明创造既申请实用新型专利又申请发明专利的，应当在申请时分别说明对同样的发明创造已申请了另一专利；未作说明的，依照专利法第九条第一款关于同样的发明创造只能授予一项专利权的规定处理。”

（1）外观设计专利与现有设计或者抵触申请的外观设计是否相同或者实质相同，包括产品种类是否相同或相近，以及外观设计是否相同或实质相同。

（2）外观设计专利与现有设计或者现有设计特征的组合相比是否具有明显区别。

（3）外观设计专利与他人在申请日以前已经取得的合法权利是否相冲突。

1. 外观设计专利与现有设计或者抵触申请相同或者实质相同的分析

《专利法》第二十三条第一款规定："授予专利权的外观设计，应当不属于现有设计；也没有任何单位或者个人就同样的外观设计在申请日以前向国务院专利行政部门提出过申请，并记载在申请日以后公告的专利文件中。"其中，同样的外观设计是指外观设计相同或者实质相同。

授权外观设计专利与现有设计或者抵触申请相同或者实质相同的分析的基本方法如下。

（1）在已检索到的现有设计或抵触申请中，确定一项或数项与外观设计专利种类相同或者相近的对比设计。确定产品种类相同或者相近的方法可以参考产品的名称、国际外观设计分类以及产品销售时的货架分类位置，但是应当以产品的用途是否相同或相近为准。相同种类的产品是指用途完全相同的产品，相近种类的产品是指用途相近的产品。

（2）分解外观设计专利的设计特征，并确认对比设计中与外观设计专利的设计特征相对应的设计特征。

（3）将外观设计专利与对比设计进行比较。

① 外观设计专利的设计特征与对比设计相同或者实质相同的，该外观设计专利不符合《专利法》第二十三条第一款的规定；

② 外观设计专利的部分设计特征与对比设计不相同的，按如下方法判断。

A. 如果这些不同仅属于常用材料的替换，或者仅为产品功能、内部结构、技术性能或者尺寸的不同，但未导致产品外观设计的变化，二者仍属于相同的外观设计；

B. 如果一般消费者经过对外观设计专利与对比设计的整体观察可以看出，二者的区别仅属于下列情形，则外观设计专利与对比设计实质相同。

a. 其区别在于施以一般注意力不能察觉到的局部的细微差异；

b. 其区别在于使用时不容易看到或者看不到的部位，但有证据表明在不容易看到部位的特定设计对于一般消费者能够产生引人瞩目的视觉效果的情况除外；

c. 其区别在于将某一设计要素整体置换为该类产品的惯常设计的相应设计

要素；

d. 其区别在于将对比设计作为设计单元按照该种类产品的常规排列方式作重复排列或者将其排列的数量作增减变化；

e. 其区别在于互为镜像对称。

用上述分析方法将涉案外观设计专利与单项现有设计对比分析后，如两者相同或实质相同，则涉案外观设计属于现有设计；如果对比后得出的结论是不相同也不实质相同，还需要进一步分析涉案外观设计专利与其他一项或数项现有设计的简单组合，是否具有明显区别。

2. 外观设计专利与现有设计或者现有设计特征的组合相比具有明显区别的分析

《专利法》第二十三条第二款规定："授予专利权的外观设计与现有设计或者现有设计特征的组合相比，应当具有明显区别。"

授权外观设计专利与现有设计或者现有设计特征的组合相比不具有明显区别有三种情形。

（1）外观设计专利与相同或者相近种类产品现有设计相比不具有明显区别。经上一小节"外观设计专利与现有设计或者抵触申请相同或者实质相同的分析"的比较，如果外观设计专利的设计特征与对比设计不相同时，应进一步判定两者是否具有明显区别。判定一般综合考虑如下因素。

① 在分析外观设计专利的设计特征与对比设计的区别时，应当更关注使用时容易看到的部位，使用时容易看到部位的设计变化相对于不容易看到或者看不到部位的设计变化，通常对整体视觉效果更具有显著影响；

② 当产品上某些设计特征被证明是该类产品的惯常设计（如易拉罐产品的圆柱形状设计）时，其余设计的变化通常对整体视觉效果更具有显著的影响；

③ 由产品的功能唯一限定的特定形状对整体视觉效果通常不具有显著的影响；

④ 若区别点仅在于局部细微变化，则其对整体视觉效果不足以产生显著影响，二者不具有明显区别。

（2）外观设计专利的设计特征是由现有设计转用得到的，二者的设计特征相同或者仅有细微差别，且该具体的转用手法在相同或者相近种类产品的现有设计中存在启示时，二者无明显区别。

以下几种类型的转用属于明显存在转用启示的情形，由此得到的外观设计与现有设计相比不具有明显区别（产生独特视觉效果的除外）：

① 单纯采用基本几何形状或者对其仅作细微变化得到的外观设计；

② 单纯模仿自然物、自然景象的原有形态得到的外观设计；

③ 单纯模仿著名建筑物、著名作品的全部或者部分形状、图案、色彩得到的外观设计；

④ 由其他种类产品的外观设计转用得到的玩具、装饰品、食品类产品的外观设计。

（3）外观设计专利是由现有设计或者现有设计特征组合得到的，所述现有设计与外观设计专利的相应设计部分相同或者仅有细微差别，且该具体的组合手法在相同或者相近种类产品的现有设计中存在启示，两者无明显区别。

综上，组合包括拼合和替换，拼合是指将两项或者两项以上设计或者设计特征拼合成一项外观设计，组合是指将一项外观设计中的设计特征用其他设计特征替换。组合包括采用自然物、自然景象以及无产品载体的单纯形状、图案、色彩或者其结合进行的拼合和替换。

可以用于组合的现有设计特征应当是物理上或者视觉上可自然区分的设计，具有相对独立的视觉效果，随意划分的点、线、面不属于可用于组合的现有设计特征。但是，涉案专利为局部外观设计的，现有设计中对应部分可以视为用于组合的现有设计特征。

在组合后的外观设计中，如果各项现有设计或者设计特征在视觉效果上并未产生呼应关系，而是各自独立存在、简单叠加，通常不会形成独特视觉效果。

分析外观设计专利是否由现有设计或者现有设计特征的组合而得到的，首先要将数项现有设计的特征进行分解，与外观设计专利的对应设计特征进行比对，比对方法同上一小节“外观设计专利与现有设计或者抵触申请相同或者实质相同的分析”的说明，然后将数项现有设计中与外观设计专利相同或仅有细微差别的设计特征进行组合。如果数项现有设计组合后可以覆盖外观设计的全部设计特征，并且满足以下条件，由此得到的外观设计属于与现有设计或者现有设计特征的组合相比没有明显区别的外观设计（产生独特视觉效果的除外）。

① 将相同或者相近种类产品的多项现有设计原样或者作细微变化后进行直接拼合得到的外观设计，例如将多个零部件产品的现有设计，直接拼合为一体形成的外观设计。

② 将产品外观设计的设计特征用另一项相同或者相近种类产品的设计特征原样或者作细微变化后替换得到的外观设计。

③ 将产品现有的形状设计与现有的图案、色彩或者其结合通过直接拼合得到该产品的外观设计；或者将现有设计中的图案、色彩或者其结合替换成其他现有设计的图案、色彩或者其结合得到的外观设计。

3. 外观设计专利与他人在申请日以前已经取得的合法权利是否相冲突的分析

《专利法》第二十三条第三款规定："授予专利权的外观设计不得与他人在申请日以前已经取得的合法权利相冲突。"该条款所称的"合法权利"，是指依照中华人民共和国法律享有并且在涉案专利申请日仍然有效的权利或者权益，包括商标权、著作权、企业名称权（包括商号权）、肖像权以及知名商品特有包装或者装潢使用权等。在实务中，"合法权利"主要包括商标权和著作权。

（1）商标权。在先商标权，是指在授权外观设计专利申请日之前，他人在中华人民共和国法域内依法受到保护的商标权。未经商标所有人许可，在涉案专利中使用了与在先商标相同或者相似的设计，专利的实施将会误导相关公众或者导致相关公众产生混淆，损害商标所有人的相关合法权利或者权益的，应当判定授权外观设计专利与在先商标权相冲突。

在先商标与涉案专利中含有的相关设计的相同或者相似的认定，原则上适用商标相同、相似的判断标准，因此笔者不展开说明。

（2）著作权。在先著作权，是指在授权外观设计专利申请日之前，他人通过独立创作完成作品或者通过继承、转让等方式合法享有的著作权。在接触或者可能接触他人享有著作权的作品的情况下，未经著作权人许可，在授权外观设计专利中使用了与该作品相同或者实质性相似的设计，从而导致授权外观设计专利的实施将会损害在先著作权人的相关合法权利或者权益的，应当判定授权外观设计专利权与在先著作权相冲突。

他人享有著作权的作品与授权外观设计专利中包含的相关设计的相同或者实质性相似的认定，原则上适用《著作权法》的相关判断标准，在此笔者不展开说明。

4. 局部外观设计专利的相近似性比对

自 2021 年 6 月 1 日，中国接受局部外观设计专利申请。截至目前，通过公开渠道尚没有查询到局部外观设计专利无效及侵权的案例，相关法律规定及司法解释中也没有就局部外观设计相近似性比对的内容及方式作出规定。不过，国外实施局部外观设计专利制度多年，已经有很多案例。以下参考国外相关规定和审查实践，并结合《专利审查指南 2023》的部分条文，就中国局部外观设计的相近似性比对的内容及方式提供一些参考意见。这些意见可以作为读者日后应对局部外观设计专利纠纷的参考。

日本《外观设计审查基准》第七部分就日本局部外观设计比对的要素作出了规定。如果以下四个要素均符合，则两局部外观设计构成相同或相近似。

（1）基于部分外观设计所属的整体产品功能及用途的共同点及差异点，判断整体产品的类似性；

（2）判断该部分外观设计的功能及用途的类似性；

（3）判断该部分的外观设计的相近似性；

（4）判断该部分在产品整体中的位置、大小及范围的相近似性。

美国和欧盟与日本不同，其对局部外观设计专利的保护范围并不以与其所应用的相同或者类似的产品为限，产品的类别不能用来限定局部外观设计专利的保护范围，现有的局部设计是主要的比对对象。

《专利审查指南2023》关于局部外观设计专利申请相近似性的规定未独立成篇，而散见于外观设计专利申请及无效的各项要求中，包括《专利审查指南2023》第一部分第三章第12节“外观设计分类”、第四部分第五章第5.1节“判断基准”和第5.2节“判断方式”。

（1）对于局部外观设计，相同种类产品是指产品的用途和该局部的用途均相同的产品。（参见《专利审查指南2023》第四部分第五章第5.1节“判断基准”）

（2）对于局部外观设计，判断是否为相近种类产品，应综合考虑产品的用途和该局部的用途。

（3）对于局部外观设计，应以要求保护部分的形状、图案、色彩为准，并考虑该部分在所示产品中的位置和比例关系。

（4）外观设计专利申请为产品的局部外观设计的，应当给出产品的整体和局部所对应的分类号。若产品的局部本身不可作为零部件而给出分类号，仅给出产品整体所对应的分类号即可。

（5）涉案专利为局部外观设计的，现有设计中对应部分可以视为用于组合的现有设计特征。

综合以上规定可以知道，局部所属整体产品的用途、局部的用途、局部的形状、图案及色彩，以及该部分在整体产品中的位置和比例关系都是中国局部外观设计专利相近似性比对的对象。

《专利审查指南2023》的前述规定中涉及局部外观设计的要素与日本更为接近，因此，参考日本的实践，中国局部外观设计专利相近似性的比对内容及次序可以按照如下步骤进行。

首先，比对要求保护的局部所属整体产品与现有设计及其注册后的产品种类是否相同或相近；如果整体产品所属的种类不相同、不相类似，则无须进行后续的比对。

其次，比对要求保护的局部在整体中所起到的作用，在用途相同或类似时，有必要进行后续比对。

最后，比对要求保护的局部外观设计的相近似性，主要考虑该局部的形状、图案及色彩，同时也要考虑专利所限定的局部与对比对象的局部各自在整体产品中的位置和比例关系的异同点及其对整体视觉效果的影响程度。

5. 图形用户界面外观设计专利的近似性比对

图形用户界面（Graphical User Interface，GUI）是图形化的电子设备操作界面。长期以来，机械、设备和各类电器基本上都是通过旋钮和按键来操作的。例如，传统的微波炉通过二个机械旋钮来调节温度和定时时间，引入图形用户界面后，其改变了传统的操作方式，用户可以在显示屏上直接触控设置温度、定时时间，甚至是各种食物的烹调方法。参数信息直观地显示在屏幕上。用户操作和看到的均为电子图像，图形用户界面的使用使电子设备间的人机交互更为便捷。图形用户界面应用的迅速发展和普及，带来了对图形用户界面进行外观设计专利保护的需求。电子技术产业发达及应用普遍的国家和地区，例如美国、欧盟、日本等，都较早地引入了图形用户界面外观设计专利保护制度。

2014 年 3 月，中国正式将图形用户界面纳入外观设计专利的保护客体。《专利审查指南 2023》删除了有关“产品的图案应当是固定的、可见的，而不应是时有时无的或者需要在特定的条件下才能看见的”规定，消除了图形用户界面外观设计专利申请的法律障碍。作为可供申请的客体之一，图形用户界面外观设计专利权有效性分析适用前述的外观设计有效性分析的原则和方式，同时也要兼顾考虑其自身的特殊性。

对于涉及图形用户界面的外观设计专利而言，其保护范围以表示在图片或者照片中的该产品的外观设计为准，简要说明可以用来解释其交互方式，参考图一般用于说明其使用方法、使用场所、使用场景等。

涉案专利的设计既可以与一项包含硬件及界面设计的对比设计进行对比，也可以与对比设计的组合，例如硬件与界面的组合，进行对比。如果硬件部分的设计属于惯常设计或现有设计，那么图形用户界面部分对整体视觉效果更具有显著影响，是重点考虑对象。图形用户界面有静态、动态之分，比对时考虑的要素也有所不同。

对于图形用户界面外观设计专利保护范围的确定，需要考虑区域模块划分、交互方式、层级结构以及各区域的具体设计。其中，区域模块是指整体界面被划分成若干操作和显示区；交互方式是指用户通过输入字符、触控等不同方法触发界面生成或发生变化的操作方式；层级结构则指根据操作次序呈现出来的不同界面间的从属及顺序关系；各区域的具体设计是指各个具体操作和显示区域的构图形状、背景、图标及颜色等设计。

对于单个静态界面而言，界面布局设计是比对的主要设计；如果由多个界面组成，则除了界面的布局之外，还要考虑不同界面间的切换顺序、交互关系等。此外，对于视图未体现交互方式、简要说明也未对交互方式作解释说明的图标，一般在比对时仅将其视为单纯图案。

例如，在北京知识产权法院审理的（2017）京73行初9397号行政诉讼案中，涉案专利请求保护的是“用于手机的图形用户界面”，无效宣告请求人组合多项界面相关的现有设计作为证据，主张两者不具有明显区别。

现有设计的组合公开了“用于手机的图形用户界面”，与涉案专利属于相同种类的产品，且其六面正投影视图所示手机外形与涉案专利的手机外形相同，双方当事人对此均予以认可，均认为涉案专利的设计要点在于图形用户界面，其是主要的比对对象。

两者界面的相同点主要在于：①从上至下均具有背景图、中部状态栏、下部状态栏和按键栏四个部分；②背景图上部均具有搜索栏；③中部状态栏设计均相同；④下部状态栏剧集数量的阵列排布相同；⑤底部按键栏完全相同。而区别点主要在于：①二者背景图、中、下部状态栏的高度比例不同，还涉及各部分具体设计的比例，如中部状态栏文字大小、下部状态栏的阵列高度等；②下部状态栏不同，涉案专利的仅为剧集数的阵列，而现有设计组合在阵列上边和下边另具有一栏；③其他区别，如背景图顶部的具体细节不同、搜索栏的位置略有不同、剧集数上是否具有标记等。

对前述相同点及区别点进一步分析可知，涉案专利主视图界面与现有设计组合间的区域模块的划分相同，各区域模块的设置亦基本相同。在此情况下，二者会给一般消费者带来较为趋同的整体视觉效果。

区别点①仅是区域模块的高度调整，虽然会对视觉产生一定影响，但尚不足以对该界面的整体视觉效果产生显著影响；区别点②中，现有设计组合下部状态栏中较涉案专利在上下部各多了一栏，但是其在该区域模块中所占面积较小，多出栏的内容仅为若干字体细小的文字，故相对于该界面的整体而言属于局部细微变化；在整体排布基本相同的情况下，区别点③均为细微差别，不足以对该界面的整体视觉效果产生显著影响。

综上，法院判决认为二者的区别点均不足以对该界面的整体视觉效果产生显著影响，被诉决定关于涉案专利请求保护的主视图界面与现有设计组合相比不具有明显区别的认定结论正确，予以维持。

对于动态图形用户界面，需要考虑完整的动态变化过程，进行整体观察，其中包括各个模块的设计，以及模块相互之间形成的变化趋势、动态界面的设计特征、变化过程等。

例如，在国家知识产权局审理的第44580号和第44582号专利无效宣告审查案中，涉案专利包含10项相似外观设计，名称为“用于移动通信终端的图形用户界面”；其中，设计8－10为动态图形用户界面的外观设计。

以涉案专利设计8为例，其视图包括：（A）主视图界面，靠近中间位置左侧从左至右设有一个狭长进度条，进度条呈现灰黑过渡的双重线条设计，右侧有三个金币图标，进度条上下各有一个区域，上部为留白区域，下部为未示出键盘的键盘输入区域；（B）界面变化状态图，同样可以分为上部留白区域，中间进度条区域，下部未示出键盘的键盘输入区域；随着狭长进度条从左至右移动到末端，右侧金币图标不断扩散直至三个图标全产生扩散效果。

将涉案专利设计8与现有设计对比后发现，二者主视图界面显示的区域模块布局、区域模块划分、各模块的位置等较为相近似。但是，涉案专利设计8请求保护的图形用户界面的进度条区域，键盘、进度条、右侧金币图标相互之间具有交互性，三者组合产生联动动态效果；而现有设计仅键盘与进度条产生联动的动态效果。涉案专利设计8与现有设计两者的动态效果明显不同。

为此，无效宣告决定书认为，尽管二者主视图静态界面的设计有相似之处，但由于二者的动态变化过程，即具体的动画联动效果明显不同，体现在中间具体界面的内容以及呈现给最终消费者的动画效果亦会随之不同，不仅影响消费者的视觉观感，也使得二者的整体视觉效果差异显著。故涉案专利设计8与现有设计相比存在明显区别。

（二）外观设计重复授权的分析

外观设计的重复授权是指同样的产品申请了两项以上相同外观的外观设计专利。

《专利法》第九条第一款“同样的发明创造只能授予一项专利权”的规定同样适用于禁止外观设计的重复授权，申请日在后的重复授权的外观设计专利权应当予以排除。

判断涉案外观设计专利与另一已授权外观设计专利是否重复授权，必须分析此两件外观设计专利的产品种类是否相同或相近，以及其外观设计是否相同或实质相同。产品种类相同或相近及其外观设计的相同或者实质相同的分析和判断方法与外观设计有效性分析中的方法基本一致，两者的区别在于排除外观设计重复授权的分析的对象是涉案外观设计专利和另一在先授权的外观设计专利，比较的对象都是已授权的外观设计专利；而外观设计有效性分析的对象是涉案外观设计专利和抵触申请、在其专利申请日前公告的外观设计专利、公开发表的出版物中公开发表过的设计或者公开使用过的产品的外观设计。由于二者的分析判断方法基本相同，产品种类相同或相近及其外观设计相同或实质相同的分析和判断方法请参照本章第三节之四中的“（一）涉案外观设计专利是否符合《专利法》第二十三条规定的分析”的内容，此处不再展开。

涉案外观设计专利中包含多项外观设计的，应当将每项外观设计分别与在先授权的外观设计专利进行对比。如果涉案外观设计专利中的一项外观设计与在先授权的外观设计专利中的一项外观设计相同或者实质相同，应当认为该项外观设计与在先授权的外观设计是同样的发明创造。

重复授权的外观设计专利的处理方法，与重复授权的发明专利和实用新型专利的处理方法相同，可参见本章第三节之三中的“（七）重复授权的排除”下的“3. 重复授权的处理方法”的相关内容。

（三）外观设计专利的视图是否清楚显示产品的外观设计

《专利法》第六十四条第二款规定：“外观设计专利权的保护范围以表示在图片或者照片中的该产品的外观设计为准……”外观设计专利保护的是产品的外观设计，保护范围以表示在视图中的产品外观设计为准。如果视图所表示的产品外观设计不唯一或模糊不清，将无法确定外观设计专利权的保护范围。在外观设计专利侵权诉讼中，外观设计专利权的保护范围无法确定将会导致原告败诉的不利后果。而且，视图是否能清楚地显示产品的外观设计也是专利无效宣告请求的理由之一，因此，分析涉案外观设计专利的视图是否清楚十分必要。

分析外观设计专利的图片是否清楚显示要求保护的产品的外观设计，一般从图片是否有缺陷和该缺陷是否会导致无法清楚地判断产品的外观设计这两个方面入手。

1. 外观设计专利视图缺陷的分析

《专利法》第二十七条第二款规定：“申请人提交的有关图片或者照片应当清楚地显示要求专利保护的产品的外观设计。”

对这一项原则性规定，《专利审查指南 2023》第一部分第三章第 4.2 节给出了具体的要求，不能满足这些要求的，通常会被认为存在缺陷。

（1）外观设计图片或者照片的投影视图

立体产品的外观设计要点涉及六个面的，应当有六个面的正投影视图；产品设计要点仅涉及一个或者几个面的，应当提交所涉及面的正投影视图，对于其他面也可以提交立体图，并且应有省略视图原因的简要说明。平面产品的外观设计要点涉及一个面的，至少应该有该面正投影视图；产品设计要点涉及两个面的，应当有两个面的正投影视图。

（2）图片要求

图片应当参照中国技术制图和机械制图国家标准中有关正投影关系、线条宽度以及剖切标记的规定绘制，并应当以粗细均匀的实线表达外观设计的形状。用阴影线、指示线、虚线、中心线、尺寸线、点划线等线条表达外观设计形状的，不符合要求。图面上可以用指示线表示剖切位置和方向、放大部位、透明部位等，但不得有不必要的线条或标记。

（3）照片要求

① 照片应当清晰，产品的外观不能模糊、无法清楚辨认。

② 照片的拍摄通常应当遵循正投影规则，不能有因透视产生变形而致使产品外观无法辨别。

③ 照片应当避免影响产品的外观设计表达的强光、反光、阴影、倒影等。

④ 照片中的产品通常应当避免包含内装物或者衬托物，但对于必须依靠内装物或者衬托物才能清楚地显示产品的外观设计时，则允许保留内装物或者衬托物。

（4）视图缺陷的举例

① 视图投影关系有错误，例如投影关系不符合正投影规则、视图之间的投影关系不对应或者视图方向颠倒等。

② 外观设计图片或者照片不清晰，图片或者照片中显示的产品图形尺寸过小；或者虽然图形清晰，但因存在强光、反光、阴影、倒影、内装物或者衬托物等而影响产品外观设计的正确表达。

③ 外观设计图片中的产品绘制线条包含应删除或者修改的线条，例如视图中的阴影线、指示线、虚线、中心线、尺寸线、点划线等。

④ 细长物品例如量尺、型材等，绘图时省略了中间一段长度，但没有使用两条平行的双点划线或者自然断裂线断开的画法。

⑤ 剖视图或者剖面图的剖面及剖切处的表示有下述情况的：

A. 缺少剖面线或者剖面线不完全；

B. 表示剖切位置的剖切位置线、符号及方向不全或者缺少上述内容（但可不给出表示从中心位置处剖切的标记）。

⑥ 有局部放大图，但在有关视图中没有标出放大部位的。

⑦ 组装关系唯一的组件产品缺少组合状态的视图；无组装关系或者组装关系不唯一的组件产品缺少必要的单个构件的视图。

⑧ 透明产品的外观设计，外层与内层有两种以上形状、图案和色彩时，没

有分别表示出来。

2. 视图缺陷是否会导致无法清楚辨别产品外观的分析

基本判断方法如下。

（1）第一步：视图不全对辨别产品外观设计的影响

立体产品的设计要点涉及六个面，一般应当有六个面的正投影视图。六个面的正投影视图不全，例如缺少其中一面的，满足下述情况时一般认为省略视图不会影响清楚地辨认产品外观设计。

① 后视图与主视图相同或者对称时省略后视图；左视图与右视图相同或者对称时省略左视图（或者右视图）；俯视图与仰视图相同或者对称时省略俯视图（或者仰视图）；大型或者位置固定的设备和底面不常见的物品可以省略仰视图。

② 平面产品设计要点涉及两个面时，一般应有两个面的正投影视图，缺少其一面正投影视图但后视图与主视图相同或者对称以及后视图无图案的，一般认为是省略视图，不会导致无法辨别产品外观设计。

省略视图，应该在外观设计专利申请的简要说明中写明原因；如果简要说明中没有写明省略视图的原因，则一般认为无法清楚辨别产品的外观设计。

（2）第二步：视图缺陷对辨别产品外观设计的影响

① 对于外观设计视图中的缺陷或者瑕疵，应当基于作为外观设计判断主体的一般消费者所应当具有的知识和能力进行判断。如果视图错误仅为明显笔误、局部小瑕疵，是一般消费者结合其所具有的知识和能力能够辨识的缺陷，且其不影响专利权保护范围的确定，那么，该些视图错误通常不属于“未清楚显示”的情况。

② 分析判断时，应当考量所有视图中所表达的内容。利用其他视图及其投影关系可以解释和澄清前述缺陷或者瑕疵并且确定外观设计专利产品只有唯一外观设计时，则该些视图中的缺陷或者瑕疵通常不应被认为“未清楚显示”。

③ 如果结合一般消费者的知识和能力以及所有视图表达的内容仍无法确定产品的全部或者部分外观设计特征，或者不能唯一地确定产品的外观设计时，则应认为是“未清楚显示”，该外观设计专利不符合《专利法》第二十七条第二款的规定。

第四节 专利侵权分析

专利侵权分析，是指专利权人或利害关系人在提起专利侵权诉讼之前，通过对比被疑侵权产品或方法与准备主张权利的发明专利或者实用新型专利的权利要求，客观地分析被疑侵权产品或方法是否落入专利保护的范围内；以及通过比对被疑侵权产品与准备主张权利的外观设计专利，确认被疑侵权产品是否构成侵权。

在确认涉案专利权的有效性后，再分析确认涉嫌侵权产品或方法是否落入涉案专利的保护范围，并且在该分析确认的结果上制定专利侵权诉讼的策略，是专利侵权诉讼前非常重要的准备工作。

发明专利和实用新型专利侵权分析包括确认专利权的保护范围和技术特征的侵权对比两部分。

一、确定发明或者实用新型专利的权利要求保护范围

经专利权有效性分析确认有效的权利要求，由于各当事人对同一技术用语含义的理解可能不同，专利权人在专利实质性审查和专利无效宣告请求审查过程中的限制性陈述，以及司法解释对功能性和效果性记载的技术特征的限制等原因，双方当事人经常会就权利要求的保护范围产生争议，因此有必要在开展侵权对比分析前，事先界定权利要求的保护范围。

明确权利要求的保护范围是判断被疑侵权产品或方法是否构成专利侵权的前提，只有当被疑侵权行为的客体落入了专利权的保护范围，才会被认定侵权，反之则不然。

（一）确定权利要求保护范围的基本方法

确定权利要求保护范围的法律依据是《专利法》、《专利法实施细则》、相关司法解释以及《专利审查指南》的相关规定。

《专利法》第六十四条规定："发明或者实用新型专利权的保护范围以其权利要求的内容为准，说明书及附图可以用于解释权利要求的内容。外观设计专利权的保护范围以表示在图片或者照片中的该产品的外观设计为准，简要说明可以用于解释图片或者照片所表示的该产品的外观设计。"

《专利解释（一）》第三条规定："人民法院对于权利要求，可以运用说明书及附图、权利要求书中的相关权利要求、专利审查档案进行解释。说明书对权利要求用语有特别界定的，从其特别界定。以上述方法仍不能明确权利要求含义的，可以结合工具书、教科书等公知文献以及本领域普通技术人员的通常理解进行解释。"《专利解释（二）》第四条规定："权利要求书、说明书及附图中的语法、文字、标点、图形、符号等存有歧义，但本领域普通技术人员通过阅读权利要求书、说明书及附图可以得出唯一理解的，人民法院应当根据该唯

一理解予以认定。”《专利解释（二）》第六条规定：“人民法院可以运用与涉案专利存在分案申请关系的其他专利及其专利审查档案、生效的专利授权确权裁判文书解释涉案专利的权利要求。专利审查档案，包括专利审查、复审、无效程序中专利申请人或者专利权人提交的书面材料，国务院专利行政部门制作的审查意见通知书、会晤记录、口头审理记录、生效的专利复审请求审查决定书和专利权无效宣告请求审查决定书等。”

上述规定确定了权利要求保护范围的基本方法。即当事人对权利要求的内容产生争议的，人民法院应当结合说明书及附图的相关描述来解释权利要求或者采用权利要求书中的相关权利要求和专利审查档案来解释权利要求，并且人民法院对用于解释有争议的权利要求内容的证据的适用顺序如下。

（1）发明或者实用新型专利权的保护范围以其权利要求的内容为准。

（2）权利要求的内容存在争议的，说明书及附图可以用于解释权利要求的内容。

（3）通过上述第（2）项仍不能解释权利要求的，可以通过与涉案专利存在分案申请关系的其他专利及其专利审查档案、生效的专利授权确权裁判文书来解释涉案专利的权利要求。

（4）仍不能确定的，可在全面考虑发明或实用新型的技术领域、申请日前的公知技术、技术解决方案、作用和效果的基础上加以确定。

（二）等同技术特征的确定

等同原则是专利权保护中一项不可缺少的重要原则和制度，其内容为：涉嫌侵权产品或方法虽然与某项专利权利要求的字面记载特征不同，但其与该专利中相应的某一项或多项技术特征构成等同替代，则仍应认定涉嫌侵权产品或方法落入该专利权的保护范围。等同原则是对全面覆盖原则的适当补充，为专利权人提供切实有效的法律保护，鼓励技术创新。

在我国，2001 年最高人民法院颁布的《专利规定》第一次正式明确了等同原则和等同特征的定义。早期人民法院在适用等同原则定案时会出现裁量过宽的情况。2009 年，最高人民法院在《关于当前经济形势下知识产权审判服务大局若干问题的意见》（法发〔2009〕23 号）中明确提到了“严格等同侵权的适用条件，探索完善等同侵权的适用规则，防止不适当地扩张保护范围”。同年，最高人民法院颁布的《专利解释（一）》贯彻了上述严格适用等同原则的司法政策，规定了禁止反悔原则、捐献原则等作为等同原则的限制条件。自此，我国法院在适用等同原则的问题上趋向严格。

1. 确认等同技术特征的基本方法

首先，等同特征的范围原则上依据其定义中的四个构成要素来确定。

《专利规定》第十三条规定，专利法第五十九条第一款所称的“发明或者实用新型专利权的保护范围以其权利要求的内容为准，说明书及附图可以用于解释权利要求的内容”，是指专利权的保护范围应当以权利要求记载的全部技术特征所确定的范围为准，也包括与该技术特征相等同的特征所确定的范围。等同特征，是指与所记载的技术特征以基本相同的手段，实现基本相同的功能，达到基本相同的效果，并且本领域普通技术人员在被诉侵权行为发生时无需经过创造性劳动就能够联想到的特征。

《北京专利指南》第四十六至五十条对“基本相同的手段”“基本相同的功能”“基本相同的效果”“无需经过创造性劳动就能够想到”这四个等同特征构成要素进行了说明，具体如下。

（1）基本相同的手段

基本相同的手段，是指被诉侵权技术方案中的技术特征与权利要求对应技术特征在技术内容上并无实质性差异。

（2）基本相同的功能

基本相同的功能，是指被诉侵权技术方案中的技术特征与权利要求对应技术特征在各自技术方案中所起的作用基本相同。被诉侵权技术方案中的技术特征与权利要求对应技术特征相比还有其他作用的，不予考虑。

（3）基本相同的效果

基本相同的效果，是指被诉侵权技术方案中的技术特征与权利要求对应技术特征在各自技术方案中所达到的技术效果基本相当。被诉侵权技术方案中的技术特征与权利要求对应技术特征相比还有其他技术效果的，不予考虑。

（4）无须经过创造性劳动就能够想到

无须经过创造性劳动就能够想到，是指对于本领域普通技术人员而言，被诉侵权技术方案中的技术特征与权利要求对应技术特征相互替换是容易想到的。在具体判断时可考虑以下因素：两技术特征是否属于同一或相近的技术类别；两技术特征所利用的工作原理是否相同；两技术特征之间是否存在简单的直接替换关系，即两技术特征之间的替换是否需对其他部分作出重新设计，但简单的尺寸和接口位置的调整不属于重新设计。

2. 等同技术特征的限制

为了防止等同技术特征的范围确认过大，禁止反悔原则、捐献原则、可预见性规则对等同原则进行了限制。

（1）禁止反悔原则

通常所称的禁止反悔原则，是指《专利法》上的审批过程禁反言。这是专利侵权诉讼中的一种法律规则，其含义是：专利权人如果在专利审批过程（包括专利申请的审查过程或者专利授权后的专利无效宣告请求的审查过程）中，为了满足法定授权要求而对权利要求的范围进行了限缩（如限制性的修改或者解释），则在主张专利权时，不得将该限缩的内容纳入专利权的保护范围，因为这种限缩实际上就是意味着放弃，专利局也就是在专利申请人或专利权人放弃的前提下，授予专利权。

在中国，《专利解释（一）》第六条明确规定："专利申请人、专利权人在专利授权或者无效宣告程序中，通过对权利要求、说明书的修改或者意见陈述而放弃的技术方案，权利人在侵犯专利权纠纷案件中又将其纳入专利权保护范围的，人民法院不予支持。"《专利解释（二）》第十三条规定："权利人证明专利申请人、专利权人在专利授权确权程序中对权利要求书、说明书及附图的限缩性修改或者陈述被明确否定的，人民法院应当认定该修改或者陈述未导致技术方案的放弃。"

对于上述规定，北京市高级人民法院发布的《北京专利指南》第六十一条第二款作了进一步的阐述，规定："禁止反悔，是指在专利授权或者无效程序中，专利申请人或者专利权人通过对权利要求、说明书的限缩性修改或者意见陈述的方式放弃的保护范围，在侵犯专利权诉讼中确定是否构成等同侵权时，禁止权利人将已放弃的内容重新纳入专利权的保护范围。"

禁止反悔的目的是约束专利权人的行为，即专利权人在申请或者维持专利权的时候，为了满足授予专利的"专利性"要求主动对权利要求所作出的自我限制或者放弃部分技术方案的承诺不能反悔。这意味着，专利侵权诉讼时，专利权人或者利害关系人不能就已经放弃的内容主张专利保护。

在实务中，禁止反悔的判断有五个要点。

① 禁止反悔的内容包含在权利要求的文字含义内，但不在权利要求保护的范围内。

② 禁止反悔的内容记载于专利申请档案或专利无效宣告请求审查决定书中，而未记载于权利要求和说明书中。

③ 禁止反悔的内容必须是专利权人的自述，而不是专利申请审查过程中审查员的观点、专利无效宣告请求人或者审查员的观点或者撤销专利无效宣告请求审查决定的行政判决书中的法官观点。

④ 禁止反悔的内容必须有专利权人的明确表示，即有明确的修改、放弃或者限缩的说明，而不是对其观点的推测。

⑤ 专利申请时，专利权人在授权、确权程序中对权利要求书说明书以及附

图中的限缩性修改或者陈述被明确否定，无论是自己否定还是被专利局审查员或者是复审和无效审理部审查员否定，该限缩性修改或者陈述不会导致对应技术方案的放弃。

例如，专利申请人在答复第一次审查意见通知书时，对审查员指出的问题的技术特征进行了第一次限缩修改；审查员不接受第一次限缩性修改，发出第二次审查意见通知书，专利申请人在答复第二次审查意见通知书时，作了第二次限缩性修改；审查员同意第二次限缩性修改，批准授予专利权。专利申请人的第二次限缩性修改有以下两种情况，且对专利保护范围的影响也不同。

① 专利申请人在第一次限缩性修改的基础上作了进一步的第二次限缩性修改，禁止反悔的范围包括第一次限缩的内容加上第二次限缩的内容。

例如，两金属薄片的结合方法，权利要求采用“连结”这一术语，审查员在第一次审查意见通知书中指出“连结”的功能性概括过宽，专利申请人将“连结”说明成不包括“摩擦焊接”；第二次审查意见通知书还是认为概括过宽，专利申请人在第二次意见陈述书中，将“气焊”排除在“连结”之外。授权后的权利要求虽然仍用“连结”这一术语，但是“气焊”和“摩擦焊接”都是禁止反悔的内容，不在权利保护的范围内。

② 专利申请人在第一次限缩性修改未被接受后，从另一角度作了与第一次限缩性修改相矛盾的第二次限缩性修改，如果专利申请人的第二次限缩性修改实际上否定了其第一次限缩性修改，禁止反悔的是第二次限缩性修改的内容，通常不包括第一次限缩性修改的内容。

笔者曾经代理一件与上述情况十分相近的专利侵权诉讼案件。该案专利的权利要求 1 使用了上位概念术语“凸轮”，说明书包括有使用外凸轮和凸轮槽的两个实施例。

被告根据禁止反悔原则，认为涉案权利要求中的凸轮不包括外凸轮的技术方案，被控侵权产品使用的外凸轮技术方案，当然不在涉案专利保护的范围内。其理由是审查员在第一次审查意见通知书中指出外凸轮的技术方案和凸轮槽的技术方案不是属于一个总的发明构思的两个不同发明，一件专利申请中包括了两项不同的发明，违反了《专利法》第三十一条第一款[1]有关专利单一性的规定，要求专利申请人进行分案申请；原告第一次意见陈述书已依照审查意见将权利要求 1 中的“凸轮”限定为“凸轮槽”，因此，涉案专利的保护范围不包括外凸轮的技术方案。

---

[1] 《专利法》第三十一条第一款规定：“一件发明或者实用新型专利申请应当限于一项发明或者实用新型。属于一个总的发明构思的两项以上的发明或者实用新型，可以作为一件申请提出。”

原告对此进行了反驳。原告向法庭提供了第二次审查意见通知书和第三次审查意见通知书以及原告的第二次意见陈述书和第三次意见陈述书。其中审查员在第二次审查意见通知书中提出了其他审查意见，未述及原告将凸轮限定为凸轮槽一事。但是原告在答复第二次审查意见书时发现“凸轮槽”的技术方案以及“外凸轮”的技术方案应当属于一个总的发明构思的两个不同的发明，因为具有相同的特定技术特征，可以在一件专利申请中提出。于是在第二次意见陈述书中主动撤销对“凸轮”的限缩性陈述，并对此说明了理由。审查员在第三次审查意见通知书中未坚持单一性问题，只提出了权利要求不清楚的问题，即权利要求中“凸轮”与说明书中的“凸轮槽”的关联性不清楚；原告在第三次意见陈述书中对此进行了说明，但对权利要求没有再作任何修改和新的限缩性限定。审查员未驳回原告的专利申请而授予专利权。

原告的第一次意见陈述书将“凸轮”限定为“凸轮槽”，第二次意见陈述书撤销了该限缩性限定，是对其第一次限缩性限定的否定；对于原告的第二次意见陈述书，审查员虽然在第三次审查意见通知书中提出了其他审查意见，但原告仍坚持第二次修改的意见，未对权利要求作任何修改和增加新的限缩性说明，最终审查员还是认可了原告的观点。如果原告的第一次意见陈述书得到专利局审查员的认可授予专利权的，则原告的限缩性解释成立，涉案专利的权利保护范围将不包括外凸轮的技术方案；但是该案原告最后否认其最初的限缩性解释，说明原告在专利审查过程中没有明示放弃过“凸轮槽”的技术方案，故该案没有适用禁止反悔原则。

在专利侵权诉讼中，禁止反悔被广泛应用，在诉讼的准备阶段，确认有无禁止反悔的内容及其对权利要求保护范围的影响，有十分重要的意义。

（2）捐献原则

捐献原则是指在界定发明或实用新型专利的保护范围时，应依据权利要求书所载内容为准，说明书和附图用于解释权利要求内容，但若某项技术方案仅在说明书或附图中有所描述，而未被明确纳入权利要求，则该技术方案应被视为专利权人对公众的无偿“捐献”。在专利侵权纠纷案件中，专利权人不得以构成等同特征为由，主张将该技术方案纳入专利保护的范畴。

根据《专利解释（一）》第五条规定，“对于仅在说明书或者附图中描述而在权利要求中未记载的技术方案，权利人在侵犯专利权纠纷案件中将其纳入专利权保护范围的，人民法院不予支持。”

在（2021）最高法知民终1576号侵害实用新型专利权纠纷案中，涉案实用新型专利为“一种轴承和转动结构”，其权利要求1限定了技术特征“定位件安装于所述内圈”。被诉侵权产品的侧面有一塑料凸起结构部，该凸起结构包围一孔，可供容纳衬管，一审法院认为该特征构成等同侵权。最高人民法院认为，该塑料凸起结构部件安装于轴承外圈，而非轴承内圈。相应结构与涉案专利权利要求 1 所限定的特征不同。涉案专利说明书实施例记载，该实用新型提供的轴承在内圈、外圈或者内、外圈上设置定位件，权利要求 1 仅限定了定位件安装于内圈的情形，并未要求保护定位件安装于外圈的情形，故应视为对“定位件安装于外圈的情形”的放弃。

最高人民法院在该判决书中进一步指出，专利的权利要求具有公示性，专利权人申请专利时在权利要求中采用下位概念，而在侵权诉讼中又依据说明书及附图对其进行扩张解释的做法会造成专利权人与社会公众利益的失衡，人民法院不应支持。

对捐献原则进行补充的还有一个“明确排除规则”，即如果专利权人已在专利申请文件中明确将相关的技术方案予以排除，就不得适用等同原则将相应的技术方案纳入专利的保护范围。

（3）可预见性规则

可预见性规则是指专利权人在专利申请或修改时知晓但没有记载在权利要求中的技术特征不纳入专利的保护范围，《专利法》和司法解释尚未对可预见性规则作出明确的定义，但从最高人民法院知识产权法庭审理的生效判例，可看出通过可预见性规则对等同原则适用进行限制的趋势。

可预见性规则早在最高人民法院（2015）民申字第 740 号侵害实用新型专利权纠纷案中即被运用。该案中，涉案专利为一种“进水套”，原告认为被控侵权产品“一体式盖母进水套上表面为平面”与涉案专利权利要求中“进水套的上表面呈锥面”的技术特征构成等同。

最高人民法院认为，专利制度要确保专利权的保护范围具有足够的法律确定性和可预见性，不因滥用等同原则致使专利权保护范围缺乏确定性而损害社会公众的利益。专利权人将权利要求中该技术特征限定为锥面，是将平面排除在涉案专利权的保护范围之外，因此被控侵权产品不构成等同侵权。

实际上，在涉及同一专利的（2009）民申字第 157 号案件中，最高人民法院在是否构成等同侵权判定上曾作出与上述判决相反的裁判结论。在该案中，最高人民法院认为从等同侵权的判定规则看，无论进水套的上表面为“锥面”还是“平面”，其设计目的均是确保与浮球的接触，从而避免浮球因长时间与壳底接触而遭受腐蚀。基于这一分析，最高人民法院当时判定这两种技术方案构成等同。

对于裁判标准的变化，最高人民法院在（2015）民申字第740号案件中进行了特别说明，最高人民法院认为："2001年6月22日发布的《最高人民法院关于审理专利纠纷案件适用法律问题的若干规定》确立了专利侵权判定中的等同原则。等同原则的适用克服了专利权利要求在表达上的局限性，弥补了字面侵权的不足，实现了对专利权人的保护，但在实践中出现了等同原则适用过宽的倾向，不适当地扩张了专利权保护范围。2009年12月28日发布的《专利解释（一）》通过对捐献原则、禁止反悔原则以及全面覆盖原则的明确，结合等同原则的适用对专利权人的权利进行了一定程度的限制，使之与社会公众的利益之间形成了更好的平衡关系。同时，一方面，随着专利制度的进一步普及和发展，专利权人的专利文件撰写水平不断提高，专利行政部门对专利申请文件的撰写要求更为严格，等同原则对于撰写水平较低专利的保护作用在逐级减弱；另一方面，人民法院对等同原则的认识更为深刻，对等同原则的适用也更为严格和谨慎。故最高人民法院（2009）民申字第157号民事裁定对等同侵权的认定并不影响该案侵权是否成立的判定。"

自此之后，最高人民法院的一系列裁判基本遵循了可预见性规则。专利权人是否可预见的判断时间点为专利申请或修改时，且以本领域技术人员是否普遍知晓某项技术特征来判断。

（三）功能性和效果性权利要求保护范围的确定

随着科学技术的发展，对同一技术问题的解决有越来越多的技术手段，专利申请人，尤其外国专利申请人习惯于用能覆盖多种技术手段的功能性或效果性的表述来概括可以解决同一技术问题的技术手段。例如，同样是将两个物件连接起来，可以使用焊接、铆接、黏接等多种技术手段，专利申请时，权利要求中采用"连接"这一功能性术语的话，可以概括多种连接手段，这样能够使得权利要求更加简明。另外，由于在某些情况下，功能性特征比具体结构组成或者操作步骤特征能更清楚地限定所要求保护的技术方案，因此，功能性或效果性的表述得到专利申请人的青睐。

但是对于功能性和效果性技术特征的保护范围能否覆盖所有未记载在专利说明书中的具有相同功能或者效果的其他技术特征，《专利解释（一）》第四条[1]给出了特别规定。

根据该规定，人民法院审理专利侵权案件时，对于功能性或者效果性的技

---

[1] 《专利解释（一）》第四条规定："对于权利要求中以功能或者效果表述的技术特征，人民法院应当结合说明书和附图描述的该功能或者效果的具体实施方式及其等同的实施方式，确定该技术特征的内容。"

术特征，不能完全按照这些功能性或者效果性表述的文字含义去判断这些技术特征的范围，而是将结合说明书中的记载或者附图中表示的有关支持和实现该种功能或者效果的技术手段来确认其范围。功能性和效果性技术特征的范围可概括为：功能或效果＋支持和实现该功能或效果的手段＋与该手段相同或等同的实施方式。

上式中的“功能或效果”记载于权利要求中，“支持和实现该功能或效果的手段”记载于说明书或包括在附图中。两者都是专利的权利要求和说明书记载的内容，客观存在。然而“与该手段等同的实施方式”在权利要求或说明书中无记载，其涉及等同判断，具有较强的主观判断性。

关于功能性和效果性技术特征等同实施方式的判断，《专利解释（二）》第八条第二款规定了四个要素，即①基本相同的手段；②实现相同的功能；③达到相同的效果；④本领域普通技术人员在被诉侵权行为发生时无须经过创造性劳动就能够联想到的。

上述四个要素中的第②个和第③个均可在权利要求和说明书中找到相关的记载，可以进行客观的判断；但第①个和第④个在权利要求和说明书中均无记载，同样需要主观判断。由于缺少客观标准，主观判断的结果因人而异。

作为一个原则，专利授权时的权利保护范围和专利权人或利害关系人行使该专利、提起专利侵权诉讼时的权利保护范围应当一致；授权后，如果由于新颖性、创造性、实用性以及其他原因而影响和限缩了权利要求保护范围的，由于该影响而被限缩的该专利的保护范围，也应当与该专利在其后行使权利时的专利保护范围相同。

国家知识产权局在对专利申请进行实质性审查时，按照《专利法》第二十六条第四款[1]的规定审查权利要求书是否得到说明书支持的事项，包括审查判断功能性技术特征的概括是否过宽的内容。

《专利审查指南2023》第二部分第二章第3.2.1节“以说明书为依据”中提到，“功能性限定的技术特征，应当理解为覆盖了所有能够实现所述功能的实施方式”，并且规定对功能性限定的技术特征，审查员应当审查该功能性限定是否得到该说明书的支持。通常从以下两个方面来审查。

（1）如果权利要求中限定的功能是该说明书实施例中记载的特定方式完成的，则应当确定所属技术领域的技术人员是否明了此功能还可以采用说明书中未提到的其他替代方式来完成，如果没有则功能性概括得不到说明书支持。

[1] 《专利法》第二十六条第四款规定：“权利要求书应当以说明书为依据，清楚、简要地限定要求专利保护的范围。”

（2）该功能性限定的范围是否包含了一种或者几种不能解决发明或者实用新型所要解决的技术问题的方式，如果是，则功能性概括过宽，得不到说明书的支持。

上述第（1）个方面中提到的审查是否有说明书中未提到的可替代方案的方法，有点类似确定功能性技术特征保护范围时涉及的等同实施方式的分析。

《专利审查指南2023》第二部分第二章第3.2.1节还有以下相关记载："权利要求通常由说明书记载的一个或者多个实施方式或实施例概括而成。权利要求的概括应当不超出说明书公开的范围。如果所属技术领域的技术人员可以合理预测说明书给出的实施方式的所有等同替代方式或明显变型方式都具备相同的性能或用途，则应当允许申请人将权利要求的保护范围概括至覆盖其所有的等同替代或明显变型的方式。对于权利要求概括得是否恰当，审查员应当参照与之相关的现有技术进行判断。开拓性发明可以比改进性发明有更宽的概括范围。"

归纳《专利审查指南2023》的上述规定，判断功能性技术特征的概括是否超出说明书范围的步骤，可分解成以下三步。

（1）分析推定除说明书记载的实施例以外，是否有等同替代方式或者明显变型方式的技术方案，该些技术方案可支持或实现权利要求中的以功能或效果描述的技术特征的功能或效果。没有的话，概括超范围；有的话进行下一步分析。

（2）确定功能性或效果性技术特征的性能和用途与上述可等同替代方式或明显变型方式的技术特征是否相同。不相同的，说明没有等同替代方式或明显变型方式的技术方案，以证明其功能性概括超范围；相同的，再进行下一步分析。

（3）与现有技术相比较，如果这些功能和用途相同的等同替代方式或明显变型方式是现有技术的，则这些等同替代方式或明显变型方式允许被概括进权利要求保护的范围。

符合前述三个条件的等同替代方式或者明显变型方式，虽然未记载在权利要求书中，但经专利审查授权后，实际已被概括在权利要求保护范围内。

专利有效性分析的方法与专利侵权分析中的确认权利保护范围的方法有些相似，其最大的不同是分析对象有区别。前者分析对象是专利权本身，即相对于现有技术，专利权是否有被无效或者部分无效的可能；后者的分析有很强的针对性，即分析涉案专利的保护范围是否覆盖被疑侵权产品或方法。因此，在进行专利侵权分析时，包括确定权利保护范围时，通常会针对被疑侵权产品或方法的特定技术特征，分析其是否被包括在涉案专利权利要求的保护范围内。

例如，涉案专利的权利要求采用了“连接”这一术语来概括结合两个板状金属物体的技术手段，但说明书实施例仅列举了“气焊”和“电焊”两种技术手段，而被疑侵权方法中使用的是“摩擦焊接”这一技术手段。判断分析“连接”的专利保护范围，就是确认“摩擦焊接”是否被包括在“连接”这一术语含义的范围内。采用《专利审查指南》规定的上述审查方法，涉案专利中的“连接”这一功能性技术特征的范围是否包括了“摩擦焊接”，将能客观地得出分析结果。

首先，对于实现将两金属板状物结合在一起的功能和要达到两板状金属结合不分离的效果而言，气焊、电焊和摩擦焊接三者相同，因此，可以认为三者是支持和实现“连接”这一功能的基本相同的手段。然后检索一下现有技术，在涉案专利申请日以前，如果有已公开的摩擦焊接金属物体的现有技术，则“摩擦焊接”是本领域普通技术人员在被诉侵权行为发生时无须经过创造性劳动就能够联想到的，因为有现有技术的提示；如果没有已公开的摩擦焊接金属物体的现有技术，则“摩擦焊接”不是本领域普通技术人员在被诉侵权行为发生时无须经过创造性劳动就能够联想到的，因为缺少现有技术的提示。

运用《专利审查指南》中有关审查功能性和效果性记载的技术特征的功能性或效果性概括是否过宽和超出说明书范围的规定，来判断被疑侵权产品的该技术特征是否是与支持和实现权利要求功能性或效果性记载的技术特征的功能或效果的技术手段相等同的实施方式，客观性较强。

二、确认是否落入发明或实用新型专利的权利要求保护范围

判断被疑侵权产品或方法是否侵权，都应当通过技术方案的对比来确定。即无论专利权人的权利基础是发明专利还是实用新型专利，将被疑侵权产品或方法与涉案专利的技术特征进行对比，并将该对比结果作为进一步判定是否专利侵权的基础。

通常的做法是，经过前述专利有效性分析确认了具备有效性的拟主张权利的涉案专利的权利要求，再通过前述确认专利保护范围的分析进一步确认了该拟主张权利的权利要求的保护范围后，将该权利要求与被疑侵权产品或方法进行对比分析，判断被疑侵权产品或方法是否落入该权利要求的专利保护范围。

《专利解释（一）》第七条规定：“人民法院判定被诉侵权技术方案是否落入专利权的保护范围，应当审查权利人主张的权利要求所记载的全部技术特征。被诉侵权技术方案包含与权利要求记载的全部技术特征相同或者等同的技术特

征的，人民法院应当认定其落入专利权的保护范围；被诉侵权技术方案的技术特征与权利要求记载的全部技术特征相比，缺少权利要求记载的一个以上的技术特征，或者有一个以上技术特征不相同也不等同的，人民法院应当认定其没有落入专利权的保护范围。”

《专利法》第六十四条第一款规定：“发明或者实用新型专利权的保护范围以其权利要求的内容为准，说明书及附图可以用于解释权利要求的内容。”

上述条款规定了发明或者实用新型专利侵权分析的基本方法如下。

（1）技术特征分解。分解拟主张权利的涉案专利的权利要求的技术特征，然后对应已分解的权利要求的技术特征去分解被疑侵权产品或方法的技术特征。

（2）技术特征对比。将已分解的权利要求的技术特征与被疑侵权产品或方法的技术特征逐一进行对比。

（3）被疑侵权产品或方法包含了与已分解的权利要求所记载的全部技术特征相同或者等同的技术特征的，应当认定其落入专利权保护范围；被疑侵权产品或方法的技术特征与权利要求记载的全部技术特征相比，缺少已分解的权利要求记载的一个或者多个技术特征，或者有一个或者多个以上技术特征不相同也不等同的，应当认定其没有落入专利权保护范围。

在进行上述技术特征对比时，遇到下述事项时应予特别注意。

（1）对权利要求记载的内容的含义和理解有争议的，可利用说明书和附图进行解释。

（2）进行侵权判定，不应以专利产品或者方法与被疑侵权产品或方法直接进行比对，但专利产品或者方法可以用以帮助理解有关技术特征与技术方案。权利人、被疑侵权人均有专利权时，一般不能将双方专利产品或者双方专利的权利要求进行比对。对产品发明或者实用新型进行专利侵权判定比对，一般不考虑被疑侵权技术方案与专利技术是否为相同技术领域。

总之，在专利侵权诉讼中，首先要根据专利权利要求确定其保护范围（包括权利要求记载的全部技术特征以及与该技术特征相等同的特征所确定的范围），其次要准确界定被疑侵权产品或方法的技术特征，最后将被疑侵权产品或方法的技术特征与专利的权利要求进行对比，以判断被疑侵权产品或方法是否落入了专利权的保护范围，其基本原则是“全面覆盖、一一对应”。

三、外观设计专利侵权分析

外观设计专利侵权分析是指分析判断被疑侵权产品的设计是否落入涉案外观设计专利的保护范围，通常对比的内容是两者产品的种类是否相同或相近、各个对应的设计特征以及由此形成的整体视觉效果是否存在明显差异。此外，还需要引入现有设计，对三者的外观设计作比较，并在此基础上进一步判断被疑侵权产品与涉案外观设计专利是否相同、相近。

（一）涉案外观设计专利和被疑侵权产品种类的对比

在分析涉案外观设计专利与被疑侵权产品外观的相同、相近性之前，首先要比较两者产品种类的相同或者相近性。通常可根据涉案外观设计专利的产品用途和被疑侵权产品的用途是否相同或者相近来判断两者的产品种类是否相同或者相近。两者用途相同或者相近的，为产品种类相同或相近；两者用途不相同或者不相近的，为产品种类不相同或不相近。在确定产品用途时，可以参考涉案外观设计专利的简要说明、国际外观设计分类表、产品的功能以及产品销售货柜的分类、产品实际使用的情况等因素。两者的产品种类不相同、不相近的，被疑侵权产品的外观设计即便与涉案外观设计专利产品相同或相近，也不落入涉案外观设计专利保护范围，只有在确定两者产品种类相同或相近时，才进行两者外观设计的相同或相近分析对比。

涉案外观设计专利与被疑侵权产品的产品种类的判断分析方法，同外观设计专利有效性分析中的方法相同，两者的区别在于前者分析的对象是涉案外观设计专利和被疑侵权产品，而后者分析的对象是涉案外观设计专利和现有设计、抵触申请或者现有设计特征的组合。

对于局部外观设计专利而言，需要比对局部所在的整体产品与被疑侵权产品种类的相同或者相近性，比对分析方法与整体外观设计专利相同。进一步的，还需要比对要求保护的局部外观设计所起到作用的异同。

（二）确认涉案外观设计专利的保护范围

在分析涉案外观设计专利和被疑侵权产品相同或者相近前，应分析确认涉案外观设计专利的保护范围。

外观设计专利权的保护范围以表示在图片或者照片中的该产品的外观设计为准，简要说明可以用于解释图片或者照片所表示的产品的外观设计。在确定涉案外观设计专利的保护范围时，首先可以按本章第二节之四“外观设计专利权有效性分析”来分析涉案外观设计专利权的有效性、涉案外观设计专利是否有影响有效性的缺陷以及该缺陷可能给涉案外观设计保护范围带来的影响。在确定其有效性和保护范围后，进行外观设计侵权分析。同时，还应注意以下几种特殊情形的影响。

（1）确定外观设计专利保护范围时以正式视图为准，通常不考虑使用状态参考图表示的内容；使用状态参考图一般仅用于帮助判断产品的用途。

（2）对于包含数项相似外观设计或者成套产品的外观设计专利，其中任意一项外观设计均构成一个独立的保护范围，权利人可以就其中的任意一项或几项外观设计主张权利。

（3）对于组件产品的外观设计专利，如果其组装关系唯一，则专利保护范围由组合状态下的外观设计确定；在进行侵权比对时，应以组合状态下的外观设计作为对比对象，而不需要考虑单个组件的外观设计。

（4）对于各构件之间无组装关系或者组装关系不唯一的组件产品的外观设计专利，其保护范围由全部单个构件的外观设计确定，在进行侵权比对时，应以全部单个构件的外观设计作为对比对象。如果被疑侵权产品缺少部分构件，或者部分构件的外观设计与专利相比有明显差异，则侵权比对结论有可能是未落入专利的保护范围。

（5）对于变化状态产品的外观设计专利，其保护范围由变化状态图所示各使用状态下的外观设计共同确定；如果被疑侵权产品仅具有部分变化状态，或者部分变化状态与涉案外观设计专利相比有明显差异，则侵权比对结论有可能是未落入该外观设计专利的保护范围；只有当被疑侵权产品包含了涉案外观设计专利的全部变化状态，且各个状态的设计特征均相同或相近时，被疑侵权产品才有可能落入专利的保护范围之内。

（6）对于局部外观设计专利，其保护范围以要求保护部分的形状、图案、色彩为准，并考虑该部分在整体产品中的位置和比例关系。

（7）对于图形用户界面外观设计专利，其保护范围由硬件产品和图形用户界面共同构成；如果涉案专利中图形用户界面以外部分的设计为惯常设计，其图形用户界面对整体视觉效果更具有显著的影响。

（三）涉案外观设计专利和被疑侵权产品两者外观设计的对比

《专利解释（一）》第十一条第一款规定：“人民法院认定外观设计是否相同或者近似时，应当根据授权外观设计、被诉侵权设计的设计特征，以外观设计的整体视觉效果进行综合判断；对于主要由技术功能决定的设计特征以及对整体视觉效果不产生影响的产品的材料、内部结构等特征，应当不予考虑。”

其分析步骤如下。

（1）分解涉案外观设计专利的设计特征和分解被疑侵权产品对应于涉案外观设计的设计特征。

（2）挑选出对整体视觉效果影响较为显著的设计特征，并排除主要由技术功能决定的设计特征以及对整体视觉效果不产生影响的产品的材料、内部结构等特征。

（3）将挑选出的涉案外观设计的设计特征对应于被疑侵权产品的设计特征进行逐一对比。

（4）综合考虑各对应设计特征的差异和对整体视觉效果的影响比重，得出最终结论。

外观设计专利侵权分析方法与外观设计专利有效性分析基本相同，其主要区别是分析对比对象不同，前者是涉案外观设计与被疑侵权产品的比较，后者是涉案外观设计与现有设计、抵触申请以及现有设计特征组合的对比。

如果两者的外观设计具有较为明显的差异，通常会认为被疑侵权产品未落入涉案外观设计专利的保护范围。但是，前述“明显的差异”是由被疑侵权产品的“附加设计特征”导致的，则该差异不应纳入考虑范围。例如，名称为“包装盒”的涉案外观设计专利仅涉及产品的形状，未包含花纹图案，而被疑侵权产品包装盒的形状与涉案外观设计专利相同或相近似，但在包装盒的表面设有花纹，尽管花纹图案造成的视觉差异十分明显，但是，仍应认定被疑侵权产品落入了涉案外观设计专利的保护范围之内，因为图案部分是被疑侵权产品的“附加设计特征”，由该“附加设计特征”产生的差异并不会影响外观设计的相同或相近似的认定。

即使两者的外观设计某些设计特征具有差异，但是引入现有设计，就涉案外观设计专利、现有设计和被疑侵权产品三者进行比较分析，也有可能得出两者的外观设计相同或相近似的结论。

（四）外观设计专利、现有设计和被疑侵权产品三者的对比

一般消费者常识性地了解与外观设计专利产品同类或者相近种类产品的外观设计状况，对于外观设计产品之间在形状、图案以及色彩上的差别具有一定的分辨力；其虽然不会注意到产品的形状、图案以及色彩的微小变化，但是熟悉现有设计中常见的或者较为引人注目的设计部分，通常现有设计中这些较为引人注目的设计称为惯常设计和常用设计手法。

由于一般消费者通常都具备上述知识水平和认知能力，并熟悉不同外观设计所具有的惯常设计或者使用的常用设计手法，如果涉案外观设计专利和被疑侵权产品相同部位的设计不相同，但是该不相同的设计采用的是惯常设计或者常用设计手法，则这种不相同的设计一般被认为不会对两外观设计整体视觉效果产生显著影响。

为此，《专利解释（一）》第十一条第二款进一步规定：“下列情形，通常对外观设计的整体视觉效果更具有影响：……（二）授权外观设计区别于现有设计的设计特征相对于授权外观设计的其他设计特征。”

在进行外观设计专利侵权分析比较时，应降低使用惯常设计或者常用设计手法的设计特征对外观设计整体视觉效果的影响比重。即通过对比涉案外观设计专利和现有设计，将两者相同或者实质相同的设计部位视为惯常设计或者常用设计手法予以排除，将涉案外观设计专利与现有设计有区别的设计部分作为区别设计特征，在此基础上进行整体观察、综合分析判断外观设计专利、现有设计和被疑侵权产品设计三者整体视觉效果的异同。

具体对比分析方法如下。

（1）分解涉案外观设计专利的设计特征，并对应该分解的涉案外观设计的设计特征，分解现有设计和被疑侵权产品的设计特征。

（2）对比涉案外观设计专利和现有设计中对应的设计特征，将涉案外观设计专利中与现有设计的不相同、不相近的设计特征定义为涉案外观设计专利区别于现有设计的区别设计特征，但主要由技术功能决定的设计特征以及对整体视觉效果不产生影响的产品的材料、内部结构等特征不应视作区别特征，应予排除。

（3）重点在于区别设计特征，对涉案外观设计专利和被疑侵权产品进行对比。

（4）综合考虑各设计特征对整体视觉效果的影响比重，得出最终结论。

经过整体观察、综合判断，如果涉案外观设计专利和被疑侵权产品的外观设计特征完全相同、仅有局部的细微差异或者两者的整体视觉效果相同或相近，此时，可直接认定被疑侵权产品落入了外观设计专利的保护范围之内。

（五）局部外观设计专利的侵权分析

局部外观设计专利的侵权分析与局部外观设计专利有效性分析的比对对象及方式基本一致。首先，比对要求保护的局部所属整体产品与被疑侵权产品的种类相同或者相近性，并比对局部所起到的作用的相同或相近性；接下来，比对要求保护的局部外观设计与被疑侵权产品对应局部外观设计的相近性，同时也要考虑二者的对应局部外观设计在整体产品中的位置和比例关系，综合判断异同点对整体视觉效果的影响程度而得出分析结论。

（六）图形用户界面外观设计专利的侵权分析

图形用户界面外观设计专利可以分为两类：包含界面的产品整体外观设计和要求保护界面的局部外观设计。

对于包含界面的产品整体外观设计，如果设计要点包含图形用户界面设计和其所应用产品设计的，一般应当有六面视图；如设计要点仅在于图形用户界面设计的，至少应当有能显示界面的产品的正投影视图，有时还应当有图形用户界面的视图。

对于要求保护界面的局部外观设计，为了清楚地显示图形用户界面设计在最终产品中的位置和比例关系，视图往往是带有图形用户界面所应用产品的方式；而对于可应用于任何电子设备的图形用户界面，视图则通常不带有图形用户界面所应用产品，但产品名称中一般会有“电子设备”等字样的关键词。

无论哪种类型，在确定图形用户界面外观设计专利的保护范围时，界面所应用的硬件产品都是必须纳入考虑范围的要素。硬件产品设计特征的比对，对侵权分析结果具有至关重要的影响，往往会决定案件的最终走向。

2017 年，中国（2016）京 73 民初 276 号图形用户界面外观设计专利侵权案件中。原告拥有一项名称为“带图形用户界面的电脑”的外观设计专利，界面属于“电脑安全优化的软件”；被告向用户提供的仅为被诉侵权软件，不包含电脑等硬件产品。

由于该案是首例图形用户界面外观设计专利侵权案件，案件审理过程引起了极大的关注。审理该案的北京知识法院经过充分研讨后认定：在针对该新类型外观设计并无专门侵权认定规则的情况下，该案的审理仍适用现有的外观设计侵权规则。即确定涉图形用户界面的外观设计专利权保护范围时，需要同时考虑硬件产品及界面设计两要素。

具体到该案，涉案专利视图中所显示的产品为电脑，其名称亦为“带图形用户界面的电脑”，因此，“电脑”这一产品对于涉案专利的权利保护范围具有限定作用。原告有权禁止他人在与电脑相同或相近种类产品上使用相同或相近似的外观设计。然而，被诉侵权行为是被告向用户提供被诉侵权软件的行为，被诉侵权软件并不属于外观设计产品的范畴，相应地，其与涉案专利的电脑产品不可能构成相同或相近种类的产品，故没有比较二者相同或相近似的必要，原告的侵权诉请被驳回。

由于软件开发企业是图形用户界面的模仿和借鉴的主要主体，该案件的判决结果引起了极大的反响，引发了业者对申请图形用户界面外观设计专利是否还有意义的讨论。然而，从法律适用角度分析，该判决似乎不存在任何适用和逻辑上的错误。但是，首例判决恰恰暴露出了我国当时对于图形用户界面外观设计申请与保护制度的衔接安排的不足，也引发了法律界及软件业界持续的讨论和思考。

直到 2021 年，上海知识产权法院在审理另一起情况类似的（2019）沪 73 民初第 398 号案件时，则给出了不同的裁判逻辑和思路。在该案中，原告是名称为“用于移动通信终端的图形用户界面”的外观设计专利的专利权人，被告开发并提供一款名称为“趣键盘”的软件产品供用户免费下载，其用户图形界面与原告专利属于相同或相近似的外观设计。

上海知识产权法院经审理后均认定侵权成立，裁判要点为：对于已经被授权的图形用户界面外观设计专利的实施，要结合图形用户界面的自身特点进行判断。被告开发并提供软件供用户免费下载，必然会导致被诉侵权界面在手机上呈现；采用与制造实质相同的方式，导致图形用户界面设计应用于产品上的后果，即可认定为实施了图形用户界面外观设计专利。被告开发并提供软件供用户免费下载的行为与侵犯专利权损害后果的发生具有法律上的因果关系，故其应当承担相应侵权责任。

该判决解决了图形用户界面外观设计专利侵权纠纷中面对“软硬分离”保护不力的困境。但是，该判决作出后，也有人认为其突破了现有的外观设计侵权判定规则，突破了现有法律规定。

按照现有的法院管辖规定，外观设计专利侵权案件的二审由各省级高级人民法院审理；截止目前，也没有检索到最高人民法院再审审理过类似情形案件，因此，可以预见，对于这类案件裁判原则的争论仍将继续，各个地方法院也可能分别作出与前述两案件类似的判决。

笔者认为，在进行图形用户界面外观设计专利的侵权分析，遵循的同样是“整体观察、综合判断”的原则，专利的保护范围以表示在图片或照片中的产品外观设计为准。但是，视图中显示的硬件产品通常属于现有设计，通常仅是专利权人为满足申请要求而记载的内容，并非专利权人所希望保护的设计特征，对整体视觉效果一般不会产生实质性影响，在进行侵权比对时，应该主要对图形用户界面进行比对，并根据实际情形确定硬件的角色及其对损害结果的影响。

基于前述分析，后一判决使得图形用户界面外观设计专利得以保护，厘清了其中所涉多个行为主体的行为与损害结果间的关系。硬件生产商、操作系统开发商以及用户等的行为仅系为图形用户界面实施提供环境或条件，而开发并提供经运行即可呈现图形用户界面的软件供用户下载，使得用户仅需在设备上运行即可呈现受法律保护的图形用户界面设计的行为，是造成侵犯专利权损害后果发生法律上的原因，实施该行为的主体应当承担相应侵权责任。法院在该案件中所秉持的裁判原则和分析比对方式是值得借鉴和推广的。

关于静态、动态图形用户界面的具体比对原则，与有效性分析基本一致，本节不再赘述。

第五节　损害赔偿

专利权人提起专利侵权诉讼除了要制止侵权人侵害其专利权的行为，还有一个很重要的目的是要求侵权人承担损害赔偿责任。对于专利侵权行为给专利权人带来的损失，专利权人往往会在诉讼中提出损害赔偿的要求。

专利权人提出损害赔偿的要求，需要明确具体的损害赔偿金额。根据《专利法》第七十一条❶的规定，侵犯专利权的赔偿金额依照下列顺序依次确定：

（1）按照权利人因被侵权所受到的实际损失，或者侵权人因侵权所获得的利益确定。

（2）权利人的损失或者侵权人获得的利益难以确定的，参照该专利许可使用费的倍数合理确定。

（3）权利人的损失、侵权人获得的利益和专利许可使用费均难以确定的，人民法院可以根据专利权的类型、侵权行为的性质和情节等因素，确定给予3万元以上500万元以下的赔偿。

（4）对故意侵犯专利权，情节严重的，可以在按照（1）或（2）方法确定数额的一倍以上五倍以下确定赔偿数额。

（5）赔偿数额还应当包括权利人为制止侵权行为所支付的合理开支。

最高人民法院相关司法解释对上述专利侵权损害赔偿的计算方法的适用作了进一步规定。

一、权利人实际损失的计算方法

专利权利人因被侵权所受到的实际损失是确定损害赔偿金额最直接的方法。侵权产品侵占专利产品的市场，对专利权人的影响主要体现在专利产品的销售价格下降，或者是专利产品的销售量下降，甚至是销售价格与销售量的双重下降，权利人所获得的利润也相应缩减。

《专利规定》第十四条第一款规定：“权利人因被侵权所受到的实际损失可以根据专利权人的专利产品因侵权所造成销售量减少的总数乘以每件专利产品的合理利润所得之积计算。权利人销售量减少的总数难以确定的，侵权产品在

---

❶ 2020年修正的《专利法》对于侵权赔偿的确定顺序、法定赔偿的上下限都作了调整，还增加了惩罚性赔偿的相关规定。

市场上销售的总数乘以每件专利产品的合理利润所得之积可以视为权利人因被侵权所受到的实际损失。”即权利人的实际损失按下列公式计算：

权利人的实际损失＝专利产品因侵权所造成的销售量减少的总数（或侵权产品的总销售量）×每件专利产品的合理利润。

实务上专利权人主张按实际损失赔偿时，需提供下列证据：

（1）专利产品合理利润的证据；

（2）专利权人产品销售数量减少或者销售价格下降的证据；

（3）专利侵权导致专利产品销售数量减少或者销售价格下降的证据。

二、侵权人获得的利益的计算方法

尽管权利人因侵权所受到的实际损失是计算专利侵权损害赔偿最直接的方法，但造成专利产品销售价格或者销售量下降的原因有很多，包括该专利产品市场需求的减少，该专利产品的生命周期进入衰退期，或者其他功能相同的产品的市场替代等。权利人要举证证明其专利产品销售价格或者销售量的下降是由于侵权人侵犯其专利权的行为造成的有一定的难度，并且侵权产品的销售数量和利润属于侵权人的商业秘密，很难从公开渠道获得。另外，专利权人举证证明专利产品销售数量减少和销售价格的下降以及其产品的合理利润，都会被要求公开其财务账册，以便质证，而这些是专利权人不愿公开的商业秘密。因此在实务中，专利权人很少主张实际损失赔偿。

《专利规定》第十四条第二款规定：“侵权人因侵权所获得的利益可以根据该侵权产品在市场上销售的总数乘以每件侵权产品的合理利润所得之积计算。侵权人因侵权所获得的利益一般按照侵权人的营业利润计算，对于完全以侵权为业的侵权人，可以按照销售利润计算。”即侵权人获得的利益按下列公式计算：

侵权人获得的利益＝侵权产品在市场上销售的总数×每件侵权产品的合理利润。

司法解释规定该款的目的是减轻专利权人的举证责任，但侵权产品合理利润的计算仍涉及侵权人的商业秘密，因此在实务中依据该款规定要求赔偿的案例也很少。

销售数量及利润可以参考以下资料：侵权人宣传资料、财务报告、行政审批及投融资过程中披露的数据；电商平台调取的信息；被行政机关或司法机关查处的情况；侵权人自认信息；侵权人相关账户资金流动或者纳税情况；主管部门、行业协会、第三方平台等发布的统计报告或者行业报告。

《专利解释（一）》规定，侵犯发明、实用新型专利权的产品系另一产品的零部件的，人民法院应当根据该零部件本身的价值及其在实现成品利润中的作用等因素合理确定赔偿数额。侵犯外观设计专利权的产品为包装物的，人民法院应当按照包装物本身的价值及其在实现被包装产品利润中的作用等因素合理确定赔偿数额。即利润的计算需要考虑专利技术的贡献度。

三、参照专利许可使用费的计算方法

专利权人无法举证证明自己因侵权遭受的实际损失，也无法证明侵权人因侵权获得的利益时，如果持有与第三方签订的相关专利的许可使用合同，则可以根据专利权的类型、侵权行为的性质和情节、专利许可的性质、使用范围及时间等因素，参照该专利许可使用费的合理倍数要求赔偿。合理倍数一般情况下可以是专利许可使用费的两倍的损害赔偿金额，若侵权情节恶劣，如多次侵权、长时间侵权等，则可以参照专利许可使用费的三倍要求赔偿。

四、法定赔偿

在实务中，持有对应的专利许可使用合同的情况并不多见。即使有专利许可使用合同，实际发生的专利侵权行为与专利许可使用合同约定的事项也并不一定相同。例如，专利许可使用合同许可的是对专利产品的销售行为，但侵权人实际实行的是未经许可的专利产品的制造；或者专利许可使用合同包括了数十种专利和其他技术秘密，而被侵权的只是其中的一件专利；或者专利许可使用合同签订后，被许可方并没有严格按照合同规定支付许可费，也未办理相应的备案手续。在许可使用合同约定事项与侵权行为不对应或者无法证明该专利许可使用合同已实际履行的情况下，人民法院也难以将该许可使用合同作为计算赔偿的依据。另外，专利许可使用合同仍属于专利权人的商业秘密，很少有专利权人愿将专利许可使用合同提供给人民法院作为计算损害赔偿金额的依据。

因此，《专利法》第七十一条第二款规定的法定赔偿方法是专利侵权诉讼中适用最多的法律依据。依据该规定，专利权人的损失、侵权人获得的利益难以确定，并且也没有专利许可使用费可以参照或者专利许可使用费明显不合理的，人民法院可以根据专利权的类型、侵权行为的性质和情节等因素，在3万元以上500万元以下确定损害赔偿金额。2020年修正的《专利法》将法定赔偿的上限从100万元提升到500万元极大地提高了对权利人的保护力度。

一般情况下，侵犯发明专利的法定赔偿金额高于侵犯实用新型专利，侵犯实用新型专利的法定赔偿金额又高于侵犯外观设计专利；而专利侵权行为的侵权时间的长短、侵权范围的大小、侵权情节的恶劣程度，如多次侵权、恶意侵权等是人民法院加重法定赔偿金额的重要依据。

五、推定赔偿

《专利法》明确规定的四种赔偿方式之外，实务中还有一种侵权赔偿的计算方式，即推定赔偿。

法律规定的四种赔偿方式中的前三种操作难度较大，司法实践中除法定赔偿外，该三种损害赔偿的计算方法实际很少被采用。因为根据民事诉讼中“谁主张，谁举证”的基本原则，专利权人应该对其主张的损害赔偿承担举证责任。但知识产权侵权具有无形、隐蔽等特点，要求原告对于被告侵权产品的销售数量、利润等举证几乎不可能。

为此，《专利法》第七十一条第四款规定，“人民法院为确定赔偿数额，在权利人已经尽力举证，而与侵权行为相关的账簿、资料主要由侵权人掌握的情况下，可以责令侵权人提供与侵权行为相关的账簿、资料；侵权人不提供或者提供虚假的账簿、资料的，人民法院可以参考权利人的主张和提供的证据判定赔偿数额。”《专利解释（二）》第二十七条亦有类似规定。

另外，《民事诉讼证据规定》第九十五条规定：“一方当事人控制证据无正当理由拒不提交，对待事实负有举证责任的当事人主张该证据的内容不利于控制人的，人民法院可以认定该主张成立。”

根据上述规定，在专利侵权诉讼中，若被告持有诉讼相关证据但无正当理由拒不提供，而原告持有非来源于被告的第三方的证明，该证明中记录了有关可以推定被告获利状况的内容，并且原告以这些资料为证据要求人民法院推定被告的侵权赔偿数额的，人民法院将会依据上述规定认定原告的证据，并且依据原告的主张和上述现有证据推定被告的侵权赔偿数额。主张推定赔偿有严格的条件限制，首先原告必须先证明被告持有诉讼相关证据但无正当理由拒不提供。

一般可以通过证据保全程序来完成举证。通常作为侵权人的被告应当保有记录制造和销售被控侵权产品的数量、销售价格以及营业利润的财务账册，专利权人或利害关系人在诉讼前向人民法院申请对侵权人的财务账册等盈利证据进行诉前证据保全，或者在诉讼过程中向人民法院提出对被告的财务账册进行证据保全的请求。人民法院准允证据保全的请求并作出证据保全的裁定后，若被告不履行人民法院的证据保全命令，无正当理由拒不提供相关财务账册的，则人民法院依据《专利法》第七十一条第四款规定，以及《民事诉讼法解释》

《证据规定》、《知识产权证据规定》[1] 等中的相关规定，责令对方当事人提交相关证据材料，否则，在计算专利侵权的损害赔偿金额时，可以根据专利权人或利害关系人提供的现有证据推定被告的专利侵权损害赔偿金额，并作出不利于侵权人的判决。

相比之下，推定赔偿原则上只要被告无正当理由拒不提供侵权获利证据即可适用，在司法实践中操作较为简单。同时，推定赔偿是一种倾向于保护知识产权权利人权益的损害赔偿方式，并且可以减轻知识产权权利人的侵权举证责任，更受到知识产权权利人及相关利害关系人的青睐。

六、约定赔偿

实践中，权利人与侵权人可能会就未来可能的侵权事宜作过交涉，并且约定发生侵权时的赔偿数额或者计算方法。对于这种约定，最高人民法院予以了认可，并且在《专利解释（二）》第二十八条规定，“权利人、侵权人依法约定专利侵权的赔偿数额或者赔偿计算方法，并在专利侵权诉讼中主张依据该约定确定赔偿数额的，人民法院应予支持”。

七、惩罚性赔偿

在知识产权领域，惩罚性赔偿最早正式出现于2013年《商标法》；此后，2021年1月1日起施行的《民法典》明确提出“故意侵害他人知识产权，情节严重的，被侵权人有权请求相应的惩罚性赔偿”，将惩罚性赔偿覆盖至全部知识产权领域；2020年修正的《专利法》首次正式提出了“惩罚性赔偿”制度；最高人民法院还发布了《最高人民法院关于审理侵害知识产权民事案件适用惩罚性赔偿的解释》（以下简称《知识产权惩罚性赔偿》），对于知识产权案件审理中惩罚性赔偿制度的适用给出了具体的指导意见。这项制度对于打击故意侵权、保护权利人的合法权益有着非常积极的意义。

《专利法》第七十一条第一款明确规定了专利侵权中的惩罚性赔偿，“侵犯专利权的赔偿数额按照权利人因被侵权所受到的实际损失或者侵权人因侵权所获得的利益确定；权利人的损失或者侵权人获得的利益难以确定的，参照该专利许可使用费的倍数合理确定。对故意侵犯专利权，情节严重的，可以在按照

[1] 《民事诉讼法解释》第一百一十二条第一款规定：“书证在对方当事人控制之下的，承担举证证明责任的当事人可以在举证期限届满前书面申请人民法院责令对方当事人提交。”《知识产权证据规定》第二十四条规定：“承担举证责任的当事人书面申请人民法院责令控制证据的对方当事人提交证据，申请理由成立的，人民法院应当作出裁定，责令其提交。”

上述方法确定数额的一倍以上五倍以下确定赔偿数额”。根据上述法律规定，专利侵权案件中，适用惩罚性赔偿需要具备主观“故意”、客观“情节严重”两个要件。

（一）“故意”的认定

根据《知识产权惩罚性赔偿》第三条，就“故意”的认定而言，通常会综合考虑被侵害知识产权客体类型、权利状态和相关产品知名度、被告与原告或者利害关系人之间的关系等因素。下列情形，可以初步认定被告具有侵害知识产权的故意：①被告经原告或者利害关系人通知、警告后，仍继续实施侵权行为的；②被告或其法定代表人、管理人是原告或者利害关系人的法定代表人、管理人、实际控制人的；③被告与原告或者利害关系人之间存在劳动、劳务、合作、许可、经销、代理、代表等关系，且接触过被侵害的知识产权的；④被告与原告或者利害关系人之间有业务往来或者为达成合同等进行过磋商，且接触过被侵害的知识产权的；⑤被告实施盗版、假冒注册商标行为的等。

（二）“情节严重”的认定

根据《知识产权惩罚性赔偿》第四条，就“情节严重”的认定而言，通常会综合考虑侵权手段、次数，侵权行为的持续时间、地域范围、规模、后果，侵权人在诉讼中的行为等因素。下列情形，法院可以认定为情节严重：①因侵权被行政处罚或者法院裁判承担责任后，再次实施相同或者类似侵权行为；②以侵害知识产权为业；③伪造、毁坏或者隐匿侵权证据；④拒不履行保全裁定；⑤侵权获利或者权利人受损巨大；⑥侵权行为可能危害国家安全、公共利益或者人身健康等。

（三）基数与倍数

需要注意的是，根据《知识产权惩罚性赔偿》第二条[1]，主张惩罚性赔偿的，应该在一审法庭辩论结束前提出，且其适用是基于依照原告实际损失、被告违法所得数额获利或者因侵权所获得的利益作为计算基数，不包含原告为制

[1] 《知识产权惩罚性赔偿》第二条规定：“原告请求惩罚性赔偿的，应当在起诉时明确赔偿数额、计算方式以及所依据的事实和理由。原告在一审法庭辩论终结前增加惩罚性赔偿请求的，人民法院应当准许；在二审中增加惩罚性赔偿请求的，人民法院可以根据当事人自愿的原则进行调解，调解不成的，告知当事人另行起诉。”

止侵权所支付的合理开支。[1] 需要说明的是，惩罚性赔偿是在填平性赔偿之外另行计算的，对于此点，2021 年 4 月，最高人民法院在《人民司法》上发布《〈关于审理侵害知识产权民事案件适用惩罚性赔偿的解释〉的理解和适用》一文的第六项“关于基数的确定”的第三段有明确记载，“需要指出的是，填平性赔偿数额即基数和惩罚性赔偿数额应当分别单独计算。也就是说，如果惩罚性赔偿的倍数确定为 1 倍，那么被诉侵权人承担的赔偿总额应当为填平性赔偿数额加上惩罚性赔偿数额之和，即为基数的两倍”。

八、合理费用

除损害赔偿外，专利权人还可以向侵权人主张其为制止侵权行为所支付的合理费用，该合理费用包括律师费、调查取证费用、制止侵权所支出的差旅费和报酬、查阅收集证据材料支出的费用、必要的鉴定费、咨询费、公证费、证据保全费和证据材料的制作、邮寄费用等。合理费用中最主要的两部分为调查取证费用和律师费用。

（一）调查取证费用

专利权人提起诉讼之前需要通过调查和取证确认专利侵权事实的存在，以及查清侵权的具体情况和所遭受的损失。例如，购买侵权产品以确认侵权事实；调查侵权行为的实施程度，包括生产规模、使用情况、销售渠道、销售数量、价格等，据此推算所受经济损失的程度等。

专利权人进行调查取证需要付出一定的费用，例如，购买侵权产品费用、查阅与复制侵权人工商登记信息的费用和委托律师调查取证的费用等，专利权人也可以主张这些调查取证的费用，请求人民法院判令侵权人承担。

（二）律师费用

专利权人一般会委托具有专业知识的律师代理专利侵权诉讼，为此，专利权人需要付出包含律师的咨询费以及诉讼代理费等一系列相关的律师费用，专

---

[1] 《知识产权惩罚性赔偿》第五条规定：“人民法院确定惩罚性赔偿数额时，应当分别依照相关法律，以原告实际损失数额、被告违法所得数额或者因侵权所获得的利益作为计算基数。该基数不包括原告为制止侵权所支付的合理开支；法律另有规定的，依照其规定。前款所称实际损失数额、违法所得数额、因侵权所获得的利益均难以计算的，人民法院依法参照该权利许可使用费的倍数合理确定，并以此作为惩罚性赔偿数额的计算基数。人民法院依法责令被告提供其掌握的与侵权行为相关的账簿、资料，被告无正当理由拒不提供或者提供虚假账簿、资料的，人民法院可以参考原告的主张和证据确定惩罚性赔偿数额的计算基数。构成民事诉讼法第一百一十一条（现第一百一十四条）规定情形的，依法追究法律责任。”

利权人也可以主张这些费用，请求人民法院判令侵权人承担。

在人民法院支持原告关于律师费用的主张的判例中，律师费用全额得到支持的情况也不多见。在确定合理的律师代理费用数额时，人民法院将综合考虑律师收费标准、律师费实际收取情况、律师工作量、案件难易程度、侵权情节、赔偿请求支持比例、人民法院收取的诉讼费等情况，酌情确定。

根据《专利规定》第十六条的规定，上述合理费用可以在《专利法》第七十一条确定的赔偿数额之外另行计算。

第六节　警　告　信

《专利法》第六十五条规定了当事人可以自行协商解决专利纠纷。

专利权人向被疑侵权人发送警告信（也称律师函）作为专利权人寻求与被疑侵权人协商解决纠纷的沟通手段之一被经常使用。

专利权人针对侵权行为可以在提起专利侵权诉讼之前或者起诉期间向被疑侵权人发送警告信维护权益，也可以在经人民法院判决认定侵权行为后向被诉侵权行为人发送警告信。专利权人发送警告信是其自行维护权益的途径和协商解决纠纷的环节，法律对于在人民法院侵权判决之前专利权人自行维护其权益的行为，并无禁止性规定，允许以此种方式解决争议有利于降低维权成本、提高纠纷解决效率和节约司法资源，符合经济效益原则。专利权人发送警告信属于专利权人维护其专利权的一种自力救助行为。

专利权人发送警告信的目的，在于让被警告者知悉其可能存在侵害他人权利的事实，自行停止侵权或者与专利权人积极沟通、协商解决纠纷，专利权人无须再提起侵权之诉寻求公力救济。由于警告信对于遏制侵权具有一定的作用，对警告信的利用趋于增加。

一、警告信的作用

发送警告信一般是在提起专利侵权诉讼之前，其主要目的是通过明示自己权利，要求被疑侵权人停止侵权。发送警告信可以达到下述效果。

（1）具有一定的遏制专利侵权的效果。有些侵权者不知道有专利权，对自己的侵权行为并不知情，也有些侵权者的侵权行为刚刚起步，在收到专利人发来的警告信后，为避免诉讼，确实会有部分侵权者停止其侵权行为。

（2）销售侵权产品的商家，接到警告信后继续销售侵权产品的，将产生侵权责任。

《专利法》第七十七条规定："为生产经营目的使用、许诺销售或者销售不知道是未经专利权人许可而制造并售出的专利侵权产品，能证明该产品合法来源的，不承担赔偿责任。"

商家收到警告信后继续销售侵权产品的，便成了销售的是明知侵权的产品，由此产生了赔偿责任。

（3）侵权产品制造者接到警告信后继续制造的，侵权情节变恶劣，有可能加重其侵权赔偿责任。

（4）专利权人发送警告信主张权利后，诉讼时效中断重新计算。

根据《民法典》第一百九十五条的规定，诉讼时效因当事人提起诉讼、当事人一方提出要求或者义务人同意履行义务而中断。从中断时起，诉讼时效期间重新计算。第四章第一节"诉讼时效"介绍了引起诉讼时效中断的几种情形，发送警告信就是其中一种。

二、警告信的内容

警告信应该使被警告人知道自己哪些具体行为侵害了哪些特定的权利以及被要求做什么，因此必须具备三个条件，才能产生前面所述的效果。

（1）警告信应明示被侵害的具体专利权，给出专利号。权利要求众多时，应给出受到侵害的具体权利要求。

（2）明确指出被警告人实施的具体侵权行为，例如侵权产品的名称和型号或者具体生产方法，以使被警告人清楚地明了自己的侵权产品或者方法。

（3）明确专利权人的具体要求，以及要求对方停止制造、销售和使用或者限时要求与专利权人协商解决。

三、发送警告信的审慎注意义务

专利权人发送警告信维护自身合法权益是其行使民事权利的应有权利，但行使权利应当在合理的范围内，要注意公平竞争秩序的维护，避免滥用警告信打压竞争对手的合法权益。

专利权人发送警告信必须以确定的具体侵权事实为依据，在发送警告信时应当对所警告的行为构成侵权尽到审慎注意义务。从警告信的发送对象来看，专利权人所履行的审慎注意义务也并不相同。

被疑侵权产品的制造者作为侵权的源头，通常是专利权人进行警告的主要对象，专利权人希望被警告者停止侵权行为或者在接到警告信后选择与专利权人正面协商解决纠纷。

专利权人通过警告信直接针对被疑侵权产品制造者主张权利和要求其停止侵权的，属于专利权人正当行使专利权的维权行为。因为这是当事者间的接触和协商，这种接触和协商的信息也没有扩散到任何第三方，不会损害被警告者的商业和商品信誉，因此不属于不正当竞争行为。

专利权人发送侵权警告的对象还可能包括产品的销售商、进口商或者发明或实用新型产品的使用者等，这些人作为被疑侵权产品制造者的交易相对方，往往也是专利权人争夺的目标客户群。由于他们通常对是否侵权的判断认知能力相对较弱，对所涉侵权的具体情况知之较少，与被疑侵权产品制造者不同，他们的避险意识较强，更易受到侵权警告的影响，可能会选择将所涉产品下架、退货等停止被警告行为，拒绝与被疑侵权产品制造者的商品进行交易。因此，向这些主体进行警告的行为容易直接导致制造商无法销售，影响所涉产品的竞争交易秩序。

被警告者是否停止所涉侵权行为由其自行决定，尤其是对销售商而言，侵权警告的内容对其能否作出合理判断、自行承担由此导致的商业风险更为关键。因此，向这些主体发送侵权警告时，对确定被警告行为构成侵权而产生的注意义务要高于向被疑侵权产品制造者发送侵权警告，警告信所涉信息应当详细、充分，如披露请求保护的权利的范围、涉嫌侵权的具体信息以及其他与认定侵权和停止侵权相关的必要信息。否则，易导致被警告者面对内容不明确的警告内容，为避免自身涉及警告信所称的后果，停止被疑侵权产品的交易，影响公平竞争的交易秩序。

由于被警告的经销商作为被疑侵权产品制造者的交易方，也是专利权人涉案专利产品的竞争者或者客户群，专利权人在向这些经销商发送警告信维护其专利权的同时，客观上也会产生打击竞争对手、争取交易对象或者商业机会的作用。

侵权警告作为专利权人维护其合法权利的一种措施，但是在向被疑侵权产品的销售者和使用者发送警告信时也存在一定的风险，因为侵权警告并非单纯地具有维护专利权的功能，其还有打击竞争对手、争取交易对象和交易机会的效果。专利权人为谋求市场竞争优势或者破坏竞争对手的竞争优势，以不正当方式滥用侵权警告，损害竞争对手合法权益的，应当承担相应的责任。

四、警告信的送达

警告信一般通过挂号信或者 EMS 送达，这两种方式也是人民法院认可的送达方式。

寄送警告信，收据要确认留存好，作为寄出警告信的证据。

警告信仅有寄出签收凭证还不够，警告信的内容也要留证。通常可以对警告信的内容采用公证方式留证，公证的手续参见本章第一节的介绍。

五、警告信与确认不侵犯专利权诉讼

在实务中，对于专利权人的权利主张，有些收到警告信的企业不认为自己的产品或者生产方法侵犯了警告信所示的权利。但是当被警告的企业回复声明不侵权后，有些专利权人在发出警告信后没有任何后续行动，即没有提起专利侵权诉讼，这时被警告人面临两难困境，要么按警告信的要求停止生产、销售或者使用，从而导致经营损失，要么不顾警告信，继续生产、销售或者使用，但一旦被诉侵权并败诉，就要承担侵权责任。确认不侵犯专利权诉讼是为企业碰到上述情况时提供的一种救济方式。

确认不侵犯专利权诉讼本质上属于对被疑侵权者的救济。通过确认不侵权之诉，可以使专利权人与被疑侵权者之间是否存在侵权的法律关系尽快地确定下来，减少侵权指控行为对被疑侵权者的生产经营活动所带来的影响。

（一）提起确认不侵犯专利权诉讼的条件

《专利解释（一）》第十八条规定："权利人向他人发出侵犯专利权的警告，被警告人或者利害关系人经书面催告权利人行使诉权，自权利人收到该书面催告之日起一个月内或者自书面催告发出之日起二个月内，权利人不撤回警告也不提起诉讼，被警告人或者利害关系人向人民法院提起请求确认其行为不侵犯专利权的诉讼的，人民法院应当受理。"

提出确认不侵权之诉必须具有以下三个条件。

（1）接到专利权人发来的警告信；

（2）被警告人曾书面催告权利人行使权利；

（3）自权利人收到催告信之日起1个月或者自书面催告信发出之日起2个月内权利人不撤回警告也不提起诉讼的。

（二）确认不侵犯专利权诉讼的管辖

根据最高人民法院制定的《民事案件案由规定》第一百六十九条，确认不侵犯专利权纠纷之诉属于侵权类纠纷。

《民事诉讼法》第二十九条规定："因侵权行为提起的诉讼，由侵权行为地或者被告住所地人民法院管辖。"

《专利规定》第二条规定："因侵犯专利权行为提起的诉讼，由侵权行为地或者被告住所地人民法院管辖。侵权行为地包括：被疑侵犯发明、实用新型专利权的产品的制造、使用、许诺销售、销售、进口等行为的实施地；专利方法使用行为的实施地，依照该专利方法直接获得的产品的使用、许诺销售、销售、进口等行为的实施地；外观设计专利产品的制造、许诺销售、销售、进口等行为的实施地；假冒他人专利的行为实施地。上述侵权行为的侵权结果发生地。"

确认不侵犯专利权诉讼属于专利侵权诉讼，由被告住所地和侵权行为地有专利侵权诉讼管辖权的中级人民法院管辖。确认不侵犯专利权诉讼要确认的是被警告者的行为是否侵犯了专利权，由于被警告者通常是在其住所地实施制造、使用和销售行为的，因此，对于确认不侵犯专利权的诉讼，除作为警告信发送者所在地的有专利侵权诉讼管辖权的中级人民法院有管辖权外，被警告者所在地的有专利侵权诉讼管辖权的中级人民法院也具有管辖权。人民法院审理确认不侵犯专利权诉讼的程序和方法，除原告、被告关系相反外，其他可参照专利侵权诉讼。

六、警告信与不正当竞争诉讼

专利权人发送警告信未尽审慎义务，构成不正当竞争被提起诉讼的，因不正当竞争诉讼请求的赔偿额不同，一审法院有可能是基层人民法院，也可能是中级人民法院。

当不正当竞争诉讼的一审法院是具有专利侵权诉讼管辖权的中级人民法院的，专利权人或者利害关系人可以提起专利侵权的反诉。人民法院在受理此类不正当竞争诉讼时，一旦专利权人或者利害关系人反诉专利侵权的，人民法院首先须确认专利侵权是否成立，如果专利侵权成立，不正当竞争的行为就不成立，如果专利侵权不成立，则开始审理不正当竞争的诉讼请求。

如果审理不正当竞争诉讼的一审法院是基层人民法院，或者是没有专利侵权诉讼管辖权的中级人民法院，专利权人或者利害关系人可以向有专利侵权诉讼管辖权的中级人民法院提起专利侵权诉讼，并请求审理不正当竞争诉讼的人民法院停止审理。审理不正当竞争诉讼的人民法院一旦收到前述停止审理的请求，一般都会停止审理，待有了专利侵权诉讼的结论后，再启动审理程序。

第七节　专利侵权诉讼代理

专利侵权诉讼和民事诉讼一样，都是自然人或者法人要求人民法院保护其正当权利和合法利益的审判程序制度，不同的是专利侵权诉讼是围绕专利权进行的，专利侵权诉讼的客体涉及科学技术的内容，具有技术性强、诉讼程序较复杂的特点。

除律师代理专利侵权诉讼外，专利代理师熟悉专利申请和了解专利技术，让专利代理师参加专利侵权诉讼的代理，有利于维护专利侵权诉讼当事人的利益，也是世界大部分国家的普遍做法。

一、代理权限

诉讼代理人是指以当事人一方的名义，在法律规定或者当事人授予的权限范围内代理实施诉讼行为的人。诉讼代理人代理当事人进行诉讼活动的权限，称为诉讼代理权。诉讼代理人在代理权限内实施诉讼行为，诉讼代理的法律后果由被代理人承担。在同一诉讼中，诉讼代理人不能代理双方当事人。

代理权限分为一般授权和特别授权两种。

一般授权，就是委托人授予委托诉讼代理人代理进行诉讼的基本诉讼权利，其代理权限为：起诉、应诉答辩、管辖异议、申请回避、提供证据、出庭辩论等。委托书中写为全权代理的，仍为一般授权。

特别授权，就是委托人授予委托诉讼代理人与实体权利联系紧密的诉讼权利或者某些特定的实体权利，如承认、放弃和变更诉讼请求，进行和解，签署调解书，提起反诉或者上诉。

当事人委托诉讼代理人参加专利侵权诉讼的，应根据自己的需求在授权委托书中写明委托事项，可以是上述委托事项的全部或者部分。外国当事人在中国委托代理诉讼的，最好是特别授权，并且详尽地写明所有的委托事项，以避免因为委托事项不全使代理权限受限，以致诉讼代理人无法代理相应的事项而需要重新办理委托手续。

二、律师代理

律师具备法律知识并且有诉讼经验，律师代理诉讼有利于维护被代理人的合法权益，是常见的诉讼代理。

另外，《民事诉讼法》和《律师法》规定的律师执业权利，例如调查权等，便于律师开展代理业务，这也是专利侵权诉讼中律师代理诉讼较多的原因。

三、公民代理

根据《民事诉讼法》第六十一条❶的规定，当事人的近亲属或者工作人员，当事人所在社区、单位以及有关社会团体推荐的公民可以被委托为诉讼代理人。

《民事诉讼法》继承了我国长久以来形成的法律诉讼文化，保留了近亲属作为公民代理人的传统，并且根据我国的社会制度特色，建立了当事人所在社区、单位以及有关社会团体推荐公民作为代理人参与诉讼的制度。但是随着社会的不断发展，特别是法律的不断完善和专业化发展倾向，民事诉讼代理也越来越专业，对诉讼代理人的法律素养和技巧的要求越来越高。

在专利侵权诉讼代理实务中，除当事人单位的员工或者其相关技术人员以及下文提到的专利代理师的公民代理外，人民法院实际上已不接受专利侵权诉讼的其他公民代理。

四、专利代理师代理

专利侵权诉讼案件中，长期以来任何专利代理师都可以公民代理的名义参加诉讼。

2012 年，《最高人民法院关于在知识产权审判中贯彻落实〈全国人民代表大会常务委员会关于修改《中华人民共和国民事诉讼法》的决定〉有关问题的通知》（法〔2012〕317 号）第二条提出：“规范专利代理人以公民身份担任诉讼代理人。”

根据最高人民法院的通知要求，中华全国专利代理师协会在 2015 年 12 月出台了《中华全国专利代理人协会诉讼代理管理办法》。

经过修订，现行《中华全国专利代理师协会诉讼代理管理办法》第二条规定：“中华全国专利代理师协会推荐的专利代理师及其所在专利代理机构从事专利诉讼业务，适用本办法。前款所述专利诉讼业务，是指专利代理机构接受专利民事案件、专利行政案件当事人的委托，指派专利代理师担任诉讼代理人，参加专利诉讼。”第六条规定：“中华全国专利代理师协会设置诉讼代理人名册，并对外公示。诉讼代理人名册中的专利代理师可以从事专利诉讼业务。”第八条第一款规定：“专利代理师经协会推荐，可以在专利诉讼案件中担任诉讼代

---

❶ 《民事诉讼法》第六十一条规定：“当事人、法定代理人可以委托一至二人作为诉讼代理人。下列人员可以被委托为诉讼代理人：（一）律师、基层法律服务工作者；（二）当事人的近亲属或者工作人员；（三）当事人所在社区、单位以及有关社会团体推荐的公民。”

理人。”第九条规定：“申请被推荐担任专利民事案件诉讼代理人的专利代理师，应当最近五年连续执业并在最近一次年度考核合格，同时具备下列条件之一：（一）取得律师资格证书或者法律职业资格证书一年以上；（二）曾经代理专利诉讼案件；（三）曾经代理宣告专利权无效案件；（四）其他经中华全国专利代理师协会认定的特别情形。”

符合《中华全国专利代理师协会诉讼代理管理办法》第九条规定的条件的专利代理师可以申请被推荐担任专利民事案件及一般专利行政案件的诉讼代理人，符合该管理办法第十条规定的条件的专利代理师可以申请被推荐担任国家知识产权局作为第一审被告的专利行政案件的诉讼代理人。专利代理师申请被推荐担任诉讼代理人的，应当由所在专利代理机构向中华全国专利代理师协会提出申请，经审查符合规定条件的，由中华全国专利代理师协会列入诉讼代理人名册。中华全国专利代理师协会每季度集中更新一次诉讼代理人名册，并报送最高人民法院。名单内的专利代理师在代理具体专利诉讼案件时无须再履行个别推荐手续。各级人民法院根据诉讼代理人名册核对参加诉讼的专利代理师是否有诉讼代理人资格。

专利代理师符合担任诉讼代理人的推荐条件，但未被列入诉讼代理人名册的，可以在具体专利诉讼案件中，由所在专利代理机构向中华全国专利代理师协会申请推荐担任该案件诉讼代理人。专利代理师被首次推荐担任具体专利诉讼案件诉讼代理人后，应当在六个月内由所在专利代理机构向协会申请列入诉讼代理人名册，逾期未提出的，中华全国专利代理师协会不再予以其他个案中的推荐。

五、专利侵权诉讼的共同代理

在专利侵权诉讼代理实务中，由于专利代理师具有技术背景便于了解专利技术和熟悉专利文件撰写等，而律师熟悉诉讼程序、证据规则并具有诉讼技巧，专利代理师和律师共同代理专利侵权诉讼的案件呈增加趋势，他们分工合作、优势互补，是最有利于专利侵权诉讼当事人的代理组合之一。

六、转代理

转代理是指在委托代理人无法继续进行代理或者为更好地服务于被代理人的利益时，经委托人同意，原委托代理人将其代理权限转托他人代理。接受转托代理的人也称为再代理人或复代理人。

《民法典》第一百六十九条规定：“代理人需要转委托第三人代理的，应当取得被代理人的同意或者追认。转委托代理经被代理人同意或者追认的，被代理人可以就代理事务直接指示转委托的第三人，代理人仅就第三人的选任以及对第三人的指示承担责任。转委托代理未经被代理人同意或者追认的，代理人应当对转委托的第三人的行为承担责任，但是在紧急情况下代理人为了维护被代理人的利益需要转委托第三人代理的除外。”

原委托代理人在征得被代理人的同意的前提下，可以自行选定再代理人，将原代理权限转托给再代理人，再代理人行使的是原委托代理人的代理权，并以原委托代理人的代理权限为限。虽然由代理人进行了变更，但再代理人仍为被代理人的委托代理人，再代理行为的法律后果仍由被代理人直接承担。

但是若原委托代理人未征得被代理人的事先同意或事后追认而擅自进行转代理，或者原委托代理人是出于自己的利益而将代理权限转授他人的，则接受转托代理的人所实施的代理行为对被代理人不发生法律效力，由原委托代理人承受其所转托代理的人所作代理行为的法律后果。

在专利侵权诉讼中，由于诉讼周期长，以及诉讼代理人因各种突发情况不得不委托其他代理人参加诉讼的情况十分常见，尤其是涉及外国当事人的专利侵权诉讼中，由于所有诉讼委托书须经外国当事人所在国公证机构的公证和所在国相关机构签发的附加证明书，当发生转代理的情况时，为避免转代理的诉讼委托书须再次办理公证和附加证明书签发手续，通常在最初的诉讼委托书中最好就明确规定委托代理人具有转代理的权限。

七、专家辅助人

专利侵权诉讼涉及技术分析、比较和判断，技术专家的讲解和分析有助于人民法院分析和判断案情。人民法院在审判案件时，也时常会就案件的技术问题依法请教技术专家。此外，民事诉讼制度中有关专门知识的人的规定，为诉讼当事人向人民法院申请专家辅助人出庭说明和解释与案件有关的技术问题提供了相关的途径。

《民事诉讼证据规定》第八十三条规定：“当事人依照民事诉讼法第七十九条和《最高人民法院关于适用〈中华人民共和国民事诉讼法〉的解释》第一百二十二条的规定，申请有专门知识的人出庭的，申请书中应当载明有专门知识的人的基本情况和申请的目的。人民法院准许当事人申请的，应当通知双方当事人。”

《民事诉讼证据规定》第八十四条规定：“审判人员可以对有专门知识的人进行询问。经法庭准许，当事人可以对有专门知识的人进行询问，当事人各自申请的有专门知识的人可以就案件中的有关问题进行对质。有专门知识的人不得参与对鉴定意见质证或者就专业问题发表意见之外的法庭审理活动。”

《民事诉讼法》第八十二条规定：“当事人可以申请人民法院通知有专门知识的人出庭，就鉴定人作出的鉴定意见或者专业问题提出意见。”

《民事诉讼法解释》第一百二十二条规定：“当事人可以依照民事诉讼法第八十二条的规定，在举证期限届满前申请一至二名具有专门知识的人出庭，代表当事人对鉴定意见进行质证，或者对案件事实所涉及的专业问题提出意见。具有专门知识的人在法庭上就专业问题提出的意见，视为当事人的陈述。人民法院准许当事人申请的，相关费用由提出申请的当事人负担。”

《民事诉讼法解释》第一百二十三条规定：“人民法院可以对出庭的具有专门知识的人进行询问。经法庭准许，当事人可以对出庭的具有专门知识的人进行询问，当事人各自申请的具有专门知识的人可以就案件中的有关问题进行对质。具有专门知识的人不得参与专业问题之外的法庭审理活动。”

根据上述规定，有专门知识的人实际上就是当事人申请出庭的专家辅助人，他们不是专家证人，也不具有证人的诉讼地位，是协助诉讼当事人解释和说明专业技术问题的人，其在法庭上的陈述视为当事人的陈述。

专家辅助人的出庭只能由当事人启动，如果人民法院认为需要专家辅助人出庭的，可以向当事人释明，但不能责令当事人强令专家辅助人出庭。并且，专家辅助人仅能辅助一方当事人，只能与被辅助方当事人或者诉讼代理人共同出庭，不能在同一案件中同时担任双方当事人的专家辅助人。

专家辅助人的辅助作用主要有两个方面。

一是对案件所涉专门性问题进行解释和说明。审判人员和当事人可以对出庭的专家辅助人进行询问，以便对案件所涉专门性问题作出适当理解，防止由于知识结构的局限性和特殊专门经验的缺乏而对认定案件事实产生不利影响。并且经人民法院准许，双方当事人各自申请的专家辅助人还可以就案件所涉的问题进行相互对质。

二是对鉴定人进行询问或对鉴定意见提出意见。鉴定意见是鉴定人对民事案件中出现的专门性问题，通过鉴别和判断后作出的书面意见。鉴定意见作为证明诉讼事实的重要证明方法和手段，在专利侵权等专门性问题集中的技术类案件中，人民法院对于鉴定意见的依赖性很高，因此保证鉴定意见的科学性、准确性和公正性就至关重要。但由于需要鉴定的专门性问题本身就错综复杂，鉴定工作的专业性很强，并且鉴定过程容易受到鉴定人的学识和分析角度等主观因素的影响，从而导致鉴定意见可能存在局限性和偏差。专家辅助人根据其专业知识可以对鉴定人进行询问或对鉴定意见提出意见，有助于人民法院判断鉴定过程和鉴定意见是否存在问题。

实务中为向法庭说明和解释涉案专利、被控侵权产品或方法的技术问题，当事人申请专家辅助人出庭的情况十分常见。

第三章 诉讼保全

第一节 行为保全（诉前、诉中禁令）

通常专利侵权诉讼案件经过起诉、一审和二审审理到最终判决生效所需时间，快则半年，慢则数年。对于一些情节恶劣，并将给专利权人带来无法挽回的损害的侵权行为，必须给予特别的救济手段。

《民事诉讼法》第一百零三条第一款规定："人民法院对于可能因当事人一方的行为或者其他原因，使判决难以执行或者造成当事人其他损害的案件，根据对方当事人的申请，可以裁定对其财产进行保全、责令其作出一定行为或者禁止其作出一定行为；当事人没有提出申请的，人民法院在必要时也可以裁定采取保全措施。"

第一百零四条第一款规定："利害关系人因情况紧急，不立即申请保全将会使其合法权益受到难以弥补的损害的，可以在提起诉讼或者申请仲裁前向被保全财产所在地、被申请人住所地或者对案件有管辖权的人民法院申请采取保全措施。申请人应当提供担保，不提供担保的，裁定驳回申请。"

《最高人民法院关于审查知识产权纠纷行为保全案件适用法律若干问题的规定》（以下简称《知识产权行为保全规定》）第二条第一款规定："知识产权纠纷的当事人在判决、裁定或者仲裁裁决生效前，依据民事诉讼法第一百条、第一百零一条[1]规定申请行为保全的，人民法院应当受理。"

上述规定的行为保全适用于专利侵权诉讼，包括了诉前行为保全和诉中行为保全（诉前和诉中禁令）。

---

[1] 此处为《民事诉讼法》2017 年公布版本中的第一百条、第一百零一条，在 2023 年公布的《民事诉讼法》中，修正为第一百零三条、第一百零四条。

一、申请人

根据《知识产权行为保全规定》第二条的规定，可以向人民法院提出诉前责令被申请人停止侵犯专利权行为申请的主体为知识产权纠纷的当事人。即申请人的主体范围同专利侵权诉讼中原告的主体范围，因此详情参见第四章第四节之一“当事人信息”的相关内容，此处不再展开。

二、申请理由

行为保全由申请人单方面提出的，该被申请人的行为是否构成专利侵权尚未经过人民法院的审理确认，但行为保全一经实施将对被申请人的生产、销售等活动造成很大的影响，因此，申请行为保全的申请人必须提出合法合理的申请理由。

根据《知识产权行为保全规定》第四条第三项规定，向人民法院递交的申请书应当载明申请所依据的事实、理由，包括被申请人的行为将会使申请人的合法权益受到难以弥补的损害或者造成案件裁决难以执行等损害的具体说明。

《知识产权行为保全规定》第十条规定，在知识产权与不正当竞争纠纷行为保全案件中，有下列情形之一的，应当认定属于《民事诉讼法》第一百零一条[1]规定的“难以弥补的损害”：

（1）被申请人的行为将会侵害申请人享有的商誉或者发表权、隐私权等人身性质的权利且造成无法挽回的损害；

（2）被申请人的行为将会导致侵权行为难以控制且显著增加申请人损害；

（3）被申请人的侵害行为将会导致申请人的相关市场份额明显减少；

（4）对申请人造成其他难以弥补的损害。

三、管辖的人民法院

《知识产权行为保全规定》第三条第一款规定：“申请诉前行为保全，应当向被申请人住所地具有相应知识产权纠纷管辖权的人民法院或者对案件具有管辖权的人民法院提出。”

《专利规定》第二条第一款规定：“因侵犯专利权行为提起的诉讼，由侵权行为地或者被告住所地人民法院管辖。”

---

[1] 此处为《民事诉讼法》2017年公布版本中的第一百零一条，在2023年公布的《民事诉讼法》中，修正为第一百零四条。

因此，对专利侵权行为申请行为保全，可以向专利侵权行为地或者被申请人住所地有管辖权的人民法院提出。

由于侵权行为地和被申请人住所地有管辖权的人民法院管辖的确定方法同专利侵权诉讼的人民法院管辖，因此管辖的人民法院的确认，请参见第四章第二节之二“地域管辖”的相关内容。

四、申请书

《知识产权行为保全规定》第四条规定，专利侵权纠纷的当事人向人民法院提出行为保全的申请应当递交书面的申请书。行为保全的申请书应当载明以下内容：

（1）申请人与被申请人的身份、送达地址、联系方式；

（2）申请采取行为保全措施的内容和期限；

（3）申请所依据的事实、理由，包括被申请人的行为将会使申请人的合法权益受到难以弥补的损害或者造成案件裁决难以执行等损害的具体说明；

（4）为行为保全提供担保的财产信息或资信证明，或者不需要提供担保的理由；

（5）其他需要载明的事项。

另外，申请人还应向人民法院提交相关权利证据和证明被申请人正在实施或者即将实施侵权行为的侵权证据。由于权利证据和侵权证据的形式和内容与专利侵权诉讼所需证据相同，因此，证据的内容、形式和提交方式参见第二章第一节“证据的准备”和第四章第四节之五“证据和证据目录”的相关内容。

五、担　保

申请人单方面提出行为保全时，人民法院尚未经过完整的实体审理确认被申请人侵权，而行为保全一旦作出，经过之后的审查，一旦人民法院在专利侵权诉讼中判决被申请人不侵权或者在专利侵权诉讼中专利权被宣告无效的，已实施的行为保全将给被申请人带来巨大的损失，因此，申请人申请行为保全应当提供担保。

《知识产权行为保全规定》第十一条第一款规定：“申请人申请行为保全的，应当依法提供担保。”

提供担保是申请行为保全的必要条件之一，其不仅可以防止申请人滥用权利，也是对被申请人的一种救济措施和保障。

申请行为保全的担保方式同专利侵权诉讼的财产保全担保，因此请参见本章第二节之四“财产保全担保”的相关内容。

（一）担保金额的确定

对行为保全进行担保的一个重要目的是对被申请人的救济和保障，因此原则上行为保全的担保金额应与被申请人因禁令的实施可能遭受的损失相当。但由于行为保全的目标是被申请人的某种特定的行为，无法直接估算该禁令可能给被申请人造成的损失，因此人民法院在确定担保的金额时需要考虑多种因素。

根据《知识产权行为保全规定》第十一条第二款的规定，申请人提供的担保数额，应当相当于被申请人可能因执行行为保全措施所遭受的损失，包括责令停止侵权行为所涉产品的销售收益、保管费用等合理损失。

在司法实践中，从行为保全作出至判决生效这一时间段中被申请人减少的合理销售收入是人民法院确定行为保全担保金额的重要参考。

（二）反担保

反担保是被申请人为解除对其设定的保全措施而向人民法院提出的应对方法。

一般民事诉讼中的财产保全，由于被采取保全措施的财产是确定的，并且可用人民币计价，当被申请人提出对应金额的反担保来替代被保全的财产以保障对申请人的清偿能力时，人民法院通常会接受反担保申请和解除已执行的针对被申请人作出的财产保全措施。

但行为保全是为避免被申请人的特定行为可能给申请人带来无法挽回的损失的保全措施，因此《知识产权行为保全规定》第十二条规定：“人民法院采取的行为保全措施，一般不因被申请人提供担保而解除，但是申请人同意的除外。”即在行为保全中，除非申请人同意，否则不适用反担保制度。

（三）第三人担保

第三人担保是指案外人对申请人的行为保全申请提供实物财产担保或者信用担保，在现阶段司法实践中，通过提供财产保全责任保险的保单来为行为保全进行担保的案例十分常见。

六、行为保全的裁定

（一）行为保全的审查

《知识产权行为保全规定》第七条规定，人民法院审查行为保全申请，应当综合考量下列因素：

（1）申请人的请求是否具有事实基础和法律依据，包括请求保护的知识产权效力是否稳定；

（2）不采取行为保全措施是否会使申请人的合法权益受到难以弥补的损害或者造成案件裁决难以执行等损害；

（3）不采取行为保全措施对申请人造成的损害是否超过采取行为保全措施对被申请人造成的损害；

（4）采取行为保全措施是否损害社会公共益；

（5）其他应当考量的因素。

《民事诉讼法》第一百零四条第一款规定："利害关系人因情况紧急，不立即申请保全将会使其合法权益受到难以弥补的损害的，可以在提起诉讼或者申请仲裁前向被保全财产所在地、被申请人住所地或者对案件有管辖权的人民法院申请采取保全措施。申请人应当提供担保，不提供担保的，裁定驳回申请。"

根据上述法律规定，人民法院对于诉前行为保全与诉中行为保全的审查要求总体上基本相同，区别在于人民法院在对诉前行为保全进行审查时，还需在上述第（2）项考量因素中进一步审查是否属于情况紧急、是否不立即采取保全会使申请人合法权益受到难以弥补的损害。

在广州知识产权法院（2020）粤73行保2号侵害专利权纠纷案中（以下简称"三雅案"），原告广州三某摩托车有限公司（以下简称"三某公司"）发现被告瀛某公司正在准备将被诉侵权的摩托车产品大量出口，遂提出了诉前行为保全申请。广州知识产权法院经审查后作出了诉前行为保全裁定。裁定内容体现了以上五点行为保全的考量因素，具体如下。

（1）申请人的请求是否具有事实基础和法律依据，包括请求保护的知识产权效力是否稳定。这一判断包括以下四个方面。

① 对申请人主体资格的要求，即申请人拥有稳定的专利权，其应提供相应的证据证明该专利权合法有效。关于这一点，综合考量以下因素：所涉权利的类型或者属性；所涉权利是否经过实质审查；所涉权利是否处于宣告无效或者撤销程序中，以及是否有被宣告无效或者撤销的可能性；所涉权利是否存在权属争议；其他可能导致所涉权利效力不稳定的因素。此外，如申请人以实用新型或者外观设计专利权为依据申请行为保全的，还应当提交由国务院专利行政部门作出的检索报告、专利权评价报告或者国家知识产权局复审和无效审理部维持该专利权有效的决定。

② 对被申请人主体资格的判断，即被申请人是申请人所指控的实施该侵权行为的主体。

③ 申请人必须有证据证明被申请人实施了其所指控的侵权行为且该被指控

的侵权行为是正在实施或者即将实施。

④ 经初步判断，该行为是否能被认定为侵权行为。三雅案中，广州知识产权法院认为涉案专利权经过实质审查，稳定性较高，被诉侵权产品的外观设计与涉案专利构成近似，侵害涉案专利权的可能性较大。

（2）不采取行为保全措施是否会使申请人的合法权益受到难以弥补的损害或者造成案件裁决难以执行等损害。对“难以弥补的损害”的具体判断在本节之二“申请理由”中已有阐述，在此不再赘述。

三雅案中，广州知识产权法院认为被诉侵权产品侵权可能性较大，一旦该批产品流入国外市场，三某公司难以控制其去向，有可能对三某公司海外市场造成严重冲击，即使后续法院判决认定侵权成立，要求瀛某公司停止实施侵权行为，也将使得生效裁判难以实际执行。因此，由于瀛某公司出口 420 台被诉侵权产品的行为将导致三某公司面临不可弥补的损失，责令瀛某公司立即停止实施被诉侵权行为，具有紧迫性和必要性。

（3）不采取行为保全措施对申请人造成的损害是否超过采取行为保全措施对被申请人造成的损害。由于行为保全措施对于双方当事人利益具有较大影响，因此人民法院在考量是否采取行为保全措施时，需衡量该保全措施对申请人和被申请人造成损害的两者大小。人民法院需要考虑不采取行为保全措施对申请人造成的损害是否更大，还包括考虑损害弥补的难易程度、是否存在其他可替代性救济措施等多种因素，使得对双方的总体损害降到最低。

三雅案中，广州知识产权法院认为在专利侵权诉讼判决前允许被诉侵权产品持续出口，有可能对三某公司市场布局和产品销路产生较大影响，暂时停止被诉侵权产品的出口行为，对瀛某公司造成的损害后果较小且在可控范围内，因此认为不采取保全措施对三某公司造成的损害超过了采取行为保全措施对瀛某公司造成的损害。

（4）责令被申请人停止有关行为是否损害社会公共利益。人民法院作出责令被申请人停止有关行为的裁定有可能会损害社会公共利益，尤其是对消费者利益的损害，因此这也是诉前禁令中应考虑的问题。诉前禁令中的公共利益问题在我国法律中并没有明确的规定，对于社会公共利益需要人民法院自己进行判断，一般情况下主要从社会公共福利、竞争状况、类似商品以及消费者福利等因素进行考量。

三雅案中，广州知识产权法院认为出口范围和产品数量有限，整体上对消费者福利、企业商业运营的影响较小。进一步地，法院若采取行为保全措施，有可能在一定程度上帮助相关公众知悉相关产品的专利保护情况，对于提高相关公众对产品认知和促进公共福利有一定正面作用。因此，该案行为保全措施未对社会公共利益产生较严重的消极影响。

（5）其他应当考量的因素。三雅案中，广州知识产权法院还考虑了三某公司提供担保的问题。申请人提供的担保数额，应当相当于被申请人可能因执行行为保全措施所遭受的损失。

对“担保”的具体要求在本节之五“担保”中已有阐述，在此不再赘述。

（二）行为保全的裁定和执行

针对诉前行为保全，根据《民事诉讼法》第一百零四条第二款：“人民法院接受申请后，必须在四十八小时内作出裁定；裁定采取保全措施的，应当立即开始执行。”

针对诉中行为保全，根据《民事诉讼法》第一百零三条第三款：“人民法院接受申请后，对情况紧急的，必须在四十八小时内作出裁定；裁定采取保全措施的，应当立即开始执行。”

同时，根据《知识产权行为保全规定》第五条规定，人民法院裁定采取行为保全措施前，应当询问申请人和被申请人，但因情况紧急或者询问可能影响保全措施执行等情形除外。

根据《民事诉讼法》第一百零五条，保全限于请求的范围，或者与该案有关的财物。

人民法院作出判决、裁定前责令被申请人停止有关行为的裁定，应当立即开始执行，并应当向申请人、被申请人送达裁定书。向被申请人送达裁定书可能影响采取保全措施的，人民法院可以在采取保全措施后及时向被申请人送达裁定书，至迟不得超过五日。

人民法院作出的停止侵犯专利权行为裁定的效力，一般应维持到专利侵权诉讼的终审法律文书生效时止。人民法院也可以根据案情确定具体的裁定效力的期限，期限届满时，根据当事人的请求仍可以作出继续停止有关行为的裁定。

七、行为保全后提起专利侵权诉讼的法定时限

《民事诉讼法》第一百零四条第三款规定：“申请人在人民法院采取保全措施后三十日内不依法提起诉讼或者申请仲裁的，人民法院应当解除保全。”

八、行为保全后申请错误的法律责任

行为保全是一种临时措施，存在申请人申请行为保全错误的固有风险，对

此《民事诉讼法》第一百零八条规定："申请有错误的，申请人应当赔偿被申请人因保全所遭受的损失。"《知识产权行为保全规定》第十六条规定，有下列情形之一的，应当认定属于《民事诉讼法》第一百零五条❶规定的"申请有错误"：

（1）申请人在采取行为保全措施后三十日内不依法提起诉讼或者申请仲裁；

（2）行为保全措施因请求保护的知识产权被宣告无效等原因自始不当；

（3）申请责令被申请人停止侵害知识产权或者不正当竞争，但生效裁判认定不构成侵权或者不正当竞争；

（4）其他属于申请有错误的情形。

根据《知识产权行为保全规定》第十八条规定，被申请人依据《民事诉讼法》第一百零五条❷规定提起赔偿诉讼，申请人申请诉前行为保全后没有起诉或者当事人约定仲裁的，由采取保全措施的人民法院管辖；申请人已经起诉的，由受理起诉的人民法院管辖。

另外，需要注意的是，一旦人民法院作出行为保全裁定，并予以执行后，申请人撤回行为保全申请或者申请解除行为保全措施的，不会因此免除《民事诉讼法》第一百零八条规定的赔偿责任。

九、被请求人的对策

（一）申请复议

根据《民事诉讼法》第一百一十一条❸和《民事诉讼法解释》第一百七十一条，当事人对人民法院关于行为保全的裁定不服的，可以自裁定书送达之日起五日内向作出裁定的人民法院申请复议一次。但复议期间不停止裁定的执行。

《知识产权行为保全规定》第七条规定，人民法院审查行为保全申请，应当综合考量下列因素：

（1）申请人的请求是否具有事实基础和法律依据，包括请求保护的知识产权效力是否稳定；

（2）不采取行为保全措施是否会使申请人的合法权益受到难以弥补的损害

❶ 此处为《民事诉讼法》2017 年公布版本中的第一百零五条，在 2023 年公布的《民事诉讼法》中，修正为第一百零八条。

❷ 此处为《民事诉讼法》2017 年公布版本中的第一百零五条，在 2023 年公布的《民事诉讼法》中，修正为第一百零八条。

❸ 《民事诉讼法》第一百一十一条规定：当事人对保全或者先予执行的裁定不服的，可以申请复议一次。复议期间不停止裁定的执行。

或者造成案件裁决难以执行等损害；

（3）不采取行为保全措施对申请人造成的损害是否超过采取行为保全措施对被申请人造成的损害；

（4）采取行为保全措施是否损害社会公共利益；

（5）其他应当考量的因素。

被申请人除了主张不侵权的理由外，还可以从上述考量因素出发提出即使被申请人的行为构成侵权，也不会对申请人市场份额的丧失、利润的减少和商业信誉的损害等造成难以用金钱弥补的损失的理由，最好能附上证据。

人民法院在审查过程中，若遇到申请人利益与社会公共利益相冲突的情况，应当以平衡两者的利益为原则，做到既保护专利权人的利益，又不因采取行为保全措施而损害社会公共利益。

（二）增加担保金额

《知识产权行为保全规定》第十一条第三款规定："在执行行为保全措施过程中，被申请人可能因此遭受的损失超过申请人担保数额的，人民法院可以责令申请人追加相应的担保。申请人拒不追加的，可以裁定解除或者部分解除保全措施。"

在对被申请人采取行为保全的过程中，被申请人可能因禁令时间的增加导致其失去市场或者造成其他无法挽回的损失，因此被申请人可以提出相关的证据，要求申请人对该行为保全追加担保，人民法院也可以责令申请人追加相应的担保。

在实践中，对于被申请人要求申请人追加担保的请求，人民法院应予谨慎考虑，被申请人要求申请人追加担保的请求除了可以给申请人增加一定的压力外，也可用作日后由于申请人不起诉或者申请错误而提起的赔偿之诉的证据。

第二节　财产保全

财产保全是指人民法院在利害关系人起诉前或者当事人起诉后，为保障将来的生效判决能够得到执行或者避免财产遭受损失，对当事人的财产或者争议标的物，采取限制当事人处分的强制措施。

专利侵权诉讼案件中提出专利侵权赔偿请求的原告，为保障其赔偿请求得到人民法院认可后的执行，通常都会向人民法院申请财产保全。

财产保全常见的分为诉前财产保全和诉中财产保全，此外还包括执行前保全、仲裁保全和上诉、再审期间的保全等。

诉前财产保全，是指在起诉前或仲裁前，对于因情况紧急不立即申请保全将会使利害关系人的合法权益遭受到难以弥补的损害，依据利害关系人的申请而对被申请人的财产采取的保全措施。

《民事诉讼法》第一百零四条第一款规定："利害关系人因情况紧急，不立即申请保全将会使其合法权益受到难以弥补的损害的，可以在提起诉讼或者申请仲裁前向被保全财产所在地、被申请人住所地或者对案件有管辖权的人民法院申请采取保全措施。"

诉前财产保全只能由利害关系人提出申请，并且申请人必须提供担保。人民法院接受诉前财产保全的申请后，必须在 48 小时内作出是否采取保全措施的裁定。申请人在人民法院采取保全措施后 30 日内不提起诉讼或者申请仲裁的，人民法院应当解除保全。

诉中财产保全，是指为防止一方当事人转移、处分相关财产，保证将来生效判决的执行而对该方当事人的财产采取的保全措施。

《民事诉讼法》第一百零三条第一款规定："人民法院对于可能因当事人一方的行为或者其他原因，使判决难以执行或者造成当事人其他损害的案件，根据对方当事人的申请，可以裁定对其财产进行保全、责令其作出一定行为或者禁止其作出一定行为；当事人没有提出申请的，人民法院在必要时也可以裁定采取保全措施。"

对于诉中财产保全，申请人并不必然要提供担保，但人民法院可以责令申请人提供担保。人民法院接受诉中财产保全的申请后，只有在情况紧急时才必须在 48 小时内作出是否采取保全措施的裁定。

诉前财产保全和诉中财产保全的申请程序和执行程序基本相同，两者仅有以下区别。

（1）申请时间。诉前财产保全必须在向人民法院提起诉讼前申请，而诉中财产保全只能在诉讼进行中，判决作出前申请。

（2）启动主体。诉前财产保全只能由利害关系人申请，而诉中财产保全既可以由当事人申请，也可以由人民法院在必要时依职权采取。

（3）管辖法院。诉前财产保全可以向被保全财产所在地、被申请人住所地或者对案件有管辖权的人民法院申请，而诉中财产保全应向审理案件的人民法院申请。

（4）提供担保。诉前财产保全一律要求申请人必须提供担保，并且担保数额相当于请求保全数额，情况特殊的，人民法院可以酌情处理。而诉中财产保全则由人民法院决定是否责令申请人提供担保，对于人民法院责令提供担保的，担保数额不超过请求保全数额的30%，申请人不提供将会被裁定驳回申请。

（5）保全裁定。诉前财产保全本就只有情况紧急时才能申请，因此人民法院均必须在48小时内作出裁定，而诉中财产保全，只有情况紧急时，人民法院才必须在48小时内作出裁定，其余财产保全申请，人民法院应当在5日内作出裁定。

（6）解除条件。诉前财产保全的申请人在人民法院采取保全措施后30日内不提起诉讼或者仲裁，人民法院应当解除保全，而诉中财产保全，如果未出现特定解除事由，保全裁定的效力维持到保全裁定书规定的期限，但在期限届满之前，申请人提出续保的，保全裁定的效力可以延期。申请人可以多次续保到生效法律文书执行时止。

由于专利侵权诉讼中的财产保全基本上是诉中财产保全，因此本节不展开说明诉前财产保全。诉前财产保全的申请程序和执行程序可以参照诉中财产保全。

一、财产保全的申请人和保全对象

原则上诉中财产保全有两种启动方式：当事人申请和人民法院依职权采取，但司法实践中尤其在专利侵权诉讼中主要是由当事人申请启动财产保全程序，只有在特殊情形下，人民法院知悉债务人正在实施或准备实施转移、隐匿财产行为的才会依职权采取保全措施。财产保全的申请人一般是原告，被申请人是被告。

申请财产保全，需要明确拟保全的对象。通常可以进行财产保全的对象主要是被告所有、占有、享有的实物财产和财产权利，包括：

（1）被告在银行开立的账户（户名必须与被告名称一致）中的存款；

（2）被告在房地产交易中心登记在案的、拥有所有权的房产，或者拥有使用权的土地；

（3）被告对外投资的股权、持有的股票、债券及股息、红利等收益；

（4）被告拥有所有权的车辆；

（5）被告拥有所有权的厂房、机器设备及原材料、半成品、产成品等货物；

（6）被告享有的对其他人的到期债权，其他人应付给被告的租金等；

（7）被告享有专用权的专利、商标等知识产权；

（8）其他各类被告拥有金钱价值和权利的财产。

实际的保全对象以人民法院作出的裁定书中记载的保全范围为准。

二、财产保全的期限

包括诉前财产保全和诉中财产保全，申请财产保全的期限一般从诉讼前一直持续到二审开庭前。《最高人民法院关于人民法院办理财产保全案件若干问题的规定》（以下简称《财产保全规定》）第十七条第一款规定："利害关系人申请诉前财产保全，在人民法院采取保全措施后三十日内依法提起诉讼或者申请仲裁的，诉前财产保全措施自动转为诉讼或仲裁中的保全措施；进入执行程序后，保全措施自动转为执行中的查封、扣押、冻结措施。"若当事人不服第一审判决提起上诉的，《民事诉讼法解释》第一百六十一条规定："对当事人不服一审判决提起上诉的案件，在第二审人民法院接到报送的案件之前，当事人有转移、隐匿、出卖或者毁损财产等行为，必须采取保全措施的，由第一审人民法院依当事人申请或者依职权采取。第一审人民法院的保全裁定，应当及时报送第二审人民法院。"

根据《财产保全规定》第四条[1]的规定，人民法院经过审查裁定采取保全措施的，应当在五日内开始执行，对于情况紧急在48小时内裁定采取保全措施的，应当立即开始执行。财产保全一般采取查封、扣押、冻结的方法，人民法院保全财产后，应当立即通知被保全财产的人。人民法院应妥善保管被查封、扣押、冻结的财产，不宜保管的，可以指定被保全人负责保管，并且如果继续使用对该财产的价值无重大影响的，可以允许被保全人继续使用。不宜由被保全人保管的，人民法院可以委托他人或者申请保全人保管，但人民法院和其他保管人不得使用该财产。若被查封、扣押、冻结的财产由担保物权人所占有，一般由担保物权人直接保管，即便转由人民法院或指定第三人保管，担保物权人所享有的质权或留置权也不因财产保全措施而消灭。

《民事诉讼法解释》第四百八十五条第一款规定："人民法院冻结被执行人的银行存款的期限不得超过一年，查封、扣押动产的期限不得超过两年，查封不动产、冻结其他财产权的期限不得超过三年。"

在上述规定的期限届满前，需要延长查封、扣押、冻结期限的，当事人可以向人民法院提出申请，人民法院一般都会准予该延长申请。

---

[1] 《财产保全规定》第四条规定："人民法院接受财产保全申请后，应当在五日内作出裁定；需要提供担保的，应当在提供担保后五日内作出裁定；裁定采取保全措施的，应当在五日内开始执行。对情况紧急的，必须在四十八小时内作出裁定；裁定采取保全措施的，应当立即开始执行。"

三、财产保全申请书

原告向人民法院申请诉前财产保全或者诉中财产保全的，都应提交财产保全申请书。财产保全申请书主要由以下五部分构成。

（1）申请人和被申请人的基本信息。申请人和被申请人为自然人时，包括姓名、性别、年龄、籍贯、职业、工作单位、常住地址和联系方式等；申请人和被申请人为法人时，包括企业名称、营业执照复印件和联系方式等。

（2）请求保全的事项，说明申请保全的财产内容，包括保全的对象、数量、种类、价值以及所处的地址、位置等，也可以提出具体的保全方法，但采取何种财产保全措施是由人民法院决定的。

（3）事实和理由，说明申请财产保全的原因。

（4）担保事项，为财产保全提供担保的财产信息或资信证明，或者不需要提供担保的理由。担保财产信息或资信证明通常包括担保财产的种类、价值以及所处的地址、位置等。担保财产的数额应该与请求保全的财产数额相等或者略微大于请求保全的财产数额。

（5）结尾，写明管辖人民法院，申请人署名并附相关证明，如担保财产的权属证明等。

除了财产保全申请书，原告方还应提交申请人和被申请人的相关身份证明材料；若财产保全由第三人提供担保的，应提交担保财产权人的身份证明材料及其出具的担保函。

四、财产保全担保

通常情况下，人民法院根据申请人提交的证据即可作出财产保全裁定，但是为了防止因申请人的错误申请而给被申请人造成经济损失，申请人应当提供担保或人民法院责令申请人提供担保以保护被申请人的权益。

对于需要提供担保的诉中财产保全申请，人民法院应当在申请人提供担保后五日内作出是否进行财产保全的裁定。

《财产保全规定》第五条第一款规定："人民法院依照民事诉讼法第一百条规定[1]责令申请保全人提供财产保全担保的，担保数额不超过请求保全数额的百分之三十；申请保全的财产系争议标的的，担保数额不超过争议标的的价值的

[1] 此处为《民事诉讼法》2017年公布版本中第一百条，在2023年公布的《民事诉讼法》中，修正为第一百零三条。

百分之三十。”诉前财产保全，利害关系人一般应提供相当于请求保全数额的担保。财产保全的担保主要有以下三种形式：

（1）现金担保；

（2）不动产担保；

（3）第三者担保。

申请人提供现金或不动产的财产担保的应当向人民法院出具担保书，担保书应当载明担保人、担保方式、担保范围、担保财产及其价值、担保责任承担等内容，并附相关证据材料。

第三人担保是指案外人对申请人的财产保全申请提供实物财产担保或者信用担保。第三人为财产保全提供财产担保的，同样应当向人民法院出具担保书。其中第三人提供的是信用担保，即保证担保的，应当向人民法院提交保证书，保证书应当载明保证人、保证方式、保证范围、保证责任承担等内容，并附相关证据。

《财产保全规定》第七条规定：“保险人以其与申请保全人签订财产保全责任险合同的方式为财产保全提供担保的，应当向人民法院出具担保书。担保书应当载明，因申请财产保全错误，由保险人赔偿被保全人因保全所遭受的损失等内容，并附相关证据材料。”在该规定的情形下，保险公司作为第三者提供信用担保。

五、财产保全的审查

在民事诉讼中，若原告一方提出财产保全的申请，人民法院都必须进行实质性审查，以确认是否批准并执行该财产保全申请。

首先，人民法院应审查该财产保全申请是否有明确的被申请人，并对所申请保全的具体财产进行确认。人民法院对所申请保全的具体财产的确认，主要包括以下四方面的内容。

（1）确认所申请保全财产的适格性，即该财产是否属于被告的财产。若被保全的财产是房屋、土地、知识产权、债权等有形财产和无形财产，人民法院应确认该财产的权属凭证；若被保全的财产是被告在银行开立的账户中的存款，人民法院应确认该账户的户名。对案外人的财产不得采取保全措施。

（2）确认所申请保全财产的价值不超过诉讼请求所要求的赔偿额和可能的诉讼费用之和。

（3）确认所申请保全财产是否存在其他优先权利。若被保全的财产上存在在先的抵押权、质押权或留置权，财产保全不得影响抵押权人、质押权人或留置权人的优先受偿权。

（4）确认所申请保全财产的性质，以选择合适的保全措施。对于普通的有形财产、无形财产或银行存款，可以采取查封、扣押、冻结、转移财产权属凭证等保全措施；对于季节性商品、鲜活、易腐烂变质以及其他不宜长期保存的物品，可以采取责令被告及时处理，由人民法院保存价款，必要时还可以由人民法院予以变卖，保存价款。

其次，人民法院应对财产保全申请的担保进行审查。依照法律规定，财产保全的申请需要申请人提供等于或者大于请求保全的财产数额的担保，以防止因为申请错误造成被申请人的财产损失。申请人没有提供担保的，人民法院可以责令其提供担保。申请人对财产保全申请提供担保的应提交担保书，人民法院会对担保书上的签名及具体内容进行审查，并且对申请人提供的担保进行如下确认。

（1）现金担保。若申请人将用作担保的现金直接交付或者汇付给人民法院，人民法院应审查该金额是否符合进行保全的财产价值，并向申请人出具收据；若申请人向人民法院提供现金账户作为担保，人民法院应当审查该账户中是否留有足额的现金。

（2）不动产担保。申请人提供不动产担保，人民法院应对该不动产的产权证照以及价值评估进行审查，确认符合相关规定的就可以对该不动产采取抵押担保的措施。但若人民法院审查发现该不动产担保存在瑕疵，如不动产价值不足担保额，或者该不动产已被抵押，甚至该不动产的产权归属存在争议等，应立即通知申请人补足担保额或者更换担保物。

（3）第三人担保。第三人可以对申请人的财产保全申请提供担保，既可以是实物担保，也可以是信用担保。第三人以自己的实物财产作担保的，在实践中多以房产等不动产担保为主，并应提交自愿为申请人担保的书面担保文件供人民法院审查。金融监管部门批准设立的金融机构能够提供信用担保，如银行、金融资产管理公司、经中国人民银行批准设立的非银行系统的金融组织或者经国家金融管理机关批准设立的具有诉讼担保业务许可的担保公司，以及公众普遍认知的大型企业或者有足够资产的金融机构等，经人民法院对其连带保证担保书、企业法人营业执照副本以及审计机构出具的资信证明等相关文件材料进行审查并认可后，该信用担保才能成立。

人民法院经过审查后认定财产保全的申请及其担保符合规定，应当裁定采取保全措施，并立即开始执行。财产保全一般采取查封、扣押和冻结的方法，由审理该案的人民法院直接执行，但若被保全的财产不在该人民法院的管辖范围内，可以委托被保全财产所在地的人民法院代为执行。

六、财产保全的解除

《民事诉讼法解释》第一百六十六条，《财产保全规定》第五条、第十八条、第二十二条和第二十三条规定了在以下情况将导致财产保全的解除。

（1）采取诉前财产保全措施后30日内不依法提起诉讼或者申请仲裁的，人民法院将解除财产保全。

（2）其他人民法院对该起诉不予受理、准许撤诉或者按撤诉处理的，人民法院将解除财产保全。

（3）财产保全期间，申请人提供的担保不足以赔偿可能给被保全人造成的损失的，人民法院可以责令其追加相应的担保；拒不追加的，可以裁定解除或者部分解除保全。

（4）被申请人或第三人提供充分有效的担保请求解除财产保全的，人民法院应当裁定准许；被申请人请求对作为争议标的的财产解除财产保全的，还须经申请人同意。

（5）申请人申请续行财产保全的，应当在财产保全期限届满7日前向人民法院提出，申请人逾期申请或未向人民法院申请采取续行保全措施的，人民法院将解除财产保全。

（6）申请人撤回保全申请的，人民法院将解除财产保全。

（7）申请人起诉或者诉讼请求被生效裁判驳回的，人民法院将解除财产保全。

（8）人民法院认为可以解除保全的其他情形。

根据《财产保全规定》第二十三条[1]的规定，人民法院收到申请人解除保全申请后，或被申请人解除保全的申请并经审查认为符合规定的，应当在五日内裁定解除保全；对情况紧急的，必须在48小时内裁定解除保全。

第三节　证据保全

证据保全是指在证据可能灭失或者以后难以取得的情况下，人民法院依当

[1] 《财产保全规定》第二十三条第二款规定：“人民法院收到解除保全申请后，应当在五日内裁定解除保全；对情况紧急的，必须在四十八小时内裁定解除保全。”第四款规定：“被保全人申请解除保全，人民法院经审查认为符合法律规定的，应当在本条第二款规定的期间内裁定解除保全。”

事人的申请或者依职权予以调查、收集和固定的证据保护行为。

在专利侵权诉讼实务中，为了取得、收集一些难以取得的证据，例如，被疑侵权设备的使用、使用被疑侵权方法等侵权证据以及计算侵权收入的赔偿证据等，专利权人常常会利用证据保全这一手段。

《民事诉讼法》第八十四条第一款、第二款规定："在证据可能灭失或者以后难以取得的情况下，当事人可以在诉讼过程中向人民法院申请保全证据，人民法院也可以主动采取保全措施。因情况紧急，在证据可能灭失或者以后难以取得的情况下，利害关系人可以在提起诉讼或者申请仲裁前向证据所在地、被申请人住所地或者对案件有管辖权的人民法院申请保全证据。"

根据该规定证据保全分为诉前证据保全和诉讼中证据保全。

诉前证据保全是指申请人因情况紧急，不立即申请证据保全将会使其合法权益受到难以弥补的损害，而在提起诉讼前向有管辖权的人民法院申请采取证据保全措施。

诉中证据保全是指在提起诉讼后以及诉讼进行过程中，由于证据可能灭失或以后难以取得，人民法院依当事人的申请或依职权对证据予以调查、收集和固定的保护行为。

一、申请人和被申请人

诉前证据保全只能由利害关系人进行申请，并且依当事人的申请启动。诉中证据保全有两种启动方式，既可以依当事人的申请启动，也可以由人民法院依职权采取。在专利侵权诉讼实务中，诉中证据保全基本上依当事人的申请启动，人民法院一般不会主动依职权采取证据保全措施。专利侵权诉讼的诉前证据保全的申请人为专利权人或者利害关系人，通常为提起专利侵权诉讼后的原告，被申请人一般为被疑侵权产品的制造者、销售商以及使用被疑侵权产品或方法的被疑侵权人，一般为提起专利侵权诉讼后的被告。

二、管辖法院

专利权人或者利害关系人申请诉前证据保全的，根据《民事诉讼法》第八十四条的规定，证据所在地、被申请人住所地或者对专利侵权案件有管辖权的人民法院有管辖权。对专利侵权诉讼案件有管辖权的人民法院的确认方法请参考第四章第二节“诉讼管辖”的有关内容。

专利权人或者利害关系人申请诉前证据保全后没有在法定期间起诉或者申请仲裁，给被申请人、利害关系人造成损失引起的诉讼，由采取保全措施的人民法院管辖；当事人申请诉前证据保全后在法定期间内起诉或者申请仲裁，被申请人、利害关系人因保全受到损失提起的诉讼，由受理起诉的人民法院或者采取保全措施的人民法院管辖。

当事人申请诉中证据保全的，应当向受理该专利侵权诉讼案件的人民法院申请保全证据。

三、证据保全的期限

诉前证据保全的申请人应当自人民法院采取保全措施之日起 30 日内提起诉讼，申请人在期限内不起诉的，人民法院应当解除诉前保全措施。

关于诉中证据保全，根据《证据规定》第二十五条第二款❶的规定，当事人向人民法院申请证据保全，应当在一审举证期限届满前提出。

因此，证据保全的申请，必须在一审开始证据调查之前提出。

四、证据保全申请书

诉前申请证据保全或者诉中由当事人申请启动证据保全，均需要提交证据保全申请书。证据保全申请书的构成与财产保全申请书基本相同，证据保全申请书一般包括：

（1）申请人与被申请人的基本情况。申请诉前证据保全，应当载明申请人和被申请人的全称、地址及联系方式等；而诉中证据保全仅载明申请人的全称、住所和联系方式即可。

（2）请求事项。在专利侵权诉讼实务中，证据保全请求扣押和查封的对象通常分两类：一类是被疑侵权产品、使用被疑侵权产品或者使用被疑侵权方法的证据；另一类是计算请求赔偿损失的证据，包括记录有销售被疑侵权产品的数量、生产成本和利润的会计账册等。

证据保全的请求事项应当明确和具体，便于人民法院确定及执行证据保全。例如，申请扣押被疑侵权产品的，应载明被疑侵权产品的名称和型号；申请查封会计账册、银行或现金日记账的，应载明申请查封账册或日记账的年份，以及该年份中被疑侵权产品的销售记录、销售数量和利润等有关联的内容。同时，应当明确被保全对象的具体位置。

---

❶《证据规定》第二十五条第二款规定：“当事人根据民事诉讼法第八十一条第一款的规定申请证据保全的，应当在举证期限届满前向人民法院提出。”其中，2023 年公布的《民事诉讼法》版本修正为第八十四条。

（3）事实和理由。写明保全的目的和申请保全的理由。理由应该客观、有说服力。专利侵权案件申请证据保全的理由通常可以是，申请保全的对象均为被申请人的商业秘密，申请人限于取证能力无法取证，而起诉后诸如账册、使用侵权生产方法的证据以及有些被疑侵权产品易于转移和毁灭。

证据可能被转移、灭失或者以后难以取得，均是对被申请人可能发生的行为的一种推定，由于这种行为尚未发生，所以申请人无法提供证据证明这种行为必然会发生，申请人只需要对人民法院阐明可能造成证据灭失或者以后难以取得的原因即可，并不需要进行证明。

（4）结尾。写明申请书所呈送的人民法院名称，申请人的签章和申请的时间。

五、证据保全的担保

当事人或者利害关系人申请证据保全，人民法院可以要求其提供相应的担保，不提供担保的，人民法院可以驳回其申请，担保金额由人民法院根据证据保全可能会给被申请人带来损失的情况酌定。

对证据保全进行担保也是为了防止由于申请错误造成被申请人的损失，尤其是对被申请人的大型生产设备进行证据保全就很容易导致其生产经营活动无法继续进行而出现财产损失。对证据保全提供担保的财产数额由人民法院以证据实物的价值或者可能给被申请人造成的损失为基础确定，担保的方式主要是现金担保和不动产担保两种形式，具体要求与财产保全的担保大致相同，请参见本章第二节之四“财产保全担保”的相关内容。

六、证据保全的审查

在民事诉讼中，无论是利害关系人提出的诉前证据保全申请还是诉讼当事人提出的诉中证据保全申请，人民法院均应对下述三个方面予以审查。

（一）证据保全的理由

在证据可能灭失或者以后难以取得的情况下，当事人可以在诉讼过程中向人民法院申请证据保全。诉讼中证据保全多由原告一方申请启动。

根据《知识产权证据规定》第十一条规定，人民法院对于当事人或者利害关系人的证据保全申请，应当结合下列因素进行审查。

（1）申请人是否已就其主张提供初步证据；

（2）证据是否可以由申请人自行收集；

（3）证据灭失或者以后难以取得的可能性及其对证明待证事实的影响；

（4）可能采取的保全措施对证据持有人的影响。

特别需要说明的是，关于对“证据可能灭失或者以后难以取得”进行审查，例如证人马上就要出国定居或者濒临死亡、作为物证的物品即将腐烂、变质等就可以作为申请证据保全的理由。

由于证据可能丧失或者以后难以取得均是一种推定，申请人无法提供证据证明，所以人民法院通常仅审查申请人有无形式上的说明和据此判断有无发生这种情况的可能，即申请人只需要对人民法院阐明可能造成证据灭失或者以后难以取得的原因，并不需要进行证明。

（二）证据保全的对象

人民法院应审查申请保全的对象是否明确。如原告方申请对被告方的财务账册进行证据保全，应审查有没有具体的时间段和具体的账册的内容；若是原告方申请对被告方的产品或者设备等进行证据保全，则应审查有无产品的名称和具体型号或者设备的具体型号等。

（三）担　保

人民法院对担保审查的，请参见本节之五“证据保全的担保”。

七、证据保全的裁定和执行

根据《民事诉讼法》第八十四条[1]的规定，证据保全的裁定和执行适用财产保全的裁定和执行程序。对于诉前证据保全申请，以及属于情况紧急的诉中证据保全申请，人民法院均应当在48小时内作出裁定，符合条件并裁定采取保全措施的，应当立即执行证据保全。对于其余诉中证据保全申请，人民法院应当在五日内作出裁定，符合条件并裁定采取保全措施的，应当在五日内执行证据保全。

证据保全的执行应当根据不同的证据种类采取不同的保全方法，《证据规定》第二十七条第二款规定：“根据当事人的申请和具体情况，人民法院可以采取查封、扣押、录音、录像、复制、鉴定、勘验等方法进行证据保全，并制

---

[1] 《民事诉讼法》第八十四条规定：“在证据可能灭失或者以后难以取得的情况下，当事人可以在诉讼过程中向人民法院申请保全证据，人民法院也可以主动采取保全措施。因情况紧急，在证据可能灭失或者以后难以取得的情况下，利害关系人可以在提起诉讼或者申请仲裁前向证据所在地、被申请人住所地或者对案件有管辖权的人民法院申请保全证据。证据保全的其他程序，参照适用本法第九章保全的有关规定。”

作笔录。”

对于书证，应该尽可能提取原件，若提取原件确有困难，可以提取复印件、副本或者进行拍照；对于物证，可以采取提取封存的方法，也可以由人民法院进行勘验，或者进行拍照、绘图、摄像等；对于视听资料，可以通过录像、录音磁带反映出现的影像或者声音，或者直接利用电子计算机储存资料加以保全；对于证人证言和当事人的陈述一般采用笔录或者录音的方法加以保全，并保持其原稿或者原意，笔录经本人核对盖章后正式保存。

八、保全证据的效力和使用

保全到的证据的效力与诉讼程序中人民法院调查收集的证据的效力同等，即具有证据的真实性和合法性。

人民法院依照当事人申请保全到的证据，在诉讼过程中可以作为提出申请的一方当事人提供的证据使用。

如果被申请人不配合人民法院执行证据保全裁定，证据保全有可能保全不到所需的证据。例如，被申请人以各种理由拒不提供相关财务账册，或转移涉案侵权产品，甚至阻碍、干扰人民法院的取证工作等，都会导致人民法院无法顺利进行证据保全。当出现上述情况时，证据保全虽然不成功，但可以成为申请人请求人民法院推定侵权赔偿数额的基础。

根据《知识产权证据规定》第十三条规定：“当事人无正当理由拒不配合或者妨害证据保全，致使无法保全证据的，人民法院可以确定由其承担不利后果。构成民事诉讼法第一百一十一条[1]规定情形的，人民法院依法处理。”

在（2020）鲁01民初3354号计算机软件著作权侵权纠纷案中，原告达某公司发现被告海某公司侵犯其计算机软件著作权，向法院提出了诉前证据保全的申请。在证据保全过程中，海某公司阻挠随同人民法院工作人员的技术专家查看电脑，并且拆除电脑主机。经法院工作人员释明后，海某公司无正当理由仍拒绝配合取证工作。法院认为，海某公司在法院实施证据保全过程中，擅自拆除电脑主机，致使法院无法确定其中安装使用涉案侵权软件的数量，由此带来的不利后果理应由海某公司承担。海某公司妨碍证据保全，故应当认定其33台电脑中均安装使用了涉案侵权软件。

[1] 此处为《民事诉讼法》2017年公布版本中的第一百一十一条，在2023年公布的《民事诉讼法》中，修正为第一百一十四条。

第四章 第一审程序

我国的民事诉讼实行两审终审制度。《民事诉讼法》第十二章"第一审普通程序"是民事诉讼的基本程序，民事诉讼法中没有特别规定的均适用第一审普通程序审理。民事诉讼第一审普通程序包括起诉、立案审查、排期开庭、开庭审理和宣判五个主要部分。根据《民事诉讼法》第一百五十二条[1]的规定，人民法院适用第一审普通程序审理的案件应当在立案之日起六个月内审结，如有特殊情况需要延长的，由该人民法院院长批准后可以延长六个月，还需要延长的则必须报请上级人民法院批准。

专利侵权诉讼隶属于民事诉讼的范畴，适用民事诉讼第一审普通程序进行审理，一般要求在立案之日起六个月内审结。但由于侵犯专利权的案件往往要进行复杂的技术特征比对，导致在查明案件事实的部分需要花费更长的审理时间；另外，有的专利侵权诉讼还涉及涉外送达等。近两年的数据表明专利侵权诉讼一审案件从立案至判决生效大部分在一年左右。

第一节 诉讼时效

专利权人得知自己的专利权被侵害，应当在法律规定的期限内提起诉讼，不然将会失去胜诉的权利，即胜诉权利归于消灭。

在专利侵权诉讼中，除适用时效的一般法律规定外，还有超过时效的特别规定。

一、一般诉讼时效

《民法典》第一百八十八条第一款规定："向人民法院请求保护民事权利的

---

[1] 《民事诉讼法》第一百五十二条规定："人民法院适用普通程序审理的案件，应当在立案之日起六个月内审结。有特殊情况需要延长的，由本院院长批准，可以延长六个月；还需要延长的，报请上级人民法院批准。"

诉讼时效期间为三年。法律另有规定的，依照其规定。”

《专利法》第七十四条规定：“侵犯专利权的诉讼时效为三年，自专利权人或者利害关系人知道或者应当知道侵权行为以及侵权人之日起计算。发明专利申请公布后至专利权授予前使用该发明未支付适当使用费的，专利权人要求支付使用费的诉讼时效为三年，自专利权人知道或者应当知道他人使用其发明之日起计算，但是，专利权人于专利权授予之日前即已知道或者应当知道的，自专利权授予之日起计算。”

专利侵权诉讼的时效为三年，从权利人知道或者应当知道被侵权之日起计算。在诉讼实务中，主张原告诉讼超过时效的通常是被告，因此被告负有证明原告起诉超过诉讼时效的举证责任。在专利侵权诉讼中，被告主张原告超过诉讼时效的理由一般有两种：一是专利权人购买过侵权产品，应该知道侵权；二是专利权人曾经与其交涉过侵权事宜，如发过律师函或者警告信等。

二、诉讼时效的中断

诉讼时效的中断，是指在诉讼时效进行中，因发生一定的法定事由，致使已经经过的诉讼时效的期间统归无效，待该法定事由消除后，诉讼时效期间重新起算的制度。有些国家如日本就没有该制度。

根据《民法典》第一百九十五条❶的规定，诉讼时效因当事人提起诉讼、当事人一方提出要求或者义务人同意履行义务而中断。从中断、有关程序终结时起，诉讼时效期间重新计算。

当事人提起诉讼、当事人一方提出要求或者当事人一方同意履行义务是诉讼时效中断的法定事由，而且诉讼时效中断的次数不受法律限制。也就是说，诉讼时效因法定事由中断后，在新的诉讼时效期间，权利人再次主张权利或者义务人再次同意履行义务的，诉讼时效可再次中断和重新计算。从诉讼时效中断时起，诉讼时效重新起算为 3 年。

一般引起诉讼时效中断的情况有发送律师函、警告信和权利人提起诉讼等。

三、当事人主张权利及其证据

在专利侵权案件中，专利权人或者利害关系人主张权利以中断诉讼时效的

---

❶ 《民法典》第一百九十五条规定：“有下列情形之一的，诉讼时效中断，从中断、有关程序终结时起，诉讼时效期间重新计算：（一）权利人向义务人提出履行请求；（二）义务人同意履行义务；（三）权利人提起诉讼或者申请仲裁；（四）与提起诉讼或者申请仲裁具有同等效力的其他情形。”

方法有多种，如口头主张、通过挂号信或EMS发送律师函或警告信等、电子邮件❶主张、请求地方知识产权局处理或者向法院起诉等。这些都是《民法典》第一百九十五条确认的主张权利的方法，但是专利权人或者利害关系人以上述理由主张诉讼时效中断重新计算时，都必须向人民法院提交已主张过权利的证据。

（一）口头主张

专利权人通过口头向被疑侵权人主张权利的，由于口头证据不是固定证据，孤证的证明力较弱，仅有口头证据不足以证明主张权利的事实，需要以录音、录像、公证或者第三人佐证等方式形成证据链，以证明曾口头主张权利的事实。因此，专利权人选择采用口头主张权利的方法向被疑侵权人主张权利时，应当注意做好相关证据保存的准备工作。

（二）通过挂号信或EMS发送律师函或警告信等

律师函和警告信等主张权利的信函可通过挂号信或EMS寄送给被疑侵权人。挂号信和EMS是通过中国邮政进行寄送的邮递方式。中国邮政出具的挂号信邮寄凭证和寄件回执、EMS的寄件存根和中国邮政官网上按相应EMS单号查询到的送达记录，可以证明专利权人或利害关系人曾向特定人或企业寄送过相关的信件以及寄送和送达的时间。❷ 专利权人或者利害关系人提供上述寄件凭证及寄件内容（寄件复印件）的，除非被疑侵权人有相反证据推翻专利权人或利害关系人所提供的证据，人民法院通常会采纳专利权人或利害关系人提供的证据。

---

❶ 《最高人民法院关于审理民事案件适用诉讼时效制度若干问题的规定》第八条规定：“具有下列情形之一的，应当认定为民法典第一百九十五条规定的‘权利人向义务人提出履行请求’，产生诉讼时效中断的效力：（一）当事人一方直接向对方当事人送交主张权利文书，对方当事人在文书上签名、盖章、按指印或者虽未签名、盖章、按指印但能够以其他方式证明该文书到达对方当事人的；（二）当事人一方以发送信件或者数据电文方式主张权利，信件或者数据电文到达或者应当到达对方当事人的；（三）当事人一方为金融机构，依照法律规定或者当事人约定从对方当事人账户中扣收欠款本息的；（四）当事人一方下落不明，对方当事人在国家级或者下落不明的当事人一方住所地的省级有影响的媒体上刊登具有主张权利内容的公告的，但法律和司法解释另有特别规定的，适用其规定。前款第（一）项情形中，对方当事人为法人或者其他组织的，签收人可以是其法定代表人、主要负责人、负责收发信件的部门或者被授权主体；对方当事人为自然人的，签收人可以是自然人本人、同住的具有完全行为能力的亲属或者被授权主体。”

❷ 《最高人民法院关于债权人在保证期间以特快专递向保证人发出逾期贷款催收通知书但缺乏保证人对邮件签收或拒收的证据能否认定债权人向保证人主张权利的请示的复函》[（2003）民二他字第6号] 规定：“债权人通过邮局以特快专递的方式向保证人发出逾期贷款催收通知书，在债权人能够提供特快专递邮件存根及内容的情况下，除非保证人有相反证据推翻债权人所提供的证据，应当认定债权人向保证人主张了权利。”

（三）电子邮件

通过电子邮件向被疑侵权人主张权利的，主张权利的时间为该电子邮件进入发件人控制之外的信息系统的时间；电子邮件进入收件人的任何系统的首次时间，视为该数据电文的接收时间。[1]

使用专利权人或利害关系人的邮箱发送电子邮件的，由于电子数据有易变、修改无痕、不易固化和归档等特点，使用该电子数据作为证据时，具有存证和取证困难以及真实性难以认定的问题，易于被被疑侵权人否认。因此，使用电子邮件主张权利的时候，应当注意及时固定证据。

电子邮件的证据固定方法有多种，例如网易邮箱与中国互联网协会联合推出的“公正邮服务”。利用公正邮服务发送和接收邮件的同时，用户的网易邮箱实时留存邮件原始文件，用户可登录网易邮箱进入公正邮列表进行证据查询管理，并可通过“安存电子邮件保全系统”申办公证，随后至公证处凭用户身份证或企业法人营业执照依法取得公证书，实现邮件证据留存、取证以及公证出证的证据保全。

（四）请求地方知识产权局处理[2]

通过请求地方知识产权局处理专利纠纷的方法向被疑侵权人主张权利的，从提出请求时起，诉讼时效处于中断状态。经调处达不成协议的，诉讼时效即重新起算，如调处达成协议，被疑侵权人按照协议所定期限履行义务的，诉讼时效期间从协议所定期限届满时重新起算。

专利行政调处请求书、地方知识产权局出具的受理通知书和处理决定等可以作为证据，用于证明专利权人或者利害关系人曾通过请求地方知识产权局处理的方法主张过权利。

（五）向法院起诉

通过向人民法院起诉来向被疑侵权人主张权利的，诉讼时效从提交起诉状

---

[1] 《电子签名法》第十一条规定：“数据电文进入发件人控制之外的某个信息系统的时间，视为该数据电文的发送时间。收件人指定特定系统接收数据电文的，数据电文进入该特定系统的时间，视为该数据电文的接收时间；未指定特定系统的，数据电文进入收件人的任何系统的首次时间，视为该数据电文的接收时间。当事人对数据电文的发送时间、接收时间另有约定的，从其约定。”

[2] 《最高人民法院关于审理民事案件适用诉讼时效制度若干问题的规定》第十二条规定：“权利人向人民调解委员会以及其他依法有权解决相关民事纠纷的国家机关、事业单位、社会团体等社会组织提出保护相应民事权利的请求，诉讼时效从提出请求之日起中断。”

或者口头起诉之日起至诉讼终结之日，始终处于中断状态。[1]

向人民法院起诉的起诉状或者口头起诉笔录、立案受理通知书和生效判决等证据，也可以证明专利权人或者利害关系人曾经通过起诉的方式主张过权利的事实。

专利权人或者利害关系人向被疑侵权人口头主张权利、发送律师函或者警告信的电子邮件或信件主张权利时，应当明示以下三项内容，否则即使发送了律师函或者警告信，人民法院也可能不会确认专利权人或者利害关系人曾经主张过权利。

（1）主张权利的信息，例如，专利名称、专利号、专利权权属等信息；

（2）被疑侵权产品的信息，例如，被疑侵权产品的具体名称、型号等；

（3）向被疑侵权人提出的要求，例如，停止生产、销售等停止侵权行为的要求。

四、最长诉讼时效

《民法典》第一百八十八条第二款规定："诉讼时效期间自权利人知道或者应当知道权利受到损害以及义务人之日起计算。法律另有规定的，依照其规定。但是，自权利受到损害之日起超过二十年的，人民法院不予保护，有特殊情况的，人民法院可以根据权利人的申请决定延长。"

诉讼时效从权利被侵犯之日起算，虽然可以被多次中断，但不能超过二十年的权利的最长保护期。

五、超过诉讼时效的特别规定

《专利规定》第十七条规定："侵犯专利权的诉讼时效为三年，自专利权人或者利害关系人知道或者应当知道权利受到损害以及义务人之日起计算。权利人超过三年起诉的，如果侵权行为在起诉时仍在继续，在该项专利权有效期内，人民法院应当判决被告停止侵权行为，侵权损害赔偿数额应当自权利人向人民法院起诉之日起向前推算三年计算。"

这是专利侵权诉讼时效的特别规定，其目的是除了加强专利的保护外，防止专利权人发现专利侵权后，故意不向对方发出侵权照会，而是等待被告做大

---

[1] 《最高人民法院关于审理民事案件适用诉讼时效制度若干问题的规定》第十三条第一款规定："权利人向公安机关、人民检察院、人民法院报案或者控告，请求保护其民事权利的，诉讼时效从其报案或者控告之日起中断。"

做强后再提起诉讼以获得高额赔偿，该规定对专利权人请求侵权损害赔偿的权利进行了限制，赔偿的期限只能从起诉之日起向前推算三年。

第二节　诉讼管辖

民事诉讼中的管辖指人民法院间受理民事案件的分工和权限，它是具体确定特定民事案件由哪一级和哪一个人民法院行使民事审判权的一项制度。

《专利规定》第一条列举了二十五类专利纠纷案件，其中涉及专利侵权引起诉讼的有三种，即：

（1）侵犯专利权纠纷案件。

（2）不服国务院专利行政部门专利权无效宣告请求决定案件。

（3）不服管理专利工作的部门行政决定案件。

本节主要介绍专利侵权诉讼人民法院的管辖权，不服地方知识产权局的专利侵权纠纷处理决定和国家知识产权局的专利无效宣告请求审查决定的行政诉讼案件的管辖，请分别参见第九章第四节“专利侵权行政诉讼”和第十章第九节“请求撤销无效宣告请求审查决定的行政诉讼”的相关内容。

一、级别管辖

级别管辖规定了各级人民法院受理第一审民事案件的分工和权限。我国《民事诉讼法》根据我国的实际情况和传统做法，将案件的性质、简繁程度、影响范围三者结合起来，作为划分级别管辖的标准。我国的人民法院共分为四级，从上至下依次为：最高人民法院、高级人民法院、中级人民法院和基层人民法院。专利侵权案件具有较强的技术性，同一般民事案件相比，呈现出复杂性和特殊性。因此专利侵权案件由知识产权法院、特定的中级人民法院和基层人民法院管辖。

《最高人民法院关于第一审知识产权民事、行政案件管辖的若干规定》（法释〔2022〕13号）第一条、第二条规定，发明专利、实用新型专利侵权纠纷第一审民事、行政案件由知识产权法院，省、自治区、直辖市人民政府所在地的中级人民法院和最高人民法院确定的中级人民法院管辖。外观设计专利侵权纠纷第一审民事、行政案件由知识产权法院和中级人民法院管辖；经最高人民法院批准，也可以由基层人民法院管辖。

以上所述具有专利侵权诉讼案件管辖权的最高人民法院确定的中级人民法

院，其中大部分设立了知识产权法庭。关于全国各省市中级人民法院设立知识产权法庭的具体情形，参见第一章第二节之一“人民法院”中相关内容。

将审理专利案件的一审人民法院确定为知识产权法院、特定的中级人民法院和基层人民法院，集中专利司法审判机构审判技术性强和审理难度大的专利案件，符合我国实际情况，也符合国际上的通行做法，在一定程度上保证了司法统一和办案质量。在实务中，绝大多数专利侵权诉讼的一审案件均由知识产权法院和特定的中级人民法院审理。除此以外，各省、自治区、直辖市内发生的重大专利侵权诉讼案件一审由高级人民法院直接审理的情况也不少见。

2010 年 1 月 28 日发布的《最高人民法院关于调整地方各级人民法院管辖第一审知识产权民事案件标准的通知》（法发〔2010〕5 号）统一了高级人民法院受理一审专利侵权案件的标准。该通知第一条规定：“高级人民法院管辖诉讼标的额在 2 亿元以上的第一审知识产权民事案件，以及诉讼标的额在 1 亿元以上且当事人一方住所地不在其辖区或者涉外、涉港澳台的第一审知识产权民事案件。”

2019 年 4 月 30 日最高人民法院发布了《关于调整高级人民法院和中级人民法院管辖第一审民事案件标准的通知》（法发〔2019〕14 号），根据该通知，中级人民法院管辖第一审民事案件的诉讼标的额上限原则上为五十亿元（人民币），诉讼标的额下限继续按照《最高人民法院关于调整地方各级人民法院管辖第一审知识产权民事案件标准的通知》等文件执行；高级人民法院管辖诉讼标的额五十亿元（人民币）以上（包含本数）或者其他在本辖区有重大影响的第一审民事案件；知识产权民事案件的级别管辖标准按照该通知执行，但《最高人民法院关于知识产权法庭若干问题的规定》第二条所涉案件类型除外。2023 年修订的《最高人民法院关于知识产权法庭若干问题的规定》第二条所涉案件包含了发明专利侵权及权属纠纷，重大、复杂的实用新型专利侵权及权属纠纷。

根据上述规定，原则上高级人民法院受理一审发明、实用新型专利侵权诉讼的案件，诉讼标的额必须在二亿元以上，或者诉讼标的额在一亿元以上且一方住所地不在其辖区或者涉外、涉港澳台的案件；受理外观设计专利侵权诉讼的案件，诉讼标的额在五十亿元以上。

鉴于知识产权案件管辖标准变动比较频繁，有些地方法院在最高人民法院文件的基础上制定了地方规范性文件，各地规范性文件与最高人民法院更新的文件亦可能有过渡期的衔接问题，所以在涉及具体案件管辖时，建议咨询案件受理地法院，以了解最新规范。另外，《最高人民法院关于第一审知识产权民事、行政案件管辖的若干规定》第四条第一款规定，对新类型、疑难复杂或者具有法律适用指导意义等知识产权民事、行政案件，上级人民法院可以依照诉讼法有关规定，根据下级人民法院报请或者自行决定提级审理。

二、地域管辖

地域管辖是指同级人民法院之间在各自区域内受理第一审民事案件的分工和权限。

《民事诉讼法》第二十二条规定："对公民提起的民事诉讼，由被告住所地人民法院管辖；被告住所地与经常居住地不一致的，由经常居住地人民法院管辖。对法人或者其他组织提起的民事诉讼，由被告住所地人民法院管辖。同一诉讼的几个被告住所地、经常居住地在两个以上人民法院辖区的，各该人民法院都有管辖权。"

《民事诉讼法》第二十九条规定："因侵权行为提起的诉讼，由侵权行为地或者被告住所地人民法院管辖。"

《专利规定》第二条规定："因侵犯专利权行为提起的诉讼，由侵权行为地或者被告住所地人民法院管辖。侵权行为地包括：被控侵犯发明、实用新型专利权的产品的制造、使用、许诺销售、销售、进口等行为的实施地；专利方法使用行为的实施地，依照该专利方法直接获得的产品的使用、许诺销售、销售、进口等行为的实施地；外观设计专利产品的制造、许诺销售、销售、进口等行为的实施地；假冒他人专利的行为实施地。上述侵权行为的侵权结果发生地。"

《专利规定》第三条规定："原告仅对侵权产品制造者提起诉讼，未起诉销售者，侵权产品制造地与销售地不一致的，制造地人民法院有管辖权；以制造者与销售者为共同被告起诉的，销售地人民法院有管辖权。销售者是制造者分支机构，原告在销售地起诉侵权产品制造者制造、销售行为的，销售地人民法院有管辖权。"

依据上述规定，人民法院对于专利侵权纠纷案件的地域管辖可以分为被告住所地人民法院管辖、侵权行为地人民法院管辖和实施共同侵权行为地的人民法院管辖三种。

（一）被告住所地人民法院管辖

"原告就被告"是指被告所在地人民法院有案件审理的管辖权，这不仅是我国地域管辖中确认人民法院管辖权的一般原则，也是世界各国民事诉讼中普遍采用的一个原则，这一原则适用于绝大多数民事案件，包括专利侵权案件。专利侵权案件中被告住所地一般为：

（1）经常居住地；

（2）固定的生产经营场所地；

（3）销售者是制造者的分支机构，销售者所在地人民法院有管辖权。

（二）侵权行为地人民法院管辖

侵权行为地，是指发生侵害他人合法权益的法律事实的所在地。专利侵权行为地主要包括：

（1）被控侵权产品的制造地、使用地、许诺销售地、销售地、进口地等行为实施地；

（2）被控侵权专利方法的使用行为的实施地，以及依照该专利方法直接获得的产品的使用、许诺销售、销售、进口等行为的实施地；

（3）外观设计专利产品的制造、销售和进口等行为的实施地；

（4）假冒他人专利的行为实施地。

（三）实施共同侵权行为地的人民法院管辖

共同侵权行为是指加害人为二人或者二人以上共同侵害他人合法民事权益造成损害的，加害人应当承担连带责任的侵权行为。共同侵权行为须有两个或者两个以上主体，包括两个或者两个以上的自然人和法人或者非法人单位的情形。在专利侵权案件中的共同侵权行为一般包括：

（1）制造行为+销售行为；

（2）制造行为+使用行为；

（3）制造行为+销售行为+使用行为；

（4）进口行为+销售行为；

（5）进口行为+许诺销售行为；

（6）进口行为+使用行为；

（7）进口行为+销售行为+使用行为。

根据《专利规定》中有关共同侵权的管辖规定，作为专利权人的原告可以选择前述有管辖权的任一人民法院提起诉讼。在实务中，以制造者和销售者实施了共同侵权行为为理由提起诉讼的较多，并且专利权人通常会依据管辖权的规定，选择向侵权产品销售者所在地有管辖权的人民法院提起专利侵权诉讼，以回避制造者所在地可能发生的地方保护主义。

第三节　一审审判组织

审判组织是人民法院内部依法组成的，对案件行使审判权的具体组织形式，包括独任制、合议庭、审判委员会等。独任制是指由审判员一人审判案件的制度。独任制只能由审判员进行审判，并由书记员作庭审记录。独任制只存在于基层法院及其派出法庭，通常适用于依照简易程序审理的事实清楚、争议不大的简单民事案件，依照普通程序审理的基本事实清楚、权利义务关系明确的第一审民事案件，以及依照特别程序审理的非讼案件。独任制的适用范围较窄，民事诉讼原则上实行合议制，绝大多数的民事案件采用合议庭审理，专利侵权诉讼基本适用合议庭进行审理。

一、合议庭

合议庭是人民法院主要的审判组织形式，其组成人员不是固定不变的，而是在每一个案件立案后随机组成。在民事诉讼中，合议庭的组成人员一经确定，应当在3日内告知诉讼当事人。

合议庭由审判长、主审法官、普通法官或陪审员组成。审判长由人民法院的院长或者法庭庭长指定一名审判员担任，组织案件的诉讼进程并参与案件的实体审理，主持庭审活动及合议庭评议等；如果院长或者庭长自身也是该合议庭的组成人员的，由院长或者庭长担任审判长。主审法官即案件的承办法官，具体负责案件的审理，包括保管案卷材料、调查收集证据、委托鉴定或者审计、组织庭外调解、制作法律文书等事务。普通法官和陪审员的职责就是参与案件的实体审判和合议庭评议。根据《民事诉讼法》第四十条❶和第四十四条❷的规定，人民法院审理第一审民事案件，合议庭的组成可以有两种类型，一是全部由法官组成合议庭，二是由法官和陪审员共同组成合议庭。因此，合议庭的组成形式可以是审判长、主审法官和普通法官，或者是审判长、主审法官和陪审员；如果审判长同时也是主审法官，则合议庭的组成形式可以是审判长和两名普通法官，或者是审判长、普通法官和陪审员。

另外，由于合议庭的审判人员在案件评议中的权重是一致的，也即实行一人一票的原则，因此为了在审判中可以形成多数意见，合议庭的组成人数必须是三人以上的单数，合议庭评议实行少数服从多数的原则。

---

❶ 《民事诉讼法》第四十条规定："人民法院审理第一审民事案件，由审判员、人民陪审员共同组成合议庭或者由审判员组成合议庭。合议庭的成员人数，必须是单数。适用简易程序审理的民事案件，由审判员一人独任审理。基层人民法院审理的基本事实清楚、权利义务关系明确的第一审民事案件，可以由审判员一人适用普通程序独任审理。人民陪审员在参加审判活动时，除法律另有规定外，与审判员有同等的权利义务。"

❷ 《民事诉讼法》第四十四条规定："合议庭的审判长由院长或者庭长指定审判员一人担任；院长或者庭长参加审判的，由院长或者庭长担任。"

若合议庭成员因回避等特殊情况不能继续参加案件的审理的，应当报请人民法院院长或者庭长决定，合议庭成员的更换情况也应当及时通知诉讼当事人。

专利侵权诉讼一般由三名法官或者两名法官和一名陪审员组成三人合议庭进行审理。

二、法　官

法官是诉讼活动中行使国家审判权的审判人员，包括各人民法院的院长、副院长、审判委员会委员、庭长、副庭长、审判员和助理审判员。

选任法官必须具备《法官法》第十二条第一款❶规定的条件，初任法官应当通过国家统一法律职业资格考试取得法律职业资格。《法官法》第十三条规定："下列人员不得担任法官：（一）因犯罪受过刑事处罚的；（二）被开除公职的；（三）被吊销律师、公证员执业证书或者被仲裁委员会除名的；（四）有法律规定的其他情形的。"

审判职责是法官的基本职责，法官应当依法参加合议庭审判或者独任审判案件，此外，不同职务的法官还承担了法律规定的其他职责。

人民法院的院长、副院长、审判委员会委员、庭长、副庭长除了履行法官的审判职责外，还应当履行与其所担任的职务有关的职责。

人民法院院长的其他职责既包括与人民法院审判活动直接相关的职责，如主持审判委员会会议、对本级法院已经生效的确有错误的判决或者裁定决定提交审判委员会处理、指定合议庭庭长、决定审判人员的回避等；也包括与人民法院审判活动没有直接关系的职责，如人民法院的日常行政事务。

人民法院副院长的其他职责主要是协助院长工作。

庭长、副庭长的其他职责也包括与审判活动直接相关的职责，如决定合议庭的组成、指定审判长等，以及与审判活动没有直接关系的职责，如本庭日常行政工作。

审判委员会委员的其他职责主要是指参加审判委员会会议，讨论决定本院有关审判工作的问题或者总结审判经验。

---

❶《法官法》第十二条第一款规定："担任法官必须具备下列条件：（一）具有中华人民共和国国籍；（二）拥护中华人民共和国宪法，拥护中国共产党领导和社会主义制度；（三）具有良好的政治、业务素质和道德品行；（四）具有正常履行职责的身体条件；（五）具备普通高等学校法学类本科学历并获得学士及以上学位；或者普通高等学校非法学类本科及以上学历并获得法律硕士、法学硕士及以上学位；或者普通高等学校非法学类本科及以上学历，获得其他相应学位，并具有法律专业知识；（六）从事法律工作满五年。其中获得法律硕士、法学硕士学位，或者获得法学博士学位的，从事法律工作的年限可以分别放宽至四年、三年；（七）初任法官应当通过国家统一法律职业资格考试取得法律职业资格。"

在合议庭中，法官根据所担任的审判长、主审法官或普通法官的不同职务，其所履行的审判职责也有所不同，详细内容参见本节之一“合议庭”的相关内容。

专利侵权诉讼中的法官，通常由各具有专利侵权诉讼案件管辖权法院的知识产权法庭的法官担任。

三、人民陪审员

陪审员制度起源于英国，但英美法系的陪审员制度和中国的人民陪审员并不一样。英美法系国家的陪审员只参与案件事实的审理而不参与法律适用的判定。中国的人民陪审员参与案件审判的全过程，不仅参与案件事实的审理，也参与法律适用的判定。在民事诉讼中，人民陪审员除了不担任审判长以外，其他各项权利和法官是同等的，人民陪审员参加合议庭审判案件，对事实的认定和法律的适用独立行使表决权。

（一）人民陪审员选定

人民陪审员可以是人民法院审理民事案件时合议庭的组成人员之一。人民陪审员虽然参与合议庭审理，但其本身并不是司法工作人员，而是由人民法院吸收普通公民参与到民事审判中而形成的。

《人民陪审员法》规定了人民陪审员选定的一系列制度。公民担任人民陪审员必须具备以下条件：

（1）拥护《中华人民共和国宪法》；

（2）年满二十八周岁；

（3）遵纪守法、品行良好、公道正派；

（4）具有正常履行职责的身体条件。

同时，担任人民陪审员，一般应当具有高中以上文化程度。

但是，下列人员不能担任人民陪审员：

（1）人民代表大会常务委员会的组成人员，监察委员会、人民法院、人民检察院、公安机关、国家安全机关、司法行政机关的工作人员；

（2）律师、公证员、仲裁员、基层法律服务工作者；

（3）其他因职务原因不适宜担任人民陪审员的人员。

另外，有下列情形之一的人员，也不得担任人民陪审员：

（1）受过刑事处罚的；

（2）被开除公职的；

（3）被吊销律师、公证员执业证书的；

（4）被纳入失信被执行人名单的；

（5）因受惩戒被免除人民陪审员职务的；

（6）其他有严重违法违纪行为，可能影响司法公信的。

通常，人民陪审员的选定，系由司法行政机关会同基层人民法院、公安机关，从辖区内的常住居民名单中随机抽选拟任命人民陪审员数五倍以上的人员作为人民陪审员候选人，对人民陪审员候选人进行资格审查，征求候选人意见。司法行政机关会同基层人民法院，从通过资格审查的人民陪审员候选人名单中随机抽选确定人民陪审员人选，由基层人民法院院长提请同级人民代表大会常务委员会任命。

因审判活动需要，也可以通过个人申请和所在单位、户籍所在地或者经常居住地的基层群众性自治组织、人民团体推荐的方式产生人民陪审员候选人，经司法行政机关会同基层人民法院、公安机关进行资格审查，确定人民陪审员人选，由基层人民法院院长提请同级人民代表大会常务委员会任命。但通过这一方式产生的人民陪审员，不得超过人民陪审员名额数的五分之一。

人民陪审员的任期为5年，一般不得连任。

人民陪审员和法官组成合议庭审判案件，由法官担任审判长，可以组成三人合议庭，也可以由法官三人与人民陪审员四人组成七人合议庭。基层人民法院审判案件需要人民陪审员参与合议庭审判的，应当在人民陪审员名单中随机抽取确定；中级和高级人民法院审判案件需要人民陪审员参与合议庭审判的，在其辖区内的基层人民法院的人民陪审员名单中随机抽取确定。

（二）人民陪审员的权利

人民陪审员依法参加人民法院的审判活动，除了不得担任审判长外，同法官有同等权利，即人民陪审员参加合议庭审判案件，对事实认定、法律适用独立行使表决权。

合议庭评议案件实行少数服从多数的原则，人民陪审员同合议庭其他组成人员存在意见分歧的，应当将其意见写入笔录，若有必要，人民陪审员还可以要求合议庭将案件提请院长决定是否提交审判委员会讨论决定。

（三）人民陪审员的报酬

人民陪审员参与审判案件不影响其正常工作和生活。根据《中华人民共和国人民陪审员法》第二十九条第一款和第三十条的规定，人民陪审员参加审判活动期间，其所在单位不得克扣或变相克扣其工资、奖金和其他福利待遇，同时，人民法院会依照有关规定按实际工作日给予补助；并且，人民陪审员因参加审判活动而支出的交通、就餐等费用，也由人民法院依照有关规定给予补助。

（四）专家陪审员

专家陪审员是人民陪审员的一种。普通民事案件中的人民陪审员只需要满足本小节之（一）“人民陪审员选定”所介绍的一般资格条件即可，没有限制其身份，不要求其具备所参与的案件的相关知识。但专家陪审员是人民陪审员中较为特殊的部分，其拥有专业知识，可以参与审理专业性较强的特殊案件，在专利侵权诉讼中适用最为广泛。我国的专家陪审员最初就是来源于专利侵权案件，1991 年 6 月 6 日发布的《最高人民法院关于审理第一审专利案件聘请专家担任陪审员的复函》（法〔经〕函〔1991〕64 号，现已废止）中提出：“人民法院在审理第一审专利案件时，可以根据该案件所涉及的技术领域，聘请有关技术专家担任陪审员。”在专利侵权诉讼中，进行技术比对和鉴定是判断是否侵权非常关键的环节，因此配备相关技术的专家陪审员显得越来越重要。由于专利本身具有很强的技术性和专业性，要求审判人员在证据审查和事实认定上拥有较强的专业知识，专家陪审员协助认定事实，法官把握法律适用，不仅可以弥补法官在专业技术知识方面的不足，也能保障案件审理的科学性、公正性和客观性。

四、技术调查官

从 2019 年开始，我国也在知识产权案件诉讼活动中引入了技术调查官一职。根据《最高人民法院关于技术调查官参与知识产权案件诉讼活动的若干规定》中的相关规定，人民法院审理专利、植物新品种、集成电路布图设计、技术秘密、计算机软件、垄断等专业技术性较强的知识产权案件时，可以指派技术调查官参与诉讼活动。

技术调查官属于审判辅助人员，就案件所涉技术问题履行以下职责：

（1）对技术事实的争议焦点以及调查范围、顺序、方法等提出建议；

（2）参与调查取证、勘验、保全；

（3）参与询问、听证、庭前会议、开庭审理；

（4）提出技术调查意见；

（5）协助法官组织鉴定人、相关技术领域的专业人员提出意见；

（6）列席合议庭评议等有关会议；

（7）完成其他相关工作。

技术调查官的回避，参照适用《民事诉讼法》有关其他人员回避的规定。在一个审判程序中参与过案件诉讼活动的技术调查官，不得再参与该案其他程序的诉讼活动。发回重审的案件，在一审法院作出裁判后又进入第二审程序的，原第二审程序中参与诉讼的技术调查官不受前款规定的限制。技术调查官应当在案件评议前就案件所涉技术问题提出技术调查意见，但其对案件裁判结果不具有表决权，不同于专家陪审员可以直接参与案件的审判工作。

五、审判委员会

审判委员会是我国特有的一项司法制度，各级人民法院均设立审判委员会，是人民法院内部最高的审判组织，主要职责是总结审判经验，讨论重大或者疑难的案件和其他有关审判工作的重大问题。

（一）审判委员会成员的资格及任免

审判委员会作为人民法院内部最高的审判组织，其职能决定了其组成人员的特殊性。审判委员会一般由各级人民法院的院长、副院长、各法庭（刑事法庭、民事法庭、行政法庭等）庭长组成，除此之外，还包括若干审判经验丰富、法学理论水平较高、具有法律专业高等学历的资深法官。各级人民法院审判委员会的成员应当为单数。

根据《人民法院组织法》第四十二条第一款[1]和第四十三条的[2]规定，最高人民法院审判委员会委员，由本院院长提请全国人民代表大会常务委员会任免；地方各级人民法院审判委员会委员，由本院院长提请本级人民代表大会常务委员会任免；在省、自治区内按地区设立的和在直辖市内设立的中级人民法院审判委员会委员，由高级人民法院院长提请省、自治区、直辖市人民代表大会常务委员会任免。

（二）审判委员会的审判范围

根据《最高人民法院关于改革和完善人民法院审判委员会制度的实施意见》（法发〔2010〕3号）的规定，审判委员会应履行审理案件和监督、管理、指导审判工作的职责，具体包括：

（1）讨论疑难、复杂、重大案件以及合议庭难以作出裁决的案件；

---

[1] 《人民法院组织法》第四十二条第一款规定："最高人民法院院长由全国人民代表大会选举，副院长、审判委员会委员、庭长、副庭长和审判员由院长提请全国人民代表大会常务委员会任免。"

[2] 《人民法院组织法》第四十三条规定："地方各级人民法院院长由本级人民代表大会选举，副院长、审判委员会委员、庭长、副庭长和审判员由院长提请本级人民代表大会常务委员会任免。在省、自治区内按地区设立的和在直辖市内设立的中级人民法院院长，由省、自治区、直辖市人民代表大会常务委员会根据主任会议的提名决定任免，副院长、审判委员会委员、庭长、副庭长和审判员由高级人民法院院长提请省、自治区、直辖市人民代表大会常务委员会任免。"

（2）总结审判工作经验；

（3）听取审判业务部门的工作汇报；

（4）讨论决定对审判工作具有指导性意义或参考意义的典型案例；

（5）讨论其他有关审判工作的重大问题。

此外，审判委员会还应讨论决定各级人民法院和合议庭提交的案件。

合议庭可以提请院长决定提交审判委员会讨论的案件有：

（1）合议庭意见有重大分歧，难以作出决定的案件；

（2）法律规定不明确，存在法律适用疑难问题的案件；

（3）案件处理结果可能产生重大社会影响的案件；

（4）对审判工作具有指导意义的新类型案件；

（5）其他需要提交审判委员会讨论的疑难、复杂、重大案件。

（三）审判委员会的审理形式

审判委员会行使其职能的方式是审判委员会会议，由人民法院的院长主持，采用集体评议的方式和少数服从多数的原则决定问题的结果。

审判委员会的重要职能之一是审理合议庭提交的案件。合议庭评议案件实行少数服从多数的原则，合议庭在开庭审理案件并且评议后，应当及时对意见一致或者形成多数意见的案件作出判决。对于疑难、复杂、有重大影响或者是新类型的案件，若合议庭内意见分歧太大而难以作出决定，由合议庭提请院长决定提交审判委员会讨论决定。

审判委员会讨论案件，应当首先听取合议庭对案件的报告和相关法律依据，然后通过对合议庭提出问题、进行讨论，最后采取多数决的原则对合议庭提交的案件作出决定，即审判委员会的决定必须获得半数以上委员的同意才能通过。审判委员会评议案件是不公开的，审判委员会的决定，合议庭应当执行，合议庭将依据该决定作出判决。

在专利侵权诉讼中，有不少复杂的案件和损害赔偿请求额巨大的案件，合议庭通常会将此类案件提交审判委员会讨论。

第四节　起　诉　状

在本书第二章“诉前准备”所述的诉讼准备基本就绪后，就可以着手撰写起诉状。

民事起诉状是民事案件的原告在自己的民事权利受到侵害或者是与他人发

生争议时，为了维护自身的合法权益，向人民法院提起诉讼，请求人民法院依法裁判的书面文件。民事起诉状既是原告行使诉权、寻求司法保护的起点，也是被告应诉答辩的基础，以及人民法院启动民事诉讼程序审判案件的前提，因此起诉状对于民事诉讼而言有着非常重要的作用。专利侵权诉讼属于民事诉讼的范畴，也适用民事起诉状作为诉讼的开始。专利权受侵害的公民、法人或者其他组织可以通过民事起诉状向法院阐明侵权的事实和自己的诉讼请求。

民事起诉状的写作格式首先要单列一行，在正中写“民事起诉状”作为标题，主要内容包括五个部分：当事人信息、诉讼请求、事实和理由、结尾、证据和证据目录。

一、当事人信息

民事诉讼的当事人具有以下三个特征：

（1）以自己的名义进行诉讼；

（2）与案件有直接的利害关系；

（3）受到人民法院裁判的约束。

《民事诉讼法》第五十一条规定：“公民、法人和其他组织可以作为民事诉讼的当事人。法人由其法定代表人进行诉讼。其他组织由其主要负责人进行诉讼。”

在民事诉讼中，狭义的当事人包括原告和被告，广义的当事人还包括诉讼中的第三人。

（一）原　告

民事诉讼中的原告是因其民事权利义务发生纠纷，而以自己的名义向人民法院提起民事诉讼，并启动民事诉讼程序的一方。原告必须是与其所提起的诉讼有直接利害关系的公民、法人或其他组织，即只有为保护自己的民事权益而提起诉讼的人，才是民事诉讼中适格的原告。人民法院会通过审查民事起诉状中载明的起诉事实来判断起诉人是否具备民事诉讼中原告的资格。例如，在一般的侵权损害赔偿案件中，原告应该是认为自己的民事权益受到侵害而向侵权人主张赔偿责任的人；而在合同纠纷案件中，原告应该是因合同一方不履行合同项下的义务而依合同主张权利的另一合同方。

《专利法》第六十五条规定：“未经专利权人许可，实施其专利，即侵犯其专利权，引起纠纷的，由当事人协商解决；不愿协商或者协商不成的，专利权人或者利害关系人可以向人民法院起诉，也可以请求管理专利工作的部门处理……”

由此可知，专利权人或者利害关系人针对侵犯其专利权的行为可以向人民法院提起专利侵权诉讼，通常是专利侵权诉讼中的原告。

1. 专利权人及其合法继承人

专利权人是专利权的持有主体，既包括通过专利申请并取得专利权的单位和个人，也包括专利权被转让后的专利权持有人。根据《专利法》第六条[1]、第八条[2]、第十条第一款[3]及相关法律法规的规定，专利权人主要有四种类型：该专利的发明人或者设计人、发明人或者设计人所在的单位、合作发明人或者受托发明人以及专利权被转让后的专利权持有人。

专利权转让仅指专利财产权的转让。专利权是以财产权为主的一项权利，其人身权的属性较弱，一般是指专利发明人的署名权，并且该署名权不得转让，也不因专利财产权的转移而消失，因此专利权中的人身权利不在转让的范围内。专利财产权是专利权的核心，包括制造权、销售权、使用权、许诺销售权、进口权、转让权、实施许可权等。专利财产权可以转让，在专利权的保护期限内（自申请日起算，发明专利权的保护期限为 20 年，实用新型专利权的保护期限为 10 年，外观设计专利权的保护期限为 15 年），专利权人可以通过与受让人订立书面转让合同依法转让其专利权。专利权的转让既可以通过收取转让费的方式有偿转让其专利权，也可以通过无偿赠与的方式转让其专利权。

专利权转移还有另一种方式，即专利权的继承。与专利权的转让相同，由于专利人身权不会发生转移，因此专利权的继承也仅指专利财产权的继承。与专利权的转让不同的是，专利权的转让是原专利权人与受让人之间相互协商达成一致意见的双方交易行为，但专利权的继承则是在原专利权人死亡时，由其合法继承人继承其专利权中的财产权利，从而发生专利权转移的单方行为。

在专利权的保护期限内，专利权人的合法继承人可以继承专利权。专利权的继承同一般的有形财产继承，一般有以下四种方式。

---

[1] 《专利法》第六条规定："执行本单位的任务或者主要是利用本单位的物质技术条件所完成的发明创造为职务发明创造。职务发明创造申请专利的权利属于该单位，申请被批准后，该单位为专利权人。该单位可以依法处置其职务发明创造申请专利的权利和专利权，促进相关发明创造的实施和运用。非职务发明创造，申请专利的权利属于发明人或者设计人；申请被批准后，该发明人或者设计人为专利权人。利用本单位的物质技术条件所完成的发明创造，单位与发明人或者设计人订有合同，对申请专利的权利和专利权的归属作出约定的，从其约定。"

[2] 《专利法》第八条规定："两个以上单位或者个人合作完成的发明创造、一个单位或者个人接受其他单位或者个人委托所完成的发明创造，除另有协议的以外，申请专利的权利属于完成或者共同完成的单位或者个人；申请被批准后，申请的单位或者个人为专利权人。"

[3] 《专利法》第十条第一款规定："专利申请权和专利权可以转让。"

（1）法定继承：原专利权人死亡后，如果未留下遗嘱，或者虽有遗嘱但不涉及其专利权的继承问题，也不存在遗赠的情况，则其专利权按照法定继承人的顺序、范围和份额予以继承。

（2）遗嘱继承：如果原专利权人生前立有遗嘱对其专利权的继承作了处理，则其专利权将由遗嘱所指定的法定继承人继承。

（3）遗赠继承：如果原专利权人生前立有遗嘱将其专利权赠予法定继承人以外的人，则其专利权将由遗嘱所指定的受遗赠人继承。

（4）无继承人：如果原专利权人死亡后无继承人，也无受遗赠人，则该专利权应依照《民法典》第一千一百六十条[1]的规定，由国家或原专利权人生前所在的集体组织继承。

此外，企业吸收、合并、分立、出售、置换等资产重组的过程中也会出现专利权继承的情形。与企业通过买卖专利财产权而发生的专利权的转让不同，通过企业吸收、合并、分立、出售、置换等方式，将企业的全部或者部分资产以及与其相关联的债权、债务、劳动力等一并转移给其他单位和个人的，其中涉及的专利财产权利的转移即属于专利权的继承。承受变更后企业权属的单位或个人通过原企业资产重组继承原企业的专利权，成为新的专利权人，对于侵犯专利权的行为有权提起专利侵权诉讼。

专利权被合法继承、企业通过吸收和合并持有专利权的企业以及受让专利权后，原专利权人消失，新专利权人的名称必须变更，应按《专利法》第十条第三款[2]和《专利法实施细则》第十五条第一款[3]的规定，到国家知识产权局办理著录项目变更手续后，才能成为适格的专利权人。

需要注意的是，转让或继承导致专利权转移后，受让人与继承人行使权利时可主张的权利范围有所区别。对于因转让而获得的专利权，作为受让人的新专利权人享有专利权的期限自专利权转移之日起算，如果专利权转让合同未特别约定，则对于专利权转移之前的与专利权有关的所有权益均属于原专利权人所有，因此，新专利权人无权对转让之前的专利侵权行为主张权利。但对于因

---

[1] 《民法典》第一千一百六十条规定：“无人继承又无人受遗赠的遗产，归国家所有，用于公益事业；死者生前是集体所有制组织成员的，归所在集体所有制组织所有。”

[2] 《专利法》第十条第三款规定：“转让专利申请权或者专利权的，当事人应当订立书面合同，并向国务院专利行政部门登记，由国务院专利行政部门予以公告。专利申请权或专利权的转让自登记之日起生效。”

[3] 《专利法实施细则》第十五条第一款规定：“除依照专利法第十条规定转让专利权外，专利权因其他事由发生转移的，当事人应当凭有关证明文件或者法律文书向国务院专利行政部门办理专利权转移手续。”

继承而获得的专利权，作为继承人的新专利权人继承了原专利权人的与专利权有关的所有权益，包括专利权转移之前尚未实现的利益，因此，对于继承之前的专利侵权行为，新专利权人可以主张权利。

2. 独占或者排他实施许可合同的被许可人

专利实施许可是指专利权人许可其他单位或者个人在一定期限、一定地区、以一定方式实施其所拥有的专利，并向该其他单位或者个人收取使用费的贸易方式。在专利实施许可贸易中，转让方仍拥有专利的所有权，受让方只获得了实施专利技术的权利。专利实施许可需要签订专利实施许可合同，并且应当自合同生效之日起3个月内向国务院专利行政部门备案。专利实施许可有以下五种方式。

（1）独占实施许可。指在一定的时间和一定地域范围内，专利权人只许可一个被许可人实施其专利且专利权人自己也不得实施该专利。独占实施许可的被许可人具有独立的诉讼资格，如果有第三方在该独占实施许可的范围内擅自实施该专利则直接侵害了被许可人享有的独占实施权，因此独占实施许可的被许可人有权单独提起专利侵权诉讼。

（2）排他实施许可。指在一定的时间和一定地域范围内，专利权人只许可一个被许可人实施其专利，但专利权人自己也有权实施该专利。也就是说，在排他实施许可合同约定的范围内，除了专利权人自己，被许可人依旧可以排除任何第三方实施该专利。排他实施许可的被许可人不具有完整的诉讼资格，其只可以在专利权人明确表示不提起诉讼的情况下才可以提起专利侵权诉讼，因此排他实施许可的被许可人通常需要提供专利权人明知有侵权行为发生而明示放弃起诉的证明材料，如专利权人不提起诉讼的书面声明或者其他类似文件。

（3）普通实施许可。指在一定的时间内，专利权人许可他人实施其专利，同时保留许可第三人实施该专利的权利。

（4）分实施许可。指在被许可人与专利权人订立合同的基础上，被许可人依照其与专利权人的协议，再许可第三人实施同一专利。

（5）交叉实施许可。指两个专利权人互相许可对方实施自己的专利。

普通实施许可合同、分实施许可合同和交叉实施许可合同没有约定被许可人有诉权的，被许可人无权提起专利侵权诉讼。

以普通实施许可为例，若普通实施许可的被许可人要提起专利侵权诉讼，必须在专利实施许可合同中有明确的书面约定或授权，如特别约定专利权人授予普通实施许可的被许可人有起诉第三人侵犯涉案专利权的权利。如果没有明确约定授予被许可人诉权，普通实施许可的被许可人可以要求专利权人提起诉讼。

（二）共同原告

民事诉讼中的原告为两人以上时，即为共同原告。共同原告有必要共同原告和普通共同原告之分，必要共同原告是基于共有的同一权利受到侵害形成的；普通共同原告则是由于各自独立但属于同一种类的权利受到同一被告的侵害，分别起诉被告而被人民法院合并审理形成的。

在由于共有财产权受到侵害而提起的民事诉讼中，该财产的共有权人均为必要共同原告。必要共同原告应当共同进行诉讼，即使是仅由部分共有权人起诉的，其他共有权人也应一并作为共同原告参与诉讼。

专利权属于共有财产权的一种，共有专利权受到侵害的，共有专利权人可以作为共同原告提起专利侵权诉讼。如果仅有部分专利权共有人提起专利侵权诉讼，则其他专利权共有人作为必要共同原告也应共同参与专利侵权诉讼。

专利权共有人主要有以下三种情形。

1. 合作开发

根据《专利法》第八条的规定，两个以上单位或者个人合作完成的发明创造，除另有协议的以外，申请专利的权利和取得的专利权属于共同完成发明创造的单位或者个人。合作发明人之间必须存在合作发明的共识或合意，合作发明的主体可以是单位与单位之间的合作（如科研机构、高校和企业之间的合作），也可以是单位与个人之间的合作，还可以是个人与个人之间的合作；合作发明的方式既可以是由各合作方分别承担一项发明创造的不同部分或者不同阶段，也可以是由一方或几方负责提供资金、设备和场地等物质条件，另一方或几方负责进行技术研究和开发。

合作完成的发明创造，合作各方可以通过协议约定申请专利的权利和取得的专利权的归属；如果合作各方没有约定的，则申请专利的权利和取得的专利权归属于合作完成发明创造的各合作方共有。因此，通常情况下合作发明人均为专利权共有人。

2. 委托开发

根据《专利法》第八条的规定，一个单位或者个人接受其他单位或者个人委托所完成的发明创造，除另有协议的以外，申请专利的权利和取得的专利权属于完成的单位或个人。对于接受委托所完成的发明创造，申请专利的权利和取得的专利权归属于完成发明创造的受托方。但委托方和受托方也可以通过协议约定申请专利的权利和取得的专利权归属于委托方或者由双方共有。合同约定专利权为双方共有的委托开发的发明创造，委托人和接受委托人为专利权共有人。

3. 协商共有人

根据《专利法》第九条[1]的规定，同样的发明创造只能授予一项专利权，如果两个以上的申请人分别就同样的发明创造申请专利的，专利权授予最先申请的人。我国确定申请时间的先后是以申请日为标准的，则两个以上的申请人在同一日分别申请专利的即视为同时申请。根据《专利审查指南2023》第二部分第三章第6.2.1.2节[2]的规定，如果两个以上的申请人在同一日分别就同样的发明创造申请专利的，应当在收到国务院专利行政部门的通知后自行协商确定申请人。各申请人既可以协商确定一个申请人，也可以协商确定各申请人作为共同申请人。如果各申请人协商不成，则各个专利申请将均被驳回。因此，当申请了同样的发明创造专利的各申请人协商作为共同申请人时，在取得专利权后即为专利权共有人。

发生专利侵权时，通常共有专利权人应作为共同原告一起提起专利侵权诉讼。但是也会发生有些共有专利权人因各种原因不愿意提起专利侵权诉讼的情况，根据《民事诉讼法解释》第七十三条[3]和第七十四条[4]的规定，可以按照下述方法处理。

（1）专利权的部分共有人明确放弃诉讼权利的，该专利权的其他共有人可以单独提起专利侵权诉讼。

（2）专利权的部分共有人不参加诉讼，又不声明放弃诉讼权利的，该专利权人的其他共有人单独提起专利侵权诉讼后，人民法院应当通知未提起诉讼的该专利权的部分共有人参加诉讼，追加其为共同原告。

---

[1] 《专利法》第九条规定："同样的发明创造只能授予一项专利权。但是，同一申请人同日对同样的发明创造既申请实用新型专利又申请发明专利，先获得的实用新型专利权尚未终止，且申请人声明放弃该实用新型专利权的，可以授予发明专利权。两个以上的申请人分别就同样的发明创造申请专利的，专利权授予最先申请的人。"

[2] 《专利审查指南2023》第二部分第三章第6.2.1.2节规定："在审查过程中，对于不同的申请人同日（指申请日，有优先权的指优先权日）就同样的发明创造分别提出专利申请，并且这两件申请符合授予专利权的其他条件的，应当根据专利法实施细则第四十七条第一款的规定，通知申请人自行协商确定申请人。申请人期满不答复的，其申请被视为撤回；协商不成，或者经申请人陈述意见或进行修改后仍不符合专利法第九条第一款规定的，两件申请均予以驳回。"

[3] 《民事诉讼法解释》第七十三条规定："必须共同进行诉讼的当事人没有参加诉讼的，人民法院应当依照民事诉讼法第一百三十五条的规定，通知其参加；当事人也可以向人民法院申请追加。人民法院对当事人提出的申请，应当进行审查，申请理由不成立的，裁定驳回；申请理由成立的，书面通知被追加的当事人参加诉讼。"

[4] 《民事诉讼法解释》第七十四条规定："人民法院追加共同诉讼的当事人时，应当通知其他当事人。应当追加的原告，已明确表示放弃实体权利的，可不予追加；既不愿意参加诉讼，又不放弃实体权利的，仍应追加为共同原告，其不参加诉讼，不影响人民法院对案件的审理和依法作出判决。"

专利权的部分共有权人提起专利侵权诉讼的同时，也可以向人民法院申请追加未提起诉讼又不声明放弃诉权的该专利权的其他共有人为共同原告。专利权部分共有人申请追加共同原告的，应当提交专利权共有的证明。对于专利权部分共有人的申请，人民法院应当进行审查，申请理由不成立的裁定驳回；申请理由成立的，即刻书面通知未提起诉讼的专利权其他共有人作为共同原告参加诉讼，并通知其他诉讼当事人。

专利权的部分共有人不参加专利侵权诉讼，不影响人民法院对案件的审理和依法作出判决。

（三）被　告

民事诉讼中的被告是原告诉称侵犯原告民事权益或与原告发生民事争议，而由人民法院通知应诉的一方。例如，在一般的侵权损害赔偿案件中，被告应该是停止侵害和因侵权而需要承担赔偿责任的人；而在合同纠纷案件中，被告应该是合同的违约方等。原告提起诉讼，应当明确被告主体身份，若只有原告的起诉而无应诉的人，人民法院将无法进行审判活动，就不可能受理原告的起诉。

《专利法》第十一条规定："发明和实用新型专利权被授予后，除本法另有规定的以外，任何单位或者个人未经专利权人许可，都不得实施其专利，即不得为生产经营目的制造、使用、许诺销售、销售、进口其专利产品，或者使用其专利方法以及使用、许诺销售、销售、进口依照该专利方法直接获得的产品。外观设计专利权被授予后，任何单位或者个人未经专利权人许可，都不得实施其专利，即不得为生产经营目的制造、许诺销售、销售、进口其外观设计专利产品。"

专利侵权诉讼的被告即未经专利权人的许可，以生产经营为目的实施了《专利法》第十一条规定的行为的单位或者个人。在实务中，发明专利、实用新型专利的主要侵权被告有以下五种以生产经营为目的的主体。

（1）生产、制造者；

（2）销售者；

（3）许诺销售者；

（4）进口者；

（5）使用者。

通常外观设计的使用行为不会构成外观设计专利侵权，对于外观设计专利而言，以上第（1）~（4）种主体可以被确定为外观设计专利侵权诉讼的被告。

但是《专利解释（一）》第十二条[1]作出了例外规定，根据该条第二款，一种外观设计专利的产品作为某一产品的零部件与该产品一起销售时，如果该外观设计产品无法被看到或在该产品中不起任何装饰作用，仅具有技术功能的作用，不构成销售侵权。

例如，外观设计专利产品为汽车前大灯，该汽车前大灯被装在汽车上与汽车一同销售时，由于该外观设计专利产品的汽车前大灯对整个汽车的外观有装饰作用，是汽车外观整体的一部分，构成销售侵权；然而如果外观设计专利产品为发动机的转子，转子安装在发动机内，使用时却无法看到，转子在发动机内部仅具有转动的功能性作用，因为其不可能成为发动机外观设计整体的一部分，不构成销售侵权。

然而若外观设计专利产品为汽车发动机，而该发动机设置在汽车前盖内，打开汽车前盖就可以看到，该发动机是该汽车前盖打开后内部整体外观的一部分，则有可能认定销售侵权。

显然，在专利权的保护期限内，未经专利权人的许可实施了《专利法》第十一条和《专利解释（一）》第十二条所列举的行为的任何单位和个人都有可能成为专利侵权诉讼的被告。

（四）共同被告

在民事诉讼中，若有两个或两个以上的人共同侵犯原告的民事权益，或者应由两个或两个以上的人共同承担民事责任，则原告可以选择将相关侵权人一并作为被告提起诉讼，即将多名侵权人作为共同被告提起诉讼。

共同被告有必要共同被告和普通共同被告之分。必要共同被告的诉讼标的是共同的，即共同被告对原告应承担共同的义务，一般是指多个行为人共同实施同一种侵权行为，或多个行为人基于共同侵权的故意实施了多个相关联的侵权行为。在专利侵权诉讼中，典型的必要共同被告为多个侵权人共同实施了制造侵权产品的行为，或者多个侵权人在侵权产品的制造过程中具有明确的分工合作关系。必要共同被告应当一同参加诉讼，若其中一人不参加诉讼，则争议的权利义务关系就难以确定。因此，如果必要共同被告没有参加诉讼的，人民

[1] 《专利解释（一）》第十二条规定："将侵犯发明或者实用新型专利权的产品作为零部件，制造另一产品的，人民法院应当认定属于专利法第十一条规定的使用行为；销售该另一产品的，人民法院应当认定属于专利法第十一条规定的销售行为。将侵犯外观设计专利权的产品作为零部件，制造另一产品并销售的，人民法院应当认定属于专利法第十一条规定的销售行为，但侵犯外观设计专利权的产品在该另一产品中仅具有技术功能的除外。对于前两款规定的情形，被诉侵权人之间存在分工合作的，人民法院应当认定为共同侵权。"

法院通常会追加其为共同被告，并通知其参加诉讼。

普通共同被告的诉讼标的是同一种类，即共同被告对原告没有共同的义务，一般是指多个无关联的侵权行为均与同一个诉讼标的相联系。在专利侵权诉讼中，典型的普通共同被告为侵权产品的制造者和侵权产品的销售者，未经许可的制造行为和销售行为均独立构成侵犯专利权的行为，两个侵权行为人之间可能并无关联，只是均侵犯了同一专利权。但若制造者和销售者之间具有共同侵权的故意，二者合意实施了具有上下游关系的制造和销售的侵权行为，则二者构成必要共同被告。对于普通共同被告，专利权人或利害关系人既可以将他们作为各自独立的被告分别提起诉讼，也可以作为共同被告合并提起诉讼。

例如，被告 A 销售的被控侵权产品是与 B 公司共同制造的产品，专利权人或利害关系人针对被告 A 提起专利侵权诉讼后，被告 A 可以向法庭申请追加 B 公司为共同被告，人民法院在查明情况后也可以依职权通知 B 公司参加诉讼。但是 B 公司参加诉讼与否，并不影响法庭的审理。

专利侵权诉讼中共同侵权，一般以普通共同被告居多，原告可以针对侵权的单位或者个人分别提起诉讼，也可以将实施侵权行为的多人作为共同被告提起诉讼。实务中常见的是将制造者和销售者作为共同侵权人提起的诉讼，以及将制造者和使用者作为共同侵权人提起的诉讼。对于有共同被告的专利侵权诉讼，根据《民事诉讼法》第二十二条第三款[1]的规定，共同侵权人中任意一方住所地有专利侵权诉讼管辖权的中级人民法院都可管辖。在专利侵权诉讼实务中，专利权人或者利害关系人都会利用该规定，选择具有管辖权的法院提起专利侵权诉讼。

（五）诉讼中的第三人

民事诉讼第三人，是指对于已经开始的诉讼，对原告、被告争议的诉讼标的有独立请求权，或者虽无独立的请求权，但案件的处理结果与其有法律上的利害关系而参加到原告、被告诉讼中的人，分别称为有独立请求权的第三人和无独立请求权的第三人。

有独立请求权的第三人，是指对原告、被告争议的全部诉讼标的或者一部分诉讼标的有独立的实体权利，而以独立的权利人的资格提出诉讼请求并参加到原告、被告已经开始的诉讼中的人。有独立请求权的第三人实质上是向人民法院提起了一个新的诉讼，其在诉讼中处于原告的诉讼地位，享有原告的诉讼

---

[1] 《民事诉讼法》第二十二条第三款规定："同一诉讼的几个被告住所地、经常居住地在两个以上人民法院辖区的，各该人民法院都有管辖权。"

权利，承担原告的诉讼义务。有独立请求权的第三人参加诉讼，实质上是将原告、被告之间的本诉以及第三人和原告、被告之间的诉讼合并审理。

例如，A、B 二人就房屋的所有权发生争议而诉至法院，第三人 C 认为该争议房屋属于自己所有，A 和 B 二人对该争议房屋均无所有权，则 C 以有独立请求权的第三人的身份参加诉讼，对 A 和 B 争议的标的房屋提出自己享有所有权的诉讼请求。

在专利侵权诉讼中有时也会发生以上类似的情况，例如专利权人或利害关系人提起专利侵权诉讼时，有第三人主张涉案专利权属于其所有。对此，根据《专利审查指南 2023》第五部分第七章第 7 节[1]的规定，有第三人提出权属纠纷抗辩时，专利无效宣告请求的审理、专利申请的审查和授权程序都必须停止。

在专利侵权诉讼实务中，笔者也曾经遇到过一个类似案例。被告在诉讼十分不利的情况下，暗中怂恿第三人提出专利权属主张，阻滞诉讼的进展，而人民法院在第三人提出专利权属主张后不得不中止审理。

无独立请求权的第三人，是指对原告、被告争议的诉讼标的没有独立的实体权利，但诉讼的结果可能与其有法律上的利害关系，为维护自己的利益而参加到原告、被告已经开始的诉讼中的人。无独立请求权的第三人参加诉讼，实质上是将原告、被告已经开始的本诉和一个以后可能发生的潜在的对自己不利的诉讼合并审理。

例如，在专利侵权诉讼中，专利权人起诉未经许可销售侵权产品的销售者，要求其停止销售侵权产品并赔偿损失，由于销售者所售被诉侵权产品来源于其他制造者，其不了解产品的内部结构和制造方法，一般情况下无法提出不侵权的抗辩。一旦人民法院判定产品侵权成立，不但销售者要停止销售，制造者也必须停止制造，因此涉案侵权产品的制造者可以以无独立请求权的第三人的身份请求参加诉讼，证明其所制造的涉案产品并未侵犯涉案专利权，以避免停止制造和销售该涉案产品。

无独立请求权的第三人是通过加入被告一方参加诉讼的，其既可以自行申请参加诉讼，也可以由人民法院通知参加诉讼。在第一审程序中，无独立请求权的第三人无权提出管辖权异议，只有在被判决承担民事责任时才有权提起上诉。

民事诉讼中的第三人有多种类型，但专利侵权诉讼中与专利权人有关的第

[1] 《专利审查指南 2023》第五部分第七章第 7 节规定："中止，是指当地方知识产权管理部门或者人民法院受理了专利申请权（或专利权）权属纠纷，或者人民法院裁定对专利申请权（或专利权）采取财产保全措施时，专利局根据权属纠纷的当事人的请求或者人民法院的要求中止有关程序的行为。"

三人通常是涉案专利权权属纠纷中主张享有涉案专利权的人，而与被告有关的第三人多见于制造和销售的产品中组装了侵犯他人专利权的零部件的场合，而且该零部件的制造、销售者的诉讼地位，因参加诉讼的原因不同，可以是共同被告或者第三人。

例如，A 公司制造销售的电池中采用了 B 公司提供的电池专用薄膜，而 C 公司拥有该电池专利薄膜产品和制造方法的专利权。C 公司向法院起诉 A 公司侵权，请求法院判定 A 公司停止制造和销售使用了侵犯其电池专用薄膜专利权的电池，并要求赔偿损失。A 公司被 C 公司诉到法院后，向法院提供了电池专用薄膜购自 B 公司的合法来源证据。

在上述案例中，C 公司根据被告 A 公司提供的电池专用薄膜合法来源的证据，可请求法院追加 B 公司为被告；被告 A 公司在提供合法来源的同时，可以以电池专用薄膜不是自己制造和不了解该技术为由，向法院请求追加 B 公司为被告或者第三人参加诉讼；而 B 公司可以以自己是电池专用薄膜制造销售者为由，以第三人身份向法院申请参加诉讼。

二、诉讼请求

诉讼请求，是原告向人民法院请求保护自己的民事权益的具体内容，即原告起诉所希望人民法院帮助解决的具体问题。根据诉讼请求的不同，民事诉讼一般包括确认之诉、给付之诉和形成之诉。

确认之诉是指原告请求人民法院确认其与被告之间存在或不存在某种法律关系或法律事实，例如请求确认双方的收养关系，或请求确认某公民的失踪或死亡，或请求确认不侵权等。

给付之诉是指原告请求人民法院判令对方当事人履行一定的行为或给付义务，例如要求被告方赔偿损失，或偿还贷款本息，或履行合同约定的义务等。

形成之诉是指请求法院运用判决变动现有民事法律关系，形成之诉的实体法基础是原告享有的形成权，如请求解除合同等。

确认之诉只是请求人民法院确认某种法律关系或法律事实，并不涉及要求被告方履行义务的给付内容。但给付之诉是以确认之诉为前提的，给付之诉是建立在确认之诉的基础上，请求人民法院确认某种法律关系，并且请求人民法院判令被告方履行一定的民事义务。给付之诉较为常见，绝大多数专利侵权诉讼也是给付之诉。

在专利侵权诉讼中，除请求确认不侵犯专利权诉讼为确认之诉外，停止侵害和损害赔偿都是给付之诉。

在专利侵权诉讼实务中，根据专利权、独占实施许可权或者排他实施许可权受到侵害的状况，专利权人或者利害关系人在向人民法院递交的起诉状中应写明其请求法律保护的具体内容，这就是起诉状中诉讼请求的部分。

《民法典》第一百七十九条第一款[1]规定了十一种承担民事责任的方式，但鉴于专利权作为一种知识产权存在的维权特殊性，以及专利权纠纷是财产纠纷并不涉及人身权，故在专利侵权诉讼中，原告要求被告承担民事责任的方式通常是停止侵害或者赔偿损失。因此，专利侵权诉讼的诉讼请求，一般包括以下四个部分。

（一）停止侵害

在专利侵权诉讼中，一旦人民法院判定被告侵权行为成立，“停止侵权”是最常见的责任承担方式之一。停止侵权实质上就是一种禁令，它禁止的是将来的一种行为，对于专利侵权诉讼的原告来说，它禁止的就是在专利权终止前被告再次实施侵害专利权的行为，这是原告提起诉讼的首要目的。

原告在向人民法院提起专利侵权诉讼时应当在起诉状的诉讼请求中写明请求人民法院判令被告停止侵害的具体侵权行为和具体侵害对象。若被告存在多个侵权行为，原告也必须一一列明。所谓的具体侵权行为，是指制造、销售或使用行为等；所谓的具体侵害对象，是指原告应当明确被告侵害的是专利产品或者是专利方法，包括涉案专利号和被控侵权产品的名称和型号等信息。例如，“请求依法判令被告停止制造、销售和许诺销售侵害××××××××××××.×号专利权的×××产品（或者×××型号的×××产品，或者×××产品的×××零件）”。

实务中有些原告的诉讼请求对被告的侵权行为和侵害对象的描述不够具体和明确。例如，仅说明被告的×××产品侵犯了其××××××××××××.×号专利权，要求被告方赔偿。这种诉讼请求既没有要求被告停止何种具体的侵权行为，也没有指明要求停止侵害的具体对象，人民法院无法作出针对性的判决，因此，人民法院在审理时会要求原告进行具体说明，并在法院的判决书中载明具体的判决内容。

（二）赔偿损失

赔偿损失是除停止侵害之外在专利侵权诉讼中经常被适用的另一种救济方

---

[1] 《民法典》第一百七十九条第一款规定：“承担民事责任的方式主要有：（一）停止侵害；（二）排除妨碍；（三）消除危险；（四）返还财产；（五）恢复原状；（六）修理、重作、更换；（七）继续履行；（八）赔偿损失；（九）支付违约金；（十）消除影响、恢复名誉；（十一）赔礼道歉。”

式。专利权作为一种具有垄断性质的权利，在专利权的有效期内，专利权人或者独占实施许可及排他实施许可的被许可人可以通过实施该专利获取一定量的财富。但若有第三方在专利权的范围内未经许可实施该专利，则其攫取了权利人在该专利上应得的财富，直接侵害了权利人的利益。因此权利人通常会在要求侵权人停止侵害之外，还要求其承担一定的损害赔偿责任。

关于赔偿损失的问题，在第二章第五节“损害赔偿”中已经进行过详细的介绍，包括损失赔偿的种类和对应的计算方法等。在实务操作中，原告应当在诉讼请求中明确请求赔偿的数额，在事实和理由部分对自己提出的赔偿请求提供证据和计算方法。针对原告提出的具体要求赔偿的金额和证据，法庭在案件审理过程中通过听取原告、被告双方的阐述以及对相关证据和数据进行调查，对是否进行赔偿、赔偿的项目是什么以及应赔偿的数额依法作出最后的判定。

原告在提起诉讼时，可能没有掌握被告的全部侵权证据和不当得利的情况，实务中一般会在法定赔偿的范围内，先提出一个具体的赔偿数额。原告在诉讼请求中虽然已明确自己请求赔偿的数额，但是随着诉讼中新情况的发生和新证据等的增加，在庭审结束前，根据《民事诉讼法》第五十四条❶的规定，原告可以变更诉讼请求中的赔偿金额。

如果是有共同被告的专利侵权诉讼，原告应当在诉讼请求中明确共同侵权人共同承担连带责任，或者其中的某一个被告承担赔偿损失的责任。

值得注意的是，赔偿损失这一救济方法的适用有一个例外，就是作为销售者或者使用者的被告，根据《专利法》第七十七条❷的规定，其只要能证明自己主观上并不存在侵犯专利权的故意则可以免除损失赔偿责任。销售者或使用者证明主观上并不存在侵犯专利权故意的方法，除了主张自己并不知道所销售的产品是侵犯专利权的产品外，通常还必须向法庭提供合法的进货渠道证据，例如购买被控侵权产品的合同、发票等。但是对于已被告知所销售或者使用的产品是侵权产品后仍继续销售或者使用的，销售者或者使用者就应当承担故意侵权的责任，不能免于损失赔偿。

（三）合理费用

根据《专利规定》第十六条❸的规定，原告对于因被告侵犯其专利权而提

❶ 《民事诉讼法》第五十四条规定：“原告可以放弃或者变更诉讼请求。被告可以承认或者反驳诉讼请求，有权提起反诉。”

❷ 《专利法》第七十七条规定：“为生产经营目的使用、许诺销售或者销售不知道是未经专利权人许可而制造并售出的专利侵权产品，能证明该产品合法来源的，不承担赔偿责任。”

❸ 《专利规定》第十六条规定：“权利人主张其为制止侵权行为所支付合理开支的，人民法院可以在专利法第六十五条确定的赔偿数额之外另行计算。”

起的专利侵权诉讼，有权要求被告支付的合理费用，包括律师费、调查取证费用、制止侵权所支出的差旅费和报酬，查阅收集证据材料支出的费用，必要的鉴定费、咨询费、公证费、证据保全费和证据材料的制作、邮寄费用等。

请求合理费用与请求损害赔偿一样，诉讼请求中应明确合理费用的金额，在庭审结束前，原告也可视案情进展，改变请求金额。法院将视情况对原告的合理费用的请求，酌情作出判决。

合理费用可以作为单独的诉讼请求提出，也可以包含在赔偿损失的诉讼请求内一起提出。

（四）诉讼费用的承担

在起诉状的诉讼请求中，原告一般会在诉讼请求一栏的最后写明要求被告承担诉讼费用。但是，由于诉讼费用的承担是法院依职权裁决事项，即使原告在起诉状中没有提出诉讼费用承担的诉讼请求，法院也会就此进行裁决。

《民事诉讼法》第一百二十一条第一款规定："当事人进行民事诉讼，应当按照规定交纳案件受理费。财产案件除交纳案件受理费外，并按照规定交纳其他诉讼费用。"

《诉讼费用交纳办法》第六条也规定："当事人应当向人民法院交纳的诉讼费用包括：（一）案件受理费；（二）申请费；（三）证人、鉴定人、翻译人员、理算人员在人民法院指定日期出庭发生的交通费、住宿费、生活费和误工补贴。"

专利侵权诉讼的第一审程序，原告应当预先交纳第一审案件受理费以及因申请保全措施等发生的费用。原告要求被告承担的诉讼费用，一般为前述费用。由于原告仅是预交的诉讼费用，且在诉讼过程中，由于保全或者鉴定等，相关费用会增加，加之人民法院判决时才能明确原告、被告具体承担的诉讼费用，因此，在诉讼请求中只要载明要求判令被告承担诉讼费用，不需要记载具体的金额。

三、事实和理由

专利侵权诉讼的起诉书中事实和理由部分基本上由三部分构成。

第一部分为原告享有的权利及相关证据：

（1）作为诉讼依据的专利信息包括专利权申请日、专利权申请号以及专利权授予日。

（2）原告自身是否是专利权人或者说明其与专利权人的关系。

（3）若是由共同原告提起的诉讼，说明各原告之间的关系。

（4）对专利权保护的范围作相关的说明，通常是引用涉案专利中主张权利的权利要求的内容。

第二部分为被告的侵权事实及其相关证据：

（1）说明被告的侵权行为以及证明该侵权行为存在的证据。起诉状中应阐明被告具体的侵权行为，例如，该侵权行为是制造侵权、销售侵权还是使用侵权。如是产品侵权，应说明产品的名称、型号；如是方法侵权，应说明被控侵权的具体方法。

起诉状应明确侵权证据和主张被侵犯的权利要求的对应关系。每一项专利都有一个或者多个独立权利要求和相对应的从属权利要求，独立权利要求包括了构成专利保护范围的必要技术特征，其对应的从属权利要求则对独立权利要求作了进一步的限定，因此从属权利要求的保护范围必然在该相对应的独立权利要求的保护范围内。原告可以针对被告侵害独立权利要求的行为起诉，也可以针对侵害从属权利要求的行为起诉，但必须指明被告的哪些具体侵权行为侵害的哪些具体权利要求。

例如，“被告的×××型号电扇的×××部件落入了独立权利要求1的保护范围”。

起诉状应指明每一证据拟证明的内容，以及和被控侵权产品或方法的关系。

（2）被控侵权产品或方法与权利要求的对比说明。起诉状中可以简明概要地说明被控侵权产品或方法与权利要求技术特征的对比，待以后的庭审过程中再展开。

（3）若有共同被告，应阐明共同被告所实行的共同侵害行为以及他们相互之间的行为关系。

（4）原告有损害赔偿请求的，应该明确损害赔偿额的依据以及相关的计算方法。

第三部分为概括被告侵权行为以及说明原告的诉讼请求所依据的法律法规。

起诉状所述及的被告违法行为及其对原告的损害，应在该部分对此进行概括并且再次明确提出诉讼请求所依据的法律法规。

例如，“综上所述，被告的制造和销售行为侵犯了原告的××××××××××××.××号专利，根据《专利法》第十一条等有关法律、法规的规定，特向贵院提起诉讼，请求贵院依法保护原告的合法权益，判令被告承担如前所诉请之专利侵权责任”。

起诉状应在事实和理由部分清楚地写明原告自己主张行使的权利和明示被告的行为侵害了自己的专利权的事实，以有利于法官对整个案件的真实情况进行客观的把握。

四、结　尾

结尾应写明管辖法院和原告署名。

受理案件的管辖法院的名称应写在起诉状结尾部分第一行的左侧，例如："此呈上海知识产权法院"。

原告的署名栏在管辖法院名称的右下方。原告是自然人时，可以本人署名；原告为法人时，由法人代表署名和加盖公章；如果原告有委托代理人的，可由委托代理人署名，但必须有委托书。

最后，应注明起诉日期。

五、证据和证据目录

起诉状中引用和列举的证据，原告应该按权利证据、被告的侵权证据以及原告的赔偿证据进行分类和编号。

起诉时提交给法院的书证可以是复印件，物证可以是照片。书证原件和物证原物可以在庭审质证时提交。

另外，应当制作证据目录，与证据一起提交给法院。证据目录中应将证据分成权利证据、被告的侵权证据以及原告的赔偿证据三类，并应注明每项证据对应的证据编号、证据名称、证据形式和该证据拟证明的事项。

第五节　起诉和诉讼受理

在起诉书准备完成后，就进入原告的起诉和人民法院的诉讼受理阶段。

一、起　诉

当事人既可以将起诉状等起诉材料邮寄到人民法院起诉，也可以到人民法院立案庭现场立案起诉。由于专利侵权诉讼的证据较多，且证据间的关系比一般的民事诉讼更具复杂性，因此当事人一般会选择到人民法院立案庭现场进行起诉。近年来，很多法院都开通了网上立案，为当事人提供了便捷。

起诉状除正本外，还应按照被告人数提交副本。

二、诉讼受理

人民法院在收到起诉状后，由立案庭进行审查并决定是否受理。

立案庭对起诉状的审查一般包括两个方面：

（1）对起诉状所记载信息的形式审查，主要是审查起诉状是否记明原告的姓名、性别、工作单位、住所、联系方式以及被告的姓名、性别、工作单位、住所等能够确定其身份的信息，以及是否记载诉讼请求和所依据的事实、证据和证据来源、证据是否具备关联性等。

（2）对起诉要件的形式审查，《民事诉讼法》第一百二十二条规定："起诉必须符合下列条件：（一）原告是与本案有直接利害关系的公民、法人和其他组织；（二）有明确的被告；（三）有具体的诉讼请求和事实、理由；（四）属于人民法院受理民事诉讼的范围和受诉人民法院管辖。"

由于我国现行的法院案件受理制度为立案登记制，立案庭不对主体资格、法律关系、诉讼请求和证据进行实体审查，只对起诉是否符合上述四个形式要件进行核对。根据《民事诉讼法》第一百二十六条❶的规定，只要符合法律规定的起诉要件，立案庭应予受理并于7日内登记立案；需要补充必要相关材料的，立案庭应当及时释明，以书面形式一次性全面告知应当补正的材料和期限，在原告补齐相关材料后，应于7日内决定是否立案；如果起诉不符合起诉要件，立案庭应于7日内作出裁定书，裁定不予受理，并向原告说明理由。

虽然《民事诉讼法》对于立案审查要求作了明确规定，但根据实践，很多法院对于立案审查把握比较严格，有些会涉及实体审查，而且可能因为案件多办案人手少，一些法院也难以在规定的期限内完成立案审查工作。

原告对不予受理的裁定不服，可根据《民事诉讼法》第一百七十一条❷的规定在裁定书送达之日起10日内向上一级人民法院提起上诉。

（一）原告适格的确认

原告适格是指在具体的诉讼中，有作为该案原告起诉的资格。适格的原告一般是与案件有直接利害关系的公民、法人和其他组织。

在专利侵权诉讼中适格的原告就是涉案专利的专利权人或者利害关系人。对于原告适格的确认，人民法院立案庭首先应核对原告名称是否与专利权人名称一致，或是否是利害关系人，然后核对其身份证明材料：

---

❶ 《民事诉讼法》第一百二十六条规定："人民法院应当保障当事人依照法律规定享有的起诉权利。对符合本法第一百二十二条的起诉，必须受理。符合起诉条件的，应当在七日内立案，并通知当事人；不符合起诉条件的，应当在七日内作出裁定书，不予受理；原告对裁定不服的，可以提起上诉。"

❷ 《民事诉讼法》第一百七十一条规定："当事人不服地方人民法院第一审判决的，有权在判决书送达之日起十五日内向上一级人民法院提起上诉。当事人不服地方人民法院第一审裁定的，有权在裁定书送达之日起十日内向上一级人民法院提起上诉。"

（1）若原告为中国公民，应有身份证复印件或者户口簿复印件。

（2）若原告为中国法人或者其他组织，应有主体登记资料，如营业执照复印件、工商登记机关出具的证明等。其中，原告委托代理人的，如果是委托企业员工作为代理人，应有企业的授权委托书；如果是委托律师作为代理人，应有律师事务所的公函和原告的授权委托书。

（3）若原告为外国自然人，应有护照复印件和使领馆的公证认证。

（4）若原告为外国法人或者组织，应有其所在国相关企业登记机关出具的证明以及该所在国公证机构对该证明所作的公证和中国驻该所在国使领馆对该公证所作的认证。

（5）代表外国企业或者组织参加诉讼的人，应当向人民法院提交其有权作为代表人参加诉讼的证明（委托书），该证明应当经其所在国公证机构公证，并经中国驻该国使领馆对该公证所作的认证；如果中国与该其所在国订立有相关条约的，也可按其规定办理证明手续。

上述所称“所在国”，是指外国企业或者组织的设立登记地国，也可以是办理了营业登记手续的第三国。

关于以上（3）（4）（5）所列证明材料，根据 2023 年 11 月 7 日起在中国生效的《取消外国公文书认证要求的公约》，原告也可以向人民法院提交其所在国外交机构办理的附加证明书来代替使领馆对公证所作的认证。

（二）被告适格的确认

被告适格是指在具体的诉讼中，有作为该案被告应诉的资格。

专利侵权诉讼中适格的被告一般为侵犯涉案专利的公民、法人和其他组织。原告起诉时需要证明被告目前仍然存在。若被告为中国法人或者其他组织，原告应到被告登记所在地的工商部门调取被告的工商登记资料，以证明其仍然存在。司法实践中曾出现过原告起诉至法院后才发现被告企业已关闭，导致由于不存在适格的被告而只能撤回起诉的案例。

若被告为外国自然人、外国法人或者其他组织，则原告通常只需要提供可初步证明其主体身份的文件资料即可。

（三）确认是否有具体的诉讼请求和理由

原告起诉应当有具体的诉讼请求、事实和理由，人民法院立案庭在受理诉讼时将依据《民事诉讼法》第一百二十二条的规定核对原告起诉状中是否写明了具体的诉讼请求和相关的事实以及理由。如果起诉状中没有诉讼请求或诉讼请求不具体，例如有两个共同被告，诉讼请求要求判令被告赔偿损害，但没有指明请求哪一个被告赔偿损失和要求其承担具体赔偿数额的，或者有损害赔偿请求，但没有具体损害赔偿数额的，人民法院会要求原告进行补充和明确。

（四）确认管辖权

原告起诉后，人民法院立案庭需要对本院是否具有管辖权进行确认。

专利侵权诉讼应该由侵权行为发生地以及被告住所地人民法院管辖，若存在共同被告的情况，任意一方被告的住所地人民法院均有管辖权。立案庭需要核对该案的侵权行为发生地或者被告的住所地是否落入本院的地域管辖范围。

人民法院确认管辖权的方法参见第四章第二节“诉讼管辖”的相关内容，本节不再展开。

根据《民事诉讼法》第三十七条[1]以及《民事诉讼法解释》第二百一十一条[2]的规定，若人民法院在受理起诉时即确认本院没有管辖权，应告知原告向有管辖权的人民法院起诉；若原告坚持起诉的，则裁定不予受理。若人民法院在立案后发现本院没有管辖权，应将案件移送有管辖权的人民法院，受移送的人民法院应当受理。受移送的人民法院认为受移送的案件不属于本院管辖，应当报请上级人民法院指定管辖，不得再自行移送其他人民法院。

（五）立案登记

立案庭经核对确认原被告适格，有具体的诉讼请求和理由以及法院有管辖权的，应办理受理起诉的手续，通常会交给原告两份材料：

（1）立案庭收到的起诉材料的目录。

（2）诉讼费用交纳通知单。

若原告是到人民法院立案庭当面立案起诉，并且所提交的材料符合法律规定，立案庭当场确认无误后开具诉讼费用交纳通知单，原告凭通知单到指定地点预先交纳诉讼费用后，立案庭可以当场出具立案受理通知书。

若原告提交的起诉材料经核对不符合形式要件的规定，立案庭会进行预备立案的登记，写明所收到的材料以及尚缺乏的材料，并以书面形式一次性全面告知原告应当补正的材料和期限，原告在规定期限内补正相关材料并按规定交纳诉讼费用后，立案庭才会出具立案受理通知书予以立案。

原告是以邮寄起诉材料的方式立案起诉，立案庭在法定时间内确认无误的，

---

[1] 《民事诉讼法》第三十七条规定：“人民法院发现受理的案件不属于本院管辖的，应当移送有管辖权的人民法院，受移送的人民法院应当受理。受移送的人民法院认为受移送的案件依照规定不属于本院管辖的，应当报请上级人民法院指定管辖，不得再自行移送。”

[2] 《民事诉讼法解释》第二百一十一条规定：“对本院没有管辖权的案件，告知原告向有管辖权的人民法院起诉；原告坚持起诉的，裁定不予受理；立案后发现本院没有管辖权的，应当将案件移送有管辖权的人民法院。”

会将所收到的起诉材料的目录以及诉讼费用交纳通知单寄交给原告，原告在规定时间内根据诉讼费用交纳通知单上的案号和账号到银行交纳诉讼费用或者直接到人民法院交纳诉讼费用后，立案庭会出具立案受理通知书。

若原告邮寄的起诉材料不符合立案条件的，立案庭也会通知原告补正和补正的期限。经补正符合立案条件的，立案庭将通知原告交纳诉讼费用，待原告交纳诉讼费用后出具立案受理通知书。

原告是以在网上立案平台上提交起诉材料的方式立案起诉的，立案庭会以网上答复为主，也会以电子邮件、电话、传真等其他形式答复。通过其他形式答复的，立案庭会做好记录，并在网上立案系统中注明回复时间、方式及内容。网上立案申请符合受理条件的，立案庭会在线生成交纳诉讼费用通知送达当事人并予以登记立案。

若原告网上提交的起诉材料不符合立案条件的，立案庭会在线告知补正内容和期限以及不按时补正的后果。逾期未补正的，视为撤回立案申请。网上立案推送短信通知当事人的时间节点分别为，网上立案申请开始办理、要求补正、补正期届满和办理结束。网上立案推送短信的内容包括立案法官联系方式。

民事诉讼的立案日期直接涉及人民法院的审理期限，以立案庭出具的立案受理通知书的时间为准。

三、案件受理费用

《民事诉讼法》第一百二十一条第一款[1]明确规定了当事人进行民事诉讼应该按照规定交纳案件受理费。《诉讼费用交纳办法》第十三条第一款第（一）项则具体规定了案件受理费用的计算方法：“财产案件根据诉讼请求的金额或者价额，按照下列比例分段累计交纳：1. 不超过1万元的，每件交纳50元；2. 超过1万元至10万元的部分，按照2.5%交纳；3. 超过10万元至20万元的部分，按照2%交纳；4. 超过20万元至50万元的部分，按照1.5%交纳；5. 超过50万元至100万元的部分，按照1%交纳；6. 超过100万元至200万元的部分，按照0.9%交纳；7. 超过200万元至500万元的部分，按照0.8%交纳；8. 超过500万元至1 000万元的部分，按照0.7%交纳；9. 超过1 000万元至2 000万元的部分，按照0.6%交纳；10. 超过2 000万元的部分，按照0.5%交纳。”

---

[1] 《民事诉讼法》第一百二十一条第一款规定：“当事人进行民事诉讼，应当按照规定交纳案件受理费。财产案件除交纳案件受理费外，并按照规定交纳其他诉讼费用。”

在专利侵权诉讼中，原告通常会对被告提出侵权赔偿和支付合理费用的诉讼请求，因此，原告应该根据该诉讼请求的金额，按照上述比例分段计算应交纳的费用，最后通过累计相加得出应交纳的案件受理费。

除了财产案件以外，若在专利侵权诉讼中原告没有要求损害赔偿，而仅仅是请求法院判决停止侵权的，则应按照《诉讼费用交纳办法》第十三条第一款第（三）项[1]规定的知识产权民事案件的标准交纳案件受理费，即每件交纳500～1 000元的案件受理费。

第六节　起诉状的送达

依据《民事诉讼法》第八十七条[2]和第一百二十八条[3]的相关规定，人民法院应当在立案之日起5日内将起诉状副本发送被告，并且送达起诉状必须有送达回证，以受送达人在送达回证上的签收日期为起诉状的送达日期。

一、送达方式

《民事诉讼法》及《民事诉讼法解释》规定了七种起诉状的送达方式，分别是邮寄送达、直接送达、留置送达、电子送达、委托送达、转交送达和公告送达。

（一）邮寄送达

邮寄送达是指人民法院将起诉状通过邮局挂号信寄给受送达人的方式。邮寄送达通常是受送达人居住地离法院路途较远，直接送达有困难时人民法院所采用的一种送达方式。邮寄送达以回执上注明的收件日期为送达日期。

（二）直接送达

直接送达又称交付送达，是指人民法院指派专人将起诉状直接交付给受送

[1] 《诉讼费用交纳办法》第十三条第一款第（三）项规定："知识产权民事案件，没有争议金额或者价额的，每件交纳500元至1 000元；有争议金额或者价额的，按照财产案件的标准交纳。"

[2] 《民事诉讼法》第八十七条规定："送达诉讼文书必须有送达回证，由受送达人在送达回证上记明收到日期，签名或者盖章。受送达人在送达回证上的签收日期为送达日期。"

[3] 《民事诉讼法》第一百二十八条规定："人民法院应当在立案之日起五日内将起诉状副本发送被告，被告应当在收到之日起十五日内提出答辩状。答辩状应当记明被告的姓名、性别、年龄、民族、职业、工作单位、住所、联系方式；法人或者其他组织的名称、住所和法定代表人或者主要负责人的姓名、职务、联系方式。人民法院应当在收到答辩状之日起五日内将答辩状副本发送原告。被告不提出答辩状的，不影响人民法院审理。"

达人签收的送达方式。受送达人在送达回证上签收的日期为送达日期。直接送达是最基本的送达方式，凡是能够直接送达的起诉状均应直接送达。

直接送达起诉状，受送达人是公民的，应当由其本人签收；本人不在的，交他的同住成年家属签收；受送达人是法人或者其他组织的，应当由该法人的法定代表人、该其他组织的主要负责人或者该法人、组织负责收件的人（办公室、收发室、值班室等）签收；受送达人有诉讼代理人的，可以送交其代理人签收；受送达人已向人民法院指定代收人的，送交代收人签收。

（三）留置送达

留置送达是指受送达人拒收起诉状时，送达人把起诉状留在受送达人住所的送达方式。受送达人或者他的同住成年家属拒绝接收起诉状的，送达人可以邀请有关基层组织或者所在单位的代表到场（可以是受送达人住所地的居民委员会、村民委员会的工作人员以及受送达人所在单位的工作人员），说明情况，在送达回证上记明拒收事由和日期，由送达人、见证人签名或者盖章，把起诉状留在受送达人的住所；也可以把起诉状留在受送达人的住所，并采用拍照、录像等方式记录送达过程，即视为送达。

（四）电子送达

电子送达是指采用传真、电子邮件、移动通信等即时收悉的特定系统作为送达媒介。经受送达人同意，人民法院可以采用传真、电子邮件等能够确认其收悉的方式送达起诉状，并且以传真、电子邮件等到达受送达人特定系统的日期为送达日期。若受送达人证明到达其特定系统的日期与人民法院对应系统显示发送成功的日期不一致，则以受送达人证明到达其特定系统的日期为准。

（五）委托送达

委托送达是指受诉人民法院直接送达起诉状有困难时，委托受送达人所在地人民法院代为送达的方式。委托送达一般适用于受送达人不在受诉人民法院辖区内，直接送达有困难的情况，且接受委托的必须是人民法院。人民法院需要委托送达时，应当出具委托函，并附需要送达的起诉状和送达回证，将委托的事项和要求明确地告知受委托的人民法院。委托送达的，受委托人民法院应当自收到委托函及起诉状之日起 10 日内代为送达。

（六）转交送达

转交送达是指人民法院将起诉状送交受送达人所在单位代收，然后再转交给受送达人的送达方式。转交送达是在受送达人身份特殊的情况下适用的，具体操作分别是：受送达人是军人的，通过其所在部队团以上单位的政治机关转交；受送达人被监禁的，通过其所在监所转交；受送达人被采取强制性教育措施的，通过其所在强制性教育机构转交。代为转交的机关或者单位收到起诉状后，必须立即交受送达人签收，以在送达回证上的签收日期为送达日期。

（七）公告送达

公告送达，是指法院以公告的方式将起诉状的有关内容告知受送达人的送达方式，并且无论受送达人是否知悉公告内容，经过法定的公告期限，法律上即视为已经送达。公告送达必须是在受送达人下落不明或者前六种方式无法送达的情况下才能采用的送达方式，并且公告的法定期限为30日，自发出公告之日起，经过30日即视为送达。

公告送达起诉状，应当说明公告送达的原因，并说明起诉的要点，受送达人答辩期限及逾期不答辩的法律后果等。

公告有多种方式，人民法院既可以在法院的公告栏和受送达人住所地张贴公告，也可以在报纸、信息网络等媒体上刊登公告，发出公告的日期以最后张贴或者刊登的日期为准。

人民法院采用公告送达的方式，应当在案卷中记明原因和经过，若在受送达人住所地张贴公告的，还应当采取拍照、录像等方式记录张贴的过程。

专利侵权诉讼中，起诉状的送达方式主要以邮寄送达为主，委托送达为辅，当这两种方式均无法送达或者是被告故意不接收起诉状时，人民法院可以采用公告送达的方式。

二、在中国没有住所的当事人的送达

根据《民事诉讼法》第二百八十三条及《民事诉讼法解释》第五百三十四条[1]的规定，人民法院对在中国没有住所的当事人送达起诉状，可以采用下列方式。

（1）依照受送达人所在国与中国缔结或者共同参加的国际条约中规定的方式送达。

（2）通过外交途径送达。

（3）对具有中国国籍的受送达人，可以委托中国驻受送达人所在国的使领馆代为送达。

---

[1] 《民事诉讼法解释》第五百三十四条规定："受送达人所在国允许邮寄送达的，人民法院可以邮寄送达。邮寄送达时应当附有送达回证。受送达人未在送达回证上签收但在邮件回执上签收的，视为送达，签收日期为送达日期。自邮寄之日起满三个月，如果未收到送达的证明文件，且根据各种情况不足以认定已经送达的，视为不能用邮寄方式送达。"

（4）向受送达人在本案中委托的诉讼代理人送达。

（5）向受送达人在中国领域内设立的独资企业、代表机构、分支机构或者有权接受送达的业务代办人送达。

（6）受送达人为外国人、无国籍人，其在中华人民共和国领域内设立的法人或者其他组织担任法定代表人或者主要负责人，且与该法人或者其他组织为共同被告的，向该法人或者其他组织送达。

（7）受送达人为外国法人或者其他组织，其法定代表人或者主要负责人在中华人民共和国领域内的，向其法定代表人或者主要负责人送达。

（8）受送达人所在国的法律允许邮寄送达的，可以邮寄送达，邮寄送达时应当附有送达回证，受送达人未在送达回证上签收但在邮件回执上签收的，视为送达，签收日期为送达日期；自邮寄之日起满3个月，若送达回证没有退回，但根据各种情况足以认定已经送达的，期间届满之日视为送达；若未收到送达的证明文件，且根据各种情况不足以认定已经送达的，视为不能用邮寄方式送达。

（9）采用传真、电子邮件等能够确认受送达人收悉的电子方式送达，但是受送达人所在国法律禁止的除外。

（10）以受送达人同意的其他方式送达，但是受送达人所在国法律禁止的除外。

（11）不能用上述方式送达的，公告送达，自公告之日起，经过60日，即视为送达。

在专利侵权诉讼中，人民法院对在中国没有住所的当事人送达起诉状时，曾经多是采取外交途径送达的方式，但由于外交送达的方式涉及发送国与接收国的司法系统、外交部和驻外使领馆等多个机构的协调和配合，程序较为烦琐，所耗费的时间也较长，因此为了节约诉讼的时间成本，提高司法效率，人民法院逐渐倾向于采用在受送达人所在国法律允许情况下进行邮寄送达以及向受送达人有委托权限的诉讼代理人进行送达的起诉状送达方式。

第七节　被告的答辩

民事诉讼中被告的答辩是指被告对原告提出的诉讼请求、事实和理由的回答和辩驳。答辩状是被告行使答辩权最重要的方式，包括两方面的内容：一方面是被告对原告提出的诉讼请求的承认、否认或者部分承认、部分否认，并且对于否认的部分应当进行说明；另一方面是被告对原告所阐述的事实与理由的自认、否认或者部分自认、部分否认，对于否认的部分也应当进行说明。

一、答辩期间

根据《民事诉讼法》第一百二十八条的规定，被告自收到起诉状副本之日起15日内有向人民法院提交答辩状的权利。因此，被告的答辩期间是从收到起诉状之日起的15日。对于在中国境内没有住所的外国被告，《民事诉讼法》第二百八十五条[1]将被告的答辩期间延长到了30日，即被告在收到起诉状副本后30日为提出答辩的期间；被告可以申请延期答辩，是否准许由人民法院决定。

被告在法定的答辩期间内没有提出答辩状，视为被告放弃答辩期内提交答辩状的权利，不影响人民法院依法定程序继续案件的审理工作。被告答辩期内不提出答辩状的，仍然可以在开庭审理时进行当庭答辩，阐明自己的意见，反驳原告的观点等。

虽然不答辩不影响人民法院的审理，但由于专利侵权诉讼涉及专利技术，若被告在开庭审理之前没有针对原告的起诉就技术内容作出书面的解释和答辩，法官在不了解技术的情况下，对原告起诉的观点容易先入为主，产生对被告不利的印象，因此，提交书面答辩状对于专利侵权诉讼的被告而言是一个非常重要且不可忽视的诉讼环节。

二、管辖权异议

《民事诉讼法》第一百三十条规定：“人民法院受理案件后，当事人对管辖权有异议的，应当在提交答辩状期间提出。人民法院对当事人提出的异议，应当审查。异议成立的，裁定将案件移送有管辖权的人民法院；异议不成立的，裁定驳回。当事人未提出管辖异议，并应诉答辩或者提出反诉的，视为受诉人民法院有管辖权，但违反级别管辖和专属管辖规定的除外。”

关于对专利侵权诉讼案件有管辖权的人民法院，参见本章第二节“诉讼管辖”中的内容。

管辖权异议是指当事人认为受诉人民法院对案件无管辖权时而向受诉人民法院提出的不服管辖的意见或者主张。提出管辖权异议的一般是被告。管辖权

---

[1] 《民事诉讼法》第二百八十五条规定：“被告在中华人民共和国领域内没有住所的，人民法院应当将起诉状副本送达被告，并通知被告在收到起诉状副本后三十日内提出答辩状。被告申请延期的，是否准许，由人民法院决定。”

异议是被告的一项重要的程序性权利，在专利侵权诉讼中被告常常通过提出管辖权异议来换取应诉时间，为诉讼做好充足准备。

被告提出管辖权异议的期间和答辩期间是重合的，在管辖权异议处理之后被告一般不能再要求人民法院重新给予其答辩期，但原告变更诉讼请求或者提供新证据的除外。人民法院虽然会根据原告的诉讼请求变更和新证据的具体情况决定是否重新给予被告答辩期，但是在新给予的答辩期间内，被告再提管辖权异议的，人民法院不予准允。被告在法定期间内提出管辖权异议后又要求撤回的，法院应予认可。

法律没有明确规定被告提出管辖权异议的方式，但实务中一般是以书面形式，被告可以在答辩状中一并提出管辖权异议的问题，也可以单独提交管辖权异议书。

此外，《诉讼费用交纳办法》第十三条第一款第（六）项规定："当事人提出案件管辖权异议，异议不成立的，每件交纳50元至100元。"案件受理费以预交为原则，被告提出管辖权异议，应在规定期限内预交案件受理费，逾期预交的视为未提出申请。经审查，被告所提的管辖权异议成立并裁定移送的，则退回预收的案件受理费。

被告的管辖权异议应向受诉人民法院提出，受诉人民法院在对该案进行实体审理以前，应先审查被告所提出的管辖权异议，并对该案是否有管辖权的问题作出书面裁定。

人民法院接到被告的管辖权异议后，会将相关材料发送给原告，原告可以对该异议进行答辩，也可以不答辩，但原告通常都会对管辖权异议进行答辩。对于管辖权异议，人民法院一般只进行书面审理，经审查认为被告的管辖权异议成立的，由受诉人民法院作出裁定；经审查认定异议不成立的，则裁定驳回。

第一审程序中被告对受诉人民法院驳回其管辖权异议的裁定不服的，可以向上一级人民法院上诉，由第二审人民法院进行裁定。在管辖权异议的裁定生效以前，人民法院停止对该案的实体审理。管辖权异议不成立的裁定生效后，受诉人民法院开始对专利侵权诉讼进行审理；管辖权异议成立的裁定书生效后，受诉人民法院将案件移送有管辖权的人民法院审理。管辖权异议在专利侵权诉讼中被大量采用，尤其是在有共同被告时。管辖权异议不仅是一个诉讼程序，也是一种诉讼技巧，更是被告用以争取应诉时间的手段。

答辩期间为被告收到起诉状副本之日起15日，被告通常在答辩期的最后一日提出管辖权异议；根据《民事诉讼法》第一百三十条第一款[1]、第一百七十一条第二款和第一百八十三条第二款[2]的规定，人民法院对当事人在法定期限内提出管辖权异议的，应作出异议是否成立的书面裁定；被告对裁定不服可以在裁定书送达之日起 10 日内向上一级人民法院提出上诉；第二审人民法院应当在立案之日起 30 日内作出终审裁定。加上因被告上诉，一审法院向二审法院移送案卷的时间，被告通过管辖权异议通常可以争取到 70 日以上的应诉时间。

另外，即便被告在一审答辩期内提出的管辖权异议均被一审人民法院和二审人民法院驳回，人民法院也应当在驳回管辖权异议的裁定生效后，重新指定举证期限。

三、诉讼中止

《专利法》第二十二条第一款规定："授予专利权的发明和实用新型，应当具备新颖性、创造性和实用性。"《专利法》第二十三条第一款规定："授予专利权的外观设计，应当不属于现有设计；……"另外，《专利法》第四十五条规定："自国务院专利行政部门公告授予专利权之日起，任何单位或者个人认为该专利权的授予不符合本法有关规定的，可以请求国务院专利行政部门宣告该专利权无效。"

在专利侵权诉讼中，若被告认为原告的专利不符合专利授权条件，可以在答辩期内向国家知识产权局专利局复审和无效审理部提出专利无效宣告请求，同时可以请求人民法院中止该专利侵权诉讼。

被告在答辩期内提出专利无效宣告请求和中止诉讼请求的，人民法院按下述原则进行审理和裁定。

（1）若涉案专利为发明专利，由于发明专利在专利申请时都经过实质性审查，权利的稳定性较强，人民法院一般不予中止诉讼；但是若人民法院经过审查发现该发明专利权被无效的可能性很大时，人民法院会作出中止该专利侵权诉讼的裁定。

（2）若涉案专利为实用新型或者外观设计专利，由于其在申请时国家知识产权局只对提交的专利申请文件和相关手续是否完备进行了形式审查，没有对

---

[1] 《民事诉讼法》第一百三十条第一款规定："人民法院受理案件后，当事人对管辖权有异议的，应当在提交答辩状期间提出。人民法院对当事人提出的异议，应当审查。异议成立的，裁定将案件移送有管辖权的人民法院；异议不成立的，裁定驳回。"

[2] 《民事诉讼法》第一百八十三条第二款规定："人民法院审理对裁定的上诉案件，应当在第二审立案之日起三十日内作出终审裁定。"

权利要求和说明书的具体内容进行实质性审查，权利的稳定性较弱。如果被告在法定答辩期内申请宣告原告专利权无效并提出中止诉讼的请求，根据《专利规定》第四条第一款、第五条、第六条[1]和《专利法》第六十六条的相关规定，人民法院可以要求原告提交由国家知识产权局作出的检索报告或者专利权评价报告，原告无正当理由不提交的，人民法院可以裁定中止诉讼；若原告出具的检索报告或者专利权评价报告存在否定其实用新型专利的新颖性、创造性或者实用性，或者否定其外观设计专利的新颖性或者创造性的因素，人民法院将裁定中止诉讼；若原告出具的检索报告或者专利权评价报告未发现导致其实用新型或者外观设计专利权无效的事由，人民法院可以不予中止诉讼；其他情形则由人民法院依据具体情况进行判断。

对于被告中止诉讼的请求，人民法院经审查后作出裁定中止诉讼的，待国家知识产权局对专利无效宣告请求的审查作出决定后再行决定是否启动诉讼程序。人民法院裁定中止诉讼的，立即执行，不适用上诉程序。

（1）若国家知识产权局审查后决定维持原告的专利权有效，则人民法院应继续该专利侵权案件的审理。

（2）若国家知识产权局审查后决定宣告原告的专利权无效，则人民法院可以裁定驳回原告的起诉。但若国家知识产权局作出的该专利无效宣告请求审查决定在其后的行政诉讼中被撤销的，原告可以再行起诉。

四、被告抗辩

在专利侵权诉讼中，被告的抗辩事由主要有不侵权抗辩、先使用权抗辩、现有技术抗辩、抵触申请抗辩和合法来源抗辩。

---

[1] 《专利规定》第四条第一款规定："对申请日在2009年10月1日前（不含该日）的实用新型专利提起侵犯专利权诉讼，原告可以出具由国务院专利行政部门作出的检索报告；对申请日在2009年10月1日以后的实用新型或者外观设计专利提起侵犯专利权诉讼，原告可以出具由国务院专利行政部门作出的专利权评价报告。根据案件审理需要，人民法院可以要求原告提交检索报告或者专利权评价报告。原告无正当理由不提交的，人民法院可以裁定中止诉讼或者判令原告承担可能的不利后果。"

第五条规定："人民法院受理的侵犯实用新型、外观设计专利权纠纷案件，被告在答辩期间内请求宣告该项专利权无效的，人民法院应当中止诉讼，但具备下列情形之一的，可以不中止诉讼：（一）原告出具的检索报告或者专利权评价报告未发现导致实用新型或者外观设计专利权无效的事由的；（二）被告提供的证据足以证明其使用的技术已经公知的；（三）被告请求宣告该项专利权无效所提供的证据或者依据的理由明显不充分的；（四）人民法院认为不应当中止诉讼的其他情形。"

第六条规定："人民法院受理的侵犯实用新型、外观设计专利权纠纷案件，被告在答辩期间届满后请求宣告该项专利权无效的，人民法院不应当中止诉讼，但经审查认为有必要中止诉讼的除外。"

（一）不侵权抗辩

被告进行不侵权抗辩所依据的法律规定和分析方法基本同专利侵权分析，但是两者主体不同，所处的情形也不同。专利侵权分析是专利权人在起诉前对被疑侵权产品或方法是否落入专利权保护范围内的分析，该分析结果是其是否提起专利侵权诉讼的判断依据，一般来讲具有一定的客观性；而不侵权抗辩是被告为主张不侵权而进行的辩护，通常情况下，被告会充分利用被控侵权产品或方法中与涉案专利权利要求记载的技术特征不同或有差异的内容，来证明被控侵权产品或方法没有侵犯涉案专利。

《专利法》第六十四条规定："发明或者实用新型专利权的保护范围以其权利要求的内容为准，说明书及附图可以用于解释权利要求的内容。外观设计专利权的保护范围以表示在图片或者照片中的该产品的外观设计为准，简要说明可以用于解释图片或者照片所表示的该产品的外观设计。"

《专利规定》第十三条补充规定："专利法第五十九条第一款[1]所称的'发明或者实用新型专利权的保护范围以其权利要求的内容为准，说明书及附图可以用于解释权利要求的内容'，是指专利权的保护范围应当以权利要求记载的全部技术特征所确定的范围为准，也包括与该技术特征相等同的特征所确定的范围。等同特征，是指与所记载的技术特征以基本相同的手段，实现基本相同的功能，达到基本相同的效果，并且本领域普通技术人员在被控侵权行为发生时无需经过创造性劳动就能够联想到的特征。"

上述规定，是被告进行不侵权抗辩的主要法律依据。

1. 发明和实用新型专利的不侵权抗辩

被告关于发明和实用新型专利不侵权抗辩的主要方法有两个：一是尽可能地将涉案专利权利要求的范围向窄的方面进行解释，以使被控侵权产品或方法不落入涉案专利权利要求的保护范围内；二是通过技术特征比较，尽可能地寻找被控侵权产品或方法中与权利要求技术特征不同和不等同的对应技术特征，以说明两者不同。

发明和实用新型专利不侵权抗辩的基本分析方法如下。

首先，分析确认涉案发明专利或者实用新型专利的有效性，分析方法参见第二章第三节"专利权有效性分析"的相关内容，然后按下列步骤进行分析。

（1）技术特征分解

将原告主张的权利要求，按权利要求的构成要素分解技术特征。

---

[1] 此处为2008年公布《专利法》版本中的第五十九条，在2020年公布的《专利法》中修正为第六十四条。

（2）对分解后的技术特征进行限定解释

首先应分析涉案专利的权利要求和说明书是否有如第二章第三节“专利权有效性分析”中提到的缺陷，以及这些缺陷对权利要求和技术特征的影响；然后按照第二章第四节之一“确定权利要求保护范围”中记载的确定权利要求保护范围的方法，对权利要求和技术特征进行限定的解释。尤其是对一些上位概念的技术用语或者功能性的技术特征，用说明书中的实施例进行限定的解释，缩小其范围。

所谓功能性特征，是指对于结构、组分、步骤、条件或其之间的关系等，通过其在发明创造中所起的功能或者效果进行限定的技术特征。在进行不侵权抗辩时，应当将功能性特征的范围限定为涉案专利说明书及附图中所对应的为实现该功能、效果的具体实施方式。

需要注意的是，以下两种情形一般不宜认定为功能性特征：一是以功能或效果性语言表述且已经成为本领域普通技术人员普遍知晓的技术术语，或以功能或效果性语言表述且仅通过阅读权利要求即可直接、明确地确定实现上述功能或者效果的具体实施方式的技术特征；二是使用功能性或效果性语言表述但同时也用相应的结构、组分、材料、步骤、条件等特征进行描述的技术特征。

（3）确认被控侵权产品或方法的对应技术特征

对应于按前述第（2）步骤进行解释限定后的涉案专利权利要求的技术特征，分解被控侵权产品或方法的技术特征。

（4）对比分析

将权利要求的技术特征和被控侵权产品或方法的技术特征进行对比比较。被控侵权产品或方法的技术特征与权利要求技术特征相同或者等同时，构成侵权；若被控侵权产品或方法缺少一个或者一个以上的技术特征，或者一个或者一个以上的技术特征与权利要求的技术特征不相同也不等同的，则不构成侵权；若被控侵权产品或方法具有权利要求的所有技术特征以外，还具备其他技术特征的，也构成侵权。

专利侵权诉讼中技术特征的等同分析和判断，因个案而异，十分具体，并且技术领域不同分析方法也有差异，这是一个需要专门阐述的内容，因此本书不作展开。

发明和实用新型专利的不侵权抗辩，被告通常通过主张被控侵权产品或方法缺少一个或一个以上的必要技术特征，或者主张一个或一个以上的技术特征与权利要求对应的技术特征不同并且不等同，以证明被控侵权产品或方法不侵权。

2. 外观设计专利不侵权抗辩

《专利解释（一）》第十一条第一款规定：“人民法院认定外观设计是否相同或者相近似时，应当根据授权外观设计、被控侵权设计的设计特征，以外观设计的整体视觉效果进行综合判断……”

外观设计专利不侵权抗辩有以下两个主要理由。

（1）主张被控侵权产品与涉案外观设计专利的产品种类不相同不相近

被控侵权产品与涉案外观设计专利产品种类不相同和不相近的，就不构成侵权，这是外观设计专利不侵权抗辩的主要理由之一。

在确定产品种类相同或者相近时，可以参考产品的名称、国际外观设计分类以及产品销售时的货架分类位置，但是应当以产品的用途是否相同为准。相同种类产品是指用途完全相同的产品，相近种类的产品是指用途相近的产品。

（2）主张被控侵权产品的外观设计与涉案外观设计专利不相同也不相近似

主张被控侵权产品的外观设计与涉案外观设计专利不相同和不相近似，是不侵权抗辩的另一个重要理由。

被告可以直接通过被控侵权产品的外观设计与涉案外观设计专利进行比对来主张两者外观不相同也不相近似，也可以首先按照第二章第三节之四“外观设计专利权有效性分析”中记载的外观设计专利权有效性分析的方法，分析涉案外观设计中是否缺乏有效性或者是否有影响其有效性的缺陷，以及该缺陷对涉案外观设计专利保护范围的影响，然后在尽量缩小涉案外观设计专利保护范围的基础上，再与被控侵权产品进行外观设计对比来主张两者外观不相同和不相近似。对比方法如下。

① 外观设计专利的设计特征分解。分别按涉案外观设计专利的视图，按产品的轮廓、部件位置和配置关系、部件形状等分解设计特征。

进行外观设计不侵权抗辩时，被告不应像进行外观设计侵权分析那样主动排除所有主要由技术功能决定的设计特征，以及对整体视觉效果不产生影响的产品的材料和内部结构等设计特征，而是分解所有的设计特征用以对比。

② 确认被控侵权外观设计产品的对应设计特征。对应于涉案外观设计专利的设计特征，分解被控侵权产品的设计特征。

③ 对比分析。逐一对比被控侵权产品和涉案外观设计专利两者的设计特征，尽可能找出两者不相同和不相近的设计特征，并尽可能地将不相同的设计特征直接主张为也是不相近似的设计特征。

综合分析各设计特征对整体视觉效果的影响比重后，再比较得出最终结论。

通常外观设计轮廓不相同和不相近似的，不构成侵权；轮廓相同或者相近似的，部件配置不相同和不相近似的，不构成侵权；轮廓和部件配置相同或者相近似但部件形状不相同或者不相近的，应根据个案进行综合分析判断，分析判断方法本书不作展开。

被告进行外观设计专利不侵权抗辩，一般都会尽可能地寻找和利用被控侵权外观设计与涉案外观设计专利不相同和不相近似的设计特征，尽管有些可能是由技术功能所限定的设计特征以及对整体视觉效果不产生影响的产品的材料、内部结构等设计特征，然后尽可能地扩大说明这些对应设计特征间的区别，并将不相同的设计特征主张为不相近似的设计特征，以力求证明不侵权。

另外，《专利解释（一）》第十一条第二款规定："下列情形，通常对外观设计的整体视觉效果更具有影响：……（二）授权外观设计区别于现有设计的设计特征相对于授权外观设计的其他设计特征。"

根据该规定，被告可以通过引入现有设计的方法，加强其外观设计的不侵权抗辩。其抗辩方法如下。

（1）按前述方法中（1）和（2）以及（2）中的①和②分析涉案外观设计专利，以及分解涉案外观设计和被控侵权产品的设计特征。

（2）对应于涉案外观设计专利分解和确认现有设计的设计特征。按照涉案外观设计的设计特征，分解和确认对应的现有设计的设计特征。

（3）确认区别设计特征。比对现有设计和涉案外观设计，将两者不相同和不相近似的设计特征确定为区别设计特征。

（4）对比分析。比较涉案外观设计的非区别设计特征与被控侵权设计的对应设计特征，以及比较涉案外观设计的区别设计特征与被控侵权设计的对应设计特征，在此整体比较的基础上，进行综合判断。

如果涉案外观设计的非区别设计特征和区别设计特征与被控侵权设计的对应设计特征相同或者相近似，则构成侵权；如果涉案外观设计的非区别设计特征相同或相近似于被控侵权设计的设计特征，而区别设计特征不相同和不相近似于被控侵权设计对应的设计特征的，一般被认为不侵权；如果区别设计特征与被控侵权设计的对应设计特征相同或者相近似，而非区别特征与被控侵权外观设计不相同也不相近似的，则要分别考虑相同和相近似的设计特征对整体视觉影响的权重，以及不相同和不相近似设计特征对整体视觉的影响的权重，并且在对两种权重进行综合衡量后再进行判断。判断方法因个案而异，本书不作展开。

（二）先使用权抗辩

先使用权抗辩也称使用在先的抗辩。先使用权不是知识产权，其不能转让，也不能许可实施，它仅仅是一种对专利侵权的抗辩权，是被告在专利侵权诉讼中对抗原告的措施之一。

我国实行的是先申请制度，即专利权授予最先提交专利申请的人。但在权利人提出专利申请之前，并不能排除存在他人已经准备好实施甚至已经实施了与该项专利相同技术的情况。作为对在申请前已经完成实施的准备或者已经开始实施者的法律救济，《专利法》第七十五条[1]将“在专利申请日前已经制造相同产品、使用相同方法或者已经作好制造、使用的必要准备，并且仅在原有范围内继续制造、使用”的情形明确规定为不侵犯专利权。

《专利解释（一）》第十五条第二款规定：“有下列情形之一的，人民法院应当认定属于专利法第六十九条[2]第（二）项规定的已经作好制造、使用的必要准备：（一）已经完成实施发明创造所必需的主要技术图纸或者工艺文件；（二）已经制造或者购买实施发明创造所必需的主要设备或者原材料。”

根据上述规定，在我国实施的制造、使用行为可以主张先使用权，在我国以外国家或者地区实施的制造、使用行为，不在先使用权抗辩的范围内。

被告主张先使用权抗辩应承担举证责任，证明自己拥有先使用权，其行为不构成专利侵权。具体来说，适用先使用权抗辩至少需要满足三个条件。

（1）被告必须是在原告的专利申请日前已经制造出相同产品、使用了相同方法或者已经做好制造、使用的必要准备。

（2）被告的制造、使用行为或者为该行为所做的必要准备工作仅限于在“原有范围”内继续进行。

（3）被告的制造、使用行为或者为该行为所做的必要准备工作必须是在原告的专利申请日之前已经开始，并且一直延续到被诉侵权时“继续制造、使用”。

1. 相同产品或者相同方法

“相同产品”或者“相同方法”指被控侵权产品或方法的技术特征与享有先使用权的产品或方法相同。与享有先使用权的产品或方法的技术特征等同的产品或方法，不能享有先使用权，因为主张先使用权的被告很可能在涉案专利申请后对其主张先使用权的产品或方法进行了改进，这种改进至少会改善和提高某些技术效果，因此这些改进已经使被控侵权产品或方法不同于主张先使用

[1] 《专利法》第七十五条规定：“有下列情形之一的，不视为侵犯专利权：……（二）在专利申请日前已经制造相同产品、使用相同方法或者已经作好制造、使用的必要准备，并且仅在原有范围内继续制造、使用的；……”

[2] 此处为2008年公布《专利法》版本中的第六十九条，在2020年公布的《专利法》中修正为第七十五条。

权的产品或方法，所以，不能享有先使用权。

2. 原有范围

被告主张的先使用权只限于在“原有范围”内继续实施。《专利解释(一)》第十五条[1]从两个方面对“原有范围”进行了界定。

从生产规模来说，“原有范围”应包括“专利申请日前已有的生产规模以及利用已有的生产设备或者根据已有的生产准备可以达到的生产规模”。例如，被告在原告的专利申请日之前制造“相同产品”的生产规模已达到年产量100吨，但设计能力为150吨，被告主张先使用权的“原有范围”应认定为年产量150吨。

从实施主体来说，“原有范围”还包括了行为主体的不可变。专利侵权诉讼中主张先使用权抗辩的主体，应是在涉案专利申请日前完成生产或者生产准备的同一主体，或者是该主体的继承者，先使用权不能转让或者许可给他人实施，但是连同该在先使用权与其原有企业一并转让或者被承继的除外。

例如，A公司在涉案专利申请日前已经完成了对与专利产品相同的产品的生产或者已经做好必要的生产准备，则A公司具有在原有范围内继续制造、销售和使用该相同产品的先使用权，其生产、销售和使用行为不侵犯涉案专利权。但若A公司在涉案专利申请日后将该相同产品及生产技术转让给B公司，制造、销售和使用该相同产品的先使用权不会随之转让，即B公司不享有对该相同产品的先使用权，即使B公司是在A公司原有的生产规模范围继续制造、销售和使用该相同产品，B公司仍然侵犯了涉案专利权。与此相反的是，若在涉案专利申请日后，因为A公司被B公司吸收或者与B公司合并，该相同产品及生产技术的先使用权由B公司合法继承，则B公司在A公司原有的生产规模中继续制造、销售和使用该相同产品，仍享有先使用权，不侵犯涉案专利权。

3. 继续制造、使用

继续制造、使用是指被告主张先使用权时，其实施行为应该从先使用权产生之日起处于一个持续的状态，即被告的先使用权产生后其实施的行为必须一

---

[1] 《专利解释（一）》第十五条规定：“被诉侵权人以非法获得的技术或者设计主张先用权抗辩的，人民法院不予支持。有下列情形之一的，人民法院应当认定属于专利法第六十九条第（二）项规定的已经作好制造、使用的必要准备：（一）已经完成实施发明创造所必需的主要技术图纸或者工艺文件；（二）已经制造或者购买实施发明创造所必需的主要设备或者原材料。专利法第六十九条第（二）项规定的原有范围，包括专利申请日前已有的生产规模以及利用已有的生产设备或者根据已有的生产准备可以达到的生产规模。先用权人在专利申请日后将其已经实施或作好实施必要准备的技术或设计转让或者许可他人实施，被诉侵权人主张该实施行为属于在原有范围内继续实施的，人民法院不予支持，但该技术或设计与原有企业一并转让或者承继的除外。”

直延续到被诉专利侵权之日。但是在实务中，企业制造一批产品未销售完的，会停产一段时间直至已制造的产品售完后再开始制造。

例如，被告在原告的专利申请日之前制造了 100 吨与原告的专利产品相同的产品在涉案专利申请日开始销售，第一年没有销售完，于是被告在之后的两年内均没有继续制造，但一直在持续销售已制造的产品，直到第三年销售完产品后才又开始继续制造该相同产品。

现有法律没有进一步界定先使用权中的继续制造和继续使用的概念，也没有相应的案例可供说明。

但是在上述例子中，被告虽然在第二年、第三年内未制造，但其在第二年、第三年持续销售其第一年制造的产品，并在销售完后再制造，是一种典型的以销定产的企业经营方法，因此笔者认为被告第二年、第三年的未制造行为不应该认定为被告未“继续制造和销售”，其先使用权应该有效。

4. 先使用权的证据及收集证据时的注意事项

（1）先使用权的证据

先使用权的证据包括在涉案专利申请日以前就已经存在的书证和物证，和事后收集的用于证明前述书证和物证客观存在的证据。

涉案专利申请日以前已经存在的书证和物证，大致有以下四种。

① 当时制造的产品或者当时使用方法制造的产品。

② 当时的原始设计图纸、研发记录等。

③ 当时为准备生产购置的专用设备、材料的合同及付款证明。

④ 当时为准备生产、与其他第三方合作的资料，例如委托设计协议、委托加工协议和委托检验协议等，以及证明这些协议被履行的其他资料，例如发票、付款凭证等。

事后收集的用于证明前述书证和物证客观存在的证据，通常是来源于第三方的证词，主要证明前述证据是其提供的，或者这些产品或者方法目前尚在使用。

（2）收集先使用权证据时的注意事项

先使用权的证据基本上都是事后收集，即使是涉案专利申请日以前制造的产品，由于是事后收集，证明这些证据在涉案专利申请日之前已经存在，是先使用权抗辩成功的关键。为此收集先使用权证据时应注意以下三点。

① 证据必须反映和体现产品结构或方法的具体内容。先使用权证据的形式多种多样，但是在众多证据中，必须有能反映和体现产品结构和方法的具体内容。因为，这些证据最终要证明的只是两个事实，即证明涉案专利申请日前确

实完成了制造和使用的准备，以及能够反映和体现完成制造准备的产品的结构或者完成使用准备的方法的具体内容，尤其第二个待证事实的证据极为重要，因为没有它就无法和被控侵权产品或方法进行比较，因此，可以说这是核心证据。反映和体现产品结构或方法具体内容的证据，通常是涉案专利申请日前制成的产品样品，原始图纸等技术资料或者研发记录中与技术有关的内容。这些作为证据的技术资料必须能够反映和体现申请日前已经完成制造准备的产品或者准备使用的方法的基本技术内容，至少应该达到能够反映和体现出其已具备构成涉案专利保护范围所必需的技术特征的程度。

② 证据的关联性。如前所述的证据基本都是事后收集，因此几乎不可能有一两件可以单独证明先使用权存在的孤证，尤其前述第二个待证事实基本上不可能由一两件证据来独立地完成证明。例如，一件在涉案专利申请日前已为进行生产准备而预制的样品，该样品虽然能反映和体现产品的结构，却还需要其他证据来证明其制造日期、制造者以及制造场所。又如，一批原始图纸虽然能证明产品的结构或者方法的具体内容，同样还需要其他证据来证明谁是设计者、设计的时间以及设计的目的和场所等。大多数情况下先使用权是通过数个证据构成的证据链来进行证明，除这些证据的真实性外，还必须注意这些证据间的关联性，尤其是相互的逻辑关系。

③ 证据的客观性。由于先使用权证据基本上都事后收集，用事后收集的证据来证明以前发生的事实，对方当事人基本上都会质疑其真实性，因此，证据的客观性十分重要，因为证据本身的客观性有助于说明这些证据可以反映和体现某些事实确实存在。证据客观性表现为：

第一，对同一待证事实收集有多项证据。即从不同地方收集了相同的产品样本，或者有多位第三方对于同一事实作出的证明。由于这是事后收集的证明，有多项证据证明同一事实，可提高证据的证明力。

第二，关联证据中至少有一件能证明以前的那个时间段确实发生了某事件。例如，证据中包括了委托开发协议、根据该协议规定的款项通过银行支付的凭证，以及委托开发协议的对方当事人在当时出具的税务发票和提供的原始设计图，以及其事后提供的证词。由于银行凭证和税务发票都不可能假冒，它们是可以证实委托开发协议当时确实存在的客观证据。对于由前述证据构成的证据链中的委托开发协议和原始设计图，前述银行凭证和税务发票这一客观证据有助于法官形成委托开发协议和原始设计图是真实的心证。

（3）庭审时的注意事项

在庭审中，被告在说明自己的证据和陈述自己的观点时，应注意以下内容。

① 证据的真实性。先使用权证据数量众多、形式多样，且事后收集者居多，因此这些证据的真实性是庭审时的一个重要内容。尤其是一些事后收集的涉案专利申请日前制造的产品样本和原始图纸等，应尽可能多地利用一些税务发票或银行付款凭证等客观的证据来证实，或者通过第三方证明的方式来进行说明。

② 证据的关联性。前述众多证据中的绝大部分实际上主要用于证明其中一两件能够反映和体现产品结构或者方法的具体内容的证据是客观和真实的。这些证据间的关系，即待证事实、证明证据和待证证据间的联系和逻辑关系都是庭审中必须注意说明的内容。

③ 技术对比。先使用权抗辩从理论上讲，只要将被控侵权产品或方法与涉案专利申请日以前已完成生产准备的产品或者方法进行比较，比较的结果如果是相同的，就不侵犯涉案专利。但是实务上很难实现，因为这样做的话，需要比对的技术内容将涉及产品或方法的方方面面，无重点且工作量极大。先使用权抗辩的技术特征比对的通常做法是：

第一，按照本节之四“被告抗辩”中的“（一）不侵权抗辩”中的发明和实用新型专利的分析方法分解涉案产品专利或者方法专利的技术特征。

第二，对应于涉案专利的技术特征，分解被控侵权产品或方法的技术特征，以及涉案专利申请日前完成制造准备的产品或方法的技术特征。

第三，对比分析。将涉案专利的权利要求的技术特征、被控侵权产品或方法的技术特征，以及涉案专利申请日前已完成生产使用准备的产品或方法的技术特征进行三者的对比分析。

与涉案专利对应的被控侵权产品或方法的技术特征和涉案专利申请日前已经完成生产准备的产品或方法的技术特征相同时，被控侵权产品或方法享有先使用权。

与涉案专利对应的被控侵权产品或方法的技术特征中，有一个以上的技术特征与涉案专利申请日以前已完成生产准备的产品或方法的对应技术特征不相同的，被控侵权产品或方法不享有先使用权。

若是先使用权抗辩涉及产品外观设计的，其比对方法基本同产品和方法的比对方法，即分解涉案外观设计专利的设计特征后，再对应于涉案外观设计分解被控侵权外观设计和在涉案外观设计专利申请日以前已完成生产准备的外观设计产品的设计特征，然后进行三者设计特征的对比。

与涉案外观设计对应的被控侵权外观设计的设计特征和涉案外观设计申请日前已经完成生产准备的产品的设计特征相同时，被控侵权外观设计享有先使用权。

与涉案外观设计对应的被控侵权外观设计的设计特征中，有一个以上的设计特征和涉案外观设计申请日以前已完成生产准备的产品的对应设计特征不相同的，被控侵权外观设计不享有先使用权。

④ 完成了制造、使用的必要准备。强调已完成了制造产品或使用方法的技术上的必要准备，是被告要证明的一个重要事项。其可以通过如预制样品、研发记录、产品设计方案、技术图纸等，生产用厂房的建设、专用设备的购置和产品或者方法的检验测试报告等证据，证明在涉案专利申请日前各项必要准备已经达到完成阶段。

⑤ 原有范围。通过现有产品的生产数据和销售数据与涉案专利申请日前购置和投入生产的设备可达到的生产规模进行比较，以证明被告继续制造相同产品或使用相同方法的范围在涉案专利申请日前已有的生产规模内或者相同。

（三）现有技术抗辩

设置现有技术抗辩制度的目的是简化诉讼程序和节约当事人的诉讼成本。落入专利权保护范围的被控侵权技术属于现有技术的，则该专利权本身也必然不符合“新颖性”要求。

《专利法》第六十七条规定：“在专利侵权纠纷中，被控侵权人有证据证明其实施的技术或者设计属于现有技术或者现有设计的，不构成侵犯专利权。”也就是说，若被告能证明其实施的被控侵权技术属于现有技术，那么即使该被控侵权技术落入了原告专利权的保护范围，被告也可以通过主张现有技术抗辩来对抗原告的侵权指控。

《专利法》第二十二条第五款规定：“本法所称现有技术，是指申请日以前在国内外为公众所知的技术。”现有技术包括申请日以前在国内外出版物上公开发表、在国内外公开使用或者以其他方式为公众所知的技术。

《专利解释（一）》第十四条规定：“被诉落入专利权保护范围的全部技术特征，与一项现有技术方案中的相应技术特征相同或者无实质性差异的，人民法院应当认定被诉侵权人实施的技术属于专利法第六十二条[1]规定的现有技术。”

根据上述规定，进行现有技术抗辩时，被控侵权技术与现有技术对比时采用的是单独对比原则，即只能与一项现有技术的技术方案进行比较，若被告将数个现有技术的技术方案的技术特征组合起来进行抗辩，人民法院将不予支持。

1. 发明和实用新型专利的现有技术抗辩

（1）选择一项现有技术。例如，一件在申请日以前已公开的行业杂志中的

---

[1] 此处为2008年公布《专利法》版本中的第六十二条，在2020年公布的《专利法》中修正为第六十七条。

一篇论文中所记载的一个技术方案。

（2）技术特征分解。将原告主张权利的专利权的权利要求，按权利要求的构成要素分解技术特征。对于上位概念的技术用语和功能性的技术特征，可利用说明书和附图进行限定解释，明确各技术特征的范围。

（3）确认被控侵权产品或方法的对应技术特征。将被控侵权产品或方法以及现有技术，对应于权利要求的技术特征，分别进行分解。

（4）对比分析。将被控侵权产品或方法与现有技术的对应技术特征进行对比。若对应于专利权权利要求的技术特征的被控侵权产品或方法的技术特征与现有技术的技术特征相同或者无实质性差异的，不构成侵权；若对应于专利权利要求的技术特征的被控侵权产品或方法中的一个以上的技术特征，与现有技术的技术特征不相同并有实质性差异的，现有技术抗辩不成立。

被告主张现有技术抗辩的，需要证明两部分内容：一是该现有技术的公开日早于原告的专利申请日；二是被控侵权产品或方法的技术特征与现有技术的技术特征相同或者无实质性差异。

在（2020）浙01知民初791号侵害发明专利权纠纷案中，原告发现被告生产、销售的牙刷侵犯了其名称为“牙刷”的发明专利权，遂向法院提起诉讼。涉案专利的权利要求中除了包含牙刷头部和颈部尺寸参数特征之外，还包含测定牙刷头部和颈部挠曲量的参数限定特征。

被告在该案中提出了两组证据进行现有技术抗辩。

（1）被告于涉案专利优先权日之后在亚马逊网站上购买的四款原告生产的牙刷产品、相应的检测报告以及亚马逊网站页面规则，用于主张“日本亚马逊相关政策要求产品在上架后不被允许进行实质性修改”，在涉案专利的优先权日之前原告已公开上市销售的这四款牙刷均落入涉案专利权利要求的保护范围。

（2）原告的另一篇发明专利，其授权日期早于涉案专利的优先权日，其说明书公开的牙刷尺寸参数和附图与涉案专利说明书的记载基本一致，用于主张本领域技术人员依据该说明书同样可以得到符合涉案专利权利要求方案的牙刷。

法院经审查后认为，针对第（1）项现有技术抗辩，原告提供了其与亚马逊网站联系获得的证据，法院经审查后认为，被告提交的证据未形成完整的证据链，不足以证明被告于涉案专利优先权日之后购买的牙刷与原告在涉案专利优先权日之前销售的牙刷技术特征具有同一性，不能证明被告购买的牙刷在涉案专利优先权日之前即已销售，因此该项现有技术抗辩不成立；针对第（2）项现有技术抗辩，对比文献中没有公开被控侵权产品技术方案中的关于测定挠曲量的技术特征，因此第（2）项现有技术抗辩也不成立。

被控侵权产品或方法的技术特征与现有技术中相应的技术特征无实质性差异是指虽然被控侵权技术与现有技术存在差异，但该差异对该技术领域一般技术人员来讲是公知常识，或者只是某个惯用手段的直接置换。由于该差异的分析判断方法因个案而异无法简单概括和穷尽，故本书不作展开。

2. 外观设计专利的现有设计抗辩

主张被控侵权产品使用的是现有设计，是被告抗辩原告专利侵权的方法之一。与发明和实用新型专利的现有技术抗辩一样，在外观设计专利的现有设计抗辩中，被告首先必须向法庭提供现有设计的证据，该证据的要求及举证方法同上面提到的发明和实用新型专利的现有技术抗辩，请参见相关介绍，这里不再展开。

现有设计抗辩的步骤，通常如下。

（1）确认涉案外观设计专利的保护范围。有关涉案外观设计专利保护范围的确定，在第二章第四节之三“外观设计专利侵权分析”中已详细阐述，本节不作具体展开。

（2）确认涉案外观设计专利、被控侵权产品与现有设计三者均为相同或相近的产品种类。涉案外观设计专利、被控侵权产品与现有设计三者均相同或相近的产品种类，是现有设计抗辩的前提。相同或相近的产品种类的分析方法与外观设计专利有效性分析中的产品种类相同或相近的分析相同，这里不再展开，请参见第二章第三节“专利权有效性分析”的相关内容。

（3）分解涉案外观设计专利的设计特征。分别按视图，将涉案外观设计专利按轮廓、部件位置和配置关系以及部件形状分解设计特征。对于主要由技术功能决定的设计特征以及对整体视觉效果不产生影响的产品的材料、内部结构等特征，被告通常不会像外观设计专利有效性分析中那样客观地将其全部排除，而会根据案情需要保留对己方有利的特征和排除对己方不利的特征。

（4）确认被控侵权产品和现有设计与涉案外观设计专利的设计特征相对应的设计特征。对应涉案外观设计专利分解的设计特征，分别分解被控侵权产品和现有设计的设计特征。

（5）对比分析。将被控侵权产品的设计特征和对应的现有设计的设计特征进行比较，如果两者的设计特征相同或者无实质性差异时，认定被控侵权产品的设计为现有设计，不构成侵权；如果两者的设计特征有不相同并且有实质性差异时，人民法院一般不会认定被控侵权产品的设计为现有设计。

在实务中，被告通常会进行有利于己方的解说，例如将两者不相同的设计特征解释成无实质性差异，以证明被控侵权产品使用的是现有设计。

（四）抵触申请抗辩

除了上述通过主张现有技术抗辩来对抗原告侵权指控的方式外，还存在另一种十分相似的不侵权抗辩，通常称为“抵触申请抗辩”。根据《专利法》第二十二条第二款[1]以及《专利审查指南2023》第二部分第三章第2.2节[2]的规定，任何单位或者个人（包括专利权人本人）针对同样的发明或者实用新型在申请日以前向国务院专利行政部门提出并记载在申请日以后公布的专利申请文件或者公告的专利文件中的专利申请，即被称为“抵触申请”。抵触申请同现有技术一样，先于原告专利申请日对专利保护的技术方案进行了揭示，不同之处在于抵触申请的公开时间在原告专利申请日之后。

但是，无论是以现有技术抗辩还是抵触申请抗辩，在引用在先技术文献进行抗辩时，必须引用能完整覆盖侵权技术方案各项技术特征的一篇技术文献，而不能是多篇技术文献的结合。目前我国专利法相关的法律规定中尚无明确记载抵触申请抗辩这一抗辩方式，该抗辩方式仅仅在专利侵权诉讼司法判例中被确认。

（五）合法来源抗辩

被诉侵权人为专利的使用者或者销售者的，也可以提出合法来源抗辩。根据《专利法》第七十七条规定：为生产经营目的使用、许诺销售或者销售不知道是未经专利权人许可而制造并售出的专利侵权产品，能证明该产品合法来源的，不承担赔偿责任。

《专利解释（二）》第二十五条第一款规定，为生产经营目的使用、许诺销售或者销售不知道是未经专利权人许可而制造并售出的专利侵权产品，且举证证明该产品合法来源的，对于权利人请求停止上述使用、许诺销售、销售行为的主张，人民法院应予支持，但被诉侵权产品的使用者举证证明其已支付该产品的合理对价的除外。

构成合法来源抗辩的要件包括：

（1）不是以生产经营为目的；

（2）外观设计产品仅限于使用、许诺销售或者销售行为；

---

[1] 《专利法》第二十二条第二款规定：“新颖性，是指该发明或者实用新型不属于现有技术；也没有任何单位或者个人就同样的发明或者实用新型在申请日以前向国务院专利行政部门提出过申请，并记载在申请日以后公布的专利申请文件或者公告的专利文件中。”

[2] 《专利审查指南2023》第二部分第三章第2.2节规定：“根据专利法第二十二条第二款的规定，在发明或者实用新型新颖性的判断中，由任何单位或者个人就同样的发明或者实用新型在申请日以前向专利局提出并且在申请日以后（含申请日）公布的专利申请文件或者公告的专利文件损害该申请日提出的专利申请的新颖性。为描述简便，在判断新颖性时，将这种损害新颖性的专利申请，称为抵触申请。”

（3）不知道未经专利权人许可（被诉侵权人实际上不知道且不应知道该产品是未经专利权人许可而制造并售出的专利侵权产品）；

（4）能证明产品的合法来源，即产品是通过正规渠道、通常的销售协议等正常商业方式获得的。

（六）其他抗辩

1. 权利用尽

被诉侵权人还可以以涉案专利的权利用尽为由提出抗辩。根据《专利法》第七十五条第（一）项的规定，专利产品或者依照专利方法直接获得的产品，由专利权人或者经其许可的单位、个人售出后，使用、许诺销售、销售、进口该产品的，不视为侵犯专利权。

专利产品经专利权人授权被首次销售后，专利权人即丧失对该专利产品进行再销售、使用的支配权和控制权。因此专利权用尽，也被称为首次销售原则。

关于权利用尽的具体内容，参见第二章第二节之一中第（七）项“不侵犯专利权或不视为侵犯专利权的行为”。

2. Bolar 例外（波拉例外）

被诉侵权人为提供行政审批所需要的信息，制造、使用、进口专利药品或者专利医疗器械的，以及专门为其制造、进口专利药品或者专利医疗器械的，可以根据《专利法》第七十五条第（五）项规定，以其行为属于 Bolar 例外为由提出抗辩。

获得一个药品、医疗器械的上市许可需要多年时间，如果专利期届满后，其他人才能开始为了获得行政审批而进行相关试验，专利权人实际上将获得超过专利期的排他权。根据 Bolar 例外规定，被诉侵权人为了获得行政审批，在专利期内进行临床试验等行为，应认定其不侵犯专利权。

构成 Bolar 例外的要件包括：

（1）被诉侵权人的行为必须是为了提供行政审批所需要的信息，此处行政审批一般指国家相关部门对于药品、医疗器械注册进行的审批；

（2）被诉侵权人的行为仅限于制造、使用、进口行为，此处一般指为了研究药品、医疗器械的性能以满足审批要求，进行的进口原材料、试制药品、器械等行为，不包括销售、许诺销售等行为；

（3）涉案专利内容为药品或者医疗器械。

关于 Bolar 例外的具体内容，参见第二章第二节之一中第（七）项“不侵犯专利权或不视为侵犯专利权的行为”。

五、恶意诉讼的应对

（一）恶意提起知识产权诉讼的定义与构成要件

恶意提起知识产权诉讼的损害责任纠纷，于2011年被最高人民法院正式纳入民事案件案由❶，2012年修正的《民事诉讼法》也首次对恶意诉讼进行规范。❷

虽然我国专利法未就恶意提起知识产权诉讼予以明确规定，但早在1992年修正的专利法"专利权无效无追溯力"条款中确定了"因专利权人的恶意给他人造成的损失，应当给予赔偿"的例外情形，这一规定亦在专利法后续的几次修正过程中均予保留。❸

在司法实践中，恶意提起知识产权诉讼一般是指，行为人明知自己提起的知识产权诉讼无事实或者法律依据，仍以损害他人合法权益或者获取非法利益为目的，故意针对他人提起知识产权诉讼，造成他人损害的行为。

恶意提起知识产权诉讼具有以下构成要件：

（1）行为人明知自己提起知识产权诉讼无事实或者法律依据。在专利侵权诉讼中通常表现为，行为人明知涉案专利仅享有形式上"合法"的权利而不具有实质上的正当性，例如恶意取得的专利权、明知存在现有技术方案，却使用相同或等同的技术方案申请专利、明知申请专利的行为侵犯第三方合法权益、明知申请专利的技术方案在申请前已公开使用等。此外，"无事实或者法律依据"也包括明知他人未实施侵权行为而提起诉讼的情况，例如已有生效判决认定产品不侵权仍就该产品提起诉讼。

例如，在（2019）最高法民申6532号恶意提起知识产权诉讼损害责任纠纷案中，工商行政管理局在一审被告申请外观设计专利之前，就一审被告产品与一审原告产品外观相似作出过行政处罚。最高人民法院经审理后认为，一审被告利用外观设计专利授权不需要实质审查的制度，有意将一审原告的在先注册商标作为其申请外观设计专利的一部分，在侵害他人合法权利的基础上，获得形

---

❶ 《最高人民法院关于印发修改后的〈民事案件案由规定〉的通知》（法〔2011〕42号）。

❷ 《民事诉讼法（2012）》第一百一十二条规定：当事人之间恶意串通，企图通过诉讼、调解等方式侵害他人合法权益的，人民法院应当驳回其请求，并根据情节轻重予以罚款、拘留；构成犯罪的，依法追究刑事责任。

❸ 《专利法》第四十七条规定："宣告无效的专利权视为自始即不存在。宣告专利权无效的决定，对在宣告专利权无效前人民法院作出并已执行的专利侵权的判决、调解书，已经履行或者强制执行的专利侵权纠纷处理决定，以及已经履行的专利实施许可合同和专利权转让合同，不具有追溯力。但是因专利权人的恶意给他人造成的损失，应当给予赔偿。依照前款规定不返还专利侵权赔偿金、专利使用费、专利权转让费，明显违反公平原则的，应当全部或者部分返还。"

式上“合法”的知识产权，该权利不具有实质意义上的正当性，结合涉案三个外观设计专利均被宣告无效的事实，判定一审原告恶意取得专利权，其明知自己提起的专利侵权诉讼无事实及法律依据，其行为构成恶意提起知识产权诉讼。

但是，专利被无效并不必然导致能够认定专利权人提起诉讼时具有恶意，行为人是否具有恶意取决于其是否“明知”其权利实质上无依据。

例如，在（2019）粤73知民初1584号因恶意提起知识产权诉讼损害责任纠纷案中，广州知识产权法院经审理后认为，被告作为涉案专利的合法专利权人，有权就涉嫌侵害其专利权的行为提起诉讼，不能根据其专利被无效认定其存在主观恶意，即使涉案专利被部分无效，如无证据显示该专利存在权利状态不稳定或者瑕疵的情况，亦无证据证实专利权人在涉案专利授权确权的过程中，已经明知权利存在可能被无效的情形，则无法据此认定专利权人存在明知自己没有权利基础的情况。

（2）行为人以损害他人合法权益或者获取非法利益为目的，故意针对他人提起知识产权诉讼。

（3）使他人遭受到了损失，包括应对专利诉讼的实际支出和其他损失等。

（4）他人遭受的损失与该诉讼有因果关系。

（二）恶意提起知识产权诉讼的赔偿范围

恶意提起知识产权诉讼的赔偿是指当事人在遭受行为人恶意提起知识产权诉讼的情况下，因行为人的错误行为导致其遭受损失，向对方要求赔偿的法律救济方式。根据《最高人民法院关于全面加强知识产权司法保护的意见》《最高人民法院关于加大知识产权侵权行为制裁力度的意见（征求意见稿）》《最高人民法院关于知识产权侵权诉讼中被告以原告滥用权利为由请求赔偿合理开支问题的批复》《关于充分发挥知识产权审判职能作用推动社会主义文化大发展大繁荣和促进经济自主协调发展若干问题的意见》等文件的规定[1]，恶意提起

---

[1] 《最高人民法院关于全面加强知识产权司法保护的意见》记载了：“恶意提起知识产权诉讼损害责任纠纷，依法支持包括律师费等合理支出在内的损害赔偿请求。”

《最高人民法院关于加大知识产权侵权行为制裁力度的意见（征求意见稿）》第19条规定：“明知或者应知请求保护的知识产权系不正当获得或者不具备行使权利的实质基础，仍然依据该权利提起侵权诉讼或者申请保全措施等，构成恶意诉讼的，对方当事人可以反诉请求赔偿其为应诉而支付的律师费、差旅费、调查取证费等合理费用和因此遭受的经济损失。”

《最高人民法院关于知识产权侵权诉讼中被告以原告滥用权利为由请求赔偿合理开支问题的批复》记载了：“在知识产权侵权诉讼中，被告提交证据证明原告的起诉构成法律规定的滥用权利损害其合法权益，依法请求原告赔偿其因该诉讼所支付的合理的律师费、交通费、食宿费等开支的，人民法院依法予以支持。被告也可以另行起诉请求原告赔偿上述合理开支。”

《最高人民法院关于充分发挥知识产权审判职能作用推动社会主义文化大发展大繁荣和促进经济自主协调发展若干问题的意见》记载了：“对于明知其专利权属于现有技术或者现有设计，仍然恶意向正当实施者及其交易对象滥发侵权警告或者滥用诉权，构成侵权的，可以视情支持受害人的损害赔偿请求。”

知识产权诉讼的赔偿范围主要包括以下两个方面。

（1）合理费用

合理费用包括为应诉而支付的律师费、交通费、食宿费、差旅费、调查取证费等。关于因行为人恶意提起知识产权诉讼而产生的合理费用，当事人可以通过对专利侵权诉讼提起反诉请求赔偿，也可以另行起诉请求赔偿。

（2）其他经济损失

除诉讼费用外，当事人因恶意提起知识产权诉讼所受的其他经济损失，比如停止生产、与第三方合同被取消、延迟上市等，也可以通过反诉或另行起诉来请求赔偿。

例如，在（2019）粤民终407号因恶意提起知识产权诉讼损害责任纠纷案中，腾讯公司主张其与中科公司因谭某文提起的恶意知识产权诉讼导致终止合作，遭受了授权许可费等可得利益损失，但腾讯公司未提交授权许可费或可得利益损失的相关证据。基于此，广东省深圳市中级人民法院作为一审法院酌情确定谭某文赔偿腾讯公司经济损失及维权合理开支共计人民币50万元。在二审中，广东省高级人民法院维持了一审判决并表示，根据商业惯例，腾讯公司与中科公司的合作确实会因恶意诉讼受到一定影响，该情节可作为确定赔偿数额的参考因素。

第八节　预　备　庭

预备庭是指在正式开庭前，由人民法院组织各方当事人就当事人适格、诉讼请求的确定、证据交换、诉前调解等问题进行整理的一项庭前准备程序。

预备庭既可以作为单独的庭前准备程序，也可以和正式开庭相连接而作为第一次开庭。预备庭在《民事诉讼法》中并没有明确规定，但是这项程序在司法实践中，尤其在专利侵权诉讼中被广泛应用。

一、当事人适格

当事人适格是案件审理的基础，预备庭中确定当事人是否适格主要有两个方面的内容：一是让原被告各自说明和让双方相互质疑，以确定对方当事人的主体资格是否适格，当发现被告不适格时，人民法院应当及时告知原告更换被告；二是确定是否还有应当参加该案诉讼的当事人。在预备庭中，原告、被告可以申请追加当事人，人民法院经过审查认为确有必须进行共同诉讼的当事人未参加诉讼的，应当通知其参加。

在专利侵权诉讼中，有些被告是被控侵权产品的使用者或者销售者，可能在庭审中提供其使用或者销售被控侵权产品的来源，对于被告使用或者销售的被控侵权产品的提供者，原告或者被告都可以向法庭申请将其追加为被告，人民法院经审查认为有必要让其参加诉讼的，应通知其参加诉讼。

二、诉讼请求的确定和变更

在民事诉讼中，诉讼请求的变更是法律赋予当事人的合法权利，原告可以提出新事实和变更诉讼请求，被告也可以提起反诉和提出反驳。在预备庭中，人民法院通过审核案件的有关材料和询问各方当事人，可以使原本较为模糊的诉讼请求变得更为明确，也可以使原本不确定的诉讼请求及时确定下来，更有利于查清案件事实和法庭审理。

例如，在专利侵权诉讼中，有些原告虽然向人民法院提交被控侵权产品，但是其要求被告停止侵权的诉讼请求中只有被控侵权产品的名称而无具体型号。对此，原告可以在庭审中将请求人民法院判决被告停止生产销售被控侵权产品的型号予以明确。

三、证据交换和证据质证

证据交换是预备庭最主要的环节。《民事诉讼法》第一百三十六条规定："人民法院对受理的案件，分别情形，予以处理：……（四）需要开庭审理的，通过要求当事人交换证据等方式，明确争议焦点。"专利侵权诉讼等直接适用普通程序的第一审案件基本上是较为复杂、疑难的案件，人民法院应当在开庭前组织当事人交换证据，在司法实践中基本上是以召开预备庭进行证据交换为主。

预备庭中的证据交换环节对于整个民事诉讼至关重要。在民事诉讼中，证据是决定案件是否胜诉的关键，人民法院召开预备庭组织当事人进行证据交换之日也就是当事人的举证期限届满之日。

《证据规定》第五十六条规定："人民法院依照民事诉讼法第一百三十三条❶第四项的规定，通过组织证据交换进行审理前准备的，证据交换之日举证期限届满。证据交换的时间可以由当事人协商一致并经人民法院认可，也可以由人民法院指定。当事人申请延期举证经人民法院准许的，证据交换日相应顺延。"

❶ 具体指2023年修正的《民事诉讼法》第一百三十六条。

在证据交换中当事人之间也可以进行证据质证的工作。证据交换应当在审判人员的主持下进行。在进行证据交换时，依照主持人的指示，由一方当事人逐一出示和说明其提供的证据，对方当事人予以辨认、核对，通过对证据的真实性、合法性和关联性进行质证，提出是否认可的意见，但不一定需要展开说明具体的理由。

在证据交换的过程中，审判人员对当事人无异议的事实和证据应当记录在卷；对有异议的证据，按照需要证明的事实分类记录在卷，并记载异议的理由。当事人在证据交换过程中认可并记录在卷的证据，经审判人员在庭审中说明后，可以作为认定案件事实的依据。

此外，根据《证据规定》第五十八条[1]的规定，若在证据交换的过程中，一方当事人对对方当事人的证据进行反驳并提出证据的，人民法院应当再次组织证据交换。实践中，证据交换的次数通常不再是之前的一般不超过两次，而是根据案件实际需要进行安排，对于影响案件事实的重要的证据材料，法官一般都会组织质证，而不是像以前那样只考虑是否属于所谓的“新的证据”，避免影响案件事实真相的查明。

四、司法鉴定的申请和确认

在预备庭，尤其是在专利侵权诉讼的预备庭中，任一当事人都可向人民法院提出司法鉴定的申请，人民法院也可以了解当事人是否有申请司法鉴定的要求，在审核案件的有关材料和询问各方当事人后，人民法院认为有必要依职权委托司法鉴定的，在询问当事人的意见后，指定具备相应资格的鉴定人，可以作出进行司法鉴定的决定。人民法院决定进行司法鉴定的，应向各方当事人说明并要求他们配合鉴定。

司法鉴定机构的选定和具体的鉴定事项，将在本章第九节“司法鉴定”中说明。

第九节　司法鉴定

预备庭若作出进行司法鉴定的决定，或者在一审庭审中人民法院认为还需

[1] 《证据规定》第五十八条规定：“当事人收到对方的证据后有反驳证据需要提交的，人民法院应当再次组织证据交换。”

要对一些特定的问题进行司法鉴定的，人民法院将延缓正式开庭的时间，已开庭的将休庭，待司法鉴定得出结论后再正式开庭审理案件。

司法鉴定是技术专家针对诉讼中的专门性技术问题提出专业意见的活动，其鉴定意见是人民法院进行判断的重要依据。在专利侵权诉讼中人民法院经常采用司法鉴定来澄清和解决一些复杂的专门性技术问题，因此有必要了解司法鉴定的基本情况。

一、司法鉴定的启动

（一）申请鉴定的途径

《民事诉讼法》第七十九条规定：当事人可以就查明事实的专门性问题向人民法院申请鉴定。当事人申请鉴定的，由双方当事人协商确定具备资格的鉴定人；协商不成的，由人民法院指定。当事人未申请鉴定，人民法院对专门性问题认为需要鉴定的，应当委托具备资格的鉴定人进行鉴定。

《证据规定》第三十条规定：人民法院在审理案件过程中认为待证事实需要通过鉴定意见证明的，应当向当事人释明，并指定提出鉴定申请的期间。符合《民事诉讼法解释》第九十六条第一款规定情形的，人民法院应当依职权委托鉴定。

鉴定程序的启动以当事人申请为原则，只有在需要人民法院依职权调查收集证据的情形下，人民法院才能依职权主动启动鉴定程序。但需要注意的是诉讼过程中当事人申请司法鉴定并不必然启动鉴定程序，人民法院仍应当根据对相关事实的认定需要作出是否启动鉴定程序的决定。对此一般应当着重从以下四方面予以审查。

一是关联性，即申请鉴定的事项与案件有待查明的事实是否具有关联。

二是必要性，即是否必须通过特殊技术手段或者专门方法才能查明相应的专门性问题，是否已经通过其他的举证、质证手段仍然对专门性问题无法查明。

三是可行性，即对于待鉴定的专门性问题，是否有较为权威的鉴定方法和相应有资质的鉴定人，是否有明确充分的鉴定材料。

四是正当性，即鉴定申请的提出是否遵循了相应的民事诉讼规则，在启动鉴定程序之前是否已充分听取各方当事人的意见，以确保程序上的正当性。

（二）申请鉴定的期限

《证据规定》第三十一条规定：当事人申请鉴定，应当在人民法院指定期间内提出，并预交鉴定费用。逾期不提出申请或者不预交鉴定费用的，视为放弃申请。对需要鉴定的待证事实负有举证责任的当事人，在人民法院指定期间内无正当理由不提出鉴定申请或者不预交鉴定费用，或者拒不提供相关材料，致使待证事实无法查明的，应当承担举证不能的法律后果。

二、司法鉴定机构（鉴定人）的资质

根据《全国人民代表大会常务委员会关于司法鉴定管理问题的决定（2015修正）》（中华人民共和国主席令第25号）以及《最高人民法院、最高人民检察院、司法部关于将环境损害司法鉴定纳入统一登记管理范围的通知》（司发通〔2015〕117号），国家仅对从事法医类、物证类、声像资料和环境损害司法鉴定业务的鉴定机构和鉴定人实行司法行政统一登记管理。知识产权司法鉴定不属于上述类别，从事知识产权鉴定不再需要由国家行政管理部门颁发的鉴定许可证，知识产权鉴定工作主要由相关部门发布指导意见来指导和规范。

2022年7月26日，国家知识产权局发布《国家知识产权局关于加强知识产权鉴定工作的指导意见》（国知发保字〔2022〕32号），针对知识产权鉴定工作作出专门部署，要求健全知识产权鉴定标准体系，加强知识产权鉴定机构培育，健全知识产权鉴定协同机制。2022年11月22日，国家知识产权局、最高人民法院、最高人民检察院、公安部、市场监管总局五部门联合印发《关于加强知识产权鉴定工作衔接的意见》（国知发保字〔2022〕43号），围绕协商机制、信息共享机制、鉴定机构名录库等方面对知识产权鉴定工作进行了明确规定。

虽然知识产权司法鉴定不再执行行政许可，但是国家知识产权局、最高人民法院、地方相关部门仍然在各自的职能范围内发布了鉴定机构名录库，作为知识产权鉴定机构的推荐名单。比如，最高人民法院建设的"人民法院诉讼资产网专业机构名录库"（包含知识产权专项），国家知识产权局办公室于2023年发布了知识产权鉴定机构名录库首批入选机构，上海市知识产权局、上海市高级人民法院、上海市人民检察院、上海市公安局、上海市市场监督管理局、上海市版权局联合制定《关于加强本市知识产权鉴定工作的暂行实施办法》，确定建立上海市知识产权鉴定机构名录库。不同法院在涉及知识产权鉴定业务时，通常会要求当事人在特定的鉴定机构名录库中选择鉴定机构。

不过，司法实践中有些鉴定事项涉及的专业领域较为特殊，或者属于新兴、前沿科技领域，现有鉴定机构名录库中的鉴定机构可能无法对相关事项进行鉴定，法院通常会根据《知识产权证据规定》第二十一条[1]的规定，来选择确定具有相应技术水平的专业机构、专业人员鉴定。通常情况下，当事人对于行业领域内机构的鉴定、检测能力会更清楚，因此对于鉴定机构有一定的建议权。

三、司法鉴定的对象

司法鉴定必须由人民法院委托司法鉴定机构进行，司法鉴定的主体即司法鉴定机构，客体即司法鉴定对象，由作为委托人的人民法院确定。根据《知识产权证据规定》第十九条规定，人民法院可以对下列待证事实的专门性问题委托鉴定。

（1）被诉侵权技术方案与专利技术方案、现有技术的对应技术特征在手段、功能、效果等方面的异同；

（2）被诉侵权作品与主张权利的作品的异同；

（3）当事人主张的商业秘密与所属领域已为公众所知悉的信息的异同、被诉侵权的信息与商业秘密的异同；

（4）被诉侵权物与授权品种在特征、特性方面的异同，其不同是否因非遗传变异所致；

（5）被诉侵权集成电路布图设计与请求保护的集成电路布图设计的异同；

（6）合同涉及的技术是否存在缺陷；

（7）电子数据的真实性、完整性；

（8）其他需要委托鉴定的专门性问题。

专利权是一项技术性权利，专利侵权诉讼基本的落脚点离不开技术的比对和分析，专利侵权诉讼中的司法鉴定对象通常为与技术有关的侵权鉴定和现有技术鉴定。

侵权鉴定是指司法鉴定人员对被控侵权产品或方法与涉案专利权利要求的技术特征进行分析和比对，并依据分析和比对的结果对被控侵权产品或方法与涉案专利的权利要求两者的技术特征是否相同或者等同提出分析意见。

现有技术鉴定是指司法鉴定人员通过对被控侵权技术与现有技术对应的技术特征的分析和比对，判断被控侵权的产品或方法的全部技术特征与在涉案专利申请日之前已经公开的现有技术中的对应技术特征是否相同或者有无实质性差异。

---

[1] 《知识产权证据规定》第二十一条规定："鉴定业务领域未实行鉴定人和鉴定机构统一登记管理制度的，人民法院可以依照《最高人民法院关于民事诉讼证据的若干规定》第三十二条规定的鉴定人选任程序，确定具有相应技术水平的专业机构、专业人员鉴定。"

专利侵权和现有技术的司法鉴定，通常只对被控侵权产品或方法与涉案专利的权利要求或者现有技术的技术特征，从手段、功能和效果等方面进行是否相同或者等同的分析、鉴别和判断。

专利侵权诉讼中的司法鉴定还包括外观设计专利侵权的司法鉴定和现有设计司法鉴定。外观设计专利侵权的司法鉴定对被控侵权产品的设计特征是否与涉案外观设计专利的对应设计特征相同或者相近似，进行分析比对；现有设计司法鉴定对被控侵权外观设计与现有设计的对应设计特征是否相同或近似进行分析比对。

四、司法鉴定机构（鉴定人）的选定

根据《证据规定》第三十二条，“人民法院准许鉴定申请的，应当组织双方当事人协商确定具备相应资格的鉴定人。当事人协商不成的，由人民法院指定。人民法院依职权委托鉴定的，可以在询问当事人的意见后，指定具备相应资格的鉴定人。人民法院在确定鉴定人后应当出具委托书，委托书中应当载明鉴定事项、鉴定范围、鉴定目的和鉴定期限”。

专利侵权诉讼中的当事人可以向人民法院书面或者口头申请司法鉴定。当事人申请司法鉴定的，经过人民法院同意后，双方当事人可以在人民法院认可的司法鉴定机构中协商选定一个司法鉴定机构，然后由人民法院指定其进行鉴定。若双方当事人在司法鉴定机构的选择上无法达成一致意见，则由人民法院提出司法鉴定机构的备选名单，再由双方当事人协商从中选定司法鉴定机构，若双方当事人还是无法达成一致意见，则直接由人民法院从中指定一个司法鉴定机构。

人民法院在案件审理中，经询问各方当事人和审核案件的相关材料后，认为有必要委托司法鉴定的，可以依职权作出进行司法鉴定的决定。人民法院依职权决定进行司法鉴定的，也可以通过上述方法选定司法鉴定机构。

五、司法鉴定的过程

司法鉴定的过程主要分为司法鉴定的委托、司法鉴定人员的回避、司法鉴定的实施和作出鉴定报告。具体过程参见《民事诉讼法》的相关规定，亦可参考司法部发布的《司法鉴定程序通则》。

（一）司法鉴定的委托

无论是由当事人申请进行司法鉴定还是人民法院决定进行司法鉴定，均由人民法院委托所指定的司法鉴定机构进行司法鉴定。

《司法鉴定程序通则》对司法鉴定的委托和受理作出了相关规定。委托司法鉴定机构进行司法鉴定，作为委托人的人民法院应当出具鉴定委托书，提供委托人的身份证明与委托鉴定事项所需的鉴定材料。委托人委托他人代理的，还应当出具委托书。鉴定委托书应当载明委托人的名称或者姓名、拟委托的司法鉴定机构的名称、委托鉴定的事项、鉴定事项的用途以及鉴定要求等内容。

司法鉴定机构收到委托后，应当对委托的鉴定事项进行审核，对符合下列条件的鉴定委托应当予以受理：

（1）属于本机构司法鉴定业务范围；

（2）委托鉴定事项的用途及鉴定要求合法；

（3）提供的鉴定材料真实、完整、充分。

若委托人提供的鉴定材料不完整、不充分的，司法鉴定机构可以要求委托人补充；委托人补充齐全后可以受理。

司法鉴定机构对符合受理条件的鉴定委托应当即时作出受理的决定；不能即时决定受理的，应当在7个工作日内作出是否受理的决定，并通知委托人；对疑难、复杂或者特殊鉴定事项的委托，可以与委托人协商确定受理的时间。

司法鉴定机构决定受理鉴定委托的，应当与委托人在协商一致的基础上签订司法鉴定协议书。司法鉴定协议书应当载明下列事项：

（1）委托人和司法鉴定机构的基本情况；

（2）委托鉴定的事项及用途；

（3）委托鉴定的要求；

（4）委托鉴定事项涉及的案件的简要情况；

（5）委托人提供的鉴定材料的目录和数量，鉴定材料的提供和退还；

（6）鉴定过程中双方的权利、义务；

（7）是否属于重新鉴定；

（8）鉴定风险；

（9）双方商定的鉴定时限；

（10）鉴定费用及收取方式；

（11）其他需要载明的事项。

因鉴定会损耗或者可能损坏检测材料的，或者在鉴定完成后无法完整退还检测材料的，应当事先向委托人讲明，征得其同意或者认可，并在协议书中载明。在进行司法鉴定过程中需要变更协议书内容的，应当由协议双方协商确定。

（二）司法鉴定人员的回避

在诉讼中，由于司法鉴定意见的证据效力较强，可以辅助人民法院查清楚许多专门性的问题，尤其是技术性难题，因此，相关司法鉴定人员的回避就是为保障司法鉴定的公平、客观和公正而不可或缺的前提程序。

司法鉴定机构和司法鉴定人员在其鉴定活动中应遵照相关的法律法规实行回避。

首先，司法鉴定机构、鉴定人员或者鉴定人员的近亲属与诉讼当事人、委托的鉴定事项或者鉴定事项涉及的案件有利害关系，可能影响其独立、客观、公正地进行鉴定的，应当回避。

其次，司法鉴定人曾经参加过同一鉴定事项鉴定的，或者曾经作为专家提供过咨询意见的，或者曾被聘请为有专门知识的人参与过同一鉴定事项法庭质证的，应当回避。

司法鉴定人员回避与否，由司法鉴定机构决定。若委托人对司法鉴定机构作出的回避决定有异议，可以撤销该司法鉴定委托。

上述是鉴定机构内部的回避措施。接受法院委托提供司法鉴定的，还需受到《民事诉讼法》中有关回避规定的制约，详见本章第十一节之二“回避”部分。

（三）司法鉴定的实施

《知识产权证据规定》第二十二条规定：人民法院应当听取各方当事人意见，并结合当事人提出的证据确定鉴定范围。鉴定过程中，一方当事人申请变更鉴定范围，对方当事人无异议的，人民法院可以准许。

司法鉴定机构根据委托鉴定事项的内容，指定本机构中具有与该鉴定事项有关的技术专业背景和鉴定资格的司法鉴定人员，基于委托人提供的鉴定材料进行司法鉴定。委托人应当向司法鉴定机构提供真实、完整、充分的鉴定材料，并对鉴定材料的真实性和合法性负责。

《证据规定》第三十三条规定：鉴定开始之前，人民法院应当要求鉴定人签署承诺书。承诺书中应当载明鉴定人保证客观、公正、诚实地进行鉴定，保证出庭作证，如作虚假鉴定应当承担法律责任等内容。鉴定人故意作虚假鉴定的，人民法院应当责令其退还鉴定费用，并根据情节，依照《民事诉讼法》第一百一十一条[1]的规定进行处罚。

司法鉴定人员通过对鉴定材料和鉴定实物的直接分析、鉴定和比对，或者通过采取一定的技术手段进行评估、测试后作出鉴定意见。在专利侵权诉讼中，

---

[1] 该条源于2017年版本的《民事诉讼法》，对应于2023年修正的《民事诉讼法》第一百一十四条。

司法鉴定人员可以通过审阅分析被控侵权产品或方法与相关专利的书面或者视频文件资料，以及对被控侵权产品的生产设备和技术进行现场勘查，就相关的技术特征进行比对、测试、评估等手段进行司法鉴定工作。

在司法鉴定的过程中，若需要补充鉴定材料或者司法鉴定人员对该鉴定事项及鉴定材料有不清楚的地方，司法鉴定人员出于鉴定的需要可以要求人民法院，或者经人民法院同意后直接要求诉讼当事人提供进一步的鉴定材料，或者询问有关技术问题。

司法鉴定人员在进行鉴定的过程中，遇有特别复杂、疑难、特殊技术问题的，可以向本机构以外的相关专业领域的专家进行咨询，但最终的鉴定意见仍应当由本机构的司法鉴定人出具。司法鉴定人员进行鉴定工作，应当对鉴定过程进行实时记录并签名。记录可以采取笔记、录音、录像、拍照等方式。记录的内容应当真实、客观、准确、完整、清晰，记录的文本或者音像载体应当妥善保存。

（四）补充鉴定与重新鉴定

当司法鉴定意见出现缺陷甚至是错误时，法律上规定了补充鉴定与重新鉴定两种救济方案，虽然它们都是对原有的司法鉴定过程或者鉴定意见进行扩展、增补或者变更，但二者的适用条件和具体操作有所不同。

补充鉴定一般是针对原司法鉴定意见的局部不完备之处进行修改和补充，是原司法鉴定的组成部分，由原司法鉴定机构进行。补充鉴定意见与原鉴定意见共同构成一个完整的证据，以使该司法鉴定意见更加全面和可靠。《司法鉴定程序通则》第三十条规定："有下列情形之一的，司法鉴定机构可以根据委托人的要求进行补充鉴定：（一）原委托鉴定事项有遗漏的；（二）委托人就原委托鉴定事项提供新的鉴定材料的；（三）其他需要补充鉴定的情形。"

重新鉴定与原司法鉴定是两个各自独立的司法鉴定，重新鉴定并不以原司法鉴定为基础，重新鉴定会形成一个新的完整的鉴定意见，该意见可能是对原鉴定意见的认同、修改或者根本否定。在大多数情况下进行重新鉴定都是由于原司法鉴定存在内容或者程序上的不可弥补的瑕疵和缺陷，因而重新鉴定是以推翻原司法鉴定为目的进行的。

《证据规定》第四十条规定："当事人申请重新鉴定，存在下列情形之一的，人民法院应当准许：（一）鉴定人不具备相应资格的；（二）鉴定程序严重违法的；（三）鉴定意见明显依据不足的；（四）鉴定意见不能作为证据使用的其他情形。存在前款第一项至第三项情形的，鉴定人已经收取的鉴定费用应当退还。拒不退还的，依照本规定第八十一条第二款的规定处理。对鉴定意见的瑕疵，可以通过补正、补充鉴定或者补充质证、重新质证等方法解决的，人民法院不予准许重新鉴定的申请。重新鉴定的，原鉴定意见不得作为认定案件事实的根据。”《司法鉴定程序通则》第三十一条规定：“有下列情形之一的，司法鉴定机构可以接受办案机关委托进行重新鉴定：（一）原司法鉴定人不具有从事委托鉴定事项执业资格的；（二）原司法鉴定机构超出登记的业务范围组织鉴定的；（三）原司法鉴定人应当回避没有回避的；（四）办案机关认为需要重新鉴定的；（五）法律规定的其他情形。”

另外，重新鉴定应当委托原司法鉴定机构以外的其他司法鉴定机构进行，并且委托进行重新鉴定的司法鉴定机构的资质条件一般应当高于原司法鉴定机构。但委托人同意的，也可以委托原司法鉴定机构，由其指定原司法鉴定人员以外的其他符合条件的司法鉴定人员进行重新鉴定。

六、司法鉴定文书

司法鉴定机构和司法鉴定人员在完成委托鉴定的事项后，应向委托人出具司法鉴定文书。司法鉴定文书包括司法鉴定意见书和司法鉴定检验报告。

（一）司法鉴定意见书

司法鉴定意见书是司法鉴定机构和司法鉴定人员对委托人提供的鉴定材料和鉴定对象进行检验、鉴别后出具的记录司法鉴定人专业判断意见的文书。司法鉴定意见书主要包括六大部分。

（1）基本情况。即司法鉴定的基本情况介绍，包括委托人、委托鉴定的事项、受理日期、鉴定材料、鉴定人员以及鉴定地点等。

（2）鉴定摘要。即与鉴定事项有关的鉴定资料的摘录，如委托鉴定的事项涉及案件的简要情况。

（3）鉴定过程。即司法鉴定的实施过程和依据，包括人员，时间，地点，鉴定材料的选取、使用和处理，鉴定所使用的仪器设备、技术方法、技术标准和技术规范以及鉴定程序等内容。

（4）分析说明。即对委托鉴定事项的分析和说明，包括对权利要求的技术特征分解、被控侵权产品或方法的对应技术特征的描述、被控侵权产品或方法的技术特征与权利要求的技术特征的比较分析。

（5）鉴定意见。在被控侵权产品或方法与权利要求的技术特征的比较分析的基础上，作出被控侵权产品或方法的技术特征与权利要求的对应的技术特征构是否构成相同或者等同的鉴定意见。

（6）落款。即司法鉴定人员或者相关专家的签名或者盖章。

若是多人参加司法鉴定，对鉴定意见有不同意见的，应在司法鉴定文书中注明。司法鉴定文书应加盖司法鉴定机构的司法鉴定专用章。

人民法院开庭审理时，司法鉴定人员应出庭接受法庭和诉讼当事人的质证。

（二）司法鉴定检验报告

司法鉴定检验报告是司法鉴定机构出具司法鉴定意见书的技术依据。

进行司法鉴定时，如果需要先检测确定被控侵权产品或方法所涉技术特征的具体物理、化学参数，或者是否具有特定性能，并且需要借助专用的工具或者设备进行检测的，就需要先进行司法鉴定检验。司法鉴定检验报告就是一份客观记载上述检验过程和检验结果的技术检测报告。司法鉴定检验报告的具体内容包括检验使用的测试工具、测试方法和测试结果，其不需要司法鉴定专家出具鉴定意见，由担任具体测试工作的技术人员签署。

司法鉴定检验报告与司法鉴定意见书不同，司法鉴定意见书是由司法鉴定机构出具、司法鉴定人员署名的专业判断意见；司法鉴定检验报告则是对检验过程的再现，通过对一些具体产品结构、生产工艺的技术检验，如长度、频率、药物成分等进行技术检测，得出检验结果。司法鉴定检验需用到许多具体的测定设备和方法，司法鉴定机构不具备这些条件的，可以委托有条件的检测机构和大学教研室等[1]，在其监督下完成检验。

七、对于司法鉴定的审查

《证据规定》第三十六条规定，人民法院对鉴定人出具的鉴定书，应当审查是否具有下列内容：

（1）委托法院的名称；

（2）委托鉴定的内容、要求；

（3）鉴定材料；

（4）鉴定所依据的原理、方法；

（5）对鉴定过程的说明；

（6）鉴定意见；

（7）承诺书。

鉴定书应当由鉴定人签名或者盖章，并附鉴定人的相应资格证明。委托机

[1] 《知识产权证据规定》第二十条规定：“经人民法院准许或者双方当事人同意，鉴定人可以将鉴定所涉部分检测事项委托其他检测机构进行检测，鉴定人对根据检测结果出具的鉴定意见承担法律责任。”

构鉴定的，鉴定书应当由鉴定机构盖章，并由从事鉴定的人员签名。

《知识产权证据规定》第二十三条规定，人民法院应当结合下列因素对鉴定意见进行审查：

（1）鉴定人是否具备相应资格；

（2）鉴定人是否具备解决相关专门性问题应有的知识、经验及技能；

（3）鉴定方法和鉴定程序是否规范，技术手段是否可靠；

（4）送检材料是否经过当事人质证且符合鉴定条件；

（5）鉴定意见的依据是否充分；

（6）鉴定人有无应当回避的法定事由；

（7）鉴定人在鉴定过程中有无徇私舞弊或者其他影响公正鉴定的情形。

八、对于司法鉴定的异议

鉴定意见属于证据的一种，必须查证属实，才能作为认定事实的根据。《证据规定》第三十七条规定："人民法院收到鉴定书后，应当及时将副本送交当事人。当事人对鉴定书的内容有异议的，应当在人民法院指定期间内以书面方式提出。对于当事人的异议，人民法院应当要求鉴定人作出解释、说明或者补充。人民法院认为有必要的，可以要求鉴定人对当事人未提出异议的内容进行解释、说明或者补充。"

九、司法鉴定的费用

司法鉴定机构在受理鉴定委托时应该在司法鉴定协议书中载明鉴定的收费项目、收费标准、收费方式、收费金额、结算方式以及争议解决办法等。

司法鉴定费用（包括司法鉴定人员的异地鉴定差旅费、司法鉴定人员因出庭作证发生的交通费、住宿费和误工费等）均由司法鉴定机构通过人民法院统一收取，司法鉴定机构不得私自向诉讼当事人收取任何费用。

其中，司法鉴定机构在进行司法鉴定工作中若单方面邀请相关专家参与鉴定、向其咨询意见的，该费用由司法鉴定机构承担，但经人民法院同意的除外。

在实务中，作为司法鉴定委托人的人民法院，一般事先向诉讼当事人代收取鉴定费用或者指定诉讼当事人中的一方先行代付给司法鉴定机构，鉴定费用一般由败诉的一方承担。

在诉讼实务中，如本书第十二章案例十二所示，司法鉴定对于人民法院判定是否侵犯专利权有着十分重要的作用。

第十节　延期举证请求与确认

在民事诉讼中，当事人对自己提出的主张应当提供证据，并且有举证期限的限制。人民法院可以根据当事人的主张和案件的审理情况，依职权确定举证期限，也可以经人民法院准许后由当事人协商确定举证期限。司法实践中一般由人民法院确定举证期限，依据《民事诉讼法解释》第九十九条第二款[1]的规定，人民法院确定的举证期限，第一审普通程序案件不得少于15日。

当事人在举证期限内提供证据确有困难的，如相关证人在举证期限内恰好不在国内，或者是需要经过有关机关的审批程序才能获得的证据，而该审批程序无法在举证期限届满前完成等，则当事人可以向人民法院申请延长举证期限。依据《民事诉讼法》第六十八条第二款[2]、《民事诉讼法解释》第一百条[3]以及《证据规定》第五十四条[4]的规定，当事人申请延长举证期限的，应当在举证期限届满前向人民法院提出书面申请，递交延期举证申请书，证明其在举证期限内提供相关证据确有困难，并申请延长举证期限。

人民法院经审查后认为申请理由不成立的，不予准许延期举证并通知申请人；人民法院经审查后认为申请理由成立的，应当根据当事人的申请适当延长举证期限，并通知其他当事人，延长的举证期限同样适用于其他当事人。

---

❶ 《民事诉讼法解释》第九十九条第二款规定："人民法院确定举证期限，第一审普通程序案件不得少于十五日，当事人提供新的证据的第二审案件不得少于十日。"

❷ 《民事诉讼法》第六十八条第二款规定："人民法院根据当事人的主张和案件审理情况，确定当事人应当提供的证据及其期限。当事人在该期限内提供证据确有困难的，可以向人民法院申请延长期限，人民法院根据当事人的申请适当延长。当事人逾期提供证据的，人民法院应当责令其说明理由；拒不说明理由或者理由不成立的，人民法院根据不同情形可以不予采纳该证据，或者采纳该证据但予以训诫、罚款。"

❸ 《民事诉讼法解释》第一百条规定："当事人申请延长举证期限的，应当在举证期限届满前向人民法院提出书面申请。申请理由成立的，人民法院应当准许，适当延长举证期限，并通知其他当事人。延长的举证期限适用于其他当事人。申请理由不成立的，人民法院不予准许，并通知申请人。"

❹ 《证据规定》第五十四条规定："当事人申请延长举证期限的，应当在举证期限届满前向人民法院提出书面申请。申请理由成立的，人民法院应当准许，适当延长举证期限，并通知其他当事人。延长的举证期限适用于其他当事人。申请理由不成立的，人民法院不予准许，并通知申请人。"

第十一节 开庭审理

在所有的庭前准备程序完成后，人民法院应该确定开庭的时间，并且应在开庭3日前通知当事人和其他诉讼参加人。根据《民事诉讼法》第一百三十七条[1]的规定，除涉及国家秘密、个人隐私或者法律另有规定，以及当事人申请不公开审理的离婚案件和涉及商业秘密的案件以外，人民法院审理案件原则上都应该公开开庭审理，并且应当公告当事人的姓名、案由、开庭的时间和地点。专利侵权诉讼通常都是公开开庭审理。

开庭审理是合议庭在法庭上对案件进行实体审理的诉讼程序，同时也是核心的阶段。

一、宣布开庭

宣布开庭前由书记员先行进入法庭，做好以下准备工作：

（1）宣布原告、被告双方及其他诉讼参加人入庭就座，检查他们的出庭情况并核对身份信息和代理权限；若有证人、鉴定人、勘验人和具备专门知识的人出庭的，在核对身份信息后应请其退席，等候传唤。

（2）核实起诉状、当事人诉讼权利义务告知书、举证通知书、开庭传票及开庭通知书等诉讼材料的收悉情况并收回传票或者通知书。

（3）对于公开开庭审理的案件，应检查旁听的人员是否合适。

（4）宣布法庭规则和法庭纪律。

（5）请审判长、审判员入席，向审判长报告法庭准备工作的情况，如有应到庭而未到庭的人员应及时向审判长报告，由审判长根据实际情况依法作出决定。

上述准备工作均就绪后，由审判长宣布开庭，宣布该案的案由、争议标的以及是否进行公开审理，并按照原告、被告和第三人或者其各自的诉讼代理人的顺序再次进行身份核对，确认参与庭审的人员是否符合法律的规定。

---

[1] 《民事诉讼法》第一百三十七条规定：“人民法院审理民事案件，除涉及国家秘密、个人隐私或者法律另有规定的以外，应当公开进行。离婚案件，涉及商业秘密的案件，当事人申请不公开审理的，可以不公开审理。”

根据《民事诉讼法》第一百四十六条[1]、第一百四十七条[2]以及《民事诉讼法解释》第二百四十一条[3]的相关规定，原告经传票传唤，无正当理由拒不到庭的，人民法院可以按撤诉处理；被告经传票传唤，无正当理由拒不到庭的，人民法院应当按期开庭审理，对到庭的当事人的诉讼请求和诉辩理由，以及已经提交的证据及其他诉讼材料进行审理后，可以依法缺席判决。

另外，审判长还会宣布合议庭组成人员及书记员的名单，以及鉴定人、勘验人和具备专门知识的人等其他诉讼参加人的名单。

二、回　避

开庭时审判长会再次告知诉讼当事人的相关诉讼权利与义务，在当事人知悉自己的诉讼权利和义务后，审判长会逐一询问各方当事人是否申请合议庭成员、书记员或者翻译人员的回避。

民事诉讼中的回避制度是指当某一案件的审判人员和其他相关人员与案件有利害关系或者其他关系，从而可能影响案件的公正处理时，主动退出或者经当事人申请而退出该案审理的制度。《民事诉讼法》第四十七条规定了审判人员的法定回避事由：

（1）是本案当事人或者当事人、诉讼代理人近亲属的；

（2）与本案有利害关系的；

（3）与本案当事人、诉讼代理人有其他关系，可能会影响对案件公正审理的。

合议庭成员有上述情况之一的，应当自行回避。若合议庭成员为上述情形之一而未自行回避的，当事人有权用口头或者书面的方式申请他们回避，以上法定回避事由也适用于法官助理、书记员、司法技术人员、翻译人员、鉴定人及勘验人。

---

[1] 《民事诉讼法》第一百四十六条规定："原告经传票传唤，无正当理由拒不到庭的，或者未经法庭许可中途退庭的，可以按撤诉处理；被告反诉的，可以缺席判决。"

[2] 《民事诉讼法》第一百四十七条规定："被告经传票传唤，无正当理由拒不到庭的，或者未经法庭许可中途退庭的，可以缺席判决。"

[3] 《民事诉讼法解释》第二百四十一条规定："被告经传票传唤无正当理由拒不到庭，或者未经法庭许可中途退庭的，人民法院应当按期开庭或者继续开庭审理，对到庭的当事人诉讼请求、双方的诉辩理由以及已经提交的证据及其他诉讼材料进行审理后，可以依法缺席判决。"

根据《民事诉讼法》第四十八条[1]、第四十九条[2]以及第五十条[3]的规定，当事人在案件开始审理时提出回避申请的，应当说明理由。被申请回避的人员在人民法院作出是否回避的决定之前，应暂停参与该案的工作，但案件需要采取紧急措施的除外。

人民法院对于当事人提出的回避申请，应当休庭，并且在申请提出的 3 日内以口头或者书面形式作出决定。

院长担任审判长或者独任审判员时被申请回避，由审判委员会决定；审判人员被申请回避，由院长决定；其他人员的回避则由审判长或者独任审判员决定。申请人对决定不服的，可以在接到决定时申请复议一次。复议期间，被申请回避的人员不停止参与本案的工作。人民法院对复议申请，应当在 3 日内作出复议决定，并通知复议申请人。

三、法庭调查

法庭调查是开庭审理的重要阶段，人民法院通过法庭调查审查并核实与案件相关的所有证据，对案件事实进行直接而全面的调查。

《民事诉讼法》第一百四十一条规定："法庭调查按照下列顺序进行：（一）当事人陈述；（二）告知证人的权利义务，证人作证，宣读未到庭的证人证言；（三）出示书证、物证、视听资料和电子数据；（四）宣读鉴定意见；（五）宣读勘验笔录。"

其中，第（一）项当事人陈述可分为原告陈述和被告答辩，有时还有第三人陈述，而第（二）项至第（五）项均为对证据的公开与质证。

（一）当事人陈述

当事人陈述环节首先由原告进行陈述，原告可以陈述其诉讼请求以及所依据的事实和理由，也可以直接宣读起诉状。

原告陈述完毕后就由被告进行答辩，被告可以针对原告的诉讼请求及其主

---

[1] 《民事诉讼法》第四十八条规定："当事人提出回避申请，应当说明理由，在案件开始审理时提出；回避事由在案件开始审理后知道的，也可以在法庭辩论终结前提出。被申请回避的人员在人民法院作出是否回避的决定前，应当暂停参与本案的工作，但案件需要采取紧急措施的除外。"

[2] 《民事诉讼法》第四十九条规定："院长担任审判长或者独任审判员时的回避，由审判委员会决定；审判人员的回避，由院长决定；其他人员的回避，由审判长或者独任审判员决定。"

[3] 《民事诉讼法》第五十条规定："人民法院对当事人提出的回避申请，应当在申请提出的三日内，以口头或者书面形式作出决定。申请人对决定不服的，可以在接到决定时申请复议一次。复议期间，被申请回避的人员，不停止参与本案的工作。人民法院对复议申请，应当在三日内作出复议决定，并通知复议申请人。"

张进行答辩，也可以直接宣读答辩状。

在当事人陈述的基础上，法庭根据案件的实际需要可以组织当事人依次进行补充陈述，当事人补充陈述主要是针对对方当事人陈述的部分内容补充说明相应的事实或者理由，并且补充陈述的内容应避免重复。同时，法庭为了厘清案情和诉讼的争议焦点，也可以有针对性地向双方当事人提问。

（二）证据的公开与质证

当事人举证包括出示物证、书证、视听资料等，证人出庭作证和宣读鉴定意见等多种方式。

根据《证据规定》的相关规定，法庭应引导当事人对所公开出示的证据进行说明，包括证据的编号、名称、形式和拟证明的事项等。

对于当事人出示的每一份证据，法庭均应引导对方当事人围绕证据的真实性、关联性和合法性以及针对证据证明力的有无及大小进行质证，未经质证的证据，不得作为认定案件事实的依据。质证时，当事人应首先对该证据作出是否认可的表示，认可了真实性、关联性和合法性的证据，可以直接作为认定案件事实的依据；若不认可应提出具体的理由和依据，并进行辩驳。

证据为证词的，证人应当出庭接受法庭、诉讼当事人的质证，证人不出庭的，其证言将不会被法庭采信。

为证明被控侵权产品或方法侵犯涉案专利，原告在起诉前委托第三方机构进行技术检测或侵权分析，并将技术检测报告或者侵权分析报告作为证据提交法庭的，原告作为证据提交的技术检测报告或侵权分析报告也将在法庭进行质证。被告对鉴定意见有异议或者人民法院认为鉴定人有必要出庭的，鉴定人应当出庭作证，经人民法院通知，鉴定人拒不出庭作证的，鉴定意见不得作为认定事实的根据。

经质证后的证词、技术检测报告和侵权分析报告，法庭将根据质证情况决定是否采信。不管法庭是否采信，客观的证词、技术检测报告和侵权分析报告都有利于法官心证的形成。尤其是当技术检测报告和侵权分析报告与其后的司法检测报告和司法鉴定的内容和结果重合或相同时，毫无疑问最终判决将会有利于这些证据的提供者。

在专利侵权诉讼中，原告应按权利证据、侵权证据和赔偿证据分别举证。在演示说明被控侵权实物证据时，原告应指明权利要求的技术特征与被控侵权实物的对应部位或者部件，进行技术特征比对，并说明二者相同或者等同的理由，被告可以发表不同的质证意见。技术特征的比对方法参见本节之“（三）技术特征比对”的内容。

证据经举证和质证完毕后，合议庭应进行评议，对证据进行核查并作出是否认定这些证据的决定。合议庭认为认定事实所必要的证据已经齐备并且案件事实已经查清，即可宣布法庭调查阶段完成。

（三）技术特征比对

技术特征的对比，实际上与法庭调查中的证据举证和质证的过程同时进行。

原告在举证被控侵权产品或方法时，法庭会要求原告就被控侵权产品或方法的技术特征与涉案专利权利要求的技术特征进行逐项对比说明。即让原告对其主张的涉案专利的权利要求进行技术特征分解，然后逐项地指出与涉案专利权利要求的技术特征对应的被控侵权产品或方法的技术特征，并进行对比和说明二者相同、等同的理由。

在原告每对比和说明完一项技术特征后，被告对原告指出的技术特征和对比意见进行质证和说明，通常从被控侵权产品或方法的技术特征是否对应于涉案专利权利要求的技术特征，以及二者不相同和不等同两个方面进行质证和反驳。

在被告质证和反驳后，原告对被告的质证意见和反驳有不同观点的，可以要求第二轮发言，被告可以对原告的发言进行回答。如果原告没有新的意见，但法官有问题时，法官也会主动向原告或被告发问，在一方回答后，另一方可发表对应的意见。

原告主张权利的所有权利要求的技术特征，按照上述方法逐项进行法庭调查，即技术特征的比对。对于当事人双方认同的技术特征的对比结果，法庭一般予以认可和记录在案；对于双方当事人有争议的技术特征的对比，在其后的法庭辩论的过程中，法庭将要求双方当事人将其作为辩论的重点。

技术对比虽然涉及技术内容，对于有被控侵权产品实物的对比来讲，由于直观，法官易于理解。对于一些被控侵权的大型设备或方法来讲，不可能将大型设备搬到法庭和在法庭再现生产过程，一般要借助于一些视图、照片甚至公式来演示被控侵权设备或方法的技术特征及其功能和效果，双方当事人都应当从各自的角度认真准备技术对比用的相关视图和照片。

怎样使法官理解权利要求的技术特征及其功能和效果，清楚被控侵权产品或方法中对应的技术特征及其功能和效果，以及预测对方当事人可能提出的问题和反应及其应对之策，这些都是双方当事人在庭审前需做好技术对比准备的事项，也是双方当事人在法庭中尽力演示和说明的内容。

对于专利侵权诉讼而言，法庭调查过程中的技术比对十分重要。通常技术比对结束，被控侵权产品或方法是否落入涉案专利权的保护范围，法官的心证已基本形成，当事人自己也基本上可以感觉到侵权指控成立与否。

（四）专家辅助人作证

企业法人作为当事人参加庭审时，人数受到限制，除法定代表人外，当事人可以聘请两名诉讼代理人参加诉讼。法人代表和诉讼代理人如果不了解涉案技术，或者分析说明涉案技术有困难的，根据法律规定，可以申请一至二名具有专门知识的专家辅助人参加庭审。

当事人申请出庭的专家辅助人有四个作用：

（1）就案件相关的专门性问题进行说明和提出意见；

（2）对鉴定意见进行质证；

（3）接受当事人和法庭的询问；

（4）与对方当事人申请的具有专门知识的人进行对质。

当事人申请出庭的专家辅助人参加庭审时一般与己方诉讼代理人坐在一起，或坐在旁听席，在征得法庭同意后，可以对涉及的技术问题发表意见，其发言是对诉讼代理人的代理意见的补充。

当事人申请技术人员作为专家辅助人出庭，可以在举证期限届满前向法庭提出申请，征得法庭同意后才可出庭。在实务中，大多数当事人都在开庭前向法庭提出申请，法庭一般都会准允当事人的申请，让该专家辅助人参加庭审。庭审结束后，当事人申请出庭的专家辅助人应当对庭审中的发言记录签字确认。

专家辅助人就专门性问题发表的意见，对方当事人可以进行质证和反驳，法庭调查过程中一方当事人的专家辅助人在庭审中发表的意见均视为代表当事人一方提出的意见，除非当事人或其代理人在法庭辩论终结前明示否认。

（五）司法鉴定意见的质证

司法鉴定在专利侵权诉讼中占据十分重要的位置，因为司法鉴定意见通常会被人民法院采纳并作为判决的依据，因此对于当事人来讲，司法鉴定意见的质证十分重要。

《民事诉讼法》第八十一条规定：“当事人对鉴定意见有异议或者人民法院认为鉴定人有必要出庭的，鉴定人应当出庭作证。经人民法院通知，鉴定人拒不出庭作证的，鉴定意见不得作为认定事实的根据；支付鉴定费用的当事人可以要求返还鉴定费用。”

根据该规定，大多数司法鉴定意见会在法庭调查阶段接受质证，除非鉴定人出庭确有困难，人民法院才会同意书面质证。

对司法鉴定意见进行质证主要集中在三个方面：一是司法鉴定的程序是否合法；二是相关司法鉴定人员是否按规定回避；三是该司法鉴定意见是否正确，

包括了司法鉴定的内容以及司法鉴定的方法和意见是否符合法律和法规的要求。

由于专利侵权诉讼涉及专业技术判断，专利侵权诉讼中的司法鉴定意见的质证，还包括了司法鉴定人员是否具备与涉案专利技术有关的专业知识和技术背景的内容。曾发生过一些不具备与涉案专利技术有关的专业技术背景的司法鉴定人员所作的司法鉴定意见书未被人民法院认可的案件。

经质证确认司法鉴定确有不足或者错误，一方当事人可以向人民法院申请补充鉴定或者重新鉴定，法庭依据一方当事人的申请或者依职权决定是否进行补充鉴定或者重新鉴定。补充鉴定或者重新鉴定的司法鉴定意见，必须再次质证。

如果事先没有做过司法鉴定，随着法庭调查的推进，若发现需要进行司法鉴定的事项，法庭可依职权宣布休庭进行司法鉴定，当事人也可向法庭申请司法鉴定，法庭准允的，将宣布休庭进行司法鉴定，待司法鉴定意见作出后再行开庭审理。

四、法庭辩论

在法庭调查完毕后，法庭一般会根据各方当事人陈述的案情和法庭调查的情况，对该案的诉讼请求、无争议的事实、争议焦点和法庭调查的重点进行归纳小结，并征询各方当事人的意见。如果各方当事人对法庭的归纳没有意见，法庭将要求各方当事人围绕归纳的争议焦点发表意见和进行辩论。

《民事诉讼法》第一百四十四条第一款规定："法庭辩论按照下列顺序进行：（一）原告及其诉讼代理人发言；（二）被告及其诉讼代理人答辩；（三）第三人及其诉讼代理人发言或者答辩；（四）互相辩论。"

原告、被告和第三人依次进行第一轮发言和辩论结束后，法庭可以根据案件的实际需要决定是否进行第二轮辩论；在第二次辩论结束后，决定是否进行第三轮辩论。当事人在辩论发言的过程中应尽量避免重复之前的内容。

原告、被告和第三人在互相辩论中，任何一方当事人可以就自己的主张进行发言或者针对对方的主张进行辩驳，当事人需要发言和辩论的，应当向法庭举手示意，经过法庭许可后才能进行发言或者辩论。在互相辩论中，当事人应严格遵守法庭的秩序，并且应该尽量避免重复之前的内容。

若在法庭辩论中发现尚有案件事实或者证据未调查清楚的，应当中止法庭辩论，恢复法庭调查程序，待进一步的法庭调查结束后再恢复到之前中止的法庭辩论阶段，继续进行法庭辩论。

人民法院根据案件具体情况并征得当事人同意，可以将法庭调查和法庭辩论合并进行。

专利侵权诉讼的争议焦点大多集中于技术特征的相同或者等同的对比上，技术特征的对比涉及专业技术，因而当事人应用简洁易懂词语向法庭陈述自己的理由，以便法官理解自己的观点。在法庭确认各方当事人的辩论意见全部陈述完毕后，法庭辩论程序即宣告结束。

五、最终陈述

《民事诉讼法》第一百四十四条第二款规定："法庭辩论终结，由审判长或者独任审判员按照原告、被告、第三人的先后顺序征询各方最后意见。"

最终陈述通常是当事人对本案双方意见的总结，通常以一句话来概括其观点，例如，原告坚持自己的诉讼请求，请求法院依法判决。

原告、被告和第三人依次进行最终陈述，若该陈述过于冗长或者多次重复，甚至与案件无关，法庭会进行适当的制止和引导。

六、调　解

我国民事诉讼中的调解又称法庭调解，是我国司法制度中最具特色的内容之一，我国民事诉讼法将调解原则确定为民事诉讼的基本原则之一。

《民事诉讼法》第九十六条规定："人民法院审理民事案件，根据当事人自愿的原则，在事实清楚的基础上，分清是非，进行调解。"根据该规定，民事诉讼中的调解原则可以归纳为八个字"分清是非，自愿合法"。

"分清是非"是指，调解是人民法院的一项审判活动，整个调解活动应当在法官的支持下进行，因此，人民法院应当查清案件事实、分清是非，在明确各方当事人责任的前提下进行调解。

"自愿"是指，基于民法原理中的意思自治原则，当事人有处分私权的权利。即在民事诉讼的任一阶段，不管是一审程序还是二审程序，在立案后、开庭前，或者庭审进行中，或者在庭审结案后、宣告判决前，当事人都可以请求人民法院进行调解，以及在人民法院进行民事调解过程中放弃某些实体权利，例如放弃赔偿请求或者减少赔偿额等。

"合法"是指，无论是在程序上还是实体内容上，调解必须符合法律规定。即调解必须符合《民事诉讼法》等法律法规所确定的各项基本原则和程序规定，当事人所享有的各项程序性和实体权利，若非出自当事人自愿，绝不能被剥夺；当事人只能处分属于其自己合法权益范围内的权益，且不能损害国家和社会公共利益，也不能违背公序良俗。

调解不是人民法院审理民事诉讼案件的必经程序，即不是所有的民事诉讼案件都必须通过调解结案，但出于对当事人处分其实体权利和诉讼权利的充分尊重，除了法律明确规定不适用调解的案件以外，法庭调解成为民事诉讼中不可缺少的一个程序，对于有可能通过调解解决的民事案件，人民法院均会征询当事人的调解意愿。

专利侵权诉讼案件属于可以通过调解解决的民事案件，适用《民事诉讼法》的调解程序。

（一）调解程序

《民事诉讼法》第九条规定："人民法院审理民事案件，应当根据自愿和合法的原则进行调解；调解不成的，应当及时判决。"人民法院在各方当事人自愿的基础上进行调解，只要当事人一方不同意调解的，将立即停止调解，不可强制调解和反复地征询当事人的调解意愿和反复地劝说当事人接受调解。

调解可以发生在案件审理的各个阶段，包括起诉时、庭前准备时、庭审中，甚至是庭审后。大多数情况下人民法院都会在法庭辩论终结、依法作出判决前再次征询当事人的意见是否愿意调解。当事人不同意调解或调解不成的，人民法院应当尽快判决。

审判人员在征得各方当事人的同意后组织调解。法庭调解可以由审判员一人主持，也可以由合议庭主持。根据《最高人民法院关于人民法院民事调解工作若干问题的规定》第一条❶的规定，经各方当事人同意后，人民法院还可以邀请与当事人有特定关系或者与案件有一定联系的企事业单位、社会团体或其他组织，和具有专门知识、特定社会经验、与当事人有特定关系并有利于促成调解的个人协助调解工作。

（二）调解书

调解方案可以由当事人协商提出，也可以由合议庭依案情提出相应的调解方案供当事人参考或选择。

当事人经调解达成协议，人民法院依法确认并依据调解协议制作调解书。若当事人在诉讼过程中自行达成和解协议，人民法院也可以根据当事人的申请，

---

❶ 《最高人民法院关于人民法院民事调解工作若干问题的规定》第一条规定："根据民事诉讼法第九十五条的规定，人民法院可以邀请与当事人有特定关系或者与案件有一定联系的企业事业单位、社会团体或者其他组织，和具有专门知识、特定社会经验、与当事人有特定关系并有利于促成调解的个人协助调解工作。经各方当事人同意，人民法院可以委托前款规定的单位或者个人对案件进行调解，达成调解协议后，人民法院应当依法予以确认。"其中"民事诉讼法第九十五条"是指2023年修正的《民事诉讼法》第九十八条。

依法确认和解协议，并依据该和解协议制作调解书。有关和解协议的内容详见本章第十二节“和解”的相关内容。

调解协议的调解范围可以超过诉讼请求，但人民法院依据该调解协议制作的调解书的范围一般不超过诉讼请求的范围。调解书应当写明诉讼请求、案件的事实和调解结果。调解书包括首部、正文和尾部三个部分：首部包括人民法院的名称、案号、当事人、诉讼代理人的基本情况、案由和原被告的诉讼请求；正文主要包括案件事实和调解结果；尾部由审判人员、书记员署名，加盖人民法院印章，并写明调解书的制作时间。

若当事人仅就部分诉讼请求达成调解协议的，人民法院可以就此先行确认并制作调解书。《最高人民法院关于人民法院民事调解工作若干问题的规定》第十四条第二款规定：“当事人就主要诉讼请求达成调解协议，请求人民法院对未达成协议的诉讼请求提出处理意见并表示接受该处理结果的，人民法院的处理意见是调解协议的一部分内容，制作调解书的记入调解书。”

（三）调解书的送达和生效

一般情况下，调解书应由审判人员和书记员签名后加盖人民法院的印章并送达当事人，经当事人签收后才发生法律效力，并且应当以最后收到调解书的当事人签收的日期为调解书的生效日期。由于调解书以自愿为基础，如果当事人拒绝签收调解书，表示其不愿意接受调解，任何一方当事人均有权在签收之前就调解达成的协议反悔，只要有一方当事人没有签收，调解书就不会发生法律效力。因此，调解书不能强行送达，既不适用电子送达、留置送达和公告送达的方式，也不适用邮寄送达和请有关单位转交，而通常采用直接送达并由当事人直接签收。调解书应当直接送达当事人本人，如果本人因故不能签收的，也必须由其指定的代收人签收。

但若当事人各方同意直接在调解协议上签名或者盖章后即发生法律效力的，人民法院审查同意后应当记入笔录或者将调解协议附卷，并由当事人、审判人员、书记员签名或者盖章后即具有法律效力。在这种情况下，当事人请求人民法院制作调解书的，人民法院经审查确认后可以制作调解书并送交当事人，当事人拒收调解书不会影响调解协议的效力。

人民法院审理民事案件原则上均应该公开开庭审理，但调解过程和调解协议的内容均不公开，当事人同意公开或者人民法院认为确有必要公开的除外。

若当事人一方或者双方都坚持不愿意调解，或者调解未达成协议，或者调解书送达签收前当事人反悔的，人民法院应当及时判决。

（四）调解书的效力

民事调解不仅适用一审程序，还可在二审程序中进行。生效的调解书具有与生效判决书相同的效力，一方当事人不履行调解书规定的义务时，另一方当事人可以向本案一审法院申请强制执行。但对已生效的调解书，当事人不得再行提起上诉。

七、合议庭评议

在法庭辩论终结后，不进行调解或者调解不成功的，由审判长宣布休庭，书记员宣布合议庭人员退庭。若可以当庭宣判的，宣布休庭后应告知当事人复庭的时间；若决定择期宣判的，应当另行通知当事人宣判的时间。

合议庭人员退庭后对案件进行评议。合议庭评议由审判长主持并由书记员进行记录。合议庭评议应首先由主审法官对案件事实的认定、证据是否确实充分以及法律的适用等问题发表意见，再由普通法官或者陪审员发表意见，审判长最后发表意见。若审判长作为主审法官的，则最后发表其意见。

各合议庭成员充分发表其意见后，由审判长总结合议庭对案件的处理意见并进行表决。对合议庭评议的最终结论，合议庭成员拥有一人一票的表决权，并且独立行使。合议庭评议遵循少数服从多数的原则来决定对案件的最终处理意见，但少数人的意见也应当记入合议庭评议笔录，合议庭评议笔录需由合议庭成员和书记员签名。合议庭评议结束后应当制作判决书，并由合议庭成员签名。

八、判　决

无论是公开审理还是不公开审理的案件，人民法院一律应该公开判决。判决可以当庭宣判，也可以择期宣判，宣判的内容主要有：

（1）法庭认定的事实和证据；

（2）法庭裁判的理由；

（3）法庭裁判的结论以及诉讼费用的负担。

审判长还应当向当事人说明其上诉权利、上诉期限和上诉法院，以及确定判决书的送达方式。

当庭宣判的，人民法院应当在十日内向当事人发送判决书；择期宣判的，人民法院在宣判后应立即发给判决书。判决书由审判人员、书记员署名并加盖人民法院印章。《民事诉讼法》第一百五十五条第一款规定：“判决书应当写明判决结果和作出该判决的理由。判决书内容包括：（一）案由、诉讼请求、争议的事实和理由；（二）判决认定的事实和理由、适用的法律和理由；（三）判决结果和诉讼费用的负担；（四）上诉期间和上诉的法院。”

九、公共利益与侵权判决

对于未经许可的生产、使用和销售等专利侵权行为，专利权人或利害关系人向人民法院提出要求侵权人停止侵犯专利权行为的诉讼请求，按照一般惯例，只要涉案专利是有效专利，并且被控侵权人的行为的确构成专利侵权，人民法院均会支持专利权人或利害关系人的停止侵权的诉讼请求，判令侵权人停止实施专利侵权行为。

在专利侵权诉讼中，“停止侵权”是人民法院判决中对专利侵权人适用最为普遍的专利侵权责任。

但在专利侵权诉讼中，如果被告生产、使用或销售的被控侵权产品或方法涉及社会公共利益，一旦被判令停止侵权，被控侵权产品或方法的禁止使用将会影响社会公共利益。

例如，某一环境保护设施中使用了某种装置或技术，而该装置或技术的使用侵犯了专利权，若专利权人停止侵权的诉讼请求被认可，该装置或技术的禁止使用将使该环保设施无法运行，从而对公共环境造成不利的影响。又如，某一公共建筑中使用了某种建筑材料，该建筑材料落入了专利权的保护范围，但其使用并未取得专利权人的许可，专利权人起诉要求判决停止侵权，如果一旦判决停止使用该建筑材料，即意味着要部分甚至全部拆除该公共建筑，该公共建筑若是地铁等重要公共设施，则必然会对当地的交通和社会经济生活造成影响。

随着我国社会经济的发展以及人们生活水平和质量的提高，社会公共利益将得到越来越多的关注。在专利侵权诉讼的司法实践中，人民法院在确定侵权人的侵权责任和适用侵权责任方式时，已考虑到侵权判决对公共利益的影响。2008 年第二次全国法院知识产权审判工作会议上，时任最高人民法院副院长曹建明就指出：“要根据案件具体情况，合理平衡当事人之间以及社会公共利益，如果停止侵权会造成当事人之间的利益的极大失衡，或者不符合社会公共利益，或者实际上难以执行，可以根据案件具体情况进行利益衡量，在采取充分切实的全面赔偿或者支付经济补偿等替代性措施的前提下，可不判决停止侵权行为。”2016 年首次发布、2020 年修正的《专利解释（二）》第二十六条则明确规定：“被告构成对专利权的侵犯，权利人请求判令其停止侵权行为的，人民法院院应予支持，但基于国家利益、公共利益的考量，人民法院可以不判令被告停止被诉行为，而判令其支付相应的合理费用。”

因此，在专利侵权案件中，当判令停止侵权会影响公共利益的，对侵权行为是否适用停止侵权这一专利侵权责任方式，人民法院在司法实践中需要进行特殊的考量。

（一）与公共利益冲突的救济措施

公共利益是与私人权利相对应的概念。专利权是一种隶属于专利权人的垄断性权利，具备独占性和排他性，除了专利权人以及被许可使用人，其他人均被排除在专利权的实施或使用范围之外。而公共利益则是与社会全体成员或不特定多数人相关，是社会公众共同享有的权利或利益，具有主体数量的广泛性或不特定性以及权利或利益的共享性，例如公共安全、公共道路交通、公共卫生、公共水源及环境保护、文化古迹及风景名胜区的保护、灾害防治、科学教育事业等。

一方面，民事主体合法的私人权利受法律保护，任何组织和个人均不得侵犯；另一方面，公共利益又是对私人权利的限制，防止权利滥用，私人权利的取得和行使不得损害公共利益是一切民事活动的基本原则。因此，当专利权与公共利益相关联时，专利权的行使要考虑专利权人的利益和社会公共利益的平衡。

当专利权的独占性与公共利益的共享性发生冲突时，对于公共利益一般有以下两种法律救济手段。

1. 强制许可

专利的强制许可制度，是指国家知识产权局根据法律规定的条件，不经专利权人同意而依职权或依知晓该专利的申请人的申请而准许他人实施专利的制度。专利强制许可是出于社会公共利益的需要，对专利权人实施非自愿性许可。获得强制许可的被许可人实施专利无须征得专利权人同意，但仍需支付实施专利的对价，即应当支付给专利权人合理的使用费。使用费的金额由双方协商，双方不能达成许可使用费协议的，根据《专利法》第六十二条[1]的规定，由国家知识产权局裁决。专利权人和取得实施强制许可的单位或者个人对国务院专利行政部门关于实施强制许可的使用费的裁决不服的，可以自收到通知之日起三个月内向人民法院起诉。

---

[1] 《专利法》第六十二条规定：“取得实施强制许可的单位或者个人应当付给专利权人合理的使用费，或者依照中华人民共和国参加的有关国际条约的规定处理使用费问题。付给使用费的，其数额由双方协商；双方不能达成协议的，由国务院专利行政部门裁决。”

获得强制许可的被许可人虽未征得专利权人的同意，但只要在强制许可的范围内实施该专利，并且按约定支付合理的使用费的，均不会构成专利侵权。

依据《专利法》第五十三条❶、第五十四条❷、第五十五条❸以及第五十六条❹的规定，对专利实施强制许可大多基于以下四种情况。

（1）专利权人自专利权被授予之日起满 3 年，且自提出专利申请之日起满 4 年，无正当理由未实施或者未充分实施其专利的；或专利权人行使专利权的行为被依法认定为垄断行为，如专利权人不合理拒绝许可，或在给予专利实施许可时附加其他不合理条件等，具备专利实施条件的单位或个人可以向国务院专利行政部门申请对该专利的强制许可。

（2）在国家出现紧急状态或者非常情况时，或者为了公共利益的目的，国务院专利行政部门可以对相关专利实施强制许可。

（3）一项取得专利权的发明或实用新型比前已取得专利权的发明或实用新型具有显著经济意义的重大技术进步，其实施又有赖于前一发明或实用新型的实施的，则前后两项发明或实用新型的专利权人均可以向国务院专利行政部门申请对对方专利的强制许可。

（4）为了公共健康目的，对取得专利的药品，包括专利产品和依照专利方法直接获得的产品，也包括取得专利权的制造该产品所需的活性成分以及使用该产品所需的诊断用品，国务院专利行政部门可以给予制造并将其出口到符合中国参加的有关国际条约规定的国家或地区的强制许可。

关于专利的强制许可，我国虽有法律规定，但专利强制许可的案例却相当罕见。

---

❶ 《专利法》第五十三条规定："有下列情形之一的，国务院专利行政部门根据具备实施条件的单位或者个人的申请，可以给予实施发明专利或者实用新型专利的强制许可：（一）专利权人自专利权被授予之日起满三年，且自提出专利申请之日起满四年，无正当理由未实施或者未充分实施其专利的；（二）专利权人行使专利权的行为被依法认定为垄断行为，为消除或者减少该行为对竞争产生的不利影响的。"

❷ 《专利法》第五十四条规定："在国家出现紧急状态或者非常情况时，或者为了公共利益的目的，国务院专利行政部门可以给予实施发明专利或者实用新型专利的强制许可。"

❸ 《专利法》第五十五条规定："为了公共健康目的，对取得专利权的药品，国务院专利行政部门可以给予制造并将其出口到符合中华人民共和国参加的有关国际条约规定的国家或者地区的强制许可。"

❹ 《专利法》第五十六条规定："一项取得专利权的发明或者实用新型比前已经取得专利权的发明或者实用新型具有显著经济意义的重大技术进步，其实施又有赖于前一发明或者实用新型的实施的，国务院专利行政部门根据后一专利权人的申请，可以给予实施前一发明或者实用新型的强制许可。在依照前款规定给予实施强制许可的情形下，国务院专利行政部门根据前一专利权人的申请，也可以给予实施后一发明或者实用新型的强制许可。"

2. 公共利益原则

《民法典》第一百三十二条规定："民事主体不得滥用民事权利损害国家利益、社会公共利益或者他人合法权益。"此即公共利益原则。如果某项技术或产品未经许可实施了他人专利，尽管侵犯了他人的专利权，对专利权人的权益造成了损害，但却在客观上发挥了专利技术的作用，并且影响着一定范围内的社会经济发展和人们的生活。此时，原本看似当然地对这些侵权技术或产品的停止使用将会影响到社会公共利益，甚至导致公共利益受到损害。在这种情况下，人民法院在判决时应当考虑公共利益。

《专利法》第一条总则性地规定了，制定《专利法》的目的一方面是要保护专利权人的合法权益，另一方面还起着促进科学技术进步和经济社会发展的作用。专利制度是以保护专利权人的合法权益为手段，其所要实现的最终目的是鼓励发明创造，推动发明创造的应用，提高创新能力，促进科学技术进步和经济社会发展。因此，在涉及公共利益的专利侵权诉讼中，对专利权的保护和与公共利益有关的专利产品或者方法的使用的救济是相关联的，如果对专利权的保护会影响社会公共利益，则需要平衡专利权人的个人利益和社会公众的公共利益，在考量利益平衡的基础上，人民法院可以不判决停止侵权，而采用其他方式例如判决使用者支付相应的合理费用等救济措施来替代。

（二）涉及公共利益的专利侵权案件的特征

涉及公共利益的专利侵权案件一般具有以下五个特征。

（1）所涉专利为授权专利；

（2）被控侵权产品或方法已经实际生产和使用；

（3）已使用的被控侵权产品或方法落入涉案专利权的保护范围；

（4）被控侵权产品或方法的使用未经专利权人的许可；

（5）被控侵权产品或方法的禁止使用会影响社会公共利益。

现有法律对公共利益没有明确定义，但是涉及公共利益的专利侵权案件多见于环境保护、医药卫生、公共建筑以及公共设施等方面。

（三）涉及公共利益的专利侵权判决

专利侵权诉讼中已有考虑到公共利益，而不对侵权责任人中的侵权使用者适用"停止侵权"责任的判例，但此类判决不多，近年的典型案例是吉林市×××专业合作社与×××有限责任公司侵害发明专利权纠纷上诉案。[1]

最高人民法院在二审中认为："温室大棚作为东北农业生产的常用且重要物

---

[1] 参见最高人民法院（2019）最高法知民终724号民事判决书。

资之一，搭建于农业用地上。被诉侵权温室大棚已搭建完毕并投入使用，拆除需重新进行设计、审批、施工等手续，可能造成巨大经济损失，且原审法院未支持拆除被诉侵权大棚的请求而专利权人未对此提出上诉。在此情况下，若判令停止使用被诉侵权大棚，可能造成大棚甚至农业用地等生产资料的浪费，影响众多土地承包者的正常生产生活，对当地经济和民生产生不良影响，造成社会资源的巨大浪费和公共利益受损。并且，上诉人的损失主要体现为因被上诉人的侵权行为使其失去了通过其温室大棚专利获益的机会，判令被上诉人停止继续以生产经营为目的制造、许诺销售、销售行为，并就已搭建温室大棚赔偿损失，已足以实现权利人制止侵权的目的并弥补其所受损害。为平衡权利人利益及利益相关方、社会公众利益，本院对上诉人请求判令被上诉人自行拆除已建和在建的涉案日光温室的蓄热保温墙体部分并停止使用的诉请不予支持，但被上诉人应支付合理费用。”

此外，原告武汉××环境工程有限公司诉被告日本××工业株式会社、××电业有限公司侵犯发明专利权纠纷案[1]也非常具有典型性。

涉案发明专利的专利号为ZL95119389.9，专利名称为“曝气法海水烟气脱硫方法及一种曝气装置”。

在该案中，被告1向被告2提供了一种烟气脱硫装置，分别安装在被告2的火力发电厂的两台发电机组中并已投入商业运行，用以去除火力发电中燃煤所产生的粉尘和硫氧化物。被告1所提供的烟气脱硫装置使用的海水烟气脱硫方法与海水烟气脱硫设备的技术特征均与原告专利相同或等同，落入涉案专利权的保护范围。在该案的一审中，原告要求人民法院判令两被告停止侵权行为和赔偿损失。福建省高级人民法院虽然认定两被告的专利侵权行为成立，但出于对环境保护的考虑，没有支持原告要求被告2停止侵权的诉讼请求，即禁止使用海水烟气脱硫方法与设备的诉讼请求，而是判令被告1停止侵权并赔偿原告经济损失5 061.24万元，对于被告2仅判令其按实际使用该侵权烟气脱硫装置的年限向原告支付专利使用费（每台发电机组每年24万元）直至该专利权期限届满为止。

被告2使用的烟气脱硫装置，对火力发电厂的正常运行是十分重要的。因为火力发电厂是燃煤发电，燃煤发电过程中排出的烟气中含有大量粉尘和二氧化硫等硫氧化物的烟气，如果未通过烟气脱硫装置从燃煤产生的烟气中去除粉尘和硫氧化物，将严重污染环境，影响公共卫生。法院一旦判决被告2禁止使

[1] 参见最高人民法院（2008）民三终字第8号民事判决书。

用该烟气脱硫装置，发电过程中燃煤所产生的烟气未经处理排入大气将造成严重的大气污染，引发环境酸化等环境问题，甚至危及人们的健康；而一旦火力发电厂因为不能解决烟气污染而停止运行，又将对该地区的供电和用电造成阻碍，从而影响当地的经济和民生。一审法院出于公共利益的考虑未作出支持原告要求被告2停止侵权的诉讼请求，而是通过判决被告2向原告支付使用费来补偿原告因专利侵权所遭受的损失的方法，实现了专利权人的诉求和社会公共利益的平衡。这一判决在二审中也得到了最高人民法院的支持。

又如，原告珠海市××玻璃有限公司诉被告××股份有限公司、深圳市××股份有限公司侵害实用新型专利权纠纷案。[1] 涉案实用新型专利的专利号为ZL97240594.1、名称为“一种幕墙活动连接装置”。在该案中，被告1未经专利权人许可，仿制幕墙活动连接装置并将其安装于被告2的深圳机场1号航站楼改扩建幕墙工程，其仿制的幕墙活动连接装置落入原告实用新型专利权的保护范围内，构成专利侵权。在该案中，原告同样要求人民法院判令两被告停止侵权行为。深圳市中级人民法院虽然认定两被告的专利侵权行为成立，但出于对深圳机场的特殊性的考虑，没有支持原告要求被告2停止侵权的诉讼请求，即要求判令被告2禁止使用侵犯实用新型专利权的仿制幕墙活动连接装置，而是判令被告1停止侵权并赔偿原告经济损失25万元，判决被告2向原告支付专利许可使用费15万元。

在该案中，该侵权幕墙活动连接装置已安装完成并且深圳机场已实际投入使用，被告2以经营为目的使用了涉案侵权产品，理应停止使用。但是该侵权幕墙活动连接装置一旦被判决禁止使用，整个玻璃幕墙将要被拆除，这不仅会影响深圳机场航站楼的美观，而且深圳机场航站楼将因该面玻璃墙体的缺失而无法使用，这必然会对深圳机场的正常运营造成阻碍。因此人民法院认为判令深圳机场禁止使用该涉案侵权产品不符合实际，这同样是出于对机场公共性的考虑。人民法院不支持原告要求被告2停止侵权的诉讼请求，而通过判决被告2深圳机场支付专利许可使用费的方式来补偿原告的损失。该案在二审中以调解结案，调解的重点仍围绕经济补偿的问题，并且调解协议进一步约定了被告2除支付使用费外，不再另行承担其他任何责任。

授予专利权的发明创造必须满足专利法规定的新颖性、创造性和实用性要求，因此，获得专利权的发明创造的实施都会有利于社会经济技术的发展。但是这不能成为被控侵权人以被控侵权产品或方法的使用与公共利益有关，而要

[1] 参见广东省深圳市中级人民法院（2004）深中法民三初字第587号民事判决书、广东省高级人民法院（2005）粤高法民三终字第129号民事调解书。

求人民法院不要判令禁止使用的理由。在上述两个案例中，人民法院考虑的公共利益涉及环境保护和公共建设的使用，十分具体，均直接关系到该地区内每一个社会成员的切身利益，可以使地区内的社会公众因此而受益。

涉及公共利益的专利侵权诉讼案件，专利权人和利害关系人在起诉时就应该考虑到其影响，无论起诉时提不提要求被告支付专利许可使用费的诉讼请求，都应准备好主张专利许可使用费的相关证据，因为一旦确认被控侵权产品或方法的使用与公共利益有关，诉讼的焦点就转移到专利许可使用费数额大小的确定。对于确定专利许可使用费，专利权人或利害关系人可以从两个方面准备证据：一是收集和准备涉案专利技术的研发和申请专利等投入费用的相关证据，以主张专利许可使用费；二是收集与涉案侵权产品或方法类似项目的其他专利许可使用费用的证据来主张相应的专利许可使用费。

专利权人和利害关系人通过收取专利许可使用费的方式得到了补偿，社会公众也能得益于专利产品或方法的使用，这样的判决在维护公共利益的问题上实现了专利权人与社会公共利益的平衡。

十、判决书的送达

判决书的送达方式和起诉状的送达方式相同。在经送达的各种法律文书中，判决书对当事人的实体权益和程序权益的影响最为关键，是当事人提起上诉的依据。根据《民事诉讼法》第一百七十一条、第二百八十六条[1]的规定，当事人不服第一审判决的，自收到第一审判决书之日起，在国内有住所的当事人拥有 15 日，在国内没有住所的当事人拥有 30 日向上一级人民法院提起上诉的权利。

第十二节　和　　解

《民事诉讼法》第五十三条规定："双方当事人可以自行和解。"民事诉讼中的和解，是双方当事人自行协商，就实体权利的处分达成协议，从而解决纠纷并终结民事诉讼程序的一种方式。和解贯穿于整个民事诉讼过程的始终。

---

[1] 《民事诉讼法》第二百八十六条规定："在中华人民共和国领域内没有住所的当事人，不服第一审人民法院判决、裁定的，有权在判决书、裁定书送达之日起三十日内提起上诉。被上诉人在收到上诉状副本后，应当在三十日内提出答辩状。当事人不能在法定期间提起上诉或者提出答辩状，申请延期的，是否准许，由人民法院决定。"

一、和解内容

和解本质上是双方当事人就他们之间的争议作出让步并达成合意，而对自己的实体权利作出处分的行为。因此，和解的内容可以完全由双方当事人自行协商确定，而不受制于民事诉讼的诉讼请求和程序。只要双方当事人是自愿达成和解，并且和解的内容不违反法律的禁止性规定，不损害国家、集体和他人的合法权益，和解的内容就是合法有效的，即使是案件事实并未查清也可以进行和解，并且和解的内容还可以超出诉讼请求的范围。

出于解决纠纷的目的，专利侵权诉讼的和解内容一般可以从以下四个方面考虑。

（1）确定是否构成专利侵权。

（2）确定构成专利侵权的，再进一步确定停止侵权的方式。在实务中，有的被告不愿意在和解协议中承认侵权，即不愿意使用专利“侵权”字眼，则和解协议有时候会使用诸如停止生产、销售某某产品等表达方式。

（3）确定损害赔偿款。即双方当事人约定支付侵权损害赔偿的金额及方式等。在实务中，有的被告同样不愿意在和解协议中使用“侵权损害赔偿”的表达方式，则和解协议可以使用诸如利益补偿、支付许可费等替代表达方式。

（4）其他事项。双方当事人还可以在和解协议中约定其他事项，例如约定被告应销毁其生产侵权产品的专用设备以及库存侵权产品、被告为其专利侵权行为向原告赔礼道歉、被告的关联企业停止侵权，以及再次发生侵权行为的违约责任等。

二、和解方式

和解是双方当事人自行协商，并最终达成和解协议的过程。

由于和解是当事人出于自己的意志而对自身实体权利作出处分的行为，因此必须在双方当事人都在场的情况下才能进行；如果是委托诉讼代理人代为诉讼的，诉讼代理人必须得到当事人进行和解的特别授权。

双方当事人可以在没有审判人员的介入下进行自主协商；也可以由审判人员作为中立的第三方主持和解，提出和解意见，并由双方当事人根据自己的意愿决定是否采纳。《最高人民法院关于人民法院民事调解工作若干问题的规定》第二条第二款规定：“当事人在和解过程中申请人民法院对和解活动进行协调的，人民法院可以委派审判辅助人员或者邀请、委托有关单位和个人从事协调活动。”

三、和解协议的效力

和解协议是原告、被告为解决诉讼案件达成的约定，该约定的效力受到合同法的保护，任何一方违反或者不履行协议约定的事项，另一方可向法院起诉该方违约。但和解协议不具备强制执行力，和解协议的内容只能依靠双方当事人自觉履行，不能直接作为人民法院的执行依据，除非由人民法院根据当事人的申请依法确认和解协议并制作成调解书，该经调解书确认的和解协议的内容即具备强制执行力，任何一方不履行相关义务，另一方可以向人民法院申请强制执行。有关调解书的详细内容参见本章第十一节之六“调解”的有关内容。

四、和解和诉讼案件的撤回

双方当事人和解协议的达成即意味着纠纷的解决，从而使得民事诉讼不再有继续进行的意义，因此，和解具有终结民事诉讼的功能。和解协议一经达成，原告应当向人民法院申请撤诉，人民法院经审查确认和解协议系出于双方当事人自愿合意，并且不存在违反法律的禁止性规定或损害国家、集体和他人合法权益的情形，符合撤诉条件的，应当准予撤诉。

第五章　第二审程序

民事诉讼第二审程序，是指当事人不服地方各级人民法院作出的一审判决或者裁定，在法定期限内向上一级人民法院提起上诉，上一级人民法院对该上诉案件进行审理所适用的程序。民事诉讼第二审程序并不是民事诉讼的必经程序，若案件在第一审程序中以调解的方式结案，或者案件当事人未在上诉期限内提起上诉，都不会引起第二审程序的发生。但经过第二审程序作出的判决或者裁定即为终审判决或者裁定，当事人不得再行提起上诉。

专利侵权诉讼的第二审适用民事诉讼第二审程序。

第一节　提出上诉

民事诉讼案件的当事人不服地方各级人民法院作出的一审判决或者裁定，可以在法定期限内提起上诉，请求上一级人民法院进行审理。

一、上诉期限

《民事诉讼法》第一百七十一条规定："当事人不服地方人民法院第一审判决的，有权在判决书送达之日起十五日内向上一级人民法院提起上诉。当事人不服地方人民法院第一审裁定的，有权在裁定书送达之日起十日内向上一级人民法院提起上诉。"

在实务中，第一审程序的各方当事人收到判决书或者裁定书的时间不一致，上诉期限从各方当事人各自收到判决书或者裁定书之日起计算。一旦过了法定期限，当事人都没有上诉的，第一审判决或者裁定即发生法律效力，当事人不得再行使上诉权。

《民事诉讼法》第八十六条规定："当事人因不可抗拒的事由或者其他正当理由耽误期限的，在障碍消除后的十日内，可以申请顺延期限，是否准许，由人民法院决定。"

对于涉外民事诉讼，《民事诉讼法》第二百八十六条规定："在中华人民共和国领域内没有住所的当事人，不服第一审人民法院判决、裁定的，有权在判决书、裁定书送达之日起三十日内提起上诉。"

当事人中一方在国内，另一方在国外，则应遵循各自的上诉期限。若国内一方当事人在法定上诉期限（判决 15 日、裁定 10 日）届满后未提起上诉的，即丧失上诉权；当国外一方当事人的上诉期限（30 日）届满也未提起上诉的，第一审判决或者裁定发生法律效力。

二、上诉人

专利侵权诉讼一审中的任一当事人对一审判决不服的，都可以依法提起上诉，他们在一审中的地位可能不同，但是二审程序中依法提起上诉的就是上诉人，因此二审中的上诉人可能是第一审程序中的原告、被告或者有独立请求权的第三人，无独立请求权的第三人只有在第一审人民法院判决其承担民事责任的情况下才享有上诉权。

当有多位一审当事人提出上诉的，就会产生多位上诉人，例如，一审中的原告和被告均不服一审判决，分别在上诉期内提起上诉的，他们都是上诉人。

一审中的必要共同诉讼人可以共同上诉，例如，共同原告可以共同上诉，是共同上诉人，一审中的共同被告也可以共同上诉，是共同上诉人。

另外，一审中的必要共同诉讼人，如专利侵权诉讼中的共同原告或者共同被告中的一人或者部分人提起上诉的为上诉人，未提起上诉的就不是上诉人。

三、被上诉人

被提起上诉的即为被上诉人。被上诉人通常是上诉人的对方当事人。

一审中的被告不服一审判决其侵犯专利权而提起上诉，作为对方当事人的一审原告为被上诉人；如果共同诉讼人中的一方对共同诉讼人之间的权利义务承担有意见而提起上诉的，被提起上诉的共同诉讼人中的另一方为被上诉人。例如，一审共同被告中的某一方对一审判决的损害赔偿额在共同被告之间的分担方法不服而提起上诉的，共同被告中的另一方为被上诉人；同样，共同原告中的一方对一审判决的损害赔偿额在共同原告之间的分配方法不服提起上诉的，共同原告中的另一方为被上诉人。

四、其他二审诉讼当事人

其他二审诉讼当事人是指未提起上诉的一审中的必要共同诉讼人。例如，专利侵权诉讼的共同原告或者共同被告中的部分原告或者部分被告提起上诉的，分别都是上诉人；而相对于提起上诉的原告而言，未提起上诉的其他共同原告为其他二审诉讼当事人；相对于提起上诉的被告而言，未提起上诉的其他共同被告为其他二审诉讼当事人。

根据《民事诉讼法解释》第三百一十七条[1]的规定，必要共同诉讼人的一人或者部分人未提起上诉，其诉讼地位，按下列情况处理。

（1）上诉人仅对与对方当事人权利义务分担有意见，其上诉不涉及同一方共同诉讼人利益的，未上诉的同一方其他当事人依原审诉讼地位列明。例如，共同原告之一方当事人对于判赔给其他共同原告当事人的金额没有异议，但认为赔偿给己方的数额太少提出上诉，则共同原告中未提出上诉的其他原告既不是上诉人，也不是被上诉人。

（2）上诉人仅对共同诉讼人之间权利义务分担有意见，不涉及对方当事人利益的，对方当事人依原审诉讼地位列明。例如，共同被告中的一方当事人仅对一审判决损害赔偿数额的分担方法不服提出上诉，由于上诉内容未涉及一审原告，一审原告既不是上诉人，也不是被上诉人。

其他二审诉讼当事人在专利侵权诉讼中较为常见。例如，当侵权产品的制造商和销售商一并作为共同被告，并在一审中被判定构成侵权的，一般情况下作为制造商的一审被告会提出上诉，而作为一审共同被告中另一被告的销售商通常不会提起上诉，此时该销售商就是其他二审诉讼当事人。

五、上诉状

根据《民事诉讼法》第一百七十二条[2]的规定，上诉状应当包括以下内容：

（1）上诉人。上诉人一栏应载明上诉人的姓名和联系地址，同时列明其在原审的诉讼地位，如原审原告或原审被告。上诉人为法人的，还应载明法人的名称及其法定代表人的姓名或者其他组织的名称及其主要负责人的姓名和联系

[1] 《民事诉讼法解释》第三百一十七条规定："必要共同诉讼人的一人或者部分人提起上诉的，按下列情形分别处理：（一）上诉仅对与对方当事人之间权利义务分担有意见，不涉及其他共同诉讼人利益的，对方当事人为被上诉人，未上诉的同一方当事人依原审诉讼地位列明；（二）上诉仅对共同诉讼人之间权利义务分担有意见，不涉及对方当事人利益的，未上诉的同一方当事人为被上诉人，对方当事人依原审诉讼地位列明；（三）上诉对双方当事人之间以及共同诉讼人之间权利义务承担有意见的，未提起上诉的其他当事人均为被上诉人。"

[2] 《民事诉讼法》第一百七十二条规定："上诉应当递交上诉状。上诉状的内容，应当包括当事人的姓名，法人的名称及其法定代表人的姓名或者其他组织的名称及其主要负责人的姓名；原审人民法院名称、案件的编号和案由；上诉的请求和理由。"

地址。

例如：

上诉人（原审原告）：×××有限责任公司。

法定代表人：×××。

职务：董事长。

住所地：×××市×××路×××号。

有共同上诉人的，亦应按上述方法载明其他共同上诉人的信息。

（2）被上诉人。被上诉人一栏应载明被上诉人的姓名和联系地址，同时列明其在原审的诉讼地位，如原审原告或原审第三人。被上诉人为法人的，还应载明法人的名称及其法定代表人的姓名或者其他组织的名称及其主要负责人的姓名和联系地址。

例如：

被上诉人（原审原告）：×××有限责任公司。

法定代表人：×××。

职务：董事长。

住所地：×××市×××路×××号。

有共同被上诉人的，亦应按上述方法载明其他共同被上诉人的信息。

（3）其他诉讼参加人。二审涉及其他诉讼参加人的，也应载明其姓名和联系地址，同时列明其在原审的诉讼地位，如原审原告或原审被告。其他诉讼参加人为法人的，应载明法人的名称及其法定代表人的姓名或者其他组织的名称及其主要负责人的姓名和联系地址。

例如：

原审被告：×××有限责任公司。

法定代表人：×××。

职务：总经理。

住所地：×××市×××路×××号。

有多位其他诉讼参加人的，应按上述方法全部列出。

（4）原审人民法院名称、案件编号和案由。应写明上诉人因××一案（一审判决书或者裁定书所列的案由），不服××人民法院××××年×月×日（××××）字第××号判决（或者裁定），现提出上诉。

（5）上诉请求。上诉请求应当针对一审判决的主文提出请求上一级人民法院撤销或者变更的要求，以及要求被上诉人承担诉讼费用。例如，一审被告不服一审判决其侵权，其上诉请求可以是：

① 请求撤销原审判决，改判上诉人的产品未落入被上诉人的专利权的保护范围；

② 请求判令被上诉人承担一、二审诉讼费用。

（6）上诉理由。上诉状中应写明不服第一审判决的理由和法律依据，主要围绕以下三个方面展开。

一是认为一审违反法定程序。例如，未给予当事人答辩权，或证据未按规定进行质证等。

二是认为一审认定事实错误。例如，对一审认定的事实和采信的证据存在异议，或明显忽视对争议事实的分析，或判决书未分析重要证据等。专利侵权诉讼案件的上诉理由大部分与技术特征分析对比这一事实认定的正确与否有关。

三是认为一审判决适用法律错误。例如，适用的法律与案件性质明显不符，或适用已失效或尚未实施的法律，或对法律的适用明显违背立法原意等。

上诉人对于第一审判决的任何异议均可以从程序、事实以及适用法律三方面进行阐述，可能只涉及其中的一个或两个方面，也可能同时涉及三个方面。

（7）管辖法院和上诉人署名。

六、上诉法院

2019 年之前，专利侵权诉讼案件的二审管辖原则与一般民事诉讼案件相同，即上诉法院为与第一审人民法院对应的上一级人民法院。

2019 年开始，随着最高人民法院知识产权法庭的设立，发明与实用新型专利侵权诉讼案件的二审调整为由最高人民法院知识产权法庭进行集中管辖，外观设计专利侵权诉讼案件的二审管辖法院的规定维持不变，即上诉法院为与第一审人民法院对应的上一级人民法院。

由于近几年专利侵权案件数量呈逐年增长态势，最高人民法院受理的专利侵权二审案件数量一直居高不下，2023 年修正的《最高人民法院关于知识产权法庭若干问题的规定》[1] 将专利侵权诉讼案件二审受理范围进一步调整为发明专利以及重大、复杂的实用新型专利上诉案件。经过此次调整，意味着普通的实用新型专利侵权诉讼案件将恢复适用一般民事诉讼案件的二审管辖原则。

---

[1] 《最高人民法院关于知识产权法庭若干问题的规定》第二条规定："知识产权法庭审理下列上诉案件：（一）专利、植物新品种、集成电路布图设计授权确权行政上诉案件；（二）发明专利、植物新品种、集成电路布图设计权属、侵权民事和行政上诉案件；（三）重大、复杂的实用新型专利、技术秘密、计算机软件权属、侵权民事和行政上诉案件；（四）垄断民事和行政上诉案件。"

第二节 原审法院的受理

当事人不服一审判决提出上诉的，首先向一审法院提交上诉状，由一审法院对上诉主体的资格以及上诉状进行形式审查，并决定是否接受上诉。上诉状应当通过一审法院提出，若上诉人直接向二审法院提出上诉的，依照《民事诉讼法》第一百七十三条[1]的规定，二审法院也应当在5日内将上诉状移交给一审法院。

一审法院收到上诉状后，将进行形式审查，通过形式审查并代收上诉费后，将一审卷宗连同上诉状一起移交二审法院，为二审法院的立案受理做好准备。

一、确认当事人

（一）上诉人的确认

第一审程序中享有上诉权的当事人有以下三类。

（1）原告和被告：第一审程序中的原告和被告是民事诉讼中承担实体权利义务的人，可以提起上诉。

（2）有独立请求权的第三人：有独立请求权的第三人在第一审程序中相当于原告的地位，承担实体权利义务，可以提起上诉。

（3）无独立请求权的第三人：无独立请求权的第三人不享有独立的上诉权，只有在人民法院判决其承担民事责任时才享有上诉权，可以提起上诉。

享有上诉权的当事人可以自己提起上诉，也可以委托诉讼代理人提起上诉。但诉讼代理人提起上诉应当经过被代理的当事人的特别授权，并以被代理的当事人的名义提起上诉，否则其上诉行为属无效行为。

另外，根据《民事诉讼法解释》第三百一十九条[2]和第三百二十条第一款[3]的规定，如果享有上诉权的当事人为无民事行为能力人或限制民事行为能力人，

---

[1] 《民事诉讼法》第一百七十三条规定："上诉状应当通过原审人民法院提出，并按照对方当事人或者代表人的人数提出副本。当事人直接向第二审人民法院上诉的，第二审人民法院应当在五日内将上诉状移交原审人民法院。"

[2] 《民事诉讼法解释》第三百一十九条规定："无民事行为能力人、限制民事行为能力人的法定代理人，可以代理当事人提起上诉。"

[3] 《民事诉讼法解释》第三百二十条第一款规定："上诉案件的当事人死亡或者终止的，人民法院依法通知其权利义务承继者参加诉讼。"

其法定代理人可以提起上诉；如果享有上诉权的当事人死亡，其继承人可以提起上诉；如果享有上诉权的法人或其他组织终止，承受其权利义务的法人或其他组织可以提起上诉。

（二）被上诉人的确认

作为第二审程序的被上诉人也应符合一定条件，一审法院应对被上诉人的主体资格进行审查，对不符合条件的被上诉人提起的上诉，应通知上诉人更换适格的被上诉人。

被上诉人为第二审程序中上诉人的相对方，应属于第一审程序中除上诉人外承担了实体权利义务的其他各方。在第一审程序的原告、被告以及第三人（不承担民事责任的无独立请求权第三人除外）三方中，任何一方提起上诉，其他两方均可作为被上诉人。

二、上诉期限的确认

《民事诉讼法》第一百七十一条第一款规定：“当事人不服地方人民法院第一审判决的，有权在判决书送达之日起十五日内向上一级人民法院提起上诉。”

第一审判决的上诉期限为 15 日，一审法院在收到上诉状时首先要确认是否在法定的上诉期限内。如果当事人未在法定期限内提起上诉，则第一审判决已经发生法律效力，即使当事人认为第一审判决错误也只能申请再审，不可能引起第二审程序，对于当事人的上诉请求应直接予以驳回；但如果当事人在法定期限内提起上诉，原则上将启动第二审程序，一审法院应予审查。

上诉期限从判决书送达之日起计算，具体来说是从每个有上诉权的当事人各自收到判决书之日起分别计算，任何一方当事人均可在自己的上诉期限内递交上诉状。由于各方当事人收到判决书的时间可能不同，如果出现其中一方当事人的上诉期限已满，而其他方当事人的上诉期限未满，则第一审判决仍未生效，该其他方当事人仍有权提起上诉。只有在所有当事人的上诉期限均届满并且没有人提起上诉的情况下，第一审判决才发生法律效力，当事人的上诉权也归于消灭。

三、上诉费用的缴纳

一审法院确认上诉未超过法定上诉期限并且上诉人与被上诉人主体适格后，应对上诉状的内容是否符合《民事诉讼法》第一百七十二条的规定进行审查。若上诉状的内容有欠缺，一审法院应通知上诉人在限期内及时补正；若上诉人逾期不补正的，应裁定驳回上诉。

一审法院收到上诉状或经限期内补正的上诉状，经审查符合上诉条件的，上诉人应按《民事诉讼法》第一百二十一条第一款❶的规定预先缴纳上诉费用，上诉费用与一审诉讼费用一般相同。若上诉人已递交上诉状，但未在指定的期限内交纳上诉费的，则按自动撤回上诉处理。

四、上诉状的送达

在上诉人缴足指定数额的上诉费用后，一审法院应当在收到上诉状或再次收到限期内补正的上诉状之日起 5 日内将上诉状副本送达被上诉人。

五、被上诉人的答辩

被上诉人在收到上诉状副本之日起 15 日内提出答辩状，一审法院在收到答辩状之日起 5 日内将答辩状副本送达上诉人。被上诉人提出答辩状为其诉讼权利，被上诉人不提出答辩状的，不影响将来口头答辩或者以后再递交书面材料，也不影响对案件的审理。

与民事诉讼第一审程序中被告的答辩类似，被上诉人的答辩也是被上诉人对上诉人在上诉状中提出的诉讼请求、事实和理由的回答和辩驳，包括以下三方面内容。

一是对原审法院判决的服从或者部分服从、反对或者部分反对，并对反对部分进行说明。尽管被上诉人没有对一审判决提出上诉，但被上诉人对于一审判决中的部分内容也可能持反对意见，尤其是对于上诉人引用的用于支持其上诉请求的相关一审裁判要点。当事人未提起上诉，只能表示其接受一审判决的结果，但并不意味着其同意或默认了一审判决所认定的所有事实和判决的理由，因此被上诉人也可以明确提出其反对意见。

二是对上诉请求的承认或者部分承认、否认或部分否认，并对否认部分进行说明。

三是对上诉状所述事实和理由的自认或者部分自认、否认或者部分否认，对于否认部分也应当进行说明。

---

❶ 《民事诉讼法》第一百二十一条第一款规定："当事人进行民事诉讼，应当按照规定交纳案件受理费。财产案件除交纳案件受理费外，并按照规定交纳其他诉讼费用。"

根据《民事诉讼法》第一百七十四条[❶]、第二百八十六条[❷]的规定，被上诉人应当在收到上诉状副本之日起 15 日内提出答辩状；对于在中国境内没有住所的外国被上诉人，可以在收到上诉状副本之日起 30 日内提出答辩状，被上诉人可以申请延期答辩，是否准许由人民法院决定。

被上诉人提出答辩状是其诉讼权利，如果被上诉人在法定期限内没有提出答辩状，并不会影响第二审法院的审理，也不影响被上诉人之后的口头答辩或提交书面材料。

六、诉讼案卷移送二审法院

一审法院收到上诉状及答辩状后，或者超出提出答辩状的期限，被上诉人不提交答辩状，均应当在 5 日内连同一审案件的全部案卷和证据报送二审法院，同时可以对上诉人的上诉理由提出意见附卷报送，供二审法院参考。

第三节 二审法院的受理

一、二审受理通知书与开庭通知书

（一）二审法院立案受理与受理通知书

二审法院立案庭收到一审法院移送的上诉材料后，应对以下内容进行审查。

（1）上诉状、一审裁判文书是否齐全；一审卷宗数量与案件移送函标明的数量是否相符。

（2）上诉人递交上诉状的时间是否在法定上诉期限以内；或者虽然超过法定上诉期限，但提交了因不可抗拒的事由或其他正当理由申请顺延上诉期限的书面材料。

---

❶ 《民事诉讼法》第一百七十四条规定：“原审人民法院收到上诉状，应当在五日内将上诉状副本送达对方当事人，对方当事人在收到之日起十五日内提出答辩状。人民法院应当在收到答辩状之日起五日内将副本送达上诉人。对方当事人不提出答辩状的，不影响人民法院审理。原审人民法院收到上诉状、答辩状，应当在五日内连同全部案卷和证据，报送第二审人民法院。”

❷ 《民事诉讼法》第二百八十六条规定：“在中华人民共和国领域内没有住所的当事人，不服第一审人民法院判决、裁定的，有权在判决书、裁定书送达之日起三十日内提起上诉。被上诉人在收到上诉状副本后，应当在三十日内提出答辩状。当事人不能在法定期间提起上诉或者提出答辩状，申请延期的，是否准许，由人民法院决定。”

（3）是否附有上诉案件受理费单据或者上诉人关于缓、减、免交上诉费用的申请。

经审查发现上诉材料不齐备的，二审法院立案庭应当及时通知一审法院补充。二审法院立案庭确认上诉材料无误后，应当填写立案登记表，编写案号，向上诉人和被上诉人分别发送案件受理通知书和上诉案件应诉通知书，并将案卷材料于立案登记的第二日移交审判庭。

（二）二审审判组织与开庭通知书

根据《民事诉讼法》第四十一条第一款、第二款[1]的规定，二审法院审理上诉案件通常需要组成合议庭。合议庭的成员应为三人以上单数，但与第一审程序不同，第二审程序的合议庭只能由审判员组成，不包括陪审员。中级人民法院对第一审适用简易程序审结或者不服裁定提起上诉的第二审民事案件，事实清楚、权利义务关系明确的，经双方当事人同意，可以由审判员一人独任审理。

不过，专利案件基本由中级或者高级人民法院一审，故专利案件的二审目前基本是组成合议庭进行审理。

合议庭的组成人员名单将会在开庭通知书中告知第二审程序的当事方，便于第二审程序的当事方提出回避申请。开庭通知书的发送有两种方式：一是与案件受理通知书和上诉案件应诉通知书一并发送给当事方；二是另行单独发送给当事方。

二、二审中的财产保全

作为一审原告的专利权人或者利害关系人，在二审庭审结束前无论是作为上诉人还是被上诉人都可以针对一审中被控侵权的被告向人民法院提出财产保全的请求。

根据《民事诉讼法解释》第一百六十一条[2]、第一百六十二条第一款[3]的规

---

[1] 《民事诉讼法》第四十一条规定："人民法院审理第二审民事案件，由审判员组成合议庭。合议庭的成员人数，必须是单数。中级人民法院对第一审适用简易程序审结或者不服裁定提起上诉的第二审民事案件，事实清楚、权利义务关系明确的，经双方当事人同意，可以由审判员一人独任审理。"

[2] 《民事诉讼法解释》第一百六十一条规定："对当事人不服一审判决提起上诉的案件，在第二审人民法院接到报送的案件之前，当事人有转移、隐匿、出卖或者毁损财产等行为，必须采取保全措施的，由第一审人民法院依当事人申请或者依职权采取。第一审人民法院的保全裁定，应当及时报送第二审人民法院。"

[3] 《民事诉讼法解释》第一百六十二条第一款规定："第二审人民法院裁定对第一审人民法院采取的保全措施予以续保或者采取新的保全措施的，可以自行实施，也可以委托第一审人民法院实施。"

定，对于当事人不服一审判决提起上诉的案件，在二审法院尚未接到一审法院报送的案件资料时，一方当事人有转移、隐匿、出卖或者毁损财产等行为，必须采取保全措施的，另一方当事人可以向一审法院提出申请采取财产保全措施，必要时也可以由一审法院依职权采取财产保全措施。一审法院作出的财产保全裁定应及时报送给二审法院。

二审法院对一审法院作出的财产保全裁定，可以裁定撤销该财产保全裁定，或予以续保，或采取新的财产保全措施。二审法院裁定对一审法院采取的财产保全措施予以续保或者采取新的财产保全措施的，可以自行实施，也可以委托一审法院实施。

当事人在二审期间发现另一方当事人有转移、隐匿、出卖或者毁损财产等行为，必须采取财产保全措施的，可以在二审庭审结束前，向二审法院提出申请，由二审法院裁定是否采取财产保全措施并执行。

有关二审财产保全的申请和担保以及人民法院的审查程序，由于与一审财产保全相同，本节不再展开，详细内容参见第三章第二节“财产保全”的相关内容。

三、二审中的证据保全

民事诉讼第二审程序原则上不进行证据保全，因为作为一审判决所必需的证据应当在一审庭审前递交人民法院，并且证据保全的申请和执行应当在民事诉讼第一审程序的预备庭阶段完成，最迟不应当晚于第一审开庭审理的法庭调查阶段。

例如，一审判决后，被控侵权人在二审审理期间继续侵权并且给专利权人或利害关系人增加新的损失，专利权人或利害关系人由此向二审法院提出证据保全请求，请求保全被控侵权人的侵权及其损害赔偿证据的，由于这是被控侵权人在一审判决后新发生的侵权行为，不在二审法院的审理范围内，二审人民法院一般不会受理该证据保全请求。

四、二审中的司法鉴定

民事诉讼第二审程序中也会发生司法鉴定，通常为以下三种情况之一。

一是第一审程序中没有进行司法鉴定，二审中当事人申请进行司法鉴定，或者人民法院认为需要进行司法鉴定的，如原第一审程序中当事人申请司法鉴定没有被一审法院接受，该当事人在二审中仍申请司法鉴定。

二是第一审程序中已经进行过司法鉴定，当事人之一认为该司法鉴定错误，有失公允的，可以请求进行补充司法鉴定或者重新进行司法鉴定。如果认为一审中的司法鉴定确有不当，二审法院可以不采纳一审的司法鉴定；如果一审司法鉴定没有清楚释明某些技术问题，有必要请技术专家进一步澄清的，二审法院有可能要求原司法鉴定机构补充鉴定或者重新委托司法鉴定机构进行司法鉴定。

三是第一审程序认定的事实中尚有不清楚，需要专业人员帮助澄清的。例如，专利侵权诉讼第一审程序中对涉及的某些复杂的专门性技术问题的认定尚不清楚，需要进行司法鉴定，则可以在第二审程序中委托进行司法鉴定。

二审法院委托司法鉴定的程序和方法同一审的司法鉴定，详细内容参见第四章第九节“司法鉴定”的相关内容。

五、二审中止的情况

通常民事诉讼第二审程序很少会出现中止诉讼审理的情形，但专利侵权诉讼第二审程序中发生下列两种情形之一的，将中止审理。

一是第一审程序中被告曾向国家知识产权局请求宣告原告涉案专利权无效并提出停止审理请求，但一审法院认为没有必要中止诉讼，从而继续审理并作出侵权行为成立判决的。然而二审时国家知识产权局作出宣告涉案发明专利全部无效或者部分无效的审查决定，由于专利权人或利害关系人可能提出撤销国家知识产权局的无效宣告请求审查决定的行政诉讼，涉案发明专利的有效性处于不稳定的状态，二审中被控侵权的当事人提出中止诉讼请求的，二审人民法院可以作出中止该专利侵权诉讼的裁定。

二是第一审程序中被告对原告的涉案专利权提出无效宣告请求，国家知识产权局作出维持专利权的决定，而后在被告提起的对国家知识产权局的行政诉讼中，行政一审的人民法院判定全部撤销或者部分撤销国家知识产权局的维持专利权有效的决定，而行政二审还在持续之中，涉案专利的有效性处于不稳定的状态，二审中被控侵权的当事人提出中止诉讼审理请求的，二审法院可以作出中止该专利侵权诉讼的裁定。

有关专利无效宣告请求以及对不服国家知识产权局的专利无效宣告请求审查决定提起撤销该审查决定的专利行政诉讼的详细内容参见第十章“专利无效宣告请求和审理”的相关内容。

第四节　二审证据及举证期限

二审证据既包括第一审程序的所有证据，也包括当事人在第二审程序中提出的新证据。当事人在第二审程序中可以提出新证据，以进一步支持己方对事实及诉讼请求的主张，反驳甚至推翻一审判决。尤其是在一审中由于证据不足导致诉讼请求未获支持甚至败诉的情况下，第二审程序中的新证据可能具有关键性作用。但第二审程序对于新证据以及举证期限均有严格的要求和限制，本节将具体展开介绍。

一、二审证据

二审证据包括一审证据的提交和第二审程序中的新证据两部分。

（一）一审证据的提交

一审法院受理上诉后，会按法定程序将第一审案件的全部案卷和证据报送二审法院，上诉人上诉与被上诉人抗辩均无须另行提交一审证据。

但一审证据较多，为便于说明己方的主张以及反对对方的主张，上诉人和被上诉人仍可以向二审法院提交二审中需要用到的一审证据。这些证据可以包括己方的一审证据，也可以是一审中对方提供的证据，即重新组合相关的一审证据，向二审法院进行提交。

（二）第二审程序中的新证据

在第二审程序中，当事人可以提出新的证据。第二审程序中的新的证据通常包括：

（1）一审庭审结束后新发现的证据，一般是指一审庭审结束后新发生的情况，如新作出的与本案相关联的判决或裁定、由案外第三人的请求引起的国家知识产权局经审查后作出对涉案专利权宣告无效的审查决定、新发生的重复侵权导致损害的进一步扩大等，或由于客观原因导致当事人在一审时未能发现的证据。

（2）当事人在一审举证期限届满前申请人民法院调查取证未获准许，二审法院经审查认为应当准许并依当事人申请调取的证据。

（3）其他二审法院经审查认为属于新的证据的情形。

另根据《民事诉讼法》第六十八条[1]和《民事诉讼证据规定》第五十二条[2]的规定，当事人应当在举证期限届满前提供新的证据，如逾期提供证据，人民法院可以根据情况不予采纳；若当事人因客观原因未能在准许的期限内提供，人民法院应当根据当事人的举证能力、不能在举证期限内提供证据的原因等因素综合判断，必要时可以听取对方当事人的意见。

二、二审举证期限

根据《民事诉讼法解释》第九十九条[3]以及《民事诉讼证据规定》第五十一条[4]的规定，第二审程序对于新的证据的举证有严格的期限限制。

当事人在第二审程序中需要提供新证据的，应当在人民法院确定的期限内提出。对于当事人提供新证据的二审案件，人民法院确定的举证期限不得少于10日。若当事人申请延长举证期限的，应当在举证期限届满前向人民法院提出书面申请。申请理由成立的，人民法院应当准许，适当延长举证期限，并通知其他当事人，延长的举证期限也适用于其他当事人；申请理由不成立的，人民法院不予准许，并通知申请人。

举证期限届满后，当事人提供反驳证据或者对已经提供的证据的来源、形式等方面的瑕疵进行补正的，人民法院可以酌情再次确定举证期限。

当事人逾期提供证据的，人民法院应当视情况作如下处理：

（1）当事人逾期提供证据的，人民法院应当责令其说明理由，必要时可以要求其提供相应的证据。

（2）当事人因客观原因逾期提供证据，或者对方当事人对逾期提供证据未提出异议的，视为未逾期。

---

[1] 《民事诉讼法》第六十八条规定："当事人对自己提出的主张应当及时提供证据。人民法院根据当事人的主张和案件审理情况，确定当事人应当提供的证据及其期限。当事人在该期限内提供证据确有困难的，可以向人民法院申请延长期限，人民法院根据当事人的申请适当延长。当事人逾期提供证据的，人民法院应当责令其说明理由；拒不说明理由或者理由不成立的，人民法院根据不同情形可以不予采纳该证据，或者采纳该证据但予以训诫、罚款。"

[2] 《民事诉讼证据规定》第五十二条规定："当事人在举证期限内提供证据存在客观障碍，属于民事诉讼法第六十五条第二款规定的'当事人在该期限内提供证据确有困难'的情形。前款情形，人民法院应当根据当事人的举证能力、不能在举证期限内提供证据的原因等因素综合判断。必要时，可以听取对方当事人的意见。"

[3] 《民事诉讼法解释》第九十九条规定："人民法院应当在审理前的准备阶段确定当事人的举证期限。举证期限可以由当事人协商，并经人民法院准许。人民法院确定举证期限，第一审普通程序案件不得少于十五日，当事人提供新的证据的第二审案件不得少于十日。"

[4] 《民事诉讼证据规定》第五十一条第二款中规定："人民法院指定举证期限的，适用第一审普通程序审理的案件不得少于十五日，当事人提供新的证据的第二审案件不得少于十日。"

（3）当事人因故意或者重大过失逾期提供的证据，人民法院不予采纳，但该证据与案件基本事实有关的，人民法院应当采纳，并对当事人予以训诫、罚款。

（4）当事人非因故意或者重大过失逾期提供的证据，人民法院应当采纳，并对当事人予以训诫。

由于当事人的原因未能在指定期限内举证，致使案件在二审或者再审期间因提出新的证据被人民法院发回重审或者改判的，原审裁判不属于错误裁判案件。并且一方当事人请求由提出新的证据的另一方当事人负担由此增加的差旅、误工、证人出庭作证、诉讼等合理费用以及由此扩大的直接损失的，人民法院应予支持。

在专利侵权诉讼二审中提出新证据和延期举证的情况较少见，但是对于先使用权和现有技术抗辩的案件，由于收集证据困难，可以充分利用这些规定。

第五节　二审审理

一、审理范围

《民事诉讼法》第一百七十五条规定："第二审人民法院应当对上诉请求的有关事实和适用法律进行审查。"因此，第二审民事诉讼针对上诉请求进行审理的范围既包括案件审理的程序和认定的事实，也包括案件的法律适用，但通常仅限于上诉请求所主张的与程序合法性、事实认定和法律适用相关的内容，对于上诉人没有提起上诉的第一审裁判认定的其他内容，二审法院原则上不予审理。总的来说，第二审民事诉讼的审理范围在上诉人上诉请求范围内，基本上属于续审的模式。

上诉请求的范围对上诉案件审理范围的限制也并不是绝对的。《民事诉讼法解释》第三百二十一条第二款规定："当事人没有提出请求的，不予审理，但一审判决违反法律禁止性规定，或者损害国家利益、社会公共利益、他人合法权益的除外。"在专利侵权诉讼实务中，上诉案件的审理范围一般均限于上诉请求的范围，超出上诉请求进行审理的情况很少见。

二、审理方式

根据《民事诉讼法》第一百七十六条[1]的规定，第二审人民法院对上诉案件，可以通过要求当事人交换证据等方式，明确争议焦点。具体的审理方式分为两种：开庭审理与不开庭审理，并且以开庭审理为原则，以不开庭审理为例外。

经过阅卷、调查和询问当事人，对没有提出新的事实、证据或者理由，人民法院认为不需要开庭审理的，可以不开庭审理。

另外，《民事诉讼法解释》第三百三十一条规定："第二审人民法院对下列上诉案件，依照民事诉讼法第一百七十六条规定可以不开庭审理：（一）不服不予受理、管辖权异议和驳回起诉裁定的；（二）当事人提出的上诉请求明显不能成立的；（三）原判决、裁定认定事实清楚，但适用法律错误的；（四）原判决严重违反法定程序，需要发回重审的。"

开庭审理是第二审人民法院审理上诉案件的基本方式。专利侵权诉讼的二审案件也基本上是开庭审理。

三、庭审程序

二审庭审适用第一审普通程序，通过传唤各方当事人与其他诉讼参加人到庭，进行法庭调查、举证与质证、法庭辩论、合议庭评议、宣判等程序，对原裁判认定的事实、适用的法律以及当事人提出的新事实进行审查，经合议庭评议后作出新的裁判。

二审庭审的具体程序可以参见第四章第十一节"开庭审理"的相关内容，但二审庭审中法庭调查的重点一般仅限于在上诉请求范围内上诉方与被上诉方争议的事实和法律适用以及当事方提出的新事实；二审庭审中的举证与质证也主要围绕二审程序中当事方提交的新证据。

专利侵权诉讼二审案件的庭审基本上会涉及技术特征的对比分析，尤其是有争议的技术特征的对比分析。二审庭审中技术特征的对比分析方法与一审相同，但是应该突出重点，即重点对有争议的技术特征进行对比分析。

---

[1] 《民事诉讼法》第一百七十六条规定："第二审人民法院对上诉案件应当开庭审理。经过阅卷、调查和询问当事人，对没有提出新的事实、证据或者理由，人民法院认为不需要开庭审理的，可以不开庭审理。第二审人民法院审理上诉案件，可以在本院进行，也可以到案件发生地或者原审人民法院所在地进行。"

四、审理期限

《民事诉讼法》第一百八十三条规定："人民法院审理对判决的上诉案件，应当在第二审立案之日起三个月内审结。有特殊情况需要延长的，由本院院长批准。人民法院审理对裁定的上诉案件，应当在第二审立案之日起三十日内作出终审裁定。"根据《民事诉讼法》第二百八十七条的规定，人民法院审理涉外案件，不受上述期限的限制。

第六节　二审判决

根据《民事诉讼法》第一百七十七条以及《民事诉讼法解释》第三百三十二条的规定，二审法院对上诉案件，经过审理，按照下列情形分别处理。

（1）原判决、裁定认定事实清楚，适用法律正确的，以判决、裁定方式驳回上诉，维持原判决、裁定；若原判决、裁定认定事实或者适用法律虽有瑕疵，但裁判结果正确的，第二审人民法院可以在判决、裁定中纠正瑕疵后予以维持。

（2）原判决、裁定认定事实错误或者适用法律错误的，以判决、裁定方式依法改判、撤销或者变更。

（3）原判决认定基本事实不清的，裁定撤销原判决，发回原审人民法院重审，或者查清事实后改判。

（4）原判决遗漏当事人或者违法缺席判决等严重违反法定程序的，裁定撤销原判决，发回原审人民法院重审。

原审人民法院对发回重审的案件作出判决后，当事人提起上诉的，第二审人民法院不得再次发回重审。

另外，根据《民事诉讼法解释》第三百二十八条至第三百三十条的补充规定：

（1）人民法院依照第二审程序审理案件，认为依法不应由人民法院受理的，可以由第二审人民法院直接裁定撤销原裁判，驳回起诉。

（2）人民法院依照第二审程序审理案件，认为第一审人民法院受理案件违反专属管辖规定的，应当裁定撤销原裁判并移送有管辖权的人民法院。

（3）第二审人民法院查明第一审人民法院作出的不予受理裁定有错误的，应当在撤销原裁定的同时，指令第一审人民法院立案受理；查明第一审人民法院作出的驳回起诉裁定有错误的，应当在撤销原裁定的同时，指令第一审人民法院审理。

关于宣判，《民事诉讼法解释》第三百三十八规定：“第二审人民法院宣告判决可以自行宣判，也可以委托原审人民法院或者当事人所在地人民法院代行宣判。”

第七节　二审中的调解

第二审人民法院审理上诉案件，可以进行调解。《民事诉讼法》第一百七十九条规定：“第二审人民法院审理上诉案件，可以进行调解。调解达成协议，应当制作调解书，由审判人员、书记员署名，加盖人民法院印章。调解书送达后，原审人民法院的判决即视为撤销。”

另外，根据《民事诉讼法解释》第三百二十四条至第三百二十六条的规定，第二审人民法院对于下列情形，也可以适用调解。

（1）对当事人在第一审程序中已经提出的诉讼请求，原审人民法院未作审理、判决的，第二审人民法院可以根据当事人自愿的原则进行调解；调解不成的，发回重审。

（2）必须参加诉讼的当事人或者有独立请求权的第三人，在第一审程序中未参加诉讼，第二审人民法院可以根据当事人自愿的原则予以调解；调解不成的，发回重审。

（3）在第二审程序中，原审原告增加独立的诉讼请求或者原审被告提出反诉的，第二审人民法院可以根据当事人自愿的原则就新增加的诉讼请求或者反诉进行调解；调解不成的，告知当事人另行起诉。但在专利权侵权诉讼的第二审中双方达成合意由第二审人民法院一并审理的，第二审人民法院可以一并裁判。

二审中调解的调解程序、调解书、调解书的送达及效力等问题均与第一审程序的调解相同，详细内容参见第四章第十一节之六“调解”的相关内容。

第八节　二审中的和解

根据《民事诉讼法》第五十三条[1]的规定，第二审程序中双方当事人也可以在庭外和解。

---

[1] 《民事诉讼法》第五十三条规定：“双方当事人可以自行和解。”

在第二审程序中，双方当事人达成和解协议的，可以以上诉人撤回上诉的方式来终结诉讼。上诉人在判决宣告前可以申请撤回上诉，《民事诉讼法》第一百八十条规定："第二审人民法院判决宣告前，上诉人申请撤回上诉的，是否准许，由第二审人民法院裁定。"

根据《民事诉讼法解释》第三百三十五条❶的规定，二审法院是否准许上诉人撤回上诉应进行审查，存在下列两种情形的应不予准许：

（1）人民法院经审查认为一审判决确有错误。

（2）人民法院经审查认为当事人之间恶意串通损害国家利益、社会公共利益、他人合法权益的。

上诉人撤回上诉的同时将导致第一审判决的生效。在第一审被告上诉的情况下，第一审生效判决的内容往往对被告是不利的。由于和解是双方当事人自愿对自身诉讼权利和实体权利进行的处分，出于公平的考虑，也为防止日后一审原告依据第一审生效判决追究一审被告的法律责任，一审原告在第二审程序中也可以向二审法院申请撤回起诉，是否准许由二审法院审查后确定。依据《民事诉讼法解释》第三百三十六条❷的规定，在第二审程序中，原审原告申请撤回起诉，经其他当事人同意，且不损害国家利益、社会公共利益、他人合法权益的，人民法院可以准许。准许撤诉的，应当一并裁定撤销一审裁判。但一审原告在第二审程序中撤回起诉后重复起诉的，人民法院不予受理。

而第一审原告不服第一审判决提起上诉后，双方达成和解协议的，一审原告撤回上诉时，是否需要一并撤销第一审判决？由于和解的内容相对于一审判决必定更有利于一审原告，因此有些一审原告并不在意是否撤回起诉。以专利侵权诉讼为例，如果原告是由于不服一审判决判定被告不侵权而提起上诉，而二审的和解约定了一审被告停止生产、销售被控侵权产品，或者一审被告补偿一审原告一定金额的损害赔偿，尽管一审原告撤回上诉后，判定一审被告不侵权的第一审判决生效，但一审原告已经从双方的和解约定中得到了利益补偿，并且从和解约定中可以得出一审被告已经同意停止侵权，则是否撤回起诉并无太大影响。当然，为防止日后一审被告以第一审判决为由主张其不侵犯涉案专利权而进行重复侵权行为，一审原告仍可以申请撤回起诉。

---

❶ 《民事诉讼法解释》第三百三十五条规定："在第二审程序中，当事人申请撤回上诉，人民法院经审查认为一审判决确有错误，或者当事人之间恶意串通损害国家利益、社会公共利益、他人合法权益的，不应准许。"

❷ 《民事诉讼法解释》第三百三十六规定："在第二审程序中，原审原告申请撤回起诉，经其他当事人同意，且不损害国家利益、社会公共利益、他人合法权益的，人民法院可以准许。准许撤诉的，应当一并裁定撤销一审裁判。原审原告在第二审程序中撤回起诉后重复起诉的，人民法院不予受理。"

第六章　民事再审程序

第一节　再审程序概述

我国的司法审判制度采用两审终审制，对于已经发生法律效力的判决、裁定、调解书发现确有错误的，我国司法制度中还设有一个纠正错误的再审程序。

再审程序是指对于已经发生法律效力的判决、裁定、调解书，发现确有错误，依法对案件进行再审的程序，其包括基于人民法院行使审判监督权而引起的再审程序、基于人民检察院行使抗诉权而引起的再审程序、基于当事人申请再审而引起的再审程序。民事再审程序，是民事诉讼中一种独立的审判程序，它不是每个案件必经的审判程序，而是在第一审程序和第二审程序之外的，对人民法院已经发生法律效力的错误裁判进行纠正的一种救济程序。

一、设置再审程序的目的

民事再审程序作为一项重要的救济、监督与纠错制度，对于保障当事人合法权益意义重大。其目的是通过启动再审程序纠正民事生效裁判实体或者程序错误。民事再审制度作为一种特殊的救济程序，是保证当事人合法权利的补充性程序。民事再审程序一方面可以依法防止和纠正错案，维护当事人的合法权益，使当事人能够充分地行使诉讼权利，从而最大限度地维护自己的合法权益，弥补两审终审制度的不足；另一方面可以纠正生效裁判中的错误，以维护国家法律的尊严，实现裁判的公正性，确保案件的质量，为巩固司法机关的公信力提供有力的法律保障，充分保护诉讼当事人合法权益。

二、再审程序的立法现状

为充分保障当事人的申请再审权，有效解决当事人申请再审困难的问题，2007 年 10 月 28 日，第十届全国人民代表大会常务委员会第三十次会议审议通过了《关于修改〈中华人民共和国民事诉讼法〉的决定》。《民事诉讼法》实施16年后首次修正，修改主要集中在审判监督程序和执行程序上。其中，关于审判监督程序的修改，涉及再审事由、再审案件的审理法院、再审申请的提出和审查期限等重要问题。2007年修正的《民事诉讼法》于2008年4月1日起施行。

随后，最高人民法院先后出台了《最高人民法院关于适用〈中华人民共和国民事诉讼法〉审判监督程序若干问题的解释》（法释〔2008〕14号）[1]、《最高人民法院关于受理审查民事申请再审案件的若干意见》（法发〔2009〕26号）两部司法解释，又对民事再审程序的受理和审查部分进一步加以细化和完善，明确了再审程序启动的法定事由，规定了再审审查法院上提一级，规定了审查程序和审查期限，明确以裁定方式结案，并形成申请再审案件受理、审查和审理的三阶段再审程序模式。

2012年8月31日，第十一届全国人民代表大会常务委员会第二十八次会议审议通过《关于修改〈中华人民共和国民事诉讼法〉的决定》，对《民事诉讼法》进行了第二次修正，其中对第十六章“审判监督程序”中关于再审案件的审理法院、再审申请的提出和审查期限等条文进行了进一步修改，2012年修正的《民事诉讼法》于2013年1月1日起实施。2013年3月，最高人民法院发布《全国法院民事再审审查工作座谈会纪要》，对再审审查工作作了细化指导。2015年2月，最高人民法院发布《关于民事审判监督程序严格依法适用指令再审和发回重审若干问题的规定》，进一步规范了民事案件指令再审和再审发回重审的适用。

《民事诉讼法》后于2017年、2021年和2023年又分别经过了修正，不过基本未涉及审判监督程序相关内容。

值得提出的是，2023年7月，最高人民法院发布了《关于加强和规范案件提级管辖和再审提审工作的指导意见》，对于提审工作提出了明确的指导意见，包括上级人民法院对下级人民法院已经发生法律效力的民事、行政判决、裁定，认为符合再审条件的，一般应当提审。最高人民法院受理的民事、行政再审申请，除法律和司法解释规定应当提审的情形外，符合具有全国性重大影响；具有普遍法律适用指导意义；存在重大法律适用分歧；由最高人民法院提审更有利于案件公正审理等六类情形之一的，应当提审。高级人民法院认为案件符合上述情形之一，确须纠正的，经本院审判委员会讨论决定后，可以报请最高人民法院提审。

---

[1] 该司法解释于2020年作了修正。

第二节　再审程序的启动

民事诉讼中启动再审程序有三种渠道：①当事人申请再审；②人民法院基于审判监督权提起再审；③人民检察院基于检察监督权提起再审。

上述三种启动再审程序的渠道有不同的适用条件和启动方式。

一、当事人申请启动再审程序

当事人申请启动是再审程序最常见的启动方式。根据《民事诉讼法》第二百一十条[1]、第二百二十条[2]和《民事诉讼法解释》第三百七十七条[3]的规定，当事人申请启动再审程序具体有三种途径：

（1）向上一级人民法院申请再审。当事人认为已经发生法律效力的判决、裁定有错误的，均可以向原审人民法院的上一级人民法院申请再审，这是当事人申请启动再审时适用最多的途径。

（2）向原审人民法院申请再审。当事人一方人数众多或者当事人双方为公民的案件，既可以向上一级人民法院申请再审，也可以向原审人民法院申请再审；若当事人分别向原审人民法院和上一级人民法院申请再审，且不能协商一致的，由原审人民法院受理。

（3）向人民检察院申请检察建议或者抗诉。当事人只有在人民法院驳回再审申请或人民法院逾期未对再审申请作出裁定，或再审判决、裁定有明显错误的情况下才可以向人民检察院申请检察建议或者抗诉。

根据《民事诉讼法》第二百一十六条[4]的规定，当事人申请再审应当在判

---

[1] 《民事诉讼法》第二百一十条规定："当事人对已经发生法律效力的判决、裁定，认为有错误的，可以向上一级人民法院申请再审；当事人一方人数众多或者当事人双方为公民的案件，也可以向原审人民法院申请再审。当事人申请再审的，不停止判决、裁定的执行。"

[2] 《民事诉讼法》第二百二十条规定："有下列情形之一的，当事人可以向人民检察院申请检察建议或者抗诉：（一）人民法院驳回再审申请的；（二）人民法院逾期未对再审申请作出裁定的；（三）再审判决、裁定有明显错误的。人民检察院对当事人的申请应当在三个月内进行审查，作出提出或者不予提出检察建议或者抗诉的决定。当事人不得再次向人民检察院申请检察建议或者抗诉。"

[3] 《民事诉讼法解释》第三百七十七条规定："当事人一方人数众多或者当事人双方为公民的案件，当事人分别向原审人民法院和上一级人民法院申请再审且不能协商一致的，由原审人民法院受理。"

[4] 《民事诉讼法》第二百一十六条规定："当事人申请再审，应当在判决、裁定发生法律效力后六个月内提出；有本法第二百零七条第一项、第三项、第十二项、第十三项规定情形的，自知道或应当知道之日起六个月内提出。"

决、裁定发生法律效力后6个月内提出，有特殊情形的，应当自知道或者应当知道该特殊情形之日起6个月内提出。详细内容参见本章第三节“当事人申请再审”的相关内容。

另根据《民事诉讼法》第二百一十五条[1]和第二百二十条的规定，当事人向人民法院申请再审的，人民法院应当自收到再审申请书之日起3个月内审查，并裁定是否进行再审；当事人向人民检察院申请检察建议或者抗诉的，人民检察院对当事人的申请也应当在3个月内进行审查，决定是否提出检察建议或抗诉。

二、人民法院启动再审程序

人民法院也是启动再审程序的主体之一，人民法院启动再审，即人民法院依职权进行的再审。根据《民事诉讼法》第二百零九条[2]的规定，人民法院启动再审程序有以下三种情形。

（1）本院审判委员会启动再审程序。各级人民法院院长对本院已经发生法律效力的判决、裁定、调解书，发现确有错误，认为需要再审的，应当提交审判委员会讨论决定是否启动再审。

（2）上级人民法院启动再审。上级人民法院对下级人民法院已经发生法律效力的判决、裁定、调解书，发现确有错误的，有权提审或指令下级人民法院再审。

（3）最高人民法院启动再审。最高人民法院对地方各级人民法院已经发生法律效力的判决、裁定、调解书，发现确有错误的，有权提审或指令下级人民法院再审。

人民法院启动再审没有时间限制，只要符合已经发生法律效力的裁判“确有错误”的条件即可启动再审。对原审生效裁判“确有错误”的判断适用《民事诉讼法》第二百一十一条关于再审理由的规定，详细内容参见本章第三节

---

[1] 《民事诉讼法》第二百一十五条规定：“人民法院应当自收到再审申请书之日起三个月内审查，符合本法规定的，裁定再审；不符合本法规定的，裁定驳回申请。有特殊情况需要延长的，由本院院长批准。因当事人申请裁定再审的案件由中级人民法院以上的人民法院审理，但当事人依照本法第二百零六条的规定选择向基层人民法院申请再审的除外。最高人民法院、高级人民法院裁定再审的案件，由本院再审或者交其他人民法院再审，也可以交原审人民法院再审。”

[2] 《民事诉讼法》第二百零九条规定：“各级人民法院院长对本院已经发生法律效力的判决、裁定、调解书，发现确有错误，认为需要再审的，应当提交审判委员会讨论决定。最高人民法院对地方各级人民法院已经发生法律效力的判决、裁定、调解书，上级人民法院对下级人民法院已经发生法律效力的判决、裁定、调解书，发现确有错误的，有权提审或者指令下级人民法院再审。”

“当事人申请再审”的相关内容。

三、人民检察院启动再审程序

人民检察院对生效的判决、裁定、调解书启动再审，属于人民检察院对人民法院的审判活动进行检察和监督，同样没有时间限制，只要发现原审生效裁判有《民事诉讼法》第二百一十一条的规定情形之一，或者调解书损害国家利益、社会公共利益的，均可启动再审。根据《民事诉讼法》第二百一十九条❶的规定，人民检察院启动再审有提出抗诉和提出检察建议两种方式，具体有以下三种情形。

（1）最高人民检察院提出抗诉。最高人民检察院对各级人民法院已经发生法律效力的判决、裁定，发现有《民事诉讼法》第二百一十一条规定情形之一的，或者发现调解书损害国家利益、社会公共利益的，应当提出抗诉。

（2）上级人民检察院提出抗诉。上级人民检察院对下级人民法院已经发生法律效力的判决、裁定，发现有《民事诉讼法》第二百一十一条规定情形之一的，或者发现调解书损害国家利益、社会公共利益的，应当提出抗诉。

（3）地方各级人民检察院提出检察建议。地方各级人民检察院对同级人民法院已经发生法律效力的判决、裁定，发现有《民事诉讼法》第二百一十一条规定情形之一的，或者发现调解书损害国家利益、社会公共利益的，可以向同级人民法院提出检察建议，并报上级人民检察院备案；也可以直接提请上级人民检察院向同级人民法院提出抗诉。

第三节　当事人申请再审

专利侵权诉讼的再审案件基本由当事人申请启动再审程序，人民法院自己启动再审程序和检察院基于检察监督权抗诉发动再审的案件较为罕见，因此本节主要介绍当事人申请再审的规定。

---

❶《民事诉讼法》第二百一十九条规定：“最高人民检察院对各级人民法院已经发生法律效力的判决、裁定，上级人民检察院对下级人民法院已经发生法律效力的判决、裁定，发现有本法第二百一十一条规定情形之一的，或者发现调解书损害国家利益、社会公共利益的，应当提出抗诉。地方各级人民检察院对同级人民法院已经发生法律效力的判决、裁定，发现有本法第二百一十一条规定情形之一的，或者发现调解书损害国家利益、社会公共利益的，可以向同级人民法院提出检察建议，并报上级人民检察院备案；也可以提请上级人民检察院向同级人民法院提出抗诉。各级人民检察院对审判监督程序以外的其他审判程序中审判人员的违法行为，有权向同级人民法院提出检察建议。”

一、申请再审主体

当事人申请再审，有权提出再审申请的只能是原审中的当事人，即原审一审程序中的原告、被告、有独立请求权的第三人和判决其承担义务的无独立请求权的第三人，以及原审二审程序中的上诉人和被上诉人。原审二审程序中的其他二审诉讼当事人一般不具备申请再审的主体资格，其向人民法院提出再审申请的，人民法院将不予受理。

另根据《民事诉讼法解释》第四百二十一条[1]的规定，案外人对驳回其执行异议的裁定不服，认为原判决、裁定、调解书的内容错误损害其民事权益的，也可以向作出原判决、裁定、调解书的人民法院申请再审。

二、申请再审的对象

《民事诉讼法》第二百一十条规定："当事人对已经发生法律效力的判决、裁定，认为有错误的，可以向上一级人民法院申请再审；当事人一方人数众多或者当事人双方为公民的案件，也可以向原审人民法院申请再审。当事人申请再审的，不停止判决、裁定的执行。"

当事人申请再审的对象必须是已经发生法律效力的判决或裁定，一般包括当事人未提起上诉的地方各级人民法院作出的一审判决、裁定；最高人民法院作出的一审判决、裁定；以及第二审人民法院作出的二审判决、裁定。另根据《民事诉讼法解释》第三百七十九条[2]的规定，对于发生法律效力的人民法院不予受理或驳回起诉的裁定，当事人也可以申请再审。

除此之外，《民事诉讼法》第二百一十二条还规定："当事人对已经发生法律效力的调解书，提出证据证明调解违反自愿原则或者调解协议的内容违反法律的，可以申请再审。经人民法院审查属实的，应当再审。"因此，第一审程序和第二审程序中的调解书，以及第一审程序和第二审程序中根据当事人的和解协议制作的调解书也可以申请再审，但这些已经发生法律效力的调解书属于附条件的申请再审的对象，即当事人必须提出证据证明调解违反了自愿原则或者

[1] 《民事诉讼法解释》第四百二十一条规定："根据民事诉讼法第二百三十四条规定，案外人对驳回其执行异议的裁定不服，认为原判决、裁定、调解书内容错误损害其民事权益的，可以自执行异议裁定送达之日起六个月内，向作出原判决、裁定、调解书的人民法院申请再审。"其中"民事诉讼法第二百三十四条"对应于2023年修正的《民事诉讼法》第二百三十八条。

[2] 《民事诉讼法解释》第三百七十九条规定："当事人认为发生法律效力的不予受理、驳回起诉的裁定错误的，可以申请再审。"

调解协议的内容违反了法律。

三、再审的理由和证据

当事人申请再审必须具备应当再审的法定事实和理由。《民事诉讼法》第二百一十一条规定："当事人的申请符合下列情形之一的，人民法院应当再审：（一）有新的证据，足以推翻原判决、裁定的；（二）原判决、裁定认定的基本事实缺乏证据证明的；（三）原判决、裁定认定事实的主要证据是伪造的；（四）原判决、裁定认定事实的主要证据未经质证的；（五）对审理案件需要的主要证据，当事人因客观原因不能自行收集，书面申请人民法院调查收集，人民法院未调查收集的；（六）原判决、裁定适用法律确有错误的；（七）审判组织的组成不合法或者依法应当回避的审判人员没有回避的；（八）无诉讼行为能力人未经法定代理人代为诉讼或者应当参加诉讼的当事人，因不能归责于本人或者其诉讼代理人的事由，未参加诉讼的；（九）违反法律规定，剥夺当事人辩论权利的；（十）未经传票传唤，缺席判决的；（十一）原判决、裁定遗漏或者超出诉讼请求的；（十二）据以作出原判决、裁定的法律文书被撤销或者变更的；（十三）审判人员审理该案件时有贪污受贿，徇私舞弊，枉法裁判行为的。"

由人民法院和人民检察院启动的再审同样适用上述启动再审的法定事实和理由。

对专利侵权诉讼案件申请再审，大多是基于上述第（一）、（二）项再审理由，即有新的证据材料或者认为原判决、裁定认定的基本事实缺乏证据证明，有相当比例的再审案件系因为权利人的专利权被宣告无效，这属于有新的证据材料，足以推翻原裁判内容。

四、申请再审的期限

《民事诉讼法》第二百一十六规定："当事人申请再审，应当在判决、裁定发生法律效力后六个月内提出；有本法第二百一十一条第一项、第三项、第十二项、第十三项规定情形的，自知道或者应当知道之日起六个月内提出。"

即当事人申请再审，一般应在判决、裁定生效后的6个月之内提出，这里的6个月期间不可变更，不适用中止、中断和延长的规定。但在下列四种例外情形下，当事人应该在知道或应当知道下列情形之日起6个月内提出再审申请：

（1）有新的证据，足以推翻原判决、裁定的；

（2）原判决、裁定认定事实的主要证据是伪造的；

（3）据以作出原判决、裁定的法律文书被撤销或者变更的；

（4）审判人员审理该案件时有贪污受贿，徇私舞弊，枉法裁判行为的。

对于调解书申请再审的时间，根据《民事诉讼法解释》第三百八十二条[1]的规定，与对判决、裁定申请再审的一般时限是一致的，即当事人对发生法律效力的调解书申请再审的，应当在调解书发生法律效力后6个月内提出。

五、申请再审应提交的材料

《民事诉讼法解释》第三百七十五条对申请再审应提交的材料作了相关规定，《最高人民法院关于受理审查民事申请再审案件的若干意见》第一条、第三条和第四条又对此作了更为详细的规定，当事人申请再审应当提交下列材料。

（1）再审申请书。当事人申请再审应当提交再审申请书，并按照申请人和原审其他当事人的人数提交再审申请书副本。

（2）再审申请人的身份证明。再审申请人是自然人的，应当提交身份证明；再审申请人是法人或其他组织的，应当提交营业执照、组织机构代码证书、法定代表人或者主要负责人身份证明书；再审申请人委托他人代为申请的，还应当提交授权委托书和代理人身份证明。上述身份证明材料也可以是与原件核对无误的复印件。

（3）原审判决书、裁定书、调解书。再审申请人应提交申请再审的生效原审裁判文书原件，或者经核对无误的复印件；申请再审的生效原审裁判为二审或再审裁判的，还应当同时提交一审、二审裁判文书原件，或者经核对无误的复印件。

（4）反映案件基本事实的主要证据及其他材料。包括原审诉讼过程中提交的主要证据材料以及支持申请再审事由和再审诉讼请求的证据材料。上述证据材料也可以是与原件核对无误的复印件。

当事人提交上述申请再审材料的同时，还应提交材料清单一式两份，并可以附申请再审材料的电子文本，同时填写送达地址确认书。

六、再审申请书

当事人申请再审，应当提交符合规定的再审申请书。根据《民事诉讼法解释》第三百七十六条以及《最高人民法院关于受理审查民事申请再审案件的若

[1] 《民事诉讼法解释》第三百八十二条规定：“当事人对已经发生法律效力的调解书申请再审的，应当在调解书发生法律效力后六个月内提出。”

干意见》第二条的规定，再审申请书应当载明下列事项。

（1）再审申请人、被申请人以及原审其他当事人的基本信息。当事人为自然人的，应列明其姓名、性别、年龄、民族、职业、工作单位、住所及有效的联系电话、邮寄地址；当事人是法人或者其他组织的，应列明其名称、住所和法定代表人或者主要负责人的姓名、职务及有效联系电话、邮寄地址。

（2）原审人民法院的名称、原审判决、裁定、调解书的案号。

（3）申请再审的法定事由以及具体的事实和理由。申请再审的法定事由即《民事诉讼法》第二百一十一条规定的十三项人民法院应当再审的法定情形中的一项或若干项；具体的事实和理由包括能有效支持上述再审法定事由的具体事实和证据。

（4）申请再审的人民法院名称。

（5）再审申请人签名、捺印或盖章。

第四节　再审申请受理的审查

《民事诉讼法》第二百一十五条第一款规定："人民法院应当自收到再审申请书之日起三个月内审查，符合本法规定的，裁定再审；不符合本法规定的，裁定驳回申请。有特殊情况需要延长的，由本院院长批准。"

当事人向人民法院申请再审，人民法院应当自收到再审申请书之日起三个月内对该再审申请是否符合再审条件进行审查，确认是否受理该再审请求。对再审申请是否受理的审查实际上就是对再审事由的审查，即审查当事人申请再审的事由是否符合《民事诉讼法》的再审事由规定。经审查认为当事人申请再审的事由成立，符合再审条件的，人民法院应当裁定受理该再审请求，并进入实质性的再审程序；经审查认为当事人申请再审的事由不成立的，人民法院应当驳回其再审申请，不予受理。因此，对当事人再审申请的审查程序是决定当事人的再审申请能否成功启动再审程序的重要环节。

一、再审案件是否受理的审查

人民法院对于再审申请的审查主要采取以下四种审查方式。

（1）审查再审申请人提交的再审申请书等书面材料。主要是针对再审事由明显成立或者不成立情形下所采取的审查方式。对于再审事由明显缺乏证据支持，不能成立的，可以不经调卷径行裁定驳回；对于部分根据原审判决、裁定和当事人提供的主要证据足以作出准确判断的再审事由，也可径行裁定再审。

（2）审阅原审卷宗。审阅原审卷宗是审查再审申请的基本形式，主要是在合议庭或者审判人员认为仅审查当事人提交的再审申请书等材料难以作出提起再审裁定或者驳回再审申请裁定的情形下，应当采用的审查方式。

（3）询问当事人。询问是《民事诉讼法》明确规定的审查方式，其形式较为灵活。主要是指合议庭对于当事人申请再审的事由很可能存在或者进一步了解案情、做好息讼工作等案情需要，召集一方或者双方当事人了解情况，以便查清案件事实，作出适当的处理。这种审查方式有利于当事人参与受理审查的程序，陈述意见。

（4）组织听证。听证是介于开庭审理和询问当事人之间的一种较为正式的诉讼活动，注重公开性、规范性。听证审查方式对于审查新证据，查明案件事实，正确判断申请再审是否符合再审条件，促使当事人和解或者息诉发挥了非常好的作用。询问和听证既可以用传票通知当事人，也可以采用电话通知等方式。

基于上述四种审查方式，人民法院对于当事人的再审申请是否符合再审的法定条件，主要进行以下五方面的审查。

（1）审查当事人申请再审是否在法定期限内。

（2）审查申请人是否属于依法享有申请再审权的民事主体。

（3）当事人向原审人民法院申请再审的，审查本院是否是作出生效判决、裁定的人民法院；当事人向上一级人民法院申请再审的，审查本院是否是作出生效判决、裁定的上一级人民法院。

（4）审查生效判决、裁定文书是否属于法律和司法解释允许申请再审的判决、裁定文书。

（5）审查当事人是否依据《民事诉讼法》第二百一十一条规定的再审事由申请再审。需要说明的是，人民法院对于申请再审事由的审查只是形式审查，只要当事人主张的事由属于再审法定事由即视为符合此项条件。

二、再审申请书的送达和答辩

对于符合条件的再审申请，根据《民事诉讼法》第二百一十四条[1]和《民

---

[1] 《民事诉讼法》第二百一十四条规定："当事人申请再审的，应当提交再审申请书等材料。人民法院应当自收到再审申请书之日起五日内将再审申请书副本发送对方当事人。对方当事人应当自收到再审申请书副本之日起十五日内提交书面意见；不提交书面意见的，不影响人民法院审查。人民法院可以要求申请人和对方当事人补充有关材料，询问有关事项。"

事诉讼法解释》第三百八十三条[1]的规定，人民法院应当自收到再审申请书之日起五日内向再审申请人发送受理通知书，并向被申请人及原审其他当事人发送应诉通知书、再审申请书副本等材料。

被申请人及原审其他当事人自收到再审申请书副本之日起 15 日内提交书面意见，说明对原审裁判以及再审申请书相关内容的意见。不提交书面意见的，不影响人民法院审查。

人民法院也可以要求再审当事人补充相关材料，或向其询问原判等有关事项，既可以向一方当事人进行询问，也可以向双方或多方当事人进行询问。

三、再审申请的审理和裁定

人民法院应当自收到再审申请书之日起三个月内，完成是否接受再审申请的审查，并作出裁定。

对于再审申请，人民法院一般会作出同意再审、驳回再审申请、准予撤回再审申请、按撤回再审申请处理和终结审查等裁定。根据《民事诉讼法解释》第三百九十三条的规定，当事人主张的再审事由成立，且符合民事诉讼法和本解释规定的申请再审条件的，人民法院应当裁定再审。当事人主张的再审事由不成立，或者当事人申请再审超过法定申请再审期限、超出法定再审事由范围等不符合民事诉讼法和本解释规定的申请再审条件的，人民法院应当裁定驳回再审申请。

在再审申请审查期间，如果有以下情形的，法院裁定终结审查：再审申请人死亡或者终止，无权利义务承继者或者权利义务承继者声明放弃再审申请的；在给付之诉中，负有给付义务的被申请人死亡或者终止，无可供执行的财产，也没有应当承担义务的人的；当事人达成和解协议且已履行完毕的，但当事人在和解协议中声明不放弃申请再审权利的除外；他人未经授权以当事人名义申请再审的；原审或者上一级人民法院已经裁定再审的；再审申请被驳回后再次提出申请的；对再审判决、裁定提出申请的；在人民检察院对当事人的申请作出不予提出再审检察建议或者抗诉决定后又提出申请的。

---

[1] 《民事诉讼法解释》第三百八十三条规定："人民法院应当自收到符合条件的再审申请书等材料之日起五日内向再审申请人发送受理通知书，并向被申请人及原审其他当事人发送应诉通知书、再审申请书副本等材料。"

第五节　再审审理和裁判

民事再审程序启动后，人民法院审理再审案件适用的程序一般取决于生效判决、裁定的情况。《民事诉讼法》第二百一十八条第一款规定："人民法院按照审判监督程序再审的案件，发生法律效力的判决、裁定是由第一审法院作出的，按照第一审程序审理，所作的判决、裁定，当事人可以上诉；发生法律效力的判决、裁定是由第二审法院作出的，按照第二审程序审理，所作的判决、裁定，是发生法律效力的判决、裁定；上级人民法院按照审判监督程序提审的，按照第二审程序审理，所作的判决、裁定是发生法律效力的判决、裁定。"

一、原判决、裁定的执行停止

《民事诉讼法》第二百一十七条规定："按照审判监督程序决定再审的案件，裁定中止原判决、裁定、调解书的执行，但追索赡养费、扶养费、抚养费、抚恤金、医疗费用、劳动报酬等案件，可以不中止执行。"

人民法院决定进行再审的案件均是建立在生效的判决、裁定、调解书存在错误的前提下，经过再审程序纠正错误后很可能会改变原判决、裁定、调解书的内容，如果继续依据原判决、裁定、调解书执行可能会损害再审申请人的利益。因此，人民法院决定进行再审后，一般应当裁定中止原判决、裁定、调解书的执行；但也存在例外情况，对于追索赡养费、扶养费、抚养费、抚恤金、医疗费用、劳动报酬案件的当事人，由于中止执行可能会导致其生活困难，决定进行再审的人民法院也可以不中止原判决、裁定、调解书的执行。

依据再审启动方式的不同，中止原判决、裁定、调解书的执行包括以下三种情况。

（1）依据当事人的再审申请，人民法院裁定进行再审的案件。当事人申请再审的案件，人民法院有三个月的审查期限，在裁定进行再审之前，不停止原判决、裁定、调解书的执行。人民法院裁定进行再审的，除了法律规定的例外情况外，应当一并裁定中止原判决、裁定、调解书的执行。

（2）人民法院依职权决定再审的案件。包括各级人民法院院长提交审判委员会讨论决定再审的案件；上级人民法院对下级人民法院、最高人民法院对地方各级人民法院已经发生法律效力的判决、裁定、调解书，发现确有错误而决定提审或指令下级人民法院再审的案件。人民法院决定再审后，作出再审决定的人民法院一般应当裁定中止原判决、裁定、调解书的执行。

（3）依据人民检察院的检察建议或抗诉，人民法院决定再审的案件。根据《民事诉讼法》第二百二十二条[1]的规定，人民检察院提出抗诉的案件，接受抗诉的人民法院应当自收到抗诉书之日起30日内作出再审的裁定。人民法院作出再审的裁定同时也会一并裁定中止原判决、裁定、调解书的执行。

在专利侵权诉讼的再审案件中，人民法院一般会裁定停止原判决、裁定的执行。

二、再审合议庭

再审合议庭的组成与原审裁判的审级有关。《民事诉讼法》第四十一条第四款规定："审理再审案件，原来是第一审的，按照第一审程序另行组成合议庭；原来是第二审的或者是上级人民法院提审的，按照第二审程序另行组成合议庭。"再审合议庭的组成有以下三种情形。

（1）申请再审的原审裁判为第一审裁判，则再审合议庭应当按照第一审程序另行组成，且原审合议庭成员不得参加；如果申请再审的原审裁判为独任审判案件，则再审合议庭仍应按照第一审程序组成合议庭，且原审独任审判员不得参加。

（2）申请再审的原审裁判为第二审裁判，则再审合议庭应当按照第二审程序另行组成，且原审合议庭成员不得参加。

（3）由于上级人民法院发现下级人民法院已经发生法律效力的裁判存在错误而直接提审的案件，应当按照第二审程序组成合议庭。

三、再审庭审

再审庭审程序按照原审裁判的庭审程序进行，原审裁判为第一审程序的，适用第一审庭审程序；原审裁判为第二审程序的，则适用第二审庭审程序。根据《民事诉讼法解释》第四百零二条的规定，基于不同的再审启动方式，人民法院开庭审理再审案件的具体情形有所差异。

（1）因当事人申请再审的，先由再审申请人陈述再审请求及理由，后由被申请人答辩、其他原审当事人发表意见。

---

[1] 《民事诉讼法》第二百二十二条规定："人民检察院提出抗诉的案件，接受抗诉的人民法院应当自收到抗诉书之日起三十日内作出再审的裁定；有本法第二百一十一条第一项至第五项规定情形之一的，可以交下一级人民法院再审，但经该下一级人民法院再审的除外。"

（2）因人民检察院抗诉再审的，先由人民检察院宣读抗诉书，再由申请抗诉的当事人陈述，后由被申请人答辩、其他原审当事人发表意见。

（3）人民法院依职权再审的，有申诉人的，先由申诉人陈述再审请求及理由，后由被申诉人答辩、其他原审当事人发表意见；没有申诉人的，则先由原审原告或者原审上诉人陈述，后由原审其他当事人发表意见。

人民法院审理再审案件，应当要求当事人明确再审请求，根据《民事诉讼法解释》第四百零三条[1]的规定，人民法院应当围绕再审请求进行审理。

人民法院审理当事人申请再审案件时，一般在原审范围内，以当事人再审申请请求范围进行审理案件。当事人超出原审范围增加、变更诉讼请求的，不属于再审审理范围。但涉及国家利益、社会公共利益，或者当事人在原审诉讼中已经依法要求增加、变更诉讼请求，原审未予审理且客观上不能形成其他诉讼的除外。

被申请人及原审其他当事人在庭审辩论结束前提出再审请求，并且符合申请再审的期限的，人民法院也应当一并审理。

四、再审的判决和裁定

再审案件的判决和裁定，就是通过对再审案件的审理，再审法院根据查明的事实正确适用法律对案件作出裁断，并对原判决、裁定或者调解书在认定事实、适用法律、审理程序等方面是否正确与适当作出评价。从内容上看，再审案件的判决和裁定既要对当事人之间的实体权利义务关系作出裁断，又要对原判决、裁定或者调解书作出评价。从形式上看，再审案件分为判决与裁定两种。具体可以分为以下七种。

（1）维持原判决、裁定的判决或裁定

经过再审，认为原判决、裁定认定事实清楚，适用法律正确，审判程序合法的，再审法院应当作出维持原判决、裁定的判决或裁定，以维护法制的权威与尊严，保护当事人的合法权益；或原判决、裁定认定事实、适用法律虽有瑕疵，但裁判结果是正确的，应当在再审的判决或裁定中纠正瑕疵后予以维持。

---

[1] 《民事诉讼法解释》第四百零三条规定：“人民法院审理再审案件应当围绕再审请求进行。当事人的再审请求超出原审诉讼请求的，不予审理；符合另案诉讼条件的，告知当事人可以另行起诉。被申请人及原审其他当事人在庭审辩论结束前提出的再审请求，符合民事诉讼法第二百一十二条规定的，人民法院应当一并审理。人民法院经再审，发现已经发生法律效力的判决、裁定损害国家利益、社会公共利益、他人合法权益的，应当一并审理。”其中“民事诉讼法第二百一十二条”指 2023 年修正的《民事诉讼法》第二百一十六条。

（2）变更或撤销原判决、裁定的判决或裁定

再审案件经过审理，原判决、裁定在认定事实、适用法律或者审判程序方面存在错误的，新的证据证明原判决、裁定确有错误的，再审法院可以根据不同情况，全部或者部分变更或撤销原判决、裁定，并依据认定的事实正确适用法律对案件作出新的判决或裁定。

（3）撤销原判决，并驳回起诉的裁定

按照第二审程序再审的案件，人民法院经审理认为不符合《民事诉讼法》规定的起诉条件的，应当裁定撤销原一审、二审判决，并驳回起诉。

（4）撤销原判决，发回原审人民法院重审的裁定

这种裁定主要适用于人民法院按第二审程序审理的再审案件，在审理中发现原判决认定事实错误或者认定事实不清，但由作出生效判决、裁定的人民法院重新审查便于查清事实，化解纠纷的；或原审程序遗漏必须参加诉讼的当事人且无法达成调解协议的；以及其他违反法定程序不宜在再审程序中直接作出实体处理的，可以裁定撤销原判决，发回重审。

（5）驳回再审申请的裁定

人民法院对调解书裁定再审后，如果发现当事人提出的调解违反自愿原则的事由不成立，且调解书的内容不违反法律强制性规定的，则裁定驳回再审申请。

（6）准许撤诉的裁定

一审原告在再审审理程序中申请撤回起诉，经其他当事人同意，且不损害国家利益、社会公共利益、他人合法权益的，人民法院可以准许。裁定准许撤诉的，应当一并撤销原判决。需要注意的是，一审原告在再审审理程序中撤回起诉后重复起诉的，人民法院不予受理。

（7）终结再审程序的裁定

再审审理期间，有下列情形之一的，可以裁定终结再审程序：再审申请人在再审期间撤回再审请求，人民法院准许的；再审申请人经传票传唤，无正当理由拒不到庭的，或者未经法庭许可中途退庭，按撤回再审请求处理的；人民检察院撤回抗诉的；再审申请人死亡或者终止，无权利义务承继者或者权利义务承继者声明放弃再审申请的；在给付之诉中，负有给付义务的被申请人死亡或者终止，无可供执行的财产，也没有应当承担义务的人的；当事人达成和解协议且已履行完毕的，但当事人在和解协议中声明不放弃申请再审权利的除外；他人未经授权以当事人名义申请再审的；因人民检察院提出抗诉裁定再审的案件，申请抗诉的当事人有前款规定的情形，且不损害国家利益、社会公共利益

或者他人合法权益的；人民法院对调解书裁定再审后，发现人民检察院抗诉或者再审检察建议所主张的损害国家利益、社会公共利益的理由不成立的。

再审程序终结后，人民法院裁定中止执行的原生效判决自动恢复执行。

多年来的司法实践表明，再审程序是对民事案件进行最后补救的一个很好的方式。再审程序作为法律救济的特殊程序，对于避免错误判决、裁定造成损失，维护当事人的合法权益具有重要的作用。近年来在专利案件中，由于对原审判决、裁定不服，当事人一方提起再审请求被上一级人民法院受理进行改判或者发回原审法院进行重审的案件常有发生。

五、再审程序中的调解和和解

对于民事权利义务的纠纷，当事人均可以通过调解或和解，自愿处分自身实体权利和诉讼权利来解决。根据《民事诉讼法》第五十三条和第九十六条[1]的原则性规定，调解或和解程序贯穿于民事诉讼的始终，因此再审程序同样可以进行调解或和解，调解或和解的程序仍适用原审裁判的程序进行。达成调解协议的，人民法院应当制作调解书，并送达双方当事人。经送达双方当事人，调解书发生法律效力，原判决、裁定、调解书即视为撤销。

再审程序中的调解或和解的难度较大，因为当事人之间的民事争议，能够调解或和解协商并且较容易达成一致的问题在原审裁判中基本解决了，到了再审阶段，各方当事人，尤其是原审生效裁判中有利的一方当事人不会轻易让步，因此调解或和解协商成功的再审案件不多。

---

[1] 《民事诉讼法》第五十三条规定："双方当事人可以自行和解。"第九十六条规定："人民法院审理民事案件，根据当事人自愿的原则，在事实清楚的基础上，分清是非，进行调解。"

第七章 执行程序

民事裁判生效后，原告有权根据生效的法律文书向人民法院申请执行，强制被申请人履行其所承担的义务，以保障或者实现申请人的权利。在专利侵权诉讼中，若被告拒不履行其损害赔偿或者停止侵权的责任，原告即可以向人民法院申请执行以保障自身的权益。专利侵权诉讼的执行程序适用民事执行的规定。

第一节 申请执行的时限及管辖

一、申请执行的时限

《民事诉讼法》第二百五十条第一款规定："申请执行的期间为二年。申请执行时效的中止、中断，适用法律有关诉讼时效中止、中断的规定。"

申请执行的期间从法律文书规定履行期间的最后一日起计算；法律文书规定分期履行的，从最后一期履行期限届满之日起计算；法律文书未规定履行期间的，从法律文书生效之日起计算。

二、执行的管辖

根据《民事诉讼法》第二百三十五条[1]的规定，无论是民事诉讼的第一审程序、第二审程序还是再审程序，发生法律效力的民事判决、裁定中的财产部分，均由第一审人民法院或者与第一审人民法院同级的被执行的财产所在地人民法院执行；法律规定由人民法院执行的其他法律文书，由被执行人住所地或

---

[1] 《民事诉讼法》第二百三十五条规定："发生法律效力的民事判决、裁定，以及刑事判决、裁定中的财产部分，由第一审人民法院或者与第一审人民法院同级的被执行的财产所在地人民法院执行。法律规定由人民法院执行的其他法律文书，由被执行人住所地或者被执行的财产所在地人民法院执行。"

者被执行的财产所在地人民法院执行。

《最高人民法院关于人民法院执行工作若干问题的规定（试行）》（以下简称《执行规定（试行）》）第十一条规定："专利管理机关依法作出的处理决定和处罚决定，由被执行人住所地或财产所在地的省、自治区、直辖市有权受理专利纠纷案件的中级人民法院执行。"

另外，《执行规定（试行）》第十三条、第十四条补充规定，对于两个以上人民法院都有管辖权的，当事人可以向其中一个人民法院申请执行。当事人向两个以上人民法院申请执行的，由最先立案的人民法院管辖。人民法院之间因执行管辖权发生争议的，由双方协商解决；协商不成的，报请双方共同的上级人民法院指定管辖。

例如，某发明专利侵权诉讼的生效判决判令被告停止制造、销售侵害原告专利权的产品并赔偿原告的经济损失以及合理费用，该判决由上海知识产权法院作出，而被告住所地在浙江省宁波市且其在江苏省南京市拥有房产，若被告拒不执行该生效判决，权利人可以向上海知识产权法院、浙江省宁波市中级人民法院或者江苏省南京市中级人民法院中的任一家人民法院提出执行申请。但是实务上，权利人基本上是向作出生效判决的第一审人民法院提出执行申请。

第二节　执行的申请

执行程序的启动有两种途径，一是申请执行，二是移送执行。

移送执行是指人民法院作出裁判后，在其认为有必要时，无须当事人申请而由审判员直接交执行机关执行的方式。移送执行只适用于法律有特殊规定的具体案件，一般情况下，尤其是专利侵权诉讼案件中的执行程序均是由当事人向人民法院提出执行申请而启动的。

对于专利侵权诉讼的判决，专利权人或者利害关系人可以向有管辖权的人民法院申请对不履行判决的侵权人进行执行。

一、申请执行的条件

当事人向人民法院申请执行必须以被申请人逾期不履行或者拒绝履行生效的法律文书所确定的义务为前提。《执行规定（试行）》第十八条、第二十条规定，当事人申请执行应当提交下列申请文件。

（1）执行申请书：应当写明申请人和被申请人、申请执行的理由、事项、执行标的以及申请执行人所了解的被执行人的财产状况。

（2）生效法律文书副本：该法律文书是执行的根据，必须具备明确的权利义务主体和给付内容，即明确的被执行人和执行标的。

（3）申请执行人的身份证明：自然人申请的，应当出示居民身份证；法人申请的，应当提交法人营业执照副本和法定代表人身份证明；非法人组织申请的，应当提交营业执照副本和主要负责人身份证明。

（4）继承人或者权利承受人申请执行的，应当提交继承或者承受权利的证明文件。

（5）其他应当提交的材料。若申请执行人委托代理人代为申请执行的，还应当提交经委托人签字或者盖章的授权委托书，该委托书必须写明委托事项和代理人的权限。

（6）外国当事人可以通过委托代理人申请执行。如果原诉讼代理委托书中未委托代理申请执行事项，应当重新办理执行的委托，委托书应当办理外国当事人所在国的公证手续和中国驻该国使领馆的认证手续或相关主管机关签发的附加证明书。

二、执行申请书

执行申请书应当具备以下内容：

（1）申请人的基本情况。

（2）被申请人的基本情况。

（3）申请执行依据，即申请执行所依据的生效法律文书。

（4）请求事项。执行申请书的请求事项一般应至少包括两项内容：一是向人民法院申请强制被申请人履行生效法律文书作出的财产赔偿判决；二是由被申请人承担申请执行的费用。

（5）事实与理由。简要说明生效法律文书判定的财产赔偿内容以及被申请人拒不履行该判决的事实，还可以写明申请人所了解的被申请人的财产状况。

（6）写明管辖法院以及申请人署名。

若申请执行人书写执行申请书确有困难的，可以口头向人民法院提出申请，由人民法院的接待人员对口头申请制作笔录，由申请执行人签字或者盖章。

三、执行代理

当事人可以委托执行代理人向人民法院申请执行。《执行规定（试行）》第二十条第一款第一句规定：“申请执行人可以委托代理人代为申请执行。”

执行代理适用诉讼代理的相关规则，当事人可以委托律师、符合条件的公民以及有专利侵权诉讼代理资格的专利代理师作为执行代理人。有关代理人的相关要求，详细内容参见第二章第七节“专利侵权诉讼代理”的相关内容。

执行代理的权限也分为一般授权代理和特别授权代理，当事人委托执行代理的，应当向人民法院提交经委托人签字或者盖章的授权委托书，写明委托事项和代理人的权限。《执行规定（试行）》第二十条第二款规定：“委托代理人代为放弃、变更民事权利，或代为进行执行和解，或代为收取执行款项的，应当有委托人的特别授权。”

第三节　执行的受理

根据《执行规定（试行）》第十六条第二款[1]、第二十二条[2]以及《民事诉讼法》第二百六十四条[3]的规定，人民法院对符合法律规定的执行申请，应当在七日内进行审查立案，并移送执行机构；对不符合法律规定的执行申请，应当在七日内裁定不予受理。

人民法院应当在收到申请执行书或者移交执行书后十日内向被执行人发出执行通知书，责令其在指定的期间内履行生效法律文书确定的义务，并承担由于未按判决、裁定或者其他法律文书指定的期间履行给付金钱义务而产生的延迟履行期间的迟延履行利息或者迟延履行金。

第四节　对被执行人财产的执行

对被执行人财产的执行是执行程序中最重要的内容。在人民法院的执行通知书指定的期限内，若被执行人逾期仍不履行其金钱给付义务，人民法院应当

---

[1] 《执行规定（试行）》第十六条第二款规定：“人民法院对符合上述条件的申请，应当在七日内予以立案；不符合上述条件之一的，应当在七日内裁定不予受理。”

[2] 《执行规定（试行）》第二十二条规定：“人民法院应当在收到申请执行书或者移交执行书后十日内发出执行通知。执行通知中除应责令被执行人履行法律文书确定的义务外，还应通知其承担民事诉讼法第二百五十三条规定的迟延履行利息或者迟延履行金。”其中“民事诉讼法第二百五十三条”指2023年修正的《民事诉讼法》第二百六十四条。

[3] 《民事诉讼法》第二百六十四条规定：“被执行人未按判决、裁定和其他法律文书指定的期间履行给付金钱义务的，应当加倍支付迟延履行期间的债务利息。被执行人未按判决、裁定和其他法律文书指定的期间履行其他义务的，应当支付迟延履行金。”

及时对被执行人的财产采取执行措施。

在专利侵权诉讼中，若侵权人拒不履行其损害赔偿的义务，人民法院针对权利人的申请，即可通过对侵权人的财产采取执行措施以赔偿权利人的损失。

一、被执行人财产状况的查明

人民法院采取执行措施之前应当查明被执行人的可供执行财产的状况，以保障人民法院执行措施能够顺利实现。根据《民事诉讼法》第二百五十二条❶、第二百五十三条❷及《最高人民法院关于民事执行中财产调查若干问题的规定》对被执行人财产状况的查明有以下途径。

（一）申请执行人提供被执行人财产状况或者线索

申请执行人提供其所了解的被执行人的财产状况或者线索，是人民法院查明被执行人财产状况最主要的方式。

申请执行时，申请执行人可以在执行申请书中或者以其他方式向人民法院提供被执行人的财产状况或者财产线索，没有提供线索的，人民法院也可以通知申请执行人提供相关信息。对申请执行人提供的信息，人民法院应当予以核实。

若申请执行人是向被执行的财产所在地人民法院申请执行的，申请时就应当提供在该人民法院辖区有可供执行财产的证明材料。

申请执行人可以从以下三种途径获取被执行人的财产状况或者线索。

（1）申请执行人自身的线索。申请人和被执行人签订的合同、往来函件、传真等经济交往过程中了解的被执行人的住址、办公地点、联系方式、动产、不动产以及债权等各种收益的基本情况。

（2）财产调查。申请人可以自己、委托律师或者专业调查公司调查被执行人的财产状况，例如，向被执行人所在地的工商管理部门查询被执行人的开户行、账户、账号、股权、子公司、分公司、居住地址等；向国家知识产权局查询关于被执行人的知识产权资产；向土地、房产等管理部门查询关于被执行人

---

❶《民事诉讼法》第二百五十二条规定：“被执行人未按执行通知履行法律文书确定的义务，应当报告当前以及收到执行通知之日前一年的财产情况。被执行人拒绝报告或者虚假报告的，人民法院可以根据情节轻重对被执行人或者其法定代理人、有关单位的主要负责人或者直接责任人员予以罚款、拘留。”

❷《民事诉讼法》第二百五十三条规定：“被执行人未按执行通知履行法律文书确定的义务，人民法院有权向有关单位查询被执行人的存款、债券、股票、基金份额等财产情况。人民法院有权根据不同情形扣押、冻结、划拨、变价被执行人的财产。人民法院查询、扣押、冻结、划拨、变价的财产不得超出被执行人应当履行义务的范围。人民法院决定扣押、冻结、划拨、变价财产，应当作出裁定，并发出协助执行通知书，有关单位必须办理。”

的不动产等。

（3）悬赏公告或者第三方线索。若因被执行人下落不明或者查找不到被执行人的财产而无法执行的，申请人可以向人民法院书面申请发布悬赏公告查找可供执行的财产，申请书应当说明悬赏金的计算方法或金额等事项；申请人也可以从与被执行人相关联的第三方了解被执行人的债权情况。

（二）被执行人应当对其财产情况进行报告

被执行人未在执行通知的指定时间内履行法律文书确定的金钱给付义务的，人民法院可以依申请执行人的申请或依职权向被执行人发出报告财产令，责令被执行人报告财产情况；在金钱债权执行中，报告财产令应当与执行通知同时发出。报告财产令中应当写明提交财产报告的期限、报告财产的范围和期间、补充报告财产的条件及期间、违反报告财产义务应承担的法律责任等。

被执行人应当书面报告的财产情况包括：

（1）收入、银行存款、现金、理财产品、有价证券；

（2）土地使用权、房屋等不动产；

（3）交通运输工具、机器设备、产品、原材料等动产；

（4）债权、股权、投资权益、基金份额、信托受益权、知识产权等财产性权利；

（5）其他应当报告的财产。

被执行人的财产已出租、已设立担保物权等权利负担，或者存在共有、权属争议等情形的，应当一并报告；被执行人的动产由第三人占有，被执行人的不动产、特定动产、其他财产权等登记在第三人名下的，也应当一并报告。

对被执行人报告的财产情况，人民法院应当及时调查核实，必要时可以组织当事人进行听证。申请执行人可以申请查询被执行人报告的财产情况，但应当对查询过程中知悉的信息保密。

被执行人拒绝报告、虚假报告或者无正当理由逾期报告财产情况的，人民法院应当依照相关规定将其纳入失信被执行人名单，同时可以根据情节轻重对被执行人或者其法定代理人予以罚款、拘留；构成犯罪的，依法追究刑事责任。

（三）人民法院调查

被执行人拒绝提供真实的财产线索或者提供的财产信息不完整，申请执行人也无法提供被执行人的财产线索或者提供财产线索确有困难的，人民法院可以依申请执行人的申请或者依职权对被执行人的财产情况启动现场调查、网络执行查控等调查程序，人民法院通过网络执行查控系统进行调查与现场调查具有同等法律效力。

被执行人未按执行通知履行法律文书确定的义务，人民法院有权向有关单位或者个人查询被执行人的收入、银行存款、有价证券、不动产、车辆、机器设备、知识产权、对外投资权益及收益、到期债权等资产状况。

人民法院对被执行人的财产状况的调查应当以被执行人应履行义务的范围为限，并且严格保密。申请执行人请求查询人民法院调查的财产信息的，人民法院可以根据需要决定是否准许，但申请执行人对查询的被执行人的财产状况也应当保密。

近年来，法院持续加强执行力度，不断完善人民法院与建立合作机制的金融机构的网络执行查控机制，通过网络查询被执行人存款和其他金融资产信息，实施查询、冻结、扣划等执行措施。对于金钱债权的执行，人民法院多会依职权启动网络执行查控，寻求执行线索。上述举措在一定程度上提升了执行效果，但在实务上，申请执行人主动挖掘财产线索并向法院提供也是重要的举措。

二、执行措施

人民法院应当根据不同的财产种类对被执行人的财产采取不同的执行措施。根据《民事诉讼法》第二百五十二条至第二百六十六条的规定，人民法院对被执行人财产的执行主要有以下措施。

（1）扣留、提取被执行人应当履行义务部分的收入。

（2）查封、扣押、冻结、拍卖、变卖被执行人应当履行义务部分的财产。人民法院对被执行人的财产进行查封和扣押后，应当责令被执行人在指定期间内履行法律文书确定的义务，被执行人逾期不履行的，人民法院应当拍卖、变卖或者交有关单位收购被查封、扣押的财产。

（3）搜查被执行人的财产。被执行人不履行法律文书确定的义务并隐匿财产的，由人民法院院长签发搜查令，对被执行人及其住所地或者财产隐匿地进行搜查。

（4）强制被执行人迁出房屋或者退出土地。

（5）加倍支付迟延履行期间的债务利息或迟延履行金。被执行人未按判决、裁定和其他法律文书指定的期间履行给付金钱义务的，应当加倍支付迟延履行期间的债务利息。被执行人未按判决、裁定和其他法律文书指定的期间履行其他义务的，应当支付迟延履行金。

（6）限制被执行人出境，在征信系统记录、通过媒体公布被执行人不履行义务的信息。

人民法院采取的强制执行措施必须以被执行人应当履行的义务范围为限，

并且应当保留被执行人及其所扶养家属的生活必需品。

人民法院采取强制执行措施时，可以向有关单位发出协助执行通知书，有关单位必须协助办理。

若人民法院采取上述强制执行措施后，被执行人仍不能偿还债务的，应当继续履行义务。申请执行人发现被执行人有其他财产的，可以随时请求人民法院执行。

三、执行担保

被执行人向人民法院提供担保可以暂缓强制执行程序。

《民事诉讼法》第二百四十二条规定："在执行中，被执行人向人民法院提供担保，并经申请执行人同意的，人民法院可以决定暂缓执行及暂缓执行的期限。被执行人逾期仍不履行的，人民法院有权执行被执行人的担保财产或者担保人的财产。"

《民事诉讼法解释》第四百六十七条至第四百六十九条规定，对执行程序提供的担保，可以由被执行人或者其他担保人提供财产担保，也可以由其他担保人提供保证。担保人应当具有代为履行或者代为承担赔偿责任的能力。

人民法院依照规定决定暂缓执行，暂缓执行的期限应当与担保的期限一致，但最长不得超过一年。被执行人或者担保人对担保的财产在暂缓执行期间存在转移、隐藏、变卖或者毁损等行为的，人民法院可以恢复强制执行。

被执行人在人民法院决定暂缓执行的期限届满后仍不履行义务的，人民法院可以直接执行担保财产，或者裁定执行担保人的财产，但执行担保人的财产以担保人应当履行义务部分的财产为限。

四、委托执行

《民事诉讼法》第二百四十条规定："被执行人或者被执行的财产在外地的，可以委托当地人民法院代为执行。受委托人民法院收到委托函件后，必须在十五日内开始执行，不得拒绝。执行完毕后，应当将执行结果及时函复委托人民法院；在三十日内如果还未执行完毕，也应当将执行情况函告委托人民法院。受委托人民法院自收到委托函件之日起十五日内不执行的，委托人民法院可以请求受委托人民法院的上级人民法院指令受委托人民法院执行。"

五、执行期限

《最高人民法院关于人民法院办理执行案件若干期限的规定》（法发

〔2006〕35号）第一条规定："被执行人有财产可供执行的案件，一般应当在立案之日起6个月内执结；非诉执行案件一般应当在立案之日起3个月内执结。有特殊情况须延长执行期限的，应当报请本院院长或者副院长批准。申请延长执行期限的，应当在期限届满前5日内提出。"

《民事诉讼法》第二百三十七条规定："人民法院自收到申请执行书之日起超过六个月未执行的，申请执行人可以向上一级人民法院申请执行。上一级人民法院经审查，可以责令原人民法院在一定期限内执行，也可以决定由本院执行或者指令其他人民法院执行。"

第五节　执行中止与终结

当存在法定的中止或者终结事由时，人民法院应当裁定中止或者终结执行程序，并在中止执行或者终结执行的裁定书中写明中止或者终结执行的理由和法律依据。中止或者终结执行的裁定送达当事人后立即生效。

一、执行中止

根据《民事诉讼法》第二百六十七条的规定，存在下列情形之一的，人民法院应当裁定中止执行。

（1）申请人表示可以延期执行的；

（2）案外人对执行标的提出确有理由的异议的；

（3）作为一方当事人的公民死亡，需要等待继承人继承权利或者承担义务的；

（4）作为一方当事人的法人或者其他组织终止，尚未确定权利义务承受人的；

（5）人民法院认为应当中止执行的其他情形。

中止执行的情形消失后，人民法院可以根据当事人的申请或者依职权恢复执行，并书面通知当事人。

除了法定的中止事由，若申请执行人与被执行人达成和解协议后请求中止执行的，人民法院可以裁定中止执行。

二、执行终结

根据《民事诉讼法》第二百六十八条的规定，存在下列情形之一的，人民法院应当裁定终结执行。

（1）申请人撤销申请的；

（2）据以执行的法律文书被撤销的；

（3）作为被执行人的公民死亡，无遗产可供执行，又无义务承担人的；

（4）追索赡养费、抚养费、扶养费案件的权利人死亡的；

（5）作为被执行人的公民因生活困难无力偿还借款，无收入来源，又丧失劳动能力的；

（6）人民法院认为应当终结执行的其他情形。

与中止执行相同，除了法定的终结事由，若申请执行人与被执行人达成和解协议后请求终结执行的，人民法院可以裁定终结执行。

三、执行结案

根据《执行规定（试行）》第六十四条的规定，有下列情形之一的，人民法院应当将执行程序结案。

（1）执行完毕；

（2）终结本次执行程序；

（3）终结执行；

（4）销案；

（5）不予执行；

（6）驳回申请。

四、执行异议

（一）执行标的异议

《民事诉讼法》第二百六十七条中止执行的事项中包括“案外人对执行标的提出确有理由的异议的”。对执行标的提出的异议属于执行异议的一种，即案外人认为其对执行标的享有特定权利或权益，该标的不应被执行，否则自己的合法权益会受到损害。

《民事诉讼法》第二百三十八条规定，“执行过程中，案外人对执行标的提出书面异议的，人民法院应当自收到书面异议之日起十五日内审查，理由成立的，裁定中止对该标的的执行；理由不成立的，裁定驳回”。

如果对该裁定不服，且不服理由与原裁判无关，仅因执行而引起，则相关人员可以向法院提起专门的执行异议之诉；如果不服是认为原裁判错误，则相关人员应该按照审判监督程序主张自己的权益。

（二）执行行为异议

除对执行标的提出异议外，还可以针对执行行为提出异议。《民事诉讼法》第二百三十六条规定，“当事人、利害关系人认为执行行为违反法律规定的，可以向负责执行的人民法院提出书面异议……”对执行行为的异议，主要包括以下五种情形。

（1）认为人民法院的执行行为违法，妨碍其轮候查封、扣押、冻结的债权受偿的；

（2）认为人民法院的拍卖措施违法，妨碍其参与公平竞价的；

（3）认为人民法院的拍卖、变卖或者以物抵债措施违法，侵害其对执行标的的优先购买权的；

（4）认为人民法院要求协助执行的事项超出其协助范围或者违反法律规定的；

（5）认为其他合法权益受到人民法院违法执行行为侵害的。

针对当事人和利害关系人提出的执行行为异议，人民法院应当自收到书面异议之日起十五日内审查，理由成立的，裁定撤销或者改正；理由不成立的，裁定驳回。需要注意的是，如果对裁定结果不服，相关人员只能向上一级人民法院申请复议，而不能另外提起新的执行异议诉讼。

对于相关人员提出的执行行为异议，如果异议不成立，法院会裁定驳回异议；如果异议成立的，法院则裁定撤销相关执行行为；如果异议部分成立，法院裁定变更相关执行行为；如果异议成立或者部分成立，但执行行为无撤销、变更内容的，则裁定异议成立或者相应部分异议成立。

第六节　执行和解

执行和解是执行程序结案的方式之一，是指在人民法院的执行过程中，双方当事人经过自愿协商，自行达成和解协议并依照协议内容履行相应的义务，从而结束执行程序的活动。

执行和解有利于生效判决所确定的各方当事人权利义务的履行，因此，在专利侵权诉讼案件的执行过程中，双方当事人达成执行和解的情况并不鲜见。

一、执行和解的内容

执行和解是为了促使生效法律文书所确定的权利和义务的基本实现，当事人在履行内容和履行方式上所作的协商。执行和解既可以是一方当事人单方自愿放弃一部分或者全部的权利，也可以是双方当事人均作出一定的让步。在绝大多数情况下，申请执行人为实现其基于生效法律文书而获得的权益，会放弃自己的一部分权利，包括对实体债权的放弃和权利实现期限的延迟等。

《最高人民法院关于执行和解若干问题的规定》第一条第一款规定："当事人可以自愿协商达成和解协议，依法变更生效法律文书确定的权利义务主体、履行标的、期限、地点和方式等内容。"在实践中，执行和解一般包括以下四部分内容。

（1）履行义务的部分免除：申请执行人主动放弃部分债权，包括对债务标的物或者债务数额的变更。

（2）履行期限的适当延长：申请执行人允许被执行人对其全部债务或者部分债务的履行期限延长。

（3）履行方式的变更：申请执行人允许变更被执行人履行债务的方式，包括以物抵债、债权转换股权等方式。

（4）变更履行义务的主体：由被执行人以外的第三人自愿承担被执行人的义务，对申请执行人进行债务清偿。

二、执行和解的条件

尽管执行和解是当事人对自己的实体权利和诉讼权利的自愿处分，但仍需要满足至少以下四个条件。

首先，执行和解必须是在执行程序开始后至执行程序结束前达成。执行程序旨在通过人民法院的强制执行措施强制被执行人履行其义务，从而实现申请执行人的权利，因此，若执行程序终结后，生效法律文书所确定的内容已履行完毕，则不存在执行和解的问题。

其次，执行和解必须达成和解协议。和解协议是双方当事人就执行过程中的相关问题达成的合意，是对执行和解的内容，即债权债务关系如何履行的具体规定。和解协议是执行和解的依据，一般应采取书面形式，并记录在人民法院的执行笔录中。

《民事诉讼法》第二百四十一条第一款规定："在执行中，双方当事人自行和解达成协议的，执行员应当将协议内容记入笔录，由双方当事人签名或者盖章。”

《最高人民法院关于执行和解若干问题的规定》第一条第二款也规定：“和解协议一般采用书面形式。”

再次，执行和解必须出自双方当事人完全自愿的合意。虽然执行和解和法院调解同样都是当事人协商的结果，但执行和解与法院调解不同，法院调解是双方当事人在人民法院的主持下进行的协商以解决其争议的问题，执行和解则是执行过程中双方当事人自愿协商达成的协议，其中没有任何第三方参与。但由于和解协议直接关涉到双方当事人对自己的实体权利和诉讼权利的处分，人民法院应当在审查执行和解协议的过程中分别征询双方当事人的意见，以验证双方对和解协议的达成及内容是否自愿和真实。

最后，人民法院应对和解协议的合法性进行审查。和解协议的内容必须以合法为前提，若其中存在任何逃避履行义务，违反国家法律法规，损害其他第三方甚至社会公共利益的情形，即使是出自双方当事人的真实意愿，亦不为法律所允许。

三、和解协议的履行

和解协议由当事人自己履行，人民法院不监督和解协议的履行状况。和解协议的履行与否对执行程序有如下影响。

（一）和解协议履行完毕

和解协议的履行具有终结执行程序的效果，若和解协议已经履行完毕，人民法院将不再恢复执行。《最高人民法院关于执行和解若干问题的规定》第八条规定：“执行和解协议履行完毕的，人民法院作执行结案处理。”

即便和解协议尚未实际履行，根据《民事诉讼法解释》第四百六十四条规定：“申请执行人与被执行人达成和解协议后请求中止执行或者撤回执行申请的，人民法院可以裁定中止执行或者终结执行。”

（二）一方当事人不履行和解协议

和解协议不具有法律强制力，若一方当事人不履行或者不完全履行和解协议的内容，另一方当事人并不能申请人民法院强制执行和解协议，但可以向人民法院申请恢复执行原生效的法律文书的内容，也可以就履行执行和解协议向执行法院提起诉讼。

《民事诉讼法解释》第四百六十五条规定：“一方当事人不履行或者不完全履行在执行中双方自愿达成的和解协议，对方当事人申请执行原生效法律文书的，人民法院应当恢复执行，但和解协议已履行的部分应当扣除。和解协议已经履行完毕的，人民法院不予恢复执行。”

此外，若申请执行人并非出自自愿，而是因受欺诈或者胁迫而订立的和解协议，申请执行人亦可以申请人民法院恢复执行原生效判决。《民事诉讼法》第二百四十一条第二款规定：“申请执行人因受欺诈、胁迫与被执行人达成和解协议，或者当事人不履行和解协议的，人民法院可以根据当事人的申请，恢复对原生效法律文书的执行。”

需要注意的是，申请恢复对原生效判决的强制执行是有时限的。《民事诉讼法解释》第四百六十六条第一句规定：“申请恢复执行原生效法律文书，适用民事诉讼法第二百四十六条[1]申请执行期间的规定。”申请执行的期间为2年，详细内容参见本章第一节之一“申请执行的时限及管辖”的相关内容。双方当事人达成和解协议的，将中断申请执行的期间，《民事诉讼法解释》第四百六十六条第二句规定：“申请执行期间因达成执行中的和解协议而中断，其期间自和解协议约定履行期限的最后一日起重新计算。”若申请执行人超过申请执行时效期间向人民法院申请强制执行的，人民法院应予受理。但是若被执行人对申请执行时效期间提出异议，人民法院经审查异议成立的，裁定不予执行。

第七节　执行回转及执行回转的例外

一、执行回转

执行回转是执行程序中对被执行人的救济措施，是指执行程序结束后，作为执行依据的原法律文书被依法撤销，导致申请执行人因强制执行而取得的财产丧失合法的依据，从而将已执行的财产返还给被执行人的强制措施。[2]

二、执行回转的例外

但在专利侵权诉讼执行过程中，已经履行完毕的专利实施许可合同、专利权转让合同和专利侵权裁判，如果与专利实施许可合同、专利权转让合同和专

[1] 对应现行《民事诉讼法》第二百五十条。

[2] 《民事诉讼法》第二百四十四条规定：“执行完毕后，据以执行的判决、裁定和其他法律文书确有错误，被人民法院撤销的，对已被执行的财产，人民法院应当作出裁定，责令取得财产的人返还；拒不返还的，强制执行。”

利侵权裁判有关的专利权被宣告全部无效或者部分无效后，依据《专利法》第四十七条的规定，一般不适用执行回转，这是执行回转的例外。

《专利法》第四十七条第二款和第三款规定："宣告专利权无效的决定，对在宣告专利权无效前人民法院作出并已执行的专利侵权的判决、调解书，已经履行或者强制执行的专利侵权纠纷处理决定，以及已经履行的专利实施许可合同和专利权转让合同，不具有追溯力。但是因专利权人的恶意给他人造成的损失，应当给予赔偿。依照前款规定不返还专利侵权赔偿金、专利使用费、专利权转让费，明显违反公平原则的，应当全部或者部分返还。"

在专利侵权诉讼中，对于专利权被宣告无效前，依据人民法院的判决书、调解书或者专利侵权纠纷处理决定书已执行完毕的强制执行，原则上不适用执行回转。因为涉案专利权被宣告无效前，据以执行的人民法院的原判决、调解书或者地方知识产权局的原处理决定并不存在错误，只是由于涉案专利权被宣告无效而导致该生效判决、调解书或者处理决定丧失了作出的依据，因此并不满足执行回转的条件，所以不予适用执行回转。专利侵权诉讼中只有两种类型可以进行执行回转：一是因专利权人的恶意给他人造成的损失应当给予赔偿；二是若原告不返还专利侵权赔偿金、专利使用费、专利转让费明显违反公平原则的，应当全部或者部分返还。关于这一部分的详细说明可以参见第十章第八节之二中的"（二）对已判决或者已调解且已执行的专利侵权诉讼的影响"的相关内容。

第八节　停止侵权的执行

《民事诉讼法》第二百三十五条规定："发生法律效力的民事判决、裁定，以及刑事判决、裁定中的财产部分，由第一审人民法院或者与第一审人民法院同级的被执行的财产所在地人民法院执行。法律规定由人民法院执行的其他法律文书，由被执行人住所地或者被执行的财产所在地人民法院执行。"

《民事诉讼法》第二百六十三条规定："对判决、裁定和其他法律文书指定的行为，被执行人未按执行通知履行的，人民法院可以强制执行或者委托有关单位或者其他人完成，费用由被执行人承担。"

上述法律规定明确了生效判决、裁定中的财产部分和指定的行为，被执行人未履行的，人民法院可采取强制执行措施。

权利人提起专利侵权诉讼最重要的目的是制止侵权行为，因此对于专利权人而言，作为侵权人的被执行人履行停止侵权判决的重要性超过被执行人履行损害赔偿的判决。针对行为的执行，即针对发生法律效力的民事判决、裁定中涉及作为或者不作为行为的强制执行，基本上适用对财产进行强制执行的程序，区别是针对两者的执行措施不同。

判决书判令被执行人停止侵权包含了两层意思：一是被执行人必须停止和不得继续判决前已发生的侵权行为，例如停止销售或者使用在判决前已制造的侵权产品，或者停止继续使用侵权方法；二是不得再发生新的侵权行为，即不得在判决书发生效力后再制造、销售和使用新的侵权产品。

一、判决前已有侵权行为的执行

人民法院认定被告侵权，是指被告在判决前制造、销售和使用的产品侵权，或者使用的方法侵权；人民法院判决停止侵权，是指禁止被告继续实施判决前已发生的侵权行为。所谓的强制措施，就是指使这些侵权行为无法得以继续实施的方法。这些措施包括：

（1）从市场上收缴和销毁尚未售出的侵权产品；

（2）收缴和销毁在库的侵权产品；

（3）收缴和销毁与侵权产品有关的广告宣传资料；

（4）销毁制造侵权产品的必要专用设备或工具；

（5）销毁使用侵权产品的专用设备或工具。

专利权人或者利害关系人向有管辖权的人民法院申请强制执行时，可以请求采取上述强制措施中一项或数项。由于判决书中不会涉及在库侵权产品的数量和尚在市场流通的侵权产品数量，申请执行人申请采取收缴和销毁侵权产品的强制措施时，应该向执行庭提供相关证据，以证明这些侵权产品的所在地及其数量，以便执行庭采取措施。同样，申请执行人向有管辖权的人民法院申请收缴和销毁制造侵权产品或使用侵权方法的必要专用设备和工具时，申请执行人应当说明该些设备和工具是必要的专用设备和工具的理由并提供相关证据。

采取上述强制措施的目的是防止被执行人利用已有的侵权产品或者现有的专用设备和工具继续侵权行为，但采取该些强制措施不能损害被执行人的合法权益。

为了防止强制执行损害被执行人的合法利益，在采取销毁侵权产品、销毁制造侵权产品或者使用侵权方法的必要专用工具和设备的强制措施之前，执行庭必须判断将被销毁的产品确实是侵权产品，以及将被销毁的设备和工具确实是制造侵权产品或者使用侵权方法的必要专用设备和工具。最简单的判断是否是必要专用工具和设备的方法，就是分析该些设备和工具有无两种以上的用途，如果有的话，就不是必要的专用工具和设备。对产品、设备和工具进行分析判断，专业性和技术性都较强，执行庭可以邀请原审判阶段的司法鉴定人员、原告和被告的代表共同对相关的工具和设备，或收缴的产品进行确认。

收缴侵权产品和必要的专用工具和设备的目的在于剥夺侵权人继续侵权的能力和条件，因此，从保护专利权人的合法权益的角度出发，执行庭对于收缴的侵权产品和侵权用的必要专用工具和设备，不能像一般的执行程序一样通过拍卖或变卖的方式处理，而是应当予以销毁，是否现场销毁以及采取什么样的方法销毁则需要视具体的情况而定。

二、新侵权行为的处理

人民法院确认是否构成专利侵权一般由审判法庭进行，而强制执行程序由人民法院的执行庭负责。执行庭不具备实体审判的职能，一般不判断和认定是否构成侵权的实体问题，对被执行人采取强制措施制止侵权的范围通常限于生效判决或者裁定中判定为侵权的产品和行为。

专利权人或利害关系人申请人民法院采取强制执行措施的范围如果包括了判决或者裁定生效后新发生的侵权行为，例如，专利权人请求人民法院采取强制措施制止被执行人在判决书发生效力后制造的新侵权产品，以及使用或者销售该新制造的侵权产品的，由于这些是被执行人在判决或者裁定生效后的行为，人民法院应首先对该行为是否侵权作出判定，并依据判定的结果进行处理。

（1）执行庭经过简单对比，容易判定被执行人在判决书生效后发生的行为仍侵犯涉案专利权的，例如，新制造的产品仍落入专利权保护范围，或者被执行人承认其行为侵犯了涉案专利权的，则执行庭可以直接对被执行人采取强制措施。

（2）如果被执行人在判决书生效后制造的产品，执行庭无法通过简单比较认定侵犯涉案专利权，且被执行人不承认其在判决生效后制造、销售和使用该产品的行为侵犯了涉案专利权的，由于执行庭没有对是否构成侵权进行实体审判的职能，并且缺少专业技术知识的判断能力，当执行庭受限于自身的条件无法作出构成侵权判定时，一般不会采取强制措施，而会告知专利权人另行起诉。

三、对人民法院不予执行的处理

人民法院鉴于上述原因不予采取强制执行措施或者强制执行效果不佳时，权利人可通过另行起诉获得救济。权利人可以以被执行人故意侵权为由另行提起专利侵权诉讼，并请求惩罚性赔偿。

由于权利人另行提起的专利侵权诉讼是一个新的诉讼，因此，权利人必须另行收集被执行人在判决、裁定生效后新发生的侵权行为的侵权证据和另行确定管辖法院，已发生效力的判决或者裁定可以用于证明被执行人是故意侵权，被执行人侵权情节严重的，权利人可以在新的诉讼中主张惩罚性赔偿。

针对被执行人在判决、裁定生效后发生的涉嫌侵权行为的调查取证以及确定管辖法院的方法同原诉讼的调查取证和确定管辖法院，请参见第二章第一节“证据的准备”和第四章第二节“诉讼管辖”的相关内容。

第八章　标准专利

专利与标准相结合是目前专利技术发展的一大趋势，专利技术被纳入技术标准即成为标准专利。技术标准是一种或一系列适用于生产产品或提供服务的系列技术方案，要求或推荐本行业的产品或服务提供者使用和遵守。技术标准的制定和实施一方面可以协调统一技术事项，实现相关产品或服务的兼容性或通用性；另一方面也是对相关产品或服务应达到的技术水平作出的要求，甚至可能成为相关技术市场的准入条件。

从技术发展的客观过程来看，由于大多数先进技术都是以专利权的形式进行保护，技术标准的制定很难绕开专利技术；从专利权人的主观角度来看，通过将其专利技术纳入技术标准，供相关产品或服务共同实施，可以实现该专利技术在相关技术领域的推广和应用，从而极大地增加专利许可的数量，使专利权人得以获得大量的专利许可使用费。出于技术专利化的客观实际情况以及专利权人利益最大化的追求，越来越多的专利技术被纳入技术标准中，成为标准专利。

第一节　标准专利概述

标准专利的形成一般有两种途径：一是在标准的立项、撰写、修订和发布等过程中，技术拥有者主动向标准制定组织提交其希望被纳入标准的专利技术或专利申请，并被标准采纳后即形成标准专利；二是在技术拥有者不知情的情况下其相关专利技术或专利申请被列入标准，技术拥有者知晓后向标准制定组织披露相关专利技术或专利申请，并同意被纳入标准即形成标准专利。

标准专利分为两类，一类是标准必要专利，另一类是非标准必要专利。二者区分的关键在于该专利对于标准实施来说是否必不可少，而与标准本身的性质无关。

标准必要专利是指技术标准中必不可少且不可替代的专利。无论是国家标准或者地方标准，也无论是强制性标准或者推荐性标准，只要是实施该项技术标准就必须使用该专利，则该专利就是标准必要专利。

非标准必要专利是指技术标准中的推荐性专利。与推荐性标准中的必要专利不同，非标准必要专利属于技术标准中的选择性技术方案，尽管技术标准纳入了该专利，但实施该项技术标准并不一定需要使用该专利，也可以选择其他纳入标准的技术方案。对于标准来说，非标准必要专利可能与其他纳入该标准的技术方案并没有什么区别，仅是给标准使用者多提供一种选择；也可能优于其他纳入该标准的技术方案，具备更高的实施难度和技术水平，选择实施非标准必要专利可以相应提高产品或服务的技术或工艺水平。

标准必要专利的特殊性来源于其对标准实施的唯一性和绝对垄断性，因此对于标准必要专利的许可、实施以及侵权均有特殊的程序和规则。实践中涉及的标准专利方面的许可和诉讼等问题也基本上都集中在标准必要专利上，因此，本节主要介绍标准必要专利的相关内容。

而专利权人已经进行披露的非标准必要专利，作为多个符合标准的技术方案的其中之一，与普通的专利并无差别。如果标准使用者选择实施非标准必要专利，只需依据披露的相关权利信息，向非标准必要专利的专利权人申请专利实施许可即可。非标准必要专利的许可、实施以及侵权适用普通专利的相关规则，本节不再展开叙述。

第二节　标准必要专利现状

标准必要专利对于中国专利制度来说是一个制度设计和法律规制均尚需进一步完善的领域，在现行《专利法》中还没有关于标准必要专利的相关法律规定。

但近几年来，随着技术的进步和产业发展的需要，与标准必要专利相关的问题在司法实践和理论研究中均引发了人们的关注和讨论，尤其是被称为“中国标准必要专利第一案”的华为诉 IDC 滥用市场支配地位及标准必要专利使用费纠纷案更使产业界和学术界对标准必要专利涉及的法律问题的关注达到了一个全新的高度。

2021 年 10 月 9 日，国务院为全面加强知识产权保护、高效促进知识产权运用，印发了《“十四五”国家知识产权保护和运用规划》，指出“促进技术、专利与标准协同发展，研究制定标准必要专利许可指南，引导创新主体将自主知识产权转化为技术标准”。2021 年 10 月 10 日，中共中央、国务院印发了《国家标准化发展纲要》，明确强调了“完善标准必要专利制度，加强标准制定过程中的知识产权保护，促进创新成果产业化应用”。随着产业技术保护需求的日益显著以及国家指导政策的不断推进，建立和完善中国标准必要专利制度，已经是大势所趋，有望在不久的将来看到更加全面化、具体化的标准必要专利相关立法。

一、现行法律法规

由于现行《专利法》并未对标准必要专利加以规定，因此与标准必要专利相关的规则散见于其他法律、司法解释、部门规章与部门规范性文件中。

标准必要专利首先是关于标准的问题，根据 2018 年 1 月 1 日起实施的新修订《标准化法》第二条❶、第十至十三条❷以及第十八至二十二条❸的相关规定，标准包含国家标准、行业标准、地方标准和团体标准、企业标准，对需要在全国范围内统一的技术要求，应当制定国家标准；对没有国家标准而又需要在全国某个行业范围内统一的技术要求，可以制定行业标准；为满足地方自然

❶ 《标准化法》第二条规定：“本法所称标准（含标准样品），是指农业、工业、服务业以及社会事业等领域需要统一的技术要求。标准包括国家标准、行业标准、地方标准和团体标准、企业标准。国家标准分为强制性标准、推荐性标准，行业标准、地方标准是推荐性标准。强制性标准必须执行。国家鼓励采用推荐性标准。”

❷ 《标准化法》第十条第一款及第五款规定：“对保障人身健康和生命财产安全、国家安全、生态环境安全以及满足经济社会管理基本需要的技术要求，应当制定强制性国家标准。……法律、行政法规和国务院决定对强制性标准的制定另有规定的，从其规定。”

第十一条规定：“对满足基础通用、与强制性国家标准配套、对各有关行业起引领作用等需要的技术要求，可以制定推荐性国家标准。推荐性国家标准由国务院标准化行政主管部门制定。”

第十二条规定：“对没有推荐性国家标准、需要在全国某个行业范围内统一的技术要求，可以制定行业标准。行业标准由国务院有关行政主管部门制定，报国务院标准化行政主管部门备案。”

第十三条第一款规定：“为满足地方自然条件、风俗习惯等特殊技术要求，可以制定地方标准。”

❸ 《标准化法》第十八条第一款规定：“国家鼓励学会、协会、商会、联合会、产业技术联盟等社会团体协调相关市场主体共同制定满足市场和创新需要的团体标准，由本团体成员约定采用或者按照本团体的规定供社会自愿采用。”

第十九条规定：“企业可以根据需要自行制定企业标准，或者与其他企业联合制定企业标准。”

第二十条规定：“国家支持在重要行业、战略性新兴产业、关键共性技术等领域利用自主创新技术制定团体标准、企业标准。”

第二十一条规定：“推荐性国家标准、行业标准、地方标准、团体标准、企业标准的技术要求不得低于强制性国家标准的相关技术要求。国家鼓励社会团体、企业制定高于推荐性标准相关技术要求的团体标准、企业标准。”

第二十二条规定：“制定标准应当有利于科学合理利用资源，推广科学技术成果，增强产品的安全性、通用性、可替换性，提高经济效益、社会效益、生态效益，做到技术上先进、经济上合理。”

条件、风俗习惯等特殊技术要求，可以制定地方标准；学会、协会、商会、联合会、产业技术联盟等社会团体可以协调相关市场主体共同制定满足市场和创新需要的团体标准；企业生产的产品没有国家标准和行业标准的，可以根据需要制定企业标准，作为组织生产的依据。国家标准、行业标准又分为强制性标准和推荐性标准，保障人体健康，人身、财产安全的标准和法律、行政法规规定强制执行的标准是强制性标准，其他标准是推荐性标准。行业标准、地方标准是推荐性标准。制定标准应当有利于推广科学技术成果，提高经济效益，并符合使用要求，有利于产品的通用互换，做到技术上先进、经济上合理。

随着越来越多的先进技术申请了专利保护，标准的制定必然无法绕过他人的专利技术，因此，国家标准化管理委员会与国家知识产权局于 2013 年 12 月发布了《国家标准涉及专利的管理规定（暂行）》，对国家标准制定中涉及的必要专利的专利信息披露、专利实施许可，以及强制性国家标准涉及专利的特殊规定等问题进行规定。

但标准与专利相结合会进一步加强专利技术的垄断性，容易导致专利权人为获取高额的垄断利润而滥用其标准必要专利，排除、限制竞争。对此，国家市场监督管理总局于 2023 年 6 月发布的《禁止滥用知识产权排除、限制竞争行为规定》第十九条[1]对利用标准必要专利从事排除、限制竞争的行为作出了规制。

在专利侵权领域中，现行法律规范首次就标准必要专利侵权的民事责任及许可条件考量因素等作出规定的是 2016 年 4 月 1 日起实施的《专利解释（二）》（2020 年已修正），该解释第二十四条规定：“推荐性国家、行业或者地方标准明示所涉必要专利的信息，被诉侵权人以实施该标准无须专利权人许可为由抗辩不侵犯该专利权的，人民法院一般不予支持。推荐性国家、行业或者地方标准明示所涉必要专利的信息，专利权人、被诉侵权人协商该专利的实施许可条件时，专利权人故意违反其在标准制定中承诺的公平、合理、无歧视的

[1] 国家市场监督管理总局《禁止滥用知识产权排除、限制竞争行为规定》第十九条规定：“具有市场支配地位的经营者不得在标准的制定和实施过程中从事下列行为，排除、限制竞争：（一）在参与标准制定过程中，未按照标准制定组织规定及时充分披露其权利信息，或者明确放弃其权利，但是在标准涉及该专利后却向标准实施者主张该专利权；（二）在其专利成为标准必要专利后，违反公平、合理、无歧视原则，以不公平的高价许可，没有正当理由拒绝许可、搭售商品或者附加其他不合理的交易条件、实行差别待遇等；（三）在标准必要专利许可过程中，违反公平、合理、无歧视原则，未经善意谈判，请求法院或者其他相关部门作出禁止使用相关知识产权的判决、裁定或者决定等，迫使被许可方接受不公平的高价或者其他不合理的交易条件；（四）市场监管总局认定的其他滥用市场支配地位的行为。”

许可义务，导致无法达成专利实施许可合同，且被诉侵权人在协商中无明显过错的，对于权利人请求停止标准实施行为的主张，人民法院一般不予支持。本条第二款所称实施许可条件，应当由专利权人、被诉侵权人协商确定。经充分协商，仍无法达成一致的，可以请求人民法院确定。人民法院在确定上述实施许可条件时，应当根据公平、合理、无歧视的原则，综合考虑专利的创新程度及其在标准中的作用、标准所属的技术领域、标准的性质、标准实施的范围和相关的许可条件等因素。法律、行政法规对实施标准中的专利另有规定的，从其规定。"

2017 年《北京专利指南》第一百五十二条规定，没有证据证明标准必要专利的专利权人故意违反公平、合理、无歧视的许可义务，且被诉侵权人在标准必要专利的实施许可协商中也没有明显过错的，如被诉侵权人及时向人民法院提交其所主张的许可费或提供不低于该金额的担保，对于专利权人请求停止标准实施行为的主张一般不予支持。该指南还规定了可认为专利权人故意违反公平、合理、无歧视的许可义务的具体情形。请参见本章第四节"FRAND 原则"。

二、标准必要专利的司法现状

标准必要专利问题首先出现在国外的司法实践中。近年来国外一些大型科技企业因标准必要专利引发的诉讼已成为新技术条件下的重大案件，各国法院也是在处理与标准必要专利相关的诉讼中结合具体个案，总结司法经验而逐渐形成一些应对标准必要专利问题的通行准则。

在中国，标准必要专利问题在诉讼中的出现同样早于法律法规对其作出反应和加以规定之日，并且近几年来法院对标准必要专利诉讼的受理量有增长之势，但迄今为止案件的绝对数量尚不多，生效判决则更少。

标准必要专利问题在药品专利侵权诉讼中出现较早。药品均有药品标准，而药品标准往往属于强制性标准，因此，为执行药品标准而未经许可实施了其中包含的必要专利，即构成标准必要专利侵权。在（2007）桂民三终字第46 号侵犯发明专利权纠纷上诉案中，二审法院广西壮族自治区高级人民法院认为：药品发明专利权人获得专利权后，并不当然能直接实施其专利，而是必须通过规定的程序将药品专利技术转化成国家药品标准后才取得合法生产权。专利权人将其专利技术转化为国家药品标准的过程中虽将其专利技术公开，但并不意味着该专利技术进入公有领域，也不能推定专利权人默许他人使用该专利技术，他人按照国家药品标准生产药品，属于实施专利技术的行为，仍应取得专利权人的许可，否则即构成侵权。该案中，人民法院判决被告停止侵权，即停止生产、销售被疑侵权药品。

随后在涉及推荐性行业标准的（2007）辽民四知终字第126号专利侵权纠纷案中，同样是在执行行业标准时未经许可实施了其中的标准必要专利，辽宁省高级人民法院就被告是否构成专利侵权向最高人民法院请示。2008年7月8日，最高人民法院复函称："鉴于目前我国标准制定机关尚未建立有关标准中专利信息的公开披露及使用制度的实际情况，专利权人参与了标准的制定或者经其同意，将专利纳入国家、行业或者地方标准的，视为专利权人许可他人在实施标准的同时实施该专利，他人的有关实施行为不属于专利法第十一条所规定的侵犯专利权的行为。专利权人可以要求实施人支付一定的使用费，但支付的数额应明显低于正常的许可使用费；专利权人承诺放弃专利使用费的，依其承诺处理。"[1] 因此，与上述药品专利侵权诉讼不同，辽宁省高级人民法院判定被告不构成专利侵权，但应向原告支付专利使用费。

最高人民法院的上述复函一度被人民法院在处理标准必要专利侵权诉讼时援引，但在（2012）民提字第125号侵害发明专利权纠纷案中，最高人民法院明确上述复函是对个案的答复，不应作为裁判案件的直接依据予以援引，并且进一步明确了标准必要专利的披露问题，确定了权利人对其标准必要专利进行披露的，侵权人实施了该标准必要专利，则权利人可以要求人民法院判令侵权人承担停止侵权的民事责任。

而在（2011）深中法知民初字第857号华为诉IDC滥用市场支配地位及标准必要专利使用费纠纷案中，深圳市中级人民法院适用并且解释了目前在国际上被视为标准必要专利许可费通行准则的"FRAND原则"（公平、合理、无歧视原则），并在二审中得到了广东省高级人民法院的认可，这是中国法院在标准必要专利案件中首次援引FRAND原则作为判决依据，也是首例因标准必要专利权人意图索取不合理使用费而作出的判决，该判决认定了专利权人构成滥用市场支配地位的垄断事实，在标准必要专利侵权案件中具有里程碑式的意义和重大影响，因此被称为"中国标准必要专利第一案"。

在（2018）苏01民初232、233、234号华为诉康文森确认不侵害专利权及标准必要专利使用费纠纷案中，南京市中级人民法院于2018年1月25日立案后，经审理于2019年9月16日判决了涉案标准必要专利在中国的许可条件。2018年4月20日，康文森公司向德国杜塞尔多夫法院提起诉讼，2020年8月27日，德国杜塞尔多夫法院作出判决，禁止华为技术公司及其德国关联公司在

[1] 参见：《最高人民法院关于朝阳兴诺公司按照建设部颁发的行业标准〈复合载体夯扩桩设计规程〉设计、施工而实施标准中专利的行为是否构成侵犯专利权问题的函》[（2008）民三他字第4号]。

德国销售、使用、进口或拥有相关移动终端产品。华为技术公司于2020年8月27日向最高人民法院申请行为保全，请求责令被申请人康文森公司在本三案终审判决作出之前不得申请执行德国杜塞尔多夫地区法院作出的停止侵权判决。最高人民法院经审理后判决康文森不得执行德国杜塞尔多夫地区法院的一审停止侵权判决。

在（2020）鄂01知民初169号小米诉IDC标准必要专利许可费率争议纠纷案中，武汉市中级人民法院经审理，作出了跨国禁诉令的裁定，禁止交互数字公司就本案涉及的3G、4G标准必要专利在其他国家或地区的法院提起任何形式的法律程序，并责令被申请人撤回或中止已经提起的此类程序。关于该案详细内容，将在本章第六节之四展开叙述。

在（2020）最高法知民辖终517号OPPO诉夏普标准必要专利许可纠纷管辖权异议案中，夏普提出管辖权异议，认为中国法院不具有专利全球许可费率的管辖权。最高人民法院经审理后裁定中国法院对标准必要专利全球许可费率具有管辖权。

上述司法案例实际上体现出了中国法院在应对标准必要专利诉讼时的观点变化，即从一开始仍适用停止侵权责任；到认可标准必要专利是经过专利权人的默示许可，被告实施标准必要专利的行为不构成专利侵权；再到明确标准必要专利诉讼本质上为许可关系，但不排除在特定条件下适用停止侵权责任。

华为诉IDC滥用市场支配地位及标准必要专利使用费纠纷案本就是许可费诉讼案，虽然没有涉及标准使用者是否构成专利侵权的问题，但法院实际上默认了该案中标准必要专利的许可关系。

该案之后，中国法院开始审理许可范围为中国区域的标准必要专利的许可费率纠纷案件。

在华为诉康文森标准必要专利使用费纠纷案中人民法院颁布了禁止执行他国侵权判决的禁执令之后，在多件涉及通信领域标准必要专利许可费率纠纷案件中，中国法院都颁布了跨国禁诉令。自OPPO诉夏普标准必要专利许可纠纷案起，中国法院开始受理请求确定标准必要专利全球许可条件的诉讼。

第三节　标准必要专利的披露义务

标准必要专利的披露是指标准化组织的成员或者参与标准制定的专利权人向标准化组织或标准制定者披露其所拥有和控制的标准必要专利的专利信息，

再由标准化组织或标准制定者向社会公众公布其制定的标准中所含有的标准必要专利。

标准必要专利的专利权人应当负有对其标准必要专利的披露义务，尽早披露其所拥有的标准必要专利。由于技术标准中呈现的是技术方案文本，并不包含相关权利信息，因此标准化组织或标准制定者通常不会知晓该技术标准中是否含有专利技术，只有技术方案的提案者自身（一般是专利权人）才会清楚。对标准必要专利设定披露义务既是对专利权人的限制，也是给专利权人提供一个选择的机会。

对专利权人的限制是为了预防出现“专利劫持”的现象。由于标准必要专利是实施该项技术标准必不可少的专利，专利权人可能利用其标准必要专利进行“专利劫持”。“专利劫持”是指在参加标准制定的过程中专利权人违反专利信息披露义务，故意不披露其拥有的标准必要专利或虚假承诺放弃行使其专利权，使得标准制定者及标准使用者相信该技术方案没有专利权或者专利权人不会行使其专利权，但在该专利被纳入标准并且被标准使用者实施后，专利权人却向标准使用者主张其专利权，索要不合理的高额专利许可费或拒绝许可等。

给专利权人提供选择的机会则主要针对的是专利技术在专利权人不知情的情况下被纳入标准的情况。如果相关专利技术在专利权人不知情的情况下被纳入标准，专利权人发现后向标准化组织或标准制定者披露标准中涉及的属于其专利内容的技术方案，这个时候专利权人享有选择是否将其专利技术纳入标准的权利。因为一旦将其专利技术纳入标准，成为标准必要专利，则专利权人对于该专利技术将不再享有自主许可的权利，而必须适用标准必要专利的特殊许可制度，如默示许可原则和 FRAND 原则等，如果专利权人不愿意接受标准必要专利的许可制度，则可以选择不将其专利技术纳入标准，此时标准化组织或标准制定者就需要另寻找合适的替代技术方案。

关于标准必要专利的披露，不同的标准有不同的披露规则，如国家标准、地方标准和行业标准的披露规则就不尽相同，各国的标准必要专利披露制度也不一样。本节只介绍中国国家标准的披露制度，其他标准可以参照使用，本节不再展开。

2013 年至 2014 年，国家标准化管理委员会先后颁布了《国家标准涉及专利的管理规定（暂行）》和《标准制定的特殊程序　第 1 部分：涉及专利的标准》（GB/T 20003. 1—2014）两份部门规范性文件，对国家标准中标准必要专利的披露制度加以规定。根据上述规定，标准必要专利的披露可以分解为披露人、披露范围、披露时间和不披露的后果四个部分。

一、披露人

标准必要专利的披露人绝大部分是专利权人，但不仅限于专利权人。依据《国家标准涉及专利的管理规定（暂行）》第五条❶、第六条❷以及《标准制定的特殊程序　第1部分：涉及专利的标准》第4.1.1节❸的规定，标准必要专利的披露人有两种情况：

（1）参与标准制修订的组织或个人。参与标准制修订的组织或个人应当尽早向相关全国专业标准化技术委员会或归口单位披露其自身或关联者拥有的标准必要专利，以及其知悉的他人拥有的标准必要专利，同时提供有关的专利信息及相应证明材料，并对所提供的证明材料的真实性负责。

参与的组织或个人包括项目提案方、工作组的所有成员、全国专业标准化技术委员会的委员、提供技术建议的单位或个人等。

（2）没有参与国家标准制修订的组织或个人。没有参与国家标准制修订的组织或个人同样可以在标准制修订过程中披露其拥有和知悉的标准必要专利，同时将有关的专利信息及相应证明材料提交给相关全国专业标准化技术委员会或者归口单位，并对所提供的证明材料的真实性负责。

二、披露范围

依据《国家标准涉及专利的管理规定（暂行）》第三条❹、第四条❺以及

❶《国家标准涉及专利的管理规定（暂行）》第五条规定："在国家标准制修订的任何阶段，参与标准制修订的组织或者个人应当尽早向相关全国专业标准化技术委员会或者归口单位披露其拥有和知悉的必要专利，同时提供有关专利信息及相应证明材料，并对所提供证明材料的真实性负责。参与标准制定的组织或者个人未按要求披露其拥有的专利，违反诚实信用原则的，应当承担相应的法律责任。"

❷《国家标准涉及专利的管理规定（暂行）》第六条规定："鼓励没有参与国家标准制修订的组织或者个人在标准制修订的任何阶段披露其拥有和知悉的必要专利，同时将有关专利信息及相应证明材料提交给相关全国专业标准化技术委员会或者归口单位，并对所提供证明材料的真实性负责。"

❸《标准制定的特殊程序　第1部分：涉及专利的标准》第4.1.1节规定："参与标准制修订的组织或个人应尽早向相关全国专业标准化技术委员会或归口单位披露自身及关联者拥有的必要专利，宜尽早披露其所知悉的他人（方）拥有的必要专利。参与的组织或个人包括项目提案方、工作组的所有成员、全国专业标准化技术委员会的委员、提供技术建议的单位或个人等。"

❹《国家标准涉及专利的管理规定（暂行）》第三条规定："本规定所称专利包括有效的专利和专利申请。"

❺《国家标准涉及专利的管理规定（暂行）》第四条规定："国家标准中涉及的专利应当是必要专利，即实施该项标准必不可少的专利。"

《标准制定的特殊程序　第1部分：涉及专利的标准》第3节❶的规定，对标准必要专利的披露是披露实施该项标准必不可少的专利，包含已授权的有效专利和专利申请，披露范围包括：

（1）专利号或专利申请号。

（2）专利名称。

（3）专利权人或专利申请人。

（4）必要权利要求。标准必要专利既是实施该项标准必不可少的专利，则该标准必要专利至少包含一项必要权利要求。必要权利要求是指实施该项标准时，该标准必要专利中不可避免会被侵犯的权利要求。

（5）涉及标准必要专利的标准条款（章、条编号）。

（6）是否同意作出实施许可声明。

同意作出实施许可声明，意味着专利权人或专利申请人同意许可任何组织或个人在实施该项标准时实施其专利，但可就许可的方式和费用等进行协商。

三、披露时间

依据《国家标准涉及专利的管理规定（暂行）》第五条的规定，标准必要专利的披露可以在国家标准制修订的任何阶段，但应尽早披露。

《标准制定的特殊程序　第1部分：涉及专利的标准》第5节对涉及专利的国家标准制修订的特殊程序作了详细的规定，分为预研阶段、立项阶段、起草阶段、征求意见阶段、审查阶段、批准阶段、出版阶段与复审阶段。在国家标准批准出版前的任一阶段，披露人均可以进行标准必要专利的披露。国家标准出版后，披露人仍可以对其中的标准必要专利或者专利信息变化进行披露，如果标准涉及的专利信息发生变化，全国专业标准化委员会或归口单位应及时对标准进行复审，对其中的标准必要专利的信息进行核实，并根据核实结果确定标准的复审结论。

四、不披露的后果

对于参与标准制定的组织或个人违反其披露义务，不披露实施该标准必需的标准必要专利的后果及责任，现行法律法规并未进行详细规定。《国家标准涉

❶ 《标准制定的特殊程序　第1部分：涉及专利的标准》第3.1节对必要权利要求规定：“实施标准时，某一专利中不可避免被侵犯的权利要求。”第3.2节对必要专利规定：“包含至少一项必要权利要求的专利。”

及专利的管理规定（暂行）》第五条也仅简单规定："参与标准制定的组织或者个人未按要求披露其拥有的专利，违反诚实信用原则的，应当承担相应的法律责任。"但并未就具体承担什么样的法律责任作出进一步的规定。

另外，根据国家市场监督管理总局《禁止滥用知识产权排除、限制竞争行为规定》第十九条规定，具有市场支配地位的经营者不得实施下列行为：

（1）在参与标准制定过程中，未按照标准制定组织规定及时充分披露其权利信息，或者明确放弃其权利，但是在标准涉及该专利后却向标准实施者主张该专利权；

（2）在其专利成为标准必要专利后，违反公平、合理、无歧视原则，以不公平的高价许可，没有正当理由拒绝许可、搭售商品或者附加其他不合理的交易条件、实行差别待遇等；

（3）在标准必要专利许可过程中，违反公平、合理、无歧视原则，未经善意谈判，请求法院或者其他相关部门作出禁止使用相关知识产权的判决、裁定或者决定等，迫使被许可方接受不公平的高价或者其他不合理的交易条件；

（4）市场监管总局认定的其他滥用市场支配地位的行为。

即经营者利用不披露其标准必要专利或进行虚假承诺，实施控制和垄断市场的行为，排除、限制竞争的，还将受到《反垄断法》的规制。

但总的来说，参与标准制定的专利权人不披露其标准必要专利的，并不会产生严重的法律后果，现行《专利法》中也没有关于专利权人不披露其标准必要专利所需承担何种法律责任的相关规定。此外，专利权人不披露其标准必要专利也不一定会受到《反垄断法》的制裁，只要专利权人并非利用不披露其标准必要专利或进行虚假承诺，排除、限制竞争的，《反垄断法》也不会予以干涉。

在（2019）最高法知民终382号侵害发明专利权纠纷案中，人民法院在判定被告是否构成侵权时认为，专利权人编制标准时未披露标准必要专利信息的，尚不足以构成标准必要专利默示许可的充分理由。在《专利解释（二）》中仅规定了"标准明示所涉必要专利的信息，被诉侵权人以实施该标准无须专利权人许可为由抗辩不侵犯该专利权的，人民法院一般不予支持"，但不能由此反推专利权人编制标准时未披露专利信息情形下，标准实施者未经许可实施专利不构成侵权。

第四节　FRAND原则

FRAND原则是目前国际上通行的标准必要专利的许可原则，即"公平、合理、无歧视”的专利许可原则。专利权人对其标准必要专利作出许可声明的时候，一般会伴随 FRAND 原则的承诺，即承诺其同意在公平、合理、无歧视的基础上，收费/免费许可任何组织或个人在执行标准时实施其专利。

但关于 FRAND 原则的具体含义，目前各标准化组织或各国法律均未对其作出具体的解释或规定。《专利解释（二）》第二十四条第二款规定：“推荐性国家、行业或者地方标准明示所涉必要专利的信息，专利权人、被诉侵权人协商该专利的实施许可条件时，专利权人故意违反其在标准制定中承诺的公平、合理、无歧视的许可义务，导致无法达成专利实施许可合同，且被诉侵权人在协商中无明显过错的，对于权利人请求停止标准实施行为的主张，人民法院一般不予支持。”在规定人民法院确定标准必要专利的许可条件时，也仅仅提及了应当根据公平、合理、无歧视的原则，综合考虑专利的创新程度及其在标准中的作用、标准所属的技术领域、标准的性质、标准实施的范围和相关的许可条件等因素，并未对 FRAND 原则作出进一步的规定。

2017 年 4 月，北京市高级人民法院发布《北京专利指南》，该规定内容虽然仍未直接对 FRAND 原则的具体含义进行明确解释，但其中第一百五十二条第二款的内容具体列举了以下“可以认定专利权人故意违反公平、合理、无歧视的许可义务”的情况：

（1）未以书面形式通知被诉侵权人侵犯专利权，且未列明侵犯专利权的范围和具体侵权方式；

（2）在被诉侵权人明确表达接受专利许可协商的意愿后，未按商业惯例和交易习惯以书面形式向被诉侵权人提供专利信息或提供具体许可条件的；

（3）未向被诉侵权人提出符合商业惯例和交易习惯的答复期限；

（4）在协商实施许可条件过程中，无合理理由而阻碍或中断许可协商；

（5）在协商实施许可过程中主张明显不合理的条件，导致无法达成专利实施许可合同；

（6）专利权人在许可协商中有其他明显过错行为的。

就学者的观点和标准必要专利的许可实践来看，对于 FRAND 原则通常有以下理解：

“无歧视”原则是观点最为统一的。通说认为“无歧视”原则要求标准必要专利权人对交易条件相当（如市场地位相似、专利实施情况相似等）的不同标准使用者应当提供相类似或同等的许可条件，而不能因为不同标准使用者所处的地域不同或竞争关系不同等而给予差别待遇，以保障标准使用者之间可以进行公平竞争，也保证潜在的竞争者能够以同等的许可条件进入市场。

"公平"原则尚存在争议。有的观点认为"公平"原则要求标准必要专利权人在许可中不得附加不合理的许可条件，如搭售，或强制标准使用者一并支付非标准必要专利的许可费等；有的观点则认为"公平"原则要求标准必要专利权人对于不同的交易条件下的标准实施者所给予的不同的许可条件，许可条件的差异应当与交易条件的差异相适应；也有的观点认为"公平"原则要求标准必要专利的许可费不得过高。

"合理"原则，即合理的标准必要专利许可费，既是FRAND原则中争议最大的，也是理论和实践中讨论的焦点。关于标准必要专利许可费的问题，将在第五节之二"（二）权利人的诉讼策略"中展开叙述。

总的来说，FRAND原则主要是为防止专利权人利用其标准必要专利的绝对垄断地位索取不合理的许可条件或许可费，平衡标准必要专利权人和标准使用者的利益，以促进标准必要专利许可有序进行的指导性原则。关于标准必要专利的许可还应当根据个案的具体情况加以分析。

第五节　标准必要专利的诉讼

标准必要专利的许可一般是通过专利权人与标准使用者就标准必要专利许可费或许可费率等许可条件进行协商或谈判，双方协商一致后，按照达成的许可协议履行标准必要专利授权许可的相关事宜。如果专利权人未经标准必要专利的许可谈判，直接起诉标准使用者未经许可实施其标准必要专利，构成专利侵权的，人民法院可能会裁定驳回起诉，或者立案后中止诉讼，由专利权人与标准使用者双方先进行标准必要专利的许可谈判。因此，只有在专利权人无法就标准必要专利的许可与标准使用者达成协议，而标准使用者在未支付许可费的情形下即实施了其标准必要专利的，专利权人才可以向人民法院起诉，寻求司法救济。

一、诉前准备

准备标准必要专利的侵权诉讼，除普通专利侵权诉讼所需准备的事项外，还有一些需特别注意的内容。

（一）判断是否构成标准必要专利

专利权人在确认其专利是标准必要专利后，才可以依照标准必要专利的特殊程序和规则主张权利。

如果专利权人已经对其标准必要专利进行过披露，则可以查看该标准下的标准必要专利清单，确认其专利是否在该清单所列的标准必要专利名单中。专利权人也可以将其专利权利要求的技术特征与标准中技术方案的技术特征进行比对，以确定其专利是否构成标准必要专利，以及确定其专利构成标准的具体权利内容。

标准必要专利的独立权利要求的内容一般都会记载于标准的文本之中，由于各种原因，标准必要专利的独立权利要求记载的内容有可能会与标准文本中对应的记载的内容不一致。这是因为，一方面，标准的制定过程是一个对标准拟采纳的技术方案进行反复讨论修改的过程，因此，在标准的制定过程中，标准拟采纳的技术方案的修改可能会导致最终形成在标准中的对应记载与专利权利要求的内容并不完全相同；另一方面，专利权人提交的专利技术方案被标准制定者采纳后，专利权利要求本身也可能发生变化，已授权专利可能会因为专利无效宣告请求等修改或缩小其保护范围，这也会导致标准与专利权利要求内容不同。因此，对比标准必要专利的独立权利要求和标准中对应记载的内容是否一致很有必要。

如果技术特征比对的结果显示专利权利要求（至少是一项独立权利要求）与标准的技术特征相同或等同，则该专利即构成标准必要专利；反之，则该专利就不构成标准必要专利。

专利权利要求与标准的技术特征比对方法类似于专利侵权诉讼中的侵权比对分析，即先对专利权利要求进行技术特征分解，然后将标准中相关的技术方案进行技术特征分解，再将分解后的专利权利要求的技术特征与标准中技术方案的技术特征对应进行比对，判断二者是否相同或等同。

关于专利权利要求与标准的技术特征比对，请参见第二章第四节“专利侵权分析”的相关内容。

（二）标准必要专利权的有效性判断

提起标准必要专利侵权诉讼之前有必要进行专利权有效性分析。标准必要专利权的有效性分析，即对该专利是否具备新颖性、创造性和实用性的判断分析。

标准必要专利权的有效性分析方法同普通专利的有效性分析，详细内容请参见第二章第三节“专利权有效性分析”的相关内容。

（三）标准必要专利的侵权判断

标准必要专利的侵权判断，即指分析标准使用者使用的被疑侵权技术方案是否落入其标准必要专利的保护范围。

判断标准必要专利侵权，可以按照通常的专利侵权技术特征比对方法，通过分解标准必要专利权利要求和被疑侵权技术方案的技术特征，将二者的技术特征相对应，逐一进行比对，以确定二者是否相同或等同。具体的侵权分析方法，请参见第二章第四节“专利侵权分析”的相关内容。

在实务中，还有一种较为简便的标准必要专利侵权的逻辑判断方法。通常专利侵权判断的分析对象为涉案专利与被疑侵权技术方案，但由于标准必要专利还涉及标准，因此标准必要专利的侵权分析必然会涉及被疑侵权技术方案、标准和标准必要专利。被疑侵权技术方案、标准和标准必要专利三者之间的逻辑关系为：如果被疑侵权技术方案符合标准，则其执行标准时必然需要使用标准必要专利，因此，符合标准的被疑侵权技术方案必然实施了标准必要专利。采用上述逻辑关系进行标准必要专利的侵权判断时，可以按下述步骤进行分析判断：

（1）判断被疑侵权技术方案是否符合标准。首先确认是否有初步证据证明被疑侵权技术方案符合标准的要求，例如，被疑侵权产品为手机产品，则产品说明书中通常会记载其符合通信领域的某一标准；如果未有初步证据证明被疑侵权技术方案符合标准的，则需要另外比对被疑侵权技术方案与标准的技术特征。

（2）如果被疑侵权技术方案明示了其符合标准专利的要求，判断标准与标准必要专利权利要求记载的技术特征是否对应一致。这一判断方法在本小节之一“诉前准备”中的“（一）判断是否构成标准必要专利”中已进行说明，请参考该相关说明。

（3）如果确定两者对应一致，则可以合理推定被疑侵权技术方案落入了标准必要专利的保护范围。

（2015）京知民初字第1194号侵害发明专利权纠纷案就是一个很好的案例说明。该案涉及标准必要专利侵权。

原告拥有的涉案专利为“一种无线局域网移动设备安全接入及数据保密通信的方法”，专利号为ZL02139508.X。原告认为被告生产销售的35款手机未经许可实施了其涉案专利权利要求1、2、5、6的技术方案，侵犯其专利权，遂向北京知识产权法院提起诉讼。

被控侵权手机涉及两个标准：一是GB/T 19001—2008/ISO9001：2008《质量管理体系要求》，是推荐性国家标准，其明确了产品的设计、开发以及交付或者实施之前的验证标准，根据该标准的规定，智能手机必须进行WAPI检测才能上市销售；二是国家标准GB 15629.11—2003/XG1—2006《信息技术　系统间远程通信和信息交换　局域网和城域网　特定要求　第 11 部分：无线局域网媒体访问控制和物理层规范第 1 号修改单》，尽管该标准被公告延期强制实施，但自 2009 年左右开始，智能手机只有通过 WAPI 检测才能获得工信部批准的电信设备型号和入网许可，因此该标准已经事实上被强制实施。涉案专利系国家标准 GB 15629. 11—2003/XG1—2006 的标准必要专利，原告认为被控侵权手机通过了 WAPI 测试，且被告实现 WAPI 功能的技术就是涉案标准必要专利。

由于该案被控侵权手机共有 35 款，如果按照通常的专利侵权技术特征比对方法，原告必须对该 35 款手机一一进行技术特征比对，用以证明被控侵权手机均落入其标准必要专利的保护范围，则工作量将十分庞大。

在该案中原告采取的举证策略分为三步。首先，原告从被控侵权的 35 款手机中任选 4 款手机送交国家无线电监测中心检测中心，检验该 4 款手机是否具备 WAPI 功能。检测报告确认该 4 款手机均进行过 WAPI 功能检测，且均具备 WAPI 功能。其次，原告向法院提供了该案涉及的两个标准，以及该 4 款被控侵权手机的检测报告，证明该 4 款被控侵权手机符合标准。最后，原告向法院提出调查收集证据申请，请求法院向被告调查收集或责令被告提交其在被控侵权手机的研发、生产制造、测试等过程中，为实现 WAPI 功能所使用的全部技术文档、测试报告、使用的设备和测试数据等证据。

北京知识产权法院认为原告提供的证据已经形成可以证明被控侵权手机符合标准的“初步证据”，能够合理推定被告侵犯了原告的标准必要专利，可以发生举证责任转移。

北京知识产权法院确认了原告提出的调查收集证据申请，依法责令被告提交相关证据，由被告证明其未执行相关标准，或者没有使用标准必要专利。如果被告无法证明其未执行相关标准或者拒不提供相关证据，则法院将会合理推定被告执行了相关标准。

被告向法院提交了研发阶段测试 WAPI 的数据集、产品型号与平台对应说明表、生产阶段的测试数据等六份证据，明确认可了在研发阶段曾对部分型号的被控侵权手机进行了 WAPI 功能测试，并表示调查收集证据申请要求提供的材料均已提交，再无其他证据可提供。

根据原告提供的证据和被告提供的上述材料，据此，北京知识产权法院采用了两个“合理推定”，认定被告使用了原告的标准必要专利。

首先，推定被告在被控侵权手机的设计研发、生产制造、出厂检测等过程中进行了 WAPI 功能测试。

北京知识产权法院认为，虽然 GB/T 19001—2008/ISO 9001：2008 为推荐

性国家标准，但被告如果主张其未执行该标准，应当根据法院的要求提交其内部使用的测试规范等质量管理规范性文件予以证明。被告系合法登记的中国企业，法院有理由认为其有明确、严格的质量管理要求，要么是其自己设计制定了企业内部的质量管理规范，要么遵循了 GB/T 19001—2008/ISO 9001：2008 标准。在法院要求被告提交其为实现 WAPI 功能所使用的测试规范，但被告拒不提交的情况下，法院根据被告自认在研发阶段对部分型号的被控侵权产品进行了 WAPI 功能测试的事实，还合理地推定了被告在涉案手机的生产制造、出厂检测等过程中遵循了 GB/T 19001—2008/ISO 9001：2008 标准，亦进行了 WAPI 功能测试。至于被告提出的其仅对部分型号进行了测试的主张，法院认为，一方面，被告并未提交其实际执行的测试规范，无法证明其确实按该规范的规定仅对部分型号的手机进行测试，鉴于未经 WAPI 功能测试的手机无法获得上市许可，而被控侵权手机都已上市销售的事实，故可合理推定其对全部型号的被控侵权手机均进行了 WAPI 功能测试；另一方面，由于所有型号的被控侵权手机都采用了 WAPI 技术，被告即使仅对部分型号手机进行了 WAPI 功能的测试，也不影响法官对被告已对所有型号的被控侵权手机进行了 WAPI 功能测试的定性，因为通过抽样测试部分型号产品的功能来确认采用同样技术的其他型号产品的功能，是一种常见的测试方法。

其次，推定被告测试 WAPI 功能时使用了涉案专利。

被告认可被控侵权的 35 款手机具有 WAPI 功能，并且承认原告送交检测的 4 款手机通过 WAPI 功能选项接入无线局域网的方法步骤与标准必要专利的技术方案相同。据此，北京知识产权法院认为，在被告未举证证明 L50t、XM50t、S55t、L39H 型号（送交检测的 4 款手机）之外的其余型号的被控侵权手机 WAPI 功能选项接入无线局域网的方法步骤有何其他特殊性的情形下，可以合理推定涉案被控侵权的 35 款手机 WAPI 功能选项接入无线局域网的方法步骤与涉案专利权利要求 1、2、5、6 的技术方案相同，即落入涉案专利权利要求 1、2、5、6 的保护范围。

在该案中，原告实际上就是按照被控侵权手机、标准和标准必要专利三者之间的逻辑关系举证证明被控侵权手机侵犯标准必要专利权的。原告在诉讼中提供的“初步证据”已经足以让法官合理推定被告对被控侵权手机遵循标准 GB/T 19001—2008/ISO9001：2008 进行了 WAPI 测试，并且被控侵权手机实现 WAPI 功能的技术符合标准 GB 15629. 11—2003/XG1—2006；加之原被告双方均确认原告的涉案专利为标准 GB 15629. 11—2003/XG1—2006 的标准必要专利，因此法官在此基础上必然会推定被控侵权手机落入标准必要专利的保护范围。

尽管涉案判决依据的是逻辑推定的结论，但由于被告无法证明和辩解其未实施标准或者被控侵权手机的技术特征没有覆盖标准必要专利权利要求的所有技术特征，最终判决推定被告侵权成立。

（四）证据准备

专利权人认为标准使用者未经许可实施了其标准必要专利，构成专利侵权而提起标准必要专利诉讼的，无论其主张禁令还是专利实施许可费，均应当提供证据。

标准必要专利诉讼的证据准备同普通专利侵权诉讼的证据准备，请参见第一章第一节“证据的准备”的相关内容。除此之外，标准必要专利诉讼将根据不同案情需要可增加如下证据：

（1）所涉标准的相关标准文本。

（2）专利权人的标准必要专利信息披露文件以及标准中披露的标准必要专利清单等，证明专利权人已经履行了对标准必要专利的披露义务。如果专利权人未履行标准必要专利的披露义务，则可能难以在今后的诉讼中主张对标准必要专利的禁令救济，而只能主张专利实施许可费。

（3）标准必要专利许可谈判记录，证明专利权人已经按照 FRAND 原则与标准使用者就标准必要专利的许可进行过协商或谈判，但由于标准使用者的过错导致谈判破裂，或者证明专利权人已经进行过标准必要专利许可谈判的合理努力，但标准使用者拒绝谈判。

（4）证明被疑侵权技术方案符合标准的相关证据。

（5）专利权人与其他标准使用者签订的标准必要专利许可协议等，用于支持专利权人对标准必要专利许可费的诉讼主张。

二、权利人的诉讼策略

在标准必要专利诉讼中，对于标准使用者未经许可实施标准必要专利的行为，专利权人可以请求人民法院颁发禁令，责令其停止实施专利侵权行为；或者要求标准使用者支付许可费。因此，标准必要专利诉讼的诉讼策略应当围绕禁令或许可费进行，但无论采取什么样的诉讼策略，收取标准必要专利的许可费才是专利权人提起标准必要专利侵权诉讼的最终目的，诉讼策略的制定也应当服务于这一目的。

（一）禁　令

标准必要专利的实施禁令，通常是指专利权人向人民法院起诉请求责令未支付专利许可费的标准使用者停止实施其标准必要专利。

对于标准必要专利的实施，根据标准必要专利权人的披露义务、标准必要专利的默示许可制度以及FRAND原则，专利权人与标准使用者之间实质上是许可或者默示许可关系。因此，标准必要专利侵权的案件虽然不排除禁令的适用，但针对专利权人未经许可协商或者谈判就贸然提起标准必要专利侵权诉讼的情况，人民法院基本上不会对标准必要专利的实施颁发禁令。

《专利解释（二）》第二十四条第二款规定："推荐性国家、行业或者地方标准明示所涉必要专利的信息，专利权人、被诉侵权人协商该专利的实施许可条件时，专利权人故意违反其在标准制定中承诺的公平、合理、无歧视的许可义务，导致无法达成专利实施许可合同，且被诉侵权人在协商中无明显过错的，对于权利人请求停止标准实施行为的主张，人民法院一般不予支持。"禁令的作用是禁止标准使用者实施标准必要专利，从上述条款可以看出，禁令一般是在标准使用者存在明显过错的情形下适用的。具体来说，在下列三种情形下，专利权人可以主张对标准必要专利的禁令救济。

1. 拒绝谈判

专利权人已对其标准必要专利进行披露，并且以作出许可声明等形式主动与标准使用者进行标准必要专利的许可谈判，标准使用者在明知该标准中包含标准必要专利的情况下，拒绝与专利权人进行标准必要专利的许可谈判，未经专利权人的许可而直接实施了该标准必要专利。

2. 许可费明显偏低

许可费明显偏低，主要是指标准使用者不正当地利用FRAND原则进行的"反向专利劫持"，即标准使用者以专利权人违反FRAND许可义务为借口，故意压低标准必要专利的许可费或许可费率，使专利权人难以获得与其标准必要专利市场价值相匹配的许可费用。

3. 故意设置障碍或拖延时间

标准使用者在标准必要专利的许可谈判中，故意设置谈判障碍，拖延时间，设置明显不合理的许可条件等，导致许可谈判迟迟无法达成协议，甚至谈判破裂。

专利权人提出禁令申请需要证明标准使用者存在明显过错，人民法院进行审理后判断案件是否符合禁令的条件，如果满足相应条件，人民法院可以对标准使用者发出禁令。

但专利权人提起标准必要专利诉讼的最终目的是标准必要专利的许可费，禁令救济对于专利权人来说本质上也是一种促使标准使用者回到标准必要专利的许可谈判中来的手段。因此，专利权人在标准必要专利诉讼中可以首先提出禁令申请，对标准使用者产生一定的威慑作用，促使在之后的诉讼过程中通过调解、和解等方式达成标准必要专利的许可使用合同。

（二）许可费

关于标准必要专利的实施许可，谈判和诉讼都是达成实施许可协议的一种途径，诉讼只是在专利权人和标准使用者无法自行达成许可协议时，借助人民法院的力量促使达成许可协议的手段。因此，标准必要专利诉讼本质上还是许可费的诉讼，专利权人直接提出要求标准使用者支付合理的标准必要专利许可费的诉讼请求更为符合其诉讼的本意。

许可费或许可费率的确定是 FRAND 原则的核心，其不仅是专利权人所诉求的重点，同时也涉及标准使用者的切身利益。因此，专利权人可以在标准必要专利诉讼中提出许可费主张，人民法院应在兼顾专利权人和标准使用者的利益的基础上确定合理的许可费标准。

总的来说，标准必要专利的许可费或许可费率在保障专利权人能够从其技术创新以及对专利的贡献中获得足够的回报的基础上，还要考虑整个相关产业的利益：一方面，要避免专利权人利用其由标准必要专利的唯一性带来的绝对垄断地位索取高额的许可费或附加不合理的条件，阻碍标准使用者实施其专利，从而限制整个相关产业的发展；另一方面，也要保证专利权人提供给不同标准使用者的许可条件和计算许可费的方法基本保持一致，保证标准使用者之间可以进行公平竞争，也保证潜在竞争者能够以同等合理的条件进入市场。

依照《专利解释（二）》第二十四条的规定，标准必要专利的许可费或许可费率的确定，应当综合考虑专利的创新程度及其在标准中的作用、标准所属的技术领域、标准的性质、标准实施的范围和相关的许可条件等因素。在华为诉 IDC 滥用市场支配地位及标准必要专利使用费案中，深圳市中级人民法院首次在诉讼案件中适用并解释了 FRAND 原则。法院认为，在确定合理的专利许可使用费时，至少应考量以下四个因素。

（1）许可使用费数额的高低应当考虑实施该专利或类似专利所获利润，以及该利润在被许可人相关产品销售利润或销售收入中所占比例。技术、资本、被许可人的经营劳动等因素共同创造了一项产品的最后利润，专利许可使用费只能是产品利润中的一部分而不应是全部，且单一专利权人并未提供产品全部技术，故该专利权人仅有权收取与其专利比例相对应的利润部分。

（2）专利权人所作出的贡献是其创新的技术，专利权人仅能够就其专利权而不能因标准而获得额外利益。由于专利被纳入标准而带来的绝对垄断地位和大量的专利许可，专利权人将获得超越其专利权本身的利益，但专利权人所获得的专利许可使用费应当是由其技术创新所带来的收益，对于这部分超越专利权本身的额外利益，不应该由专利权人所独占。

（3）许可使用费的数额高低应当考虑专利权人在技术标准中有效专利的多少，要求标准实施者就非标准必要专利支付许可使用费是不合理的。

（4）专利许可使用费不应超过产品利润一定比例范围，应考虑专利许可使用费在专利权人之间的合理分配。由于专利许可使用费只构成了产品利润的其中一部分，因此专利许可使用费不应超过其在产品利润中所占的一定比例范围。

在（2018）苏01民初232、233、234号华为公司诉康文森公司确认不侵害专利权及标准必要专利使用费案中，法院首次适用自上而下法计算许可费基准费率，用中国累积费率除以各自标准项下的中国标准必要专利总族数，得出各标准项下单模移动终端产品中国单族标准必要专利的基准费率。

该案中，涉案专利系被告康文森公司持有的包括15件专利的专利包，该些专利均系被告康文森公司从诺基亚公司处受让取得，故康文森公司主张直接参照适用诺基亚的平均标准必要率，采用相似许可比较法来计算标准必要专利的许可费率，比如对于无线通信终端产品其主张的许可费率应当是：2G手机为0.032%、3G多模手机为0.181%、4G多模手机是0.13%。

对此，法院认为，“本案并不具备适用可比协议法条件。被告证据中所涉专利包质量不具有可比性……由于被告康文森公司在本案中提出的包括15件专利的专利包，8件已被宣布全部无效，剩余的7件也只有1件是标准必要专利。由此可以看出，将诺基亚的平均标准必要率，直接适用到康文森的专利包上，是缺乏基础和条件的”。在此情况下，法院开创性地采纳了原告提出的适用自上而下法计算许可费率的主张，确定本案中标准必要专利的中国费率的计算公式为：单族专利的中国费率=标准在中国的行业累积费率×单族专利的贡献占比，并以此计算确认本案中的许可费率为：单模2G或3G移动终端产品为0、单模4G移动终端产品为0.00225%、多模2G/3G/4G移动终端产品为0.0018%，并且原告仅需就涉案15件专利中的一件标准必要专利的4G移动终端产品向被告康文森公司按上述许可费率支付许可费。

该案是国内首例判决确定我国企业使用外国标准必要专利使用费率的案件。尤其是该案在中国首次使用自上而下法对标准必要专利使用费率进行了确定，为今后类案处理许可费计算问题提供了十分有益的实践探索。

第六节　标准使用者的应对策略

在标准必要专利的问题上，标准使用者与专利权人的利益是相对的。专利权人希望将其专利纳入标准，通过标准必要专利来获得最大化的市场利益；但标准使用者却希望在执行标准时可以不支付许可费或者少缴许可费来降低生产成本和获得更多的利润。在司法实践中，标准使用者可以提出一系列抗辩事由甚至主动发起司法程序用来应对专利权人行使其拥有的标准必要专利权，以下讨论了不同情形下标准使用者可能采取的应对策略以及抗辩理由。

一、主张不支付许可费

无论是在标准必要专利的许可谈判或标准必要专利诉讼中，鉴于支付许可费的前提是被疑侵权技术方案落入了标准必要专利权的保护范围并且该专利权是有效的，所以标准使用者如果想达到不支付许可费的目的，就必须从否定上述前提的角度提出抗辩，具体包括以下两个方面。

（一）主张涉案专利为非标准必要专利，被疑侵权技术方案未落入涉案专利权的保护范围

所谓标准必要专利，严格来说其权利要求（至少是独立权利要求）的技术特征应全部覆盖标准的技术方案。也就是说，如果标准的技术方案缺少专利中的一项技术特征或者有一项技术特征与专利不相同也不等同，则该专利就应划归为非标准必要专利。

在司法实践中，证明拟主张权利的专利是标准必要专利的举证责任一般由专利权人承担。但是，标准的使用者为了在谈判或诉讼中掌握主动，可将涉案专利权利要求的内容与标准的文本中记载的对应内容进行比对，如二者不同，则能用于说明涉案专利为非标准必要专利，并进而证明执行标准中的技术方案并不导致落入涉案专利权的保护范围，据此作为不需支付许可费的抗辩理由。

（二）主张标准必要专利无效

如果标准必要专利本身是无效的专利，即便其所涉的技术方案被标准所采纳，专利权人也无权基于该无效专利向标准使用者收取许可使用费。因此，作为一项常用的抗辩手段，标准使用者可对标准必要专利提出无效宣告请求，其程序与普通的专利无效宣告程序相同，请参见本书第十章“专利无效宣告请求

和审理”的相关内容。

二、主张不应颁发禁令

在解读FRAND原则时，较大的争议是标准必要专利权人是否有权向标准使用者主张禁令救济；如果可以的话，主张禁令救济的前提条件又是什么。该争议使得标准使用者可以从专利权人违反FRAND原则的角度出发，抗辩其与专利权人之间的权利纠纷应排除适用禁令救济。

也就是说，在判定是否适用禁令时，需要确认专利权人是否故意违反公平、合理、无歧视的许可义务。

通常情况下，被诉侵权人可以以专利权人存在2017年发布的《北京专利指南》第一百五十二条规定的六种情形或其中之一进行抗辩，请求人民法院依照《专利解释（二）》第二十四条第二款的规定排除禁令救济。

三、主张权利人索取高额许可费，不符合FRAND原则

区别于普通的专利许可中当事人可以依据意思自治原则自行约定许可内容，标准必要专利的特殊属性使得标准使用者在议价能力上处于弱势地位，此时若专利权人提出不合理的许可条件，索取违反FRAND原则的高额许可费，则会对标准使用者的利益产生损害。

如果专利权人违反FRAND原则，向标准使用者提出明显过高的或者歧视性的许可费或许可费率，从而导致双方无法达成许可协议时，标准使用者可主动寻求司法干预，即请求法院根据FRAND原则来确定许可费或许可费率。

如果专利权人已对标准使用者提起标准必要专利诉讼，要求标准使用者支付许可费的，标准使用者可以提供专利权人许可其他标准使用者的许可费协议、许可费的行业标准等，主张降低标准必要专利的许可费。

关于标准必要专利的许可费是否符合FRAND原则，参见本章第五节之二中“（二）许可费”相关内容。

四、申请禁诉令

在标准必要专利诉讼中，涉及专利全球许可费率的判决经常具有国际影响力。各国法院适用的法律和裁判标准不尽相同，专利许可谈判失败后，当事人会竞相选择对自己有利的法院提起诉讼。为了避免对方在外国法院提起重复诉讼，部分当事人会要求本国法院颁发禁诉令。

禁诉令已成为国际诉讼管辖权之争的重要工具。英美法系国家对禁诉令采取宽松模式，美国、英国、澳大利亚、新加坡等英美法系国家，经常在涉外平行诉讼中签发禁诉令。而中国对于禁诉令的颁发较为谨慎。

在（2020）鄂01知民初169号小米诉IDC标准必要专利许可费率争议纠纷案中，原告小米公司向法院提出禁诉令保全申请，提请禁止被告IDC在本案审理期间就本案涉及的3G、4G标准必要专利在其他国家或地区的法院提起任何形式的法律程序，并责令被告撤回或中止已经提起的此类程序。

武汉市中级人民法院认为，案件受理后，被告并不是配合法院诉讼，而是在印度地方法院紧急启动临时禁令和永久禁令程序，有可能导致与本案裁决相冲突的裁决被作出，涉嫌滥用标准必要专利许可谈判中的权利救济程序；原告提请本院对被告发布禁诉令的目的在于排除被告滥用禁令救济程序妨碍法院对本案的审理和保障法院对双方之间全球费率争议生效裁决的执行；法院发布禁诉令，除给被告在许可谈判破裂后进行权利救济造成迟延外，并不会对被告持有的标准必要专利本身造成任何实质性损害，且不会影响和损害社会公共利益。故法院经权衡，对原告针对被告提出的禁诉令的申请予以准许。

综上，法院在判决给出禁诉令时，通常会考虑如下因素：

（1）本案首先由武汉市中级人民法院受理，被告随后在其他国家紧急启动程序，试图排除武汉市中级人民法院的管辖；

（2）被告在其他国家提起的程序，极大损害了原告的利益且难以弥补；

（3）颁布禁诉令，不会对专利本身造成实质性损害，不会对被告造成难以修复的损害；

（4）颁布该禁诉令，不会影响和损害社会公共利益。

第九章　专利行政保护和行政诉讼

英国、美国、德国和日本等专利制度比较发达的国家，有关专利权的行政救济主要体现在专利授权方面，对于侵犯专利权的行为通常实行的是司法救济，而无行政救济的制度设计。中国《专利法》第六十五条规定了侵犯专利权的行政救济制度，知识产权局可以作出责令侵权人停止侵权行为的处理决定，可以就侵犯专利权的赔偿数额进行调解，调解不成当事人可以向法院起诉。本章下述的“调处”是指专利侵权纠纷的调解和处理。

专利侵权纠纷行政调处作为中国专利行政保护制度的一个特色，自《专利法》实施近 40 年来对专利权的保护发挥了重要作用。《专利法》1985 年实施以来，经过 1992 年、2000 年、2008 年和 2020 年四次修改，不断地完善和加强了专利权的行政救济制度。

本章涉及知识产权局进行行政调查、处理和调解的程序，以及当事人对其作出的专利侵权纠纷处理决定不服提起专利侵权行政诉讼的程序等内容。

第一节　专利侵权行政调处

专利侵权行政调处是指知识产权局依据专利权人或者利害关系人的请求，依职权对被请求人作出停止侵害相关专利权或者认定其行为不构成专利侵权的行政处理决定，或者在双方当事人的同意下进行调解。

中国对商标专用权和著作权也采取行政保护，市场监督管理局和版权局，不仅可以依职权就权利人或者利害关系人的请求作出停止侵权的处理决定，还可以依职权主动处罚侵权行为。然而与商标专用权和著作权的行政保护不同，知识产权局在进行专利侵权行政调处时，只能根据专利权人或者利害关系人的请求依职权进行处理，不能主动进行查处。

一、适用法律

《专利法》第六十五条规定了知识产权局处理专利侵权纠纷的权力，以及当事人对知识产权局处理该专利侵权纠纷所作出的专利侵权纠纷处理决定不服的，可以在规定期限内依照《行政诉讼法》向人民法院提起撤销该处理决定的行政诉讼。

《专利法》第七十条❶、《专利法实施细则》第九十五条❷、第九十六条❸、第九十七条❹以及第一百零二条❺对知识产权局的处理范围、程序和管辖作了进一步规定。

根据《专利法》和《专利法实施细则》制定的《专利行政执法办法》是国家知识产权局制定的部门规章，新修改的《专利行政执法办法》从2015年7月1日起施行。这部规章是知识产权局进行行政执法的重要依据。

国家知识产权局先后颁布实施的《专利行政执法操作指南（试行）》《专利侵权纠纷行政裁决办案指南》和《重大专利侵权纠纷行政裁决办法》也是知识产权局进行行政执法的依据。三份规范性文件分别就专利行政执法的程序、行

---

❶ 《专利法》第七十条规定："国务院专利行政部门可以应专利权人或者利害关系人的请求处理在全国有重大影响的专利侵权纠纷。地方人民政府管理专利工作的部门应专利权人或者利害关系人请求处理专利侵权纠纷，对在本行政区域内侵犯其同一专利权的案件可以合并处理；对跨区域侵犯其同一专利权的案件可以请求上级地方人民政府管理专利工作的部门处理。"

❷ 《专利法实施细则》第九十五条规定："省、自治区、直辖市人民政府管理专利工作的部门以及专利管理工作量大又有实际处理能力的地级市、自治州、盟、地区和直辖市的区人民政府管理专利工作的部门，可以处理和调解专利纠纷。"

❸ 《专利法实施细则》第九十六条规定："有下列情形之一的，属于专利法第七十条所称的在全国有重大影响的专利侵权纠纷：（一）涉及重大公共利益的；（二）对行业发展有重大影响的；（三）跨省、自治区、直辖市区域的重大案件；（四）国务院专利行政部门认为可能有重大影响的其他情形。专利权人或者利害关系人请求国务院专利行政部门处理专利侵权纠纷，相关案件不属于在全国有重大影响的专利侵权纠纷的，国务院专利行政部门可以指定有管辖权的地方人民政府管理专利工作的部门处理。"

❹ 《专利法实施细则》第九十七条规定："当事人请求处理专利侵权纠纷或者调解专利纠纷的，由被请求人所在地或者侵权行为地的管理专利工作的部门管辖。两个以上管理专利工作的部门都有管辖权的专利纠纷，当事人可以向其中一个管理专利工作的部门提出请求；当事人向两个以上有管辖权的管理专利工作的部门提出请求的，由最先受理的管理专利工作的部门管辖。管理专利工作的部门对管辖权发生争议的，由其共同的上级人民政府管理专利工作的部门指定管辖；无共同上级人民政府管理专利工作的部门的，由国务院专利行政部门指定管辖。"

❺ 《专利法实施细则》第一百零二条规定："除专利法第六十五条规定的外，管理专利工作的部门应当事人请求，可以对下列专利纠纷进行调解：（一）专利申请权和专利权归属纠纷；（二）发明人、设计人资格纠纷；（三）职务发明创造的发明人、设计人的奖励和报酬纠纷；（四）在发明专利申请公布后专利权授予前使用发明而未支付适当费用的纠纷；（五）其他专利纠纷。对于前款第（四）项所列的纠纷，当事人请求管理专利工作的部门调解的，应当在专利权被授予之后提出。"

政裁决过程中的证据认定及侵权判定、国家知识产权局管辖案件的要求等方面做出了具体的规定。

知识产权局所作的专利侵权纠纷处理决定属于政府职能机关的行政行为，当事人不服该处理决定的可以提起请求撤销该处理决定的行政诉讼。行政诉讼适用《行政诉讼法》。《行政诉讼法》第一百零一条规定："人民法院审理行政案件，关于期间、送达、财产保全、开庭审理、调解、中止诉讼、终结诉讼、简易程序、执行等，以及人民检察院对行政案件受理、审理、裁判、执行的监督，本法没有规定的，适用《中华人民共和国民事诉讼法》的相关规定。"

因此，民事诉讼中的期间、送达等程序、当事人以及庭审程序的规定亦适用于地方知识产权局的专利侵权行政调处。

二、专利侵权行政调处主体

《专利法》中规定的管理专利工作的部门是指有权处理专利侵权行为的行政机关，其包括作为国务院直属机构的国家知识产权局，及隶属于地方政府的管理专利工作的部门，其基本都称为知识产权局，例如，上海市知识产权局、北京市知识产权局等。为便于称呼，本书中除引用的法条外，凡涉及管理专利工作的部门的，除国家知识产权局外都称为地方知识产权局。

《专利法》第三条规定了国家知识产权局和省、自治区、直辖市人民政府的地方知识产权局的主要职责：国家知识产权局管理全国的专利工作，统一受理和审查专利申请，依法授予专利权；省、自治区、直辖市人民政府的地方知识产权局负责本行政区域内的专利管理工作。《专利法实施细则》第九十五条规定了专利管理工作量大又有实际处理能力的地级市、自治州、盟、地区和直辖市的区人民政府管理专利工作的部门，可以处理和调解本行政区域内的专利纠纷。

《专利法》第七十条第一款规定"国务院专利行政部门可以应专利权人或者利害关系人的请求处理在全国有重大影响的专利侵权纠纷"；第二款规定"地方人民政府管理专利工作的部门应专利权人或者利害关系人请求处理专利侵权纠纷，对在本行政区域内侵犯其同一专利权的案件可以合并处理；对跨区域侵犯其同一专利权的案件可以请求上级地方人民政府管理专利工作的部门处理"。

国家知识产权局，以及隶属于省、自治区、直辖市人民政府的地方知识产权局和隶属于专利管理工作量大又有实际处理能力的地级市、自治州、盟、地区和直辖市的区人民政府的地方知识产权局是专利侵权行政调处的主体。

地方知识产权局分级设置，有隶属于省、自治区和直辖市人民政府的知识产权局，例如江苏省知识产权局和上海市知识产权局等，也有隶属于设区的市级人民政府的知识产权局，例如江苏省南京市知识产权局等，以及隶属于县区级人民政府的知识产权局，例如上海市浦东新区知识产权局等。

国家知识产权局和隶属于地方政府的地方知识产权局没有隶属关系；地方知识产权局间也没有隶属关系，例如，上海市知识产权局隶属于上海市人民政府，而上海市浦东新区知识产权局隶属于上海市浦东新区人民政府。但是国家知识产权局对地方知识产权局可进行业务指导，上一级政府的地方知识产权局对下一级政府的地方知识产权局也可进行业务指导。

三、国家知识产权局的管辖

自 2021 年 6 月 1 日起，国家知识产权局正式受理重大专利侵权纠纷行政裁决案件，受理工作按照《重大专利侵权纠纷行政裁决办法》有关规定执行。

《专利法实施细则》第九十六条规定了属于重大专利侵权纠纷的情形：（1）涉及重大公共利益的；（2）对行业发展有重大影响的；（3）跨省、自治区、直辖市区域的重大案件；（4）国务院专利行政部门认为可能有重大影响的其他情形。

当事人请求对重大专利侵权纠纷进行行政裁决的，应当依据《专利行政执法办法》的有关规定提交请求书及有关证据材料，同时还应当提交被请求人所在地或者侵权行为地省、自治区、直辖市管理专利工作的部门出具的符合《重大专利侵权纠纷行政裁决办法》第三条所述情形的证明材料。

省、自治区、直辖市管理专利工作的部门对于辖区内专利侵权纠纷处理请求，认为案情属于重大专利侵权纠纷的，可以报请国家知识产权局进行行政裁决。

四、地方知识产权局的职能

地方知识产权局除专利执法职能外，还负有地方政府授予的地方专利管理职能。

专利执法职能包括：

（1）调处专利侵权的纠纷。

（2）调处发明专利申请公布后、授予专利权之前使用其发明的合理使用费的纠纷。

（3）调处专利申请权或者专利权的权利归属纠纷。

（4）调处专利实施许可合同的纠纷。

（5）调处转让专利申请权或者专利权的纠纷。

（6）调处其他依法应当由专利管理机关调处的争议或者纠纷。

专利管理职能包括：

（1）宣传《专利法》，普及专利知识，组织培训专利工作人员。

（2）起草、制定本地区、本部门专利管理工作的法规、规定和办法。

（3）协调本地区、本部门的专利工作，并进行业务指导。

（4）管理本地区、本部门技术进出口中有关专利的工作。

（5）领导本地区、本部门的专利服务机构。

（6）组织、制定本地区、本部门专利工作的发展规划。

（7）逐步建立和完善本地区、本部门的专利工作体系。

（8）协调有关部门监督和检查本地区、本部门贯彻执行《专利法》及其实施细则的情况。

本章主要说明作为专利管理部门的地方知识产权局调处专利侵权纠纷的执法职能，其他职能不作展开。

五、地方知识产权局的管辖

地方知识产权局在受理专利侵权行政调处请求时，与人民法院受理专利侵权诉讼案件一样，都会涉及管辖权的规定。

（一）级别管辖

法律法规没有规定地方知识产权局进行专利侵权行政调处的级别管辖。

地方知识产权局是地方人民政府的下属机关。上级人民政府和下级地方人民政府间有隶属关系，但各隶属于上下级的地方人民政府的知识产权局之间没有直接的隶属关系，也没有调处案件的上下审级关系。隶属于上下级地方人民政府的知识产权局之间是一种指导与监督关系，即上级地方人民政府的知识产权局对下级地方人民政府的知识产权局有行业或业务上的指导权和监督权，但不能对下级地方人民政府的知识产权局直接下行政命令和进行指挥。下一级人民政府的知识产权局作出专利侵权纠纷处理决定后，当事人不服该处理决定的，只能提起撤销该处理决定的行政诉讼，上一级人民政府的知识产权局不具有行政复议权。

最高人民法院指定的具有专利侵权纠纷诉讼管辖权的中级人民法院住所地对应的省、市级人民政府都设有地方知识产权局。省级人民政府的知识产权局对发生在全省范围内的专利侵权纠纷案件都有管辖权，省政府所在城市的市级政府的知识产权局管辖该城市范围内发生的专利侵权纠纷案件。二者都有对其辖区内的专利侵权纠纷进行行政调处的管辖权，由于二者的辖区有重叠，在重叠辖区内的专利侵权行政调处案件，省级人民政府的地方知识产权局和下一级人民政府的地方知识产权局的管辖权划分一般由省级地方政府自己确定，没有全国统一的规定。

例如，被请求人的住所地或者侵权行为发生在江苏省南京市内，江苏省知识产权局和江苏省南京市知识产权局都有管辖权，作为上级政府机关的江苏省知识产权局规定了管辖的分工，江苏省辖区内有重大影响的案件由省知识产权局管辖，南京市知识产权局管辖一般的专利侵权行政调处案件。

（二）地域管辖

同级地方知识产权局受理专利侵权行政调处案件的管辖，有点类似人民法院受理专利侵权诉讼案件的地域管辖。

《专利法实施细则》第九十七条规定：“当事人请求处理专利侵权纠纷或者调解专利纠纷的，由被请求人所在地或者侵权行为地的管理专利工作的部门管辖。两个以上管理专利工作的部门都有管辖权的专利纠纷，当事人可以向其中一个管理专利工作的部门提出请求；当事人向两个以上有管辖权的管理专利工作的部门提出请求的，由最先受理的管理专利工作的部门管辖。管理专利工作的部门对管辖权发生争议的，由其共同的上级人民政府管理专利工作的部门指定管辖；无共同上级人民政府管理专利工作的部门的，由国务院专利行政部门指定管辖。”

《专利行政执法办法》第五条第二款规定：“对于行为发生地涉及两个以上省、自治区、直辖市的重大案件，有关省、自治区、直辖市管理专利工作的部门可以报请国家知识产权局协调处理或者查处。”

显然，地方知识产权局对位于自己辖区内的被请求人的专利侵权行为具有管辖权，对同一专利权实施共同侵权行为的共同被请求人如果都在自己的辖区内，也具有管辖权。

根据上述规定，对同一专利权在多个辖区实施了侵权行为的单一侵权主体，或者对同一专利权实施了共同侵权行为的住所地位于两个或两个以上不同辖区的共同被请求人，专利权人或者利害关系人可以按《专利法实施细则》第九十七条的规定向有管辖权的任一地方知识产权局提出专利侵权行政调处请求。然而在实务中，对于专利权人或者利害关系人向有管辖权的地方知识产权局提出的专利侵权行政调处请求，当被请求人的住所地不在该地方知识产权局辖区内时，该地方知识产权局一般不愿受理针对该被请求人提出专利侵权行政调处请求。

地方政府在自己的行政辖区内行使行政管理权，其行政权力通常不涉及在其辖区外的当事人。《专利法》第三条第二款规定："省、自治区、直辖市人民政府管理专利工作的部门负责本行政区域内的专利管理工作。"地方知识产权局是地方人民政府所属的行政机关，对专利侵权行政调处案件实行地域管辖，其职权范围也只限于其管辖的行政区域范围，侵权行为发生在本辖区但被请求人住所地不在本辖区的，实际上地方知识产权局很难直接对其行使行政权力。例如，被控侵权产品销售者在本辖区，而制造者不在本辖区内时，本辖区知识产权局一般仅处理针对销售者的投诉；如果请求人一并投诉了制造者，本辖区知识产权局一般会将针对制造行为的投诉移送至制造者所在地知识产权局，或者告知请求人同时向制造者所在地知识产权局投诉。

到非自己的辖区进行调查取证，对不在本辖区内的被请求人送达非邮寄的或公告送达的其他文书等，这些跨辖区的行政行为都要通过其他辖区的行政机关的配合协助。由于目前法律法规中对这方面的行政协助尚没有明确和可供操作的规定，要求非自己辖区的行政机关协助配合缺乏操作性，这些不便是地方知识产权局不愿接受针对非本辖区内的被申请人的专利侵权行政调处请求的原因。

另外，专利侵权纠纷处理决定书认定被请求人侵犯专利，责令其停止侵权，而被请求人不履行该处理决定规定的停止侵权的义务时，由于被请求人不在本辖区内，必须向被请求人所在地的有管辖权的人民法院提出强制执行申请，而不是向本辖区内有管辖权的中级人民法院申请。申请强制执行不在本辖区内的不便以及申请强制执行的成本高，也是地方知识产权局不愿接受针对非自己辖区的被请求人的专利侵权行政调处请求的原因。

对于有多个被请求人，但不属同一知识产权局管辖时，专利权人可向属于上一级人民政府有管辖权的知识产权局提出调处请求。

例如二被请求人的住所地分别位于浙江省杭州市和宁波市，专利权人可以向有管辖权的浙江省知识局提出专利侵权调处请求；而二被请求人的住所地分别位于浙江省和江苏省时，专利权人可以向有管辖权的国家知识产权局请求专利侵权的调处。

六、侵权证据

请求知识产权局调处专利侵权纠纷必须提供证据，与专利侵权诉讼前的证据准备一样重要，权利人收集和整理好证据是其赢得调处的前提。

对知识产权局作出的专利侵权纠纷处理决定不服，当事人可提出撤销该处理决定的行政诉讼。该行政诉讼按《中华人民共和国行政诉讼法》第一百零一条的规定，人民法院可以参照《民事诉讼法》的规定审理，因此在实务中，专利侵权行政调处的侵权证据的收集、整理和使用方法，基本上都可以参照《民事诉讼法》的规定进行。本书第二章第一节“证据的准备”中已记载有关证据的分类、收集和公证取证等方法，这些方法适用专利侵权行政调处的证据准备，请参照采用，本节不再展开。

第二节　专利侵权行政处理

《专利法》和《专利法实施细则》规定了知识产权局根据专利权人和利害关系人的申请，处理专利侵权纠纷的职能；《专利行政执法办法》则规定了请求人的资格、请求书、立案期限和处理程序等内容，但是这些规定尚不够具体。在实务中，知识产权局受理和审理专利侵权行政调处的请求，以及作出处理决定的程序和方法，基本上参照人民法院审理专利侵权诉讼一审案件的程序进行。专利权人或利害关系人可直接借鉴专利侵权诉讼的方法，请求知识产权局处理专利侵权纠纷。

一、请求人和被请求人

专利侵权行政处理程序中的请求人是专利权人或利害关系人，被请求人是被控专利侵权者，二者分别类似于专利侵权诉讼中的原告和被告。由于《民事诉讼法》的相关规定适用于请求撤销专利侵权行政处理决定的专利侵权行政诉讼，专利侵权诉讼中有关原告和被告的资格规定同样也可适用于专利侵权行政处理中的请求人和被请求人。在实务中，二者仅是将专利侵权诉讼中的原告和被告分别改称为专利侵权行政调处中的请求人和被请求人。如果专利侵权行政处理程序中的请求人或被请求人为两人以上的，即成为共同请求人或共同被请求人。

专利侵权行政调处中有关请求人和被请求人资格的要求和规定，请参照本书第四章第四节之一“当事人”来确认。

但是共同请求人中的部分共同请求人不愿意提起专利侵权行政处理的，现有法律法规中没有这方面的救济措施的规定，坚持提起专利侵权行政处理的部分共同请求人只能改为寻求司法救济。

二、专利侵权行政处理请求书

专利权人和利害关系人向地方知识产权局申请专利侵权行政处理的，必须提交专利侵权行政处理请求书。该请求书包括：请求人和被请求人的信息、请求处理的事项、事实和理由、证据和证据来源。

请求书的形式和内容基本类似专利侵权诉讼的起诉状，只是原告和被告分别改称为请求人和被请求人，诉讼请求改为专利侵权行政调处请求，审理法院改为知识产权局，因此请求书的形式和内容等，参见第四章第四节“起诉状”的相关内容，本节不再展开。

向知识产权局请求专利侵权行政处理的，必须提供证据。知识产权局行政执法中对证据的要求，类似专利侵权诉讼中的证据要求，因此证据的取得、分析整理以及证据的提交形式和使用方法，请分别参见第二章第一节“证据的准备”和第四章第四节之五“证据和证据目录”的相关内容。

三、立案、送达和答辩

知识产权局接到专利侵权行政调处请求后，将进行立案审查。

《专利行政执法办法》第十条第一款规定：“请求管理专利工作的部门处理专利侵权纠纷的，应当符合下列条件：（一）请求人是专利权人或者利害关系人；（二）有明确的被请求人；（三）有明确的请求事项和具体事实、理由；（四）属于受案管理专利工作的部门的受案和管辖范围；（五）当事人没有就该专利侵权纠纷向人民法院起诉。”

地方知识产权局对上述第（一）项至第（四）项的审核内容和方法类似于人民法院的立案受理，其审核方法可参见第四章第五节之二“诉讼受理”的相关内容，本节不再展开。

与人民法院的立案受理审查最为不同的是，知识产权局必须审核该案当事人是否已向人民法院起诉，避免出现同一案件既申请行政调处又请求司法审判的现象，从而避免由此可能产生的处理决定和司法判决的矛盾。如果当事人之一在知识产权局受理专利侵权行政调处请求前已向人民法院提出专利侵权诉讼或请求确认不侵犯专利权诉讼的，知识产权局应当不予立案，并告知当事人不立案的原因。

经审查，若该专利侵权行政调处请求符合上述规定的，根据《专利行政执法办法》第十三条❶的规定，知识产权局应当在收到请求书之日起5个工作日内立案并通知请求人，同时指定3名或者3名以上单数执法人员组成合议组处理该专利侵权纠纷；反之，若该专利侵权行政调处请求不符合上述规定，知识产权局也应当在收到请求书之日起5个工作日内通知请求人不予受理，并且应当说明理由。

对于立案受理的专利侵权纠纷案件，根据《专利行政执法办法》第十四条❷的规定，知识产权局应当在立案之日起5个工作日内将请求书及其附件的副本送达被请求人，要求被请求人在收到之日起15日内提交答辩书并按照请求人的数量提供答辩书副本。请求书及其附件送达被请求人的方法类似于人民法院向被告送达专利侵权诉状，具体方法不再展开，可参见第四章第六节“起诉状的送达”的相关内容。

被请求人提交答辩书的，知识产权局应当在收到答辩书之日起5个工作日内将答辩书副本送达请求人；被请求人逾期不提交答辩书的，不影响知识产权局对案件进行处理。

四、执法人员和回避制度

知识产权局的执法人员，由知识产权局指定的工作人员担任。知识产权局属于政府机构，其工作人员通常为国家公务员，通过国家公务员考试合格后录用，并且都具备一定的法律知识。另根据《专利行政执法证件与执法标识管理办法（试行）》第五条❸的规定，这些工作人员担任执法人员还必须另外通过国家知识产权局或者省、自治区和直辖市人民政府的行政执法人员考试，获得行政执法资格。

---

❶ 《专利行政执法办法》第十三条规定：“请求符合本办法第十条规定条件的，管理专利工作的部门应当在收到请求书之日起5个工作日内立案并通知请求人，同时指定3名或3名以上单数执法人员处理该专利侵权纠纷；请求不符合本办法第十条规定条件的，管理专利工作的部门应当在收到请求书之日起5个工作日内通知请求人不予受理，并说明理由。”

❷ 《专利行政执法办法》第十四条规定：“管理专利工作的部门应当在立案之日起5个工作日内将请求书及其附件的副本送达被请求人，要求其在收到之日起15日内提交答辩书并按照请求人的数量提供答辩书副本。被请求人逾期不提交答辩书的，不影响管理专利工作的部门进行处理。被请求人提交答辩书的，管理专利工作的部门应当在收到之日起5个工作日内将答辩书副本送达请求人。”

❸ 《专利行政执法证件与执法标识管理办法（试行）》第五条规定：“申领专利行政执法证件和执法标识的人员应符合以下条件：（一）遵纪守法，公正廉洁，有良好的职业道德；（二）具备专利行政执法工作职能的部门及符合《专利行政执法操作指南》（第7.2.2.1.2条款）申领条件的单位的工作人员；（三）掌握专利法律法规、规章及相关行政法律、法规；（四）参加国家知识产权局组织或者经国家知识产权局同意后由管理专利工作的部门组织的专利行政执法人员上岗培训班，并通过专利行政执法资格考试。”

根据《专利行政执法办法》第七条[1]的规定，知识产权局的执法人员审查专利侵权行政调处案件时，实行回避制度。其回避制度适用《民事诉讼法》的相关规定，与专利侵权诉讼中人民法院的审判人员的回避规定相同。即执法人员是本案的当事人、与案件有利害关系以及可能会影响对案件公正审理的人员应当自行回避，当事人也可以申请回避。当事人申请回避的，应当说明理由，知识产权局将按照《民事诉讼法》的规定审核回避请求，如果回避理由成立，应变更执法人员。具体回避制度的适用参见第四章第十一节之二“回避”中有关人民法院审判人员回避的相关内容。

五、调查取证

在向知识产权局请求处理专利侵权纠纷时或者知识产权局受理该请求后，请求人可向该知识产权局提出针对被请求人进行调查取证的申请。

《专利行政执法办法》第三十七条规定：“在专利侵权纠纷处理过程中，当事人因客观原因不能自行收集部分证据的，可以书面请求管理专利工作的部门调查取证。管理专利工作的部门根据情况决定是否调查收集有关证据。在处理专利侵权纠纷、查处假冒专利行为过程中，管理专利工作的部门可以根据需要依职权调查收集有关证据。执法人员调查收集有关证据时，应当向当事人或者有关人员出示其行政执法证件。当事人和有关人员应当协助、配合，如实反映情况，不得拒绝、阻挠。”

知识产权局调查收集证据的方法包括：

（1）询问有关当事人，调查与涉嫌违法行为有关的情况；

（2）对当事人涉嫌违法行为的场所实施现场检查；

（3）检查与涉嫌违法行为有关的产品。

《民事诉讼法》第六十七条第二款亦规定：“当事人及其诉讼代理人因客观原因不能自行收集的证据，或者人民法院认为审理案件需要的证据，人民法院应当调查收集。”知识产权局在专利侵权纠纷中进行调查取证的职能和人民法院在专利侵权诉讼中进行调查取证的职能相类似，均可依据当事人的申请或依职权进行调查收集证据。因此，知识产权局的调查取证，类似于专利侵权诉讼中的证据保全，请求知识产权局调查取证的方法，可参考本书第三章第三节“证据保全”的相关内容，但知识产权局的调查取证不适用诉前保

---

[1] 《专利行政执法办法》第七条规定：“管理专利工作的部门指派的执法人员与当事人有直接利害关系的，应当回避，当事人有权申请其回避。当事人申请回避的，应当说明理由。执法人员的回避，由管理专利工作部门的负责人决定。是否回避的决定作出前，被申请回避的人员应当暂停参与本案的工作。”

全的规定。

同样，知识产权局对调查取证请求的审核和确认方法也同专利侵权诉讼中人民法院审查证据保全请求的方法，该方法的详细内容可参见第三章第三节之六中的“证据保全的审查”的相关内容。

六、被请求人的答辩

被请求人在收到知识产权局送达的专利侵权行政调处请求后，可以进行书面答辩，或者在口头审理时进行口头答辩。被请求人不答辩的，不影响知识产权局的处理。

被请求人答辩时，可以进行不侵权抗辩、现有技术抗辩或者先使用权的抗辩。其抗辩方法与专利侵权诉讼中的被告抗辩相同，请参见第四章第七节“被告的答辩”的相关内容，这里不再展开。

七、无效宣告请求和中止审理

《专利法实施细则》第九十八条规定：在处理专利侵权纠纷过程中，被请求人提出无效宣告请求并被国务院专利行政部门受理的，可以请求管理专利工作的部门中止处理。管理专利工作的部门认为被请求人提出的中止理由明显不能成立的，可以不中止处理。

在专利侵权行政处理中，若被请求人认为请求人的专利不符合专利授权条件，可以在答辩期内向国家知识产权局提出专利无效宣告请求，同时可以请求知识产权局中止该专利侵权行政处理程序。知识产权局在审查被请求人的中止专利侵权行政处理请求的理由和证据后，认为涉案专利被宣告无效的可能性较大时，可决定中止审查，反之则继续审查。

被请求人在答辩期内向国家知识产权局就涉案专利提出无效宣告请求，并且向知识产权局提出中止处理请求的，知识产权局处理被请求人的中止处理请求的理由和证据的程序及方法，同人民法院审理专利侵权诉讼中被告的中止诉讼请求，因此具体处理方法参见第四章第七节之三“诉讼中止”的相关内容，本节不再展开。

八、技术鉴定

知识产权局进行专利侵权行政处理时必须对被控侵权产品或方法进行侵权分析，包括技术特征的对比，涉及复杂或专业性很强的技术分析时，当事人可以向知识产权局申请委托专业的鉴定机构进行技术鉴定，知识产权局可以根据当事人的申请或者自己的决定委托专业的鉴定机构进行技术鉴定。

知识产权局决定技术鉴定的，通常是委托具有司法鉴定机构资格的司法鉴定机构进行技术鉴定。专利侵权行政处理过程中的司法鉴定机构的选择、委托鉴定的方式、司法鉴定机构的鉴定方法及其鉴定报告的质证等，同人民法院审查专利侵权诉讼中的司法鉴定，因此本节不再展开，请参见第四章第九节“司法鉴定”的相关内容。

九、口头审理

《专利行政执法办法》第十六条规定：“管理专利工作的部门处理专利侵权纠纷，可以根据案情需要决定是否进行口头审理。管理专利工作的部门决定进行口头审理的，应当至少在口头审理3个工作日前将口头审理的时间、地点通知当事人。当事人无正当理由拒不参加的，或者未经允许中途退出的，对请求人按撤回请求处理，对被请求人按缺席处理。”

口头审理通常按如下顺序进行：

（1）核对身份。

（2）当事人陈述。

（3）庭审调查。

（4）举证质证。

（5）庭审辩论。

（6）合议组合议。

（7）调解或处理决定。

知识产权局的口头审理适用民事诉讼法一审程序的规定，专利侵权行政处理口头审理的程序和基本方法与专利侵权诉讼的一审开庭审理相同，因此可参考第四章第十一节“开庭审理”的相关内容。

知识产权局进行专利侵权行政处理时，除证据的质证外，最重要的莫过于被控侵权产品或方法与涉案专利权利要求的对应技术特征的比对，当事人可以参考第四章第十一节之三中的“（三）技术特征比对”的相关内容，充分并着重做好专利侵权行政处理中的技术特征比对的准备。

十、专利侵权行政处理中的调解及审理期间

根据《专利行政执法办法》第十五条[1]的规定，在对专利侵权纠纷案件进行处理时，知识产权局可以根据当事人的意愿进行调解。若双方当事人经调解达成一致协议的，由知识产权局制作调解书，加盖其公章，并由双方当事人签名或者盖章；调解未达成协议的，知识产权局应及时作出处理决定。

《专利行政执法办法》第二十一条规定："管理专利工作的部门处理专利侵权纠纷，应当自立案之日起 3 个月内结案。案件特别复杂需要延长期限的，应当由管理专利工作的部门负责人批准。经批准延长的期限，最多不超过 1 个月。案件处理过程中的公告、鉴定、中止等时间不计入前款所述案件办理期限。"

在实务中，知识产权局处理专利侵权纠纷案件的时间大大超过 3 个月，因为知识产权局在处理专利侵权案件时，经常会不时地召集双方当事人进行调解，每次调解都会使行政处理的期限延长。

十一、决定书

知识产权局处理专利侵权纠纷案件，除了达成调解协议或者请求人撤回请求之外，均应当制作专利侵权纠纷处理决定书。决定书应写明以下内容：

（1）当事人的姓名或者名称、地址。

（2）当事人陈述的事实和理由。

（3）认定侵权行为是否成立的理由和依据。

（4）处理决定认定侵权行为成立并需要责令侵权人立即停止侵权行为的，应当明确写明责令被请求人立即停止的侵权行为的类型、对象和范围；认定侵权行为不成立的，应当驳回请求人的请求。

（5）不服处理决定提起行政诉讼的途径和期限。

处理决定书还应当加盖知识产权局的公章。

上述决定书第（1）项至第（4）项的形式和内容基本类似专利侵权诉讼的一审判决书。决定书第（5）项应当明确记载当事人不服该处理决定提起撤销该处理决定的行政诉讼的具体受理法院的名称以及起诉期限。

《专利行政执法办法》第四十三条规定了知识产权局对专利侵权行为的处

---

[1] 《专利行政执法办法》第十五条规定："管理专利工作的部门处理专利侵权纠纷案件时，可以根据当事人的意愿进行调解。双方当事人达成一致的，由管理专利工作的部门制作调解协议书，加盖其公章，并由双方当事人签名或者盖章。调解不成的，应当及时作出处理决定。"

理措施。根据该条规定的措施，知识产权局处理专利侵权纠纷时，认定专利侵权行为成立可以作出如下处理决定：

（1）侵权人制造专利侵权产品的，责令其立即停止制造行为，销毁制造侵权产品的专用设备、模具，并且不得销售、使用尚未售出的侵权产品或者以任何其他形式将其投放市场；侵权产品难以保存的，责令侵权人销毁该产品。

（2）侵权人未经专利权人许可使用专利方法的，责令侵权人立即停止使用行为，销毁实施专利方法的专用设备、模具，并且不得销售、使用尚未售出的依照专利方法所直接获得的侵权产品或者以任何其他形式将其投放市场；侵权产品难以保存的，责令侵权人销毁该产品。

（3）侵权人销售专利侵权产品或者依照专利方法直接获得的侵权产品的，责令其立即停止销售行为，并且不得使用尚未售出的侵权产品或者以任何其他形式将其投放市场；尚未售出的侵权产品难以保存的，责令侵权人销毁该产品。

（4）侵权人许诺销售专利侵权产品或者依照专利方法直接获得的侵权产品的，责令其立即停止许诺销售行为，消除影响，并且不得进行任何实际销售行为。

（5）侵权人进口专利侵权产品或者依照专利方法直接获得的侵权产品的，责令侵权人立即停止进口行为；侵权产品已经入境的，不得销售、使用该侵权产品或者以任何其他形式将其投放市场；侵权产品难以保存的，责令侵权人销毁该产品；侵权产品尚未入境的，可以将处理决定通知有关海关。

（6）责令侵权的参展方采取从展会上撤出侵权展品、销毁或者封存相应的宣传材料、更换或者遮盖相应的展板等撤展措施。

（7）停止侵权行为的其他必要措施。

知识产权局作出认定侵权成立并责令侵权人立即停止侵权行为的处理决定后，被请求人就同一专利权再次作出相同类型的侵权行为，专利权人或者利害关系人请求处理的，知识产权局可以直接作出责令立即停止侵权行为的处理决定。知识产权局认定被请求人的行为不构成专利侵权的，应当作出不侵犯专利权的决定。

十二、决定书的效力

知识产权局根据《专利法》授予的权力作出的专利侵权纠纷处理决定，不仅当事人应当遵守并执行，作出该处理决定的知识产权局还负有监督该决定得到执行的义务。

对于不履行该生效处理决定规定的义务的当事人，作出该决定的知识产权局可以向有管辖权的人民法院申请强制执行，以国家强制力来执行该决定。

十三、处理决定的强制执行

知识产权局依法作出的专利侵权纠纷处理决定具有强制执行力。根据《专利法》第六十五条的规定，专利侵权人对知识产权局作出的认定侵权行为成立的处理决定期满不起诉又不停止侵权行为的，知识产权局可以申请人民法院强制执行。

知识产权局在向有管辖权的人民法院申请强制执行前，必须根据《行政强制法》第五十四条[1]的规定，向拟被执行人发送催告书，催告拟被执行人履行停止侵权的义务。催告书送达10日后拟被执行人仍未履行义务的，知识产权局才可以向有管辖权的人民法院申请强制执行。

依照《最高人民法院关于委托执行若干问题的规定》第一条[2]和国家知识产权局发布的《专利行政执法操作指南（试行）》第2.6.3.1节[3]的规定，知识产权局可以向被执行人住所地或财产所在地的省、自治区、直辖市，以及设区的市级有权受理专利纠纷案件的中级人民法院申请强制执行。

根据《行政强制法》第五十五条的规定，知识产权局向人民法院申请强制执行，应当提供下列材料：

（1）强制执行申请书。

（2）行政决定书及作出决定的事实、理由和依据。

（3）当事人的意见及行政机关的催告情况。

（4）申请强制执行标的的情况。

（5）法律、行政法规规定的其他材料。

其他有关强制执行的内容请参见第七章“执行程序”的相关内容。

---

[1] 《行政强制法》第五十四条规定：“行政机关申请人民法院强制执行前，应当催告当事人履行义务。催告书送达十日后当事人仍未履行义务的，行政机关可以向所在地有管辖权的人民法院申请强制执行；执行对象是不动产的，向不动产所在地有管辖权的人民法院申请强制执行。”

[2] 《最高人民法院关于委托执行若干问题的规定》第一条规定：“执行法院经调查发现被执行人在本辖区内已无财产可供执行，且在其他省、自治区、直辖市内有可供执行财产的，应当将案件委托异地的同级人民法院执行。执行法院确需赴异地执行案件的，应当经其所在辖区高级人民法院批准。”

[3] 《专利行政执法操作指南（试行）》第2.6.3.1节“强制执行的管辖”规定：“管理专利工作的部门依法作出的处理决定，由被执行人住所地或财产所在地的省、自治区、直辖市、设区的市有权受理专利纠纷案件的中级人民法院执行。”

第三节　专利侵权纠纷调解

知识产权局应专利权人或者利害关系人的请求，经过调查并确认被请求人的行为侵犯了专利权的，可依法作出停止侵犯专利权的处理决定，但是不能对专利权人或者利害关系人的侵权赔偿请求作出赔偿的处理决定。知识产权局可以应专利权人或利害关系人的请求，在被请求人的同意下，就被请求人的行为是否侵犯涉案专利权及其损害赔偿进行调解。

一、调解请求

根据《专利法》第六十五条和《专利法实施细则》第一百零二条的规定，专利侵权纠纷的当事人可以就下列具体事由向知识产权局请求调解：

（1）侵犯专利权的赔偿数额。

（2）专利申请权和专利权归属纠纷。

（3）发明人、设计人资格纠纷。

（4）职务发明创造的发明人、设计人的奖励和报酬纠纷。

（5）在发明专利申请公布后专利权授权前使用发明而未支付适当费用的纠纷（只有在专利权被授予之后才能请求调解）。

（6）其他专利纠纷。

本节仅介绍侵犯专利权的赔偿数额的调解，其他调解内容不作展开。

专利侵权人或利害关系人请求知识产权局调解侵犯专利权的赔偿数额时，通常还会包括请求调解确认被请求人行为侵权和停止侵犯专利。因为不确认被请求人的行为侵犯专利权，就无法协商损害赔偿，并且对专利权人和利害关系人而言，停止侵权比损害赔偿更重要，除非请求人和被请求人在专利侵权行政调处过程中达成了专利许可协议。

当然如果专利权人和利害关系人通过专利侵权诉讼或者专利侵权行政调处已确认被请求人侵权的，可以单独请求知识产权局调解被请求人侵犯专利权的损害赔偿，但是必须提交相关判决书或专利侵权纠纷处理决定书。

本节介绍的调解是指当事人请求知识产权局就被请求人侵犯涉案专利权及其赔偿数额，协助双方当事人进行协商，这种调解一般由专利权人或利害关系人提出。如果专利侵权行为已被确认，被确认的侵权人亦可向知识产权局提出调解赔偿额的请求。

知识产权局应请求人的单独调解请求进行的调解程序和方法与专利侵权行政处理过程中的调解相比，两者的不同点在于：前者的调解必须在经当事人一方提交调解请求书和另一方当事人同意的前提下，知识产权局才能介入调解；而后者的调解，无须一方当事人另行提交调解请求书，知识产权局在专利侵权行政处理过程中就可以征询双方当事人的调解意愿，并在双方当事人同意的情况下进行调解。

二、调解请求书

请求知识产权局调解专利侵权纠纷的，请求人应当提交请求书。请求书应当载明以下内容：

（1）请求人的姓名或者名称、地址，法定代表人或者主要负责人的姓名、职务，委托代理人的，代理人的姓名和代理机构的名称、地址。

（2）被请求人的姓名或者名称、地址。

（3）请求调解的具体事项和理由。

上述第（3）项中请求调解的事项与专利侵权行政处理请求书的请求事项既有相同点，也有不同点。相同点是两者都可以请求停止侵权，而不同点是调解请求的请求事项除停止侵权外，还可以包括损害赔偿的调解请求。第（1）项和第（2）项记载的内容同专利侵权行政处理请求书，故不进行展开。

但是若单纯请求调解侵犯专利权的赔偿数额的，请求人还应当提交知识产权局作出的认定侵害涉案专利权行为成立并且已生效的处理决定书副本，或者人民法院认定侵权成立的生效判决书副本。

三、调解请求的受理和调解

根据《专利行政执法办法》第二十三条[1]和第二十四条[2]的规定，知识产权局收到调解请求书后，应当及时将请求书副本通过寄交、直接送交或者其他方式送达被请求人，要求其在收到之日起15日内提交意见陈述书。但专利侵权纠纷的调解与专利侵权纠纷的行政处理不同，专利侵权纠纷调解的启动还需要被

[1] 《专利行政执法办法》第二十三条规定："管理专利工作的部门收到调解请求书后，应当及时将请求书副本通过寄交、直接送交或者其他方式送达被请求人，要求其在收到之日起15日内提交意见陈述书。"

[2] 《专利行政执法办法》第二十四条规定："被请求人提交意见陈述书并同意进行调解的，管理专利工作的部门应当在收到意见陈述书之日起5个工作日内立案，并通知请求人和被请求人进行调解的时间和地点。被请求人逾期未提交意见陈述书，或者在意见陈述书中表示不接受调解的，管理专利工作的部门不予立案，并通知请求人。"

请求人的同意。若被请求人按期提交意见书并同意进行调解的，知识产权局应当在收到意见陈述书之日起5个工作日内立案，并通知请求人和被请求人进行调解的时间和地点。若被请求人逾期未提交意见陈述书，或者在意见陈述书中表示不接受调解的，知识产权局不予立案，并通知请求人。

知识产权局调解专利侵权纠纷可以邀请有关单位或者个人协助，被邀请的单位或者个人应当协助进行专利侵权纠纷的调解。

由于调解成功的前提是双方当事人协商一致，调解的过程就是双方协商的过程，因此，对于知识产权局参与的调解，法律法规除规定调解必须事先得到双方当事人同意外，没有具体的调解程序和期限的限定，只要当事人愿意协商，一般情况下调解就会进行下去。

当然若双方当事人经知识产权局长期调解仍未达成协议的，知识产权局可以以撤销案件的形式结案，并建议双方当事人另寻其他法律救济手段解决争议，例如，提起专利侵权诉讼或者请求专利侵权行政处理。

四、调解书的效力

无论是专利侵权行政处理还是知识产权局调解，当事人经调解达成协议的，知识产权局应当制作调解协议书，加盖其公章，并让双方当事人签字盖章。

知识产权局作出的专利侵权纠纷调解协议书并不具有法律上的强制执行力，若一方当事人不履行调解协议书约定的事项，另一方当事人也不能请求知识产权局向人民法院申请强制执行。在实务中，若一方当事人不履行调解协议书约定的义务，则另一方当事人的处理方式主要有三种：

（1）另一方当事人可以直接请求作出该调解协议书的知识产权局进行处理，知识产权局接到请求的应当立案审理并作出相关处理决定。

（2）另一方当事人可以直接向对该专利侵权纠纷有管辖权的人民法院提起专利侵权民事诉讼。

（3）由于知识产权局作出的专利侵权纠纷调解协议书本质上是一份合同，一方不履行调解协议书的内容即视为违约，另一方当事人可以以违反合同约定为由向人民法院起诉。《民事诉讼法》第二十四条规定："因合同纠纷提起的诉讼，由被告住所地或者合同履行地人民法院管辖。"

第四节　专利侵权行政诉讼

知识产权局属于政府机构，其所作决定属于行政决定。当事人对知识产权局处理专利侵权纠纷的决定不服，可以根据《专利法》第六十五条的规定，向人民法院提起请求撤销该处理决定的专利侵权行政诉讼。

一、适用法律

专利侵权行政诉讼适用《行政诉讼法》的有关规定，对于《行政诉讼法》中未规定的事项，根据《行政诉讼法》第一百零一条[1]的规定，适用民事诉讼的相关程序。

在证据的准备、举证和质证方面，除了本节之六中的“（四）举证责任”的特殊规定外，《行政诉讼法》关于证据的规定与《民事诉讼法》相类似。

《行政诉讼法》第三十三条第一款规定了八个证据种类：“证据包括：（一）书证；（二）物证；（三）视听资料；（四）电子数据；（五）证人证言；（六）当事人的陈述；（七）鉴定意见；（八）勘验笔录、现场笔录。”

《行政诉讼法》第四十一条也规定了原告向人民法院申请调查取证的权利：“与本案有关的下列证据，原告或者第三人不能自行收集的，可以申请人民法院调取：（一）由国家机关保存而须人民法院调取的证据；（二）涉及国家秘密、商业秘密和个人隐私的证据；（三）确因客观原因不能自行收集的其他证据。”

因此，在证据的准备、举证和质证方面，除了《行政诉讼法》对行政诉讼中举证责任的特殊规定外，可以适用《民事诉讼法》以及民事诉讼中关于证据的相关规定，具体的应用请分别参见第二章第一节“证据的准备”以及第四章第十一节之三中的“（二）证据的公开与质证”的相关内容，专利侵权行政处理请求书的送达等请参见第四章第六节“起诉状的送达”的相关内容。

二、起诉期限

根据《专利法》第六十五条的规定，当事人对知识产权局处理专利侵权纠纷的决定不服，自收到处理通知之日起 15 日内，可以依照《行政诉讼法》向人民法院提起请求撤销该决定的专利侵权行政诉讼。

外国人、无国籍人、外国企业和组织对知识产权局处理专利侵权纠纷的决定不服，与中国企业和自然人相同，同样适用 15 日的起诉期限的规定，这与民

---

[1] 《行政诉讼法》第一百零一条规定：“人民法院审理行政案件，关于期间、送达、财产保全、开庭审理、调解、中止诉讼、终结诉讼、简易程序、执行等，以及人民检察院对行政案件受理、审理、裁判、执行的监督，本法没有规定的，适用《中华人民共和国民事诉讼法》的相关规定。”

事诉讼的起诉期限不同。

专利侵权行政诉讼的起诉期限不可延长，一般情况下，对于超过15日起诉期限的案件，人民法院原则上将不予受理，除非是不可抗力或者是《行政诉讼法》第四十八条[1]规定的当事人因其他不属于其自身的原因耽误了起诉期限的情形。

三、当事人

专利侵权行政诉讼的当事人包括原告、被告、第三人和其他诉讼参加人。

（一）原　告

专利侵权行政诉讼的原告是指，因不服知识产权局处理专利侵权纠纷的决定，而向人民法院提起请求撤销该决定的专利侵权行政诉讼的人。

专利侵权行政处理程序中的请求人和被请求人任何一方都有可能因不服地方知识产权局处理专利侵权纠纷的决定，向人民法院起诉作出决定的知识产权局，请求撤销该专利侵权纠纷处理决定，成为专利侵权行政诉讼的原告。

原告一方为两人以上，共同提起专利侵权行政诉讼的，为共同原告。

专利侵权处理程序中的请求人和被请求人通常不会同时不服知识产权局处理专利侵权纠纷的决定，都作为原告向人民法院起诉作出专利侵权纠纷的决定的知识产权局，因为知识产权局处理专利侵权纠纷的决定，仅涉及确认被请求人的被疑专利侵权行为成立或不成立。确认不侵权的，请求人可能提起撤销该不侵权决定的专利侵权行政诉讼；确认侵权和责令停止侵害的，被请求人可能会提起请求撤销该确认侵权决定的专利侵权行政诉讼。因此，通常不会出现双方均不服知识产权局处理专利侵权纠纷的决定的情况。

但也有一些例外的情况。例如，在专利侵权行政纠纷中，请求人指控被请求人数个型号的产品侵权，知识产权局作出了部分型号侵权、部分型号不侵权的专利侵权纠纷处理决定时，请求人和被请求人有可能同时不服知识产权局所作的决定，均向人民法院提起请求撤销该行政决定的诉讼。请求人和被请求人均不服知识产权局作出的处理专利侵权纠纷的决定，提出撤销该行政决定的行政诉讼，请求人和被请求人都是原告。

---

[1] 《行政诉讼法》第四十八条规定："公民、法人或其他组织因不可抗力或者其他不属于自身的原因耽误起诉期限的，被耽误的时间不计算在起诉期限内。公民、法人或者其他组织因前款规定以外的其他特殊情况耽误起诉期限的，在障碍消除后十日内，可以申请延长期限，是否准许由人民法院决定。"

（二）被　告

专利侵权行政诉讼的被告是特定的，即作出专利侵权纠纷处理决定的知识产权局。

（三）第三人

专利侵权行政处理程序当事人的一方提起请求撤销知识产权局作出的专利侵权纠纷行政决定的专利侵权行政诉讼的，另一方当事人为第三人。例如，请求人不服知识产权局作出的不侵权决定，作为原告向人民法院提起请求撤销该不侵权决定的专利行政诉讼的，专利侵权纠纷处理程序中的被请求人为专利侵权行政诉讼的第三人；而被请求人不服知识产权局作出的侵权成立的决定，作为原告向人民法院提起请求撤销该决定的专利行政诉讼的，专利侵权纠纷处理程序中的请求人为专利侵权行政诉讼的第三人。请求人和被请求人都不服知识产权所作的专利侵权纠纷处理决定都向人民法院起诉请求撤销该决定的，都是原告，其各自的相对方分别为对应的第三人。

专利侵权行政诉讼中的第三人具有对争议的实体权利的请求权，对专利侵权行政诉讼一审判决不服时都可以提出上诉，其地位类似于民事诉讼中有独立地位的第三人。

（四）其他诉讼参加人

专利侵权行政处理程序中的当事人的一方为两人以上时，其中一人提起行政诉讼，其他未提起行政诉讼的同一方共同请求人或共同被请求人为其他诉讼参加人。

例如，请求人为两人以上的共同请求人，其中部分共同请求人不愿提起专利侵权行政诉讼，且声明放弃诉讼权利的，其他共同请求人可以单独提起专利侵权诉讼。不愿提起专利侵权行政诉讼的请求人为其他诉讼参加人。

但是，不愿提起专利侵权行政诉讼的部分共同请求人不参加诉讼，又不声明放弃诉讼权利的，其他共同请求人单独提起专利侵权诉讼后，人民法院应当通知不提起专利侵权行政诉讼的共同请求人参加诉讼，追加其为共同原告。

被请求人为两人以上时，例如被请求人分别为制造者和销售者，因为制造者和销售者承担的侵权责任不同，销售者没有提起诉讼，而制造者不服知识产权局作出的专利侵权行政决定，作为原告向人民法院提出请求撤销该侵权决定的专利侵权行政诉讼，则未提起诉讼的销售者为诉讼参加人。

专利侵权行政诉讼中的其他诉讼参加人，其地位类似于民事诉讼中的其他诉讼参加人。

四、管　辖

《行政诉讼法》第十五条规定："中级人民法院管辖下列第一审行政案件：（一）对国务院部门或者县级以上地方人民政府所作的行政行为提起诉讼的案件；……"第十八条第一款规定："行政案件由最初作出行政行为的行政机关所在地人民法院管辖。……"

因此，以知识产权局为被告的专利侵权行政诉讼，由知识产权局所在地有专利侵权诉讼管辖权的中级人民法院管辖。

五、专利侵权行政起诉状

《行政诉讼法》第五十条规定："起诉应当向人民法院递交起诉状，并按照被告人数提出副本。书写起诉状确有困难的，可以口头起诉，由人民法院记入笔录，出具注明日期的书面凭证，并告知对方当事人。"

在实务中，专利侵权行政诉讼都是通过书面行政起诉状提起的，几乎没有口头起诉的案件。

专利侵权行政起诉状应包括以下部分和内容：

（1）原告。原告一栏应载明原告的姓名和联系地址，同时列明其在专利侵权纠纷处理程序中的地位，如请求人或被请求人。原告为法人的，还应载明法人的名称及其法定代表人的姓名或者其他组织的名称及其主要负责人的姓名和联系地址。

例如：

原告：×××有限责任公司（原请求人）。

法人代表：×××。

职务：董事长。

地址：×××市×××路×××号。

有共同原告的，亦应按上述方法载明其他共同原告的信息。

（2）被告。被告一栏应载明被告的姓名和联系地址，通常是作出行政决定的政府职能机关。专利侵权诉讼案件中的被告，通常是作出专利侵权纠纷处理决定的知识产权局。

例如：

被告：×××知识产权局。

法定代表人：×××。

职务：××。

地址：×××市×××路×××号。

（3）第三人。在对知识产权局作出的专利侵权纠纷处理决定不服而提起请求撤销该处理决定的专利侵权行政诉讼中，知识产权局专利侵权行政处理程序中的另一方当事人不管其是否提起诉讼，起诉状中都应将其作为第三人列明，并载明第三人的名称和联系地址。

例如：

第三人：×××有限责任公司（原被请求人）。

法人代表：×××。

职务：总经理。

地址：×××市×××路×××号。

有多位第三人的，应按上述方法全部列出。

（4）其他诉讼参加人。专利侵权行政诉讼中涉及其他诉讼参加人的，也应载明其姓名和联系地址，同时列明其在专利侵权纠纷处理程序中的地位，如请求人或被请求人。其他诉讼参加人为法人的，应载明法人的名称及其法定代表人的姓名或者其他组织的名称及其主要负责人的姓名和联系地址。

例如：

原请求人：×××有限责任公司。

法人代表：×××。

职务：总经理。

地址：×××市×××路×××号。

有多位其他诉讼参加人的，应按上述方法全部列出。

（5）诉讼请求事项。诉讼请求权部分应写明原告的具体诉讼请求，即要求撤销或者变更该知识产权局作出的第××××号处理决定或者处罚决定，判令被告承担诉讼费用等。

（6）事实和理由。事实和理由部分应写明不服该知识产权局作出该处理决定或者处罚决定的具体事由。例如，认定事实错误、程序违法或者适用法律错误等。

（7）结尾。结尾部分应写明管辖法院并有原告署名。

六、专利侵权行政诉讼一审

专利侵权行政诉讼的一审包括立案、受理、送达、答辩和开庭审理以及判决等过程。

（一）立案审理和诉状送达

人民法院收到当事人提交的起诉状后，通常按照《行政诉讼法》第四十九条[1]的规定，审查原告的适格性、被告是否明确、有无第三人、有无具体的诉讼请求和事实根据，以及是否属于人民法院受案范围和受诉人民法院管辖。

人民法院在经过上述审查后，根据《行政诉讼法》第五十一条[2]的规定，有三种处理结果：

（1）人民法院对起诉状进行形式审查后认为符合起诉条件的，应当登记立案。

（2）当场不能判定是否符合起诉条件的，也应当接收起诉状，出具注明收到日期的书面凭证，并在7日内决定是否立案。对于不符合起诉条件的，作出不予立案的裁定，并在裁定书中载明不予立案的理由。

（3）起诉状内容欠缺或者有其他错误的，人民法院应当进行释明，并一次性告知当事人需要补正的内容。

原告对于人民法院不予受理的裁定不服的，可以提起上诉。对于人民法院不接收起诉状、接受起诉状后不出具书面凭证，以及没有一次性告知当事人需要补正的内容等，当事人可以向上级人民法院投诉，上级人民法院应当责令改正，并对直接负责的主管人员和其他直接责任人员依法予以处分。

另外，《行政诉讼法》第五十二条规定："人民法院既不立案，又不作出不予立案裁定的，当事人可以向上一级人民法院起诉。上一级人民法院认为符合起诉条件的，应当立案、审理，也可以指定其他下级人民法院立案、审理。"

（二）共同诉讼

《行政诉讼法》第二十七条规定："当事人一方或者双方为二人以上，因同一行政行为发生的行政案件，或者因同类行政行为发生的行政案件、人民法院

---

[1] 《行政诉讼法》第四十九条规定："提起诉讼应当符合下列条件：（一）原告是符合本法第二十五条规定的公民、法人或者其他组织；（二）有明确的被告；（三）有具体的诉讼请求和事实依据；（四）属于人民法院受案范围和受诉人民法院管辖。"

[2] 《行政诉讼法》第五十一条规定："人民法院在接到起诉状时对符合本法规定的起诉条件的，应当登记立案。对当场不能判定是否符合本法规定的起诉条件的，应当接收起诉状，出具注明收到日期的书面凭证，并在七日内决定是否立案。不符合起诉条件的，作出不予立案的裁定。裁定书应当载明不予立案的理由。原告对裁定不服的，可以提起上诉。起诉状内容欠缺或者有其他错误的，应当给予指导和释明，并一次性告知当事人需要补正的内容。不得未经指导和释明即以起诉不符合条件为由不接收起诉状。对于不接收起诉状、接收起诉状后不出具书面凭证，以及不一次性告知当事人需要补正的起诉状内容的，当事人可以向上级人民法院投诉，上级人民法院应当责令改正，并对直接负责的主管人员和其他直接责任人员依法给予处分。"

认为可以合并审理并经当事人同意的，为共同诉讼。”

当事人一方或者双方为两人以上的诉讼为共同诉讼。行政诉讼的共同诉讼分为必要共同诉讼和普通共同诉讼。因同一行政行为引起的共同诉讼，人民法院必须一并审理，为必要共同诉讼；因同类行政行为引起的共同诉讼，由于并非因同一行政行为引起，当事人之间的权利义务可以分割，则可以作为不同的案件进行审理，也可以一并审理，一并审理的即为普通共同诉讼。

1. 共同原告

专利侵权纠纷处理决定的一方当事人为两个以上，并且对同一处理决定不服，均向人民法院起诉的，成为必要共同原告。必要共同原告多见于专利侵权行政处理程序中的共同请求人或共同被请求人的情形。如果专利侵权行政处理程序中是由两个以上的共同请求人向知识产权局提出行政处理请求，则共同请求人对知识产权局的处理决定不服，向人民法院起诉，即构成必要共同原告；如果专利侵权行政处理程序中是以两个以上的共同侵权人为共同被请求人的，则共同被请求人对知识产权局的处理决定不服，向人民法院起诉，也构成必要共同原告。

实务中也有共同原告中的部分共同原告不愿意向人民法院提起行政诉讼要求撤销知识产权局的专利侵权行政处理决定，而其他部分共同原告坚持提起行政诉讼的，其提起行政诉讼的方法类似于民事诉讼中的部分共同原告提起诉讼的方法，请参见第四章第四节之一“当事人信息”的相关内容。

两个以上同类处理决定的不同当事人对同类处理决定不服，均向人民法院起诉，并同意合并审理的，即成为普通共同原告。例如，专利权人对侵犯同一专利权的二个以上被请求人分别提出了专利侵权行政调处请求，同一知识产权局分别作出了处理决定，各被请求人均不服处理决定向人民法院起诉请求撤销处理决定，并同意对该案合并审理的，即构成普通共同原告。

2. 共同第三人

在对知识产权局作出的专利侵权纠纷处理决定不服而提起的专利侵权行政诉讼中，还有可能出现共同第三人，即知识产权局专利侵权行政处理程序中未提起专利侵权行政诉讼的另一方当事人，如果为两人以上，则成为共同第三人。例如，请求人不服知识产权局作出的认定专利侵权行为不成立的处理决定而提起专利侵权行政诉讼，专利侵权行政处理程序中的被请求人如果为两人以上的，即为共同第三人。

（三）证据和证据保全

行政诉讼的证据种类与民事诉讼相同，可以参见第二章第一节之二“证据的种类”的相关内容。

《行政诉讼法》第四十二条规定：“在证据可能灭失或者以后难以取得的情况下，诉讼参加人可以向人民法院申请保全证据，人民法院也可以主动采取保全措施。”

行政诉讼中的证据保全申请应在人民法院受理案件之后进行，根据《最高人民法院关于行政诉讼证据若干问题的规定》（法释〔2002〕21号）第二十七条❶的规定，申请行政诉讼的证据保全还应在举证期限届满前提出。可以申请行政诉讼证据保全的诉讼参加人包括原告、被告、第三人以及他们的诉讼代理人。此外，有关行政诉讼证据保全的申请、审查和保全措施等均与民事诉讼的诉讼证据保全相同，可以参见第三章第三节“证据保全”的相关内容。

关于行政诉讼中是否可以申请诉前证据保全，虽然《最高人民法院关于行政诉讼证据若干问题的规定》第二十七条第三款规定了“法律、司法解释规定诉前保全证据的，依照其规定办理”，但目前尚未有法律或司法解释对行政诉讼中的诉前证据保全制度作出规定。因此，行政诉讼中一般不进行诉前证据保全。

专利侵权行政诉讼中申请证据保全的，通常发生在专利侵权行政调处阶段专利权人或利害关系人向知识产权局申请调查取证未被同意，或者知识产权局调查取证没有成功的情况。

（四）举证责任

专利侵权行政诉讼中作出专利侵权纠纷处理决定的行政机关虽然是被告，但负有举证责任。

《最高人民法院关于行政诉讼证据若干问题的规定》第一条规定：“根据行政诉讼法第三十二条和第四十三条的规定，被告对作出的具体行政行为负有举证责任，应当在收到起诉状副本之日起十日内，提供据以作出被诉具体行政行为的全部证据和所依据的规范性文件。被告不提供或者无正当理由逾期提供证据的，视为被诉具体行政行为没有相应的证据。被告因不可抗力或者客观上不能控制的其他正当事由，不能在前款规定的期限内提供证据的，应当在收到起诉状副本之日起十日内向人民法院提出延期提供证据的书面申请。人民法院准许延期提供的，被告应当在正当事由消除后十日内提供证据。逾期提供的，视为被诉具体行政行为没有相应的证据。”

---

❶ 《最高人民法院关于行政诉讼证据若干问题的规定》第二十七条规定：“当事人根据行政诉讼法第三十六条的规定向人民法院申请保全证据的，应当在举证期限届满前以书面形式提出，并说明证据的名称和地点、保全的内容和范围、申请保全的理由等事项。当事人申请保全证据的，人民法院可以要求其提供相应的担保。法律、司法解释规定诉前保全证据的，依照其规定办理。”

原告和第三人也可以提供相关的证据来证明自己的主张。

《最高人民法院关于行政诉讼证据若干问题的规定》第七条规定：“原告或者第三人应当在开庭审理前或者人民法院指定的交换证据之日提供证据。因正当事由申请延期提供证据的，经人民法院准许，可以在法庭调查中提供。逾期提供证据的，视为放弃举证权利。原告或者第三人在第一审程序中无正当事由未提供而在第二审程序中提供的证据，人民法院不予接纳。”第六条规定：“原告可以提供证明被诉具体行政行为违法的证据，原告提供的证据不成立的，不免除被告对被诉具体行政行为合法性的举证责任。”

因此，在专利侵权行政诉讼中，作为被告的知识产权局负有证明其专利侵权纠纷处理决定正确和合法的举证责任。知识产权局通常会从自己具有作出专利侵权纠纷处理决定的职权、处理程序正确、确认事实无误三个方面进行举证说明。针对知识产权局的上述说明，原告和第三人可以举证反对或者表示同意。

专利侵权行政诉讼审理的是作为被告的知识产权局作出处理决定时确认的事实、适用的程序和法律是否错误，并包括知识产权局作出该处理决定所依据的证据是否具备真实性和关联性。由于知识产权局作出处理决定所依据的证据是双方当事人在专利侵权行政处理过程已提交的证据，因此，在专利侵权行政诉讼审理中的证据一般都应该是在专利侵权行政处理过程中双方当事人都已提交的证据，对于知识产权局作出专利侵权纠纷处理决定后，当事人提交的新证据，人民法院一般不会采用，除非新证据符合《最高人民法院关于民事诉讼证据的若干规定》第四十二条至第四十四条的规定。有关新证据的规定参见第五章第四节之一“二审证据”的相关内容。

（五）答　辩

《行政诉讼法》第六十七条规定：“人民法院应当在立案之日起五日内，将起诉状副本发送被告。被告应当在收到起诉状副本之日起十五日内向人民法院提交作出行政行为的证据和所依据的规范性文件，并提出答辩状。人民法院应当在收到答辩状之日起五日内，将答辩状副本发送原告。被告不提出答辩状的，不影响人民法院审理。”

行政诉讼中人民法院向被告发送起诉状副本以及被告提出答辩的程序均与民事诉讼相同，可以参见第四章第七节之一“答辩期间”的相关内容。

由于行政诉讼中由被告承担举证责任，因此被告在提交答辩状的同时还应提交其据以作出被诉行政行为的证据和所依据的规范性文件。这是行政诉讼较民事诉讼所特有的规定。如果被告不提交答辩状的，也应提交相关证据，履行其举证责任，否则将承担逾期不提交证据等责任的不利后果。

（六）开庭审理

专利侵权行政诉讼的合议庭由审判员或者审判员和陪审员组成，并且应当是三人以上单数。行政诉讼中有关宣布开庭、身份核对程序，《行政诉讼法》未加以规定；有关回避以及证据的质证程序，《行政诉讼法》的规定与《民事诉讼法》相类似。例如，《行政诉讼法》第五十五条第一款规定："当事人认为审判人员与本案有利害关系或者有其他关系可能影响公证审判，有权申请审判人员回避。"《行政诉讼法》第四十三条第一款也规定："证据应当在法庭上出示，并由当事人互相质证。对涉及国家秘密、商业秘密和个人隐私的证据，不得在公开开庭时出示。"因此，行政诉讼中有关宣布开庭、身份核对、回避以及证据的质证程序同民事诉讼，参见第四章第十一节"开庭审理"的相关内容。

行政诉讼中当事人的发言顺序与民事诉讼相反，民事诉讼是先由原告陈述，然后是被告和第三人陈述；而行政诉讼是被告先陈述，然后是原告和第三人陈述。

在法庭调查中，首先由作为被告的知识产权局提供相关证据，对其作出的专利侵权纠纷处理决定的正确性和合法性进行证明，并向合议庭说明其作出该处理决定的理由和根据。原告对于被告所述是否属实提出意见，第三人也可以对案件进行说明并提出意见。

双方当事人和第三人陈述后，合议庭即对被诉的具体处理决定的合法性进行审查，具体而言分为两方面：一是审查被告是否具有作出该被诉具体处理决定的职权；二是审查被诉具体处理决定认定事实的依据是否确凿和充分。三方当事人可以举证证明并相互质证。

除调查知识产权局是否具有作出处理决定的职权外，法庭调查的重点还包括侵权产品或方法与涉案专利权利要求的技术特征的对比，尤其是争议技术特征的对比。行政诉讼一审中的技术特征的对比方法，基本同知识产权局口头审理时的技术特征对比以及专利侵权诉讼一审程序中的技术特征对比，具体对比方法可以参见第四章第十一节之三中的"（三）技术特征比对"的相关内容。

专利侵权行政诉讼中法庭辩论、最后陈述、合议庭评议以及判决的程序，与民事诉讼相同，参见第四章第十一节"开庭审理"的相关内容。

《行政诉讼法》第六十条第一款规定："人民法院审理行政案件，不适用调解。但是，行政赔偿、补偿以及行政机关行使法律、法规规定的自由裁量权的案件可以调解。"专利侵权行政案件不涉及行政赔偿、补偿和法律规定的自由裁量权的内容，因此不适用调解。

（七）和　解

《行政诉讼法》虽明确规定行政诉讼不适用调解，但对于行政诉讼过程中当事人是否能够就所争议的问题进行和解，法律并没有禁止性规定，《行政诉讼法》第六十二条关于原告撤诉的规定可以视为行政诉讼中当事人可以和解的一种表现方式。

在行政诉讼的司法实践中，基于当事人合意达成自愿和解，也有原告申请撤回行政诉讼的案件。

《行政诉讼法》第六十二条规定："人民法院对行政案件宣告判决或者裁定前，原告申请撤诉的，或者被告改变其所作的行政行为，原告同意并申请撤诉的，是否准许，由人民法院裁定。"

行政诉讼中原告撤诉的案件大致可以分为三类：

（1）原告主动申请撤诉。

（2）被告主动改变其所作的具体行政行为，原告申请撤诉。

（3）由被告请求人民法院进行协调，或人民法院主动在当事人之间进行协调，原告撤诉。

对于被告改变被诉具体行政行为以及原告申请撤诉的情形，最高人民法院还发布了《最高人民法院关于行政诉讼撤诉若干问题的规定》（法释〔2008〕2号），具体规定了何为"被告改变其所作的具体行政行为"以及人民法院应当裁定准许原告撤诉的条件。例如，《最高人民法院关于行政诉讼撤诉若干问题的规定》第三条规定："有下列情形之一的，属于行政诉讼法第五十一条[1]规定的'被告改变其所作的具体行政行为'：（一）改变被诉具体行政行为所认定的主要事实和证据；（二）改变被诉具体行政行为所适用的规范依据且对定性产生影响；（三）撤销、部分撤销或者变更被诉具体行政行为处理结果。"又如，《最高人民法院关于行政诉讼撤诉若干问题的规定》第二条规定："被告改变被诉具体行政行为，原告申请撤诉，符合下列条件的，人民法院应当裁定准许：（一）申请撤诉是当事人真实意思表示；（二）被告改变被诉具体行政行为，不违反法律、法规的禁止性规定，不超越或者放弃职权，不损害公共利益和他人合法权益；（三）被告已经改变或者决定改变被诉具体行政行为，并书面告知人民法院；（四）第三人无异议。"

在实务中，专利侵权行政诉讼案件的当事人很少利用上述规定，基本都通

[1] 即现行《行政诉讼法》第六十二条。

过行政判决来解决争议，其实利用上述规定解决争议亦是可行之策。

（八）专利侵权行政诉讼一审判决

《行政诉讼法》第六十九条至第七十八条规定了专利侵权行政诉讼判决的几种主要情形，但专利侵权行政诉讼第一审判决主要为以下两种情形：

（1）维持判决。人民法院经过审理，认定被告作出的专利侵权纠纷处理决定证据确凿，适用法律、法规正确并且符合法定程序，人民法院即可判决驳回原告的诉讼请求。即人民法院认定知识产权局作出的专利侵权纠纷处理决定合法有效，维持该处理决定。

（2）撤销判决。人民法院经过审理，认定被告知识产权局作出的专利侵权纠纷处理决定部分或者全部违法，可以判决部分撤销或者全部撤销该专利侵权纠纷处理决定，并且判决被告重新作出专利侵权纠纷处理决定。当被诉专利侵权纠纷处理决定存在以下情形之一的，人民法院即可作出撤销该专利侵权纠纷处理决定的判决：

① 主要证据不足的。

② 适用法律、法规错误的。

③ 违反法定程序的。

④ 超越职权的。

⑤ 滥用职权的。

⑥ 明显不当的。

人民法院判决被告重新作出专利侵权纠纷处理决定的，作为被告的知识产权局不得以同一事实和理由作出与原被诉处理决定基本相同的处理决定。

七、专利侵权行政诉讼二审

专利侵权行政诉讼一审判决送达后，当事人不服的，可以向上一级人民法院提起上诉。

（一）上诉期限

《行政诉讼法》第八十五条规定："当事人不服人民法院第一审判决的，有权在判决书送达之日起十五日内向上一级人民法院提起上诉。当事人不服人民法院第一审裁定的，有权在裁定书送达之日起十日内向上一级人民法院提起上诉。逾期不提起上诉的，人民法院的第一审判决或者裁定发生法律效力。"

据此，若原告、被告或第三人不服专利侵权行政诉讼的第一审判决或者裁定，可以在判决书送达之日起 15 日或裁定书送达之日起 10 日内向作出专利侵权行政诉讼一审判决或裁定的上一级人民法院，通常是高级人民法院提起上诉。

外国人、无国籍人、外国企业和组织不服行政诉讼第一审判决或者裁定，提起上诉的期限，参照适用《民事诉讼法》第二百八十六条的规定，在判决书、裁定书送达之日起三十日内提起上诉。

（二）上诉人

专利侵权行政诉讼一审中的任一当事人对一审判决不服的，都可以依法提起上诉，他们在一审中的地位可能不同，但是二审程序中依法提起上诉的就是上诉人，因此二审中的上诉人可能是第一审程序中的原告、被告或者第三人。依据《行政诉讼法》第二十九条第二款[1]的规定，第三人只有在人民法院判决其承担义务或者减损其权益的情况下，才有权依法提起上诉。

当有多位一审当事人提出上诉，就会产生多位上诉人，例如，一审中的原告和被告均不服一审判决，分别在上诉期内提起上诉的，则他们都是上诉人。

行政诉讼二审中的一方有多名当事人提起上诉的，为共同上诉人。《行政诉讼法》没有共同上诉人的规定，参照《民事诉讼法》的规定来理解，专利侵权行政诉讼一审中的共同原告可以共同上诉，成为共同上诉人。必要共同原告中的一人提起上诉，将视为全体必要共同原告共同行使上诉权，如果部分必要共同原告声明不上诉，法院认为可以不将其列为上诉人的，该部分不上诉的必要共同原告就不是上诉人。

（三）被上诉人

被提起上诉的即为被上诉人，被上诉人通常是上诉人的对方当事人。例如，一审中的原告不服一审维持知识产权局的专利侵权纠纷处理决定的判决而提起上诉，作为对方当事人的一审被告知识产权局即为被上诉人。

（四）专利侵权行政诉讼上诉状

一审的原告、被告或者第三人不服专利侵权行政诉讼第一审判决，提起上诉的，应当向原审人民法院递交上诉状，并按对方当事人的人数提出副本。

行政上诉状应写明：

（1）上诉人和被上诉人的基本信息。原告、被告以及第三人均提起上诉，则均列为上诉人。原告提起上诉，原告上诉状应将原告列为上诉人，被告和第三人列为被上诉人；被告提起上诉，被告上诉状应将原告和第三人列为被上诉人；第三人提起上诉，第三人上诉状应将原告和被告列为被上诉人。

---

[1] 《行政诉讼法》第二十九条第二款规定：“人民法院判决第三人承担义务或者减损第三人权益的，第三人有权依法提起上诉。”

上诉状中应注明一审中各方当事人的诉讼身份，如上诉人（原审原告）、被上诉人（原审被告）等。

上诉状中所述的上诉人与本小节中的“（二）上诉人”中所述的上诉人不同，后者是指所有可以提起上诉的主体，上诉状中的上诉人则仅指提出上诉的己方。如果一审中的共同原告作为共同上诉人提起上诉的，则上诉状中应一并列明所有共同上诉人。

（2）一审判决或者裁定的具体案由及案号。

（3）上诉请求。上诉请求事由应该明确，如请求上诉人民法院撤销原审判决或者重新改判等。

（4）上诉理由和事实。行政诉讼上诉状的上诉理由的撰写方法与专利侵权诉讼上诉状的上诉理由的撰写方法相同，首先应当指出一审判决的错误，例如程序错误、确认事实错误和适用法律错误等，然后给出理由和依据。

如果是针对一审判决维持被诉行政行为不服提起的上诉，行政诉讼上诉状较专利侵权诉讼上诉状还应多出一项内容，即关于被诉行政行为违法的内容，上诉人应当说明其认为被诉行政行为违法的理由和依据。

（5）管辖法院和上诉人署名。

（五）审判方式

《行政诉讼法》第八十六条规定：“人民法院对上诉案件，应当组成合议庭，开庭审理。经过阅卷、调查和询问当事人，对没有提出新的事实、证据或者理由，合议庭认为不需要开庭审理的，也可以不开庭审理。”

通常的行政诉讼案件的二审基本上是法律审，即审查法律的适用问题，因此有不少行政诉讼的二审案件采用书面审理，但对于专利侵权行政诉讼的二审，实务中仍然会涉及技术内容的判断，需要听取双方当事人的争辩意见，因此人民法院通常组成合议庭开庭审理。

专利侵权行政诉讼二审的争议要点，大多数与技术特征对比的争议有关，诉讼当事人，无论是上诉人还是被上诉人都应重点做好争议技术特征的对比准备。

（六）审判期限

《行政诉讼法》第八十八条规定：“人民法院审理上诉案件，应当在收到上诉状之日起三个月内作出终审判决。有特殊情况需要延长的，由高级人民法院批准，高级人民法院审理上诉案件需要延长的，由最高人民法院批准。”由于专利侵权行政诉讼的二审是由被告知识产权局所在地的高级人民法院审理的，因此若有特殊情况需要延长的，由最高人民法院批准。

（七）专利侵权行政诉讼二审判决

专利侵权行政诉讼二审的判决，根据《行政诉讼法》第八十九条的规定有下述四种情形：

（1）原判决、裁定认定事实清楚，适用法律、法规正确的，判决或者裁定驳回上诉，维持原判决、裁定。

（2）原判决、裁定认定事实错误或者适用法律、法规错误的，依法改判、撤销或者变更。

（3）原判决认定基本事实不清、证据不足的，发回原审人民法院重审，或者查清事实后改判。

（4）原判决遗漏当事人或者违法缺席判决等严重违反法定程序的，裁定撤销原判决，发回原审人民法院重审。

二审人民法院改判原审判决的，应当同时对该被诉专利侵权纠纷处理决定作出判决。

第五节　专利侵权行政处理决定的执行

知识产权局作出认定专利侵权行为成立并责令侵权人立即停止侵权行为的处理决定的，应当自作出决定之日起20个工作日内予以公开，并通过政府网站等途径及时发布执法信息。

知识产权局认定利用电子商务平台上销售的产品侵犯专利权并作出处理决定的，应当通知电子商务平台提供者及时对电子商务平台上发布的专利侵权产品或者依照专利方法直接获得的侵权产品信息的相关网页采取删除、屏蔽或者断开链接等措施。

根据《专利行政执法办法》第四十四条[1]的规定，在知识产权局作出认定专利侵权行为成立并责令侵权人立即停止侵权行为的处理决定后，被请求人向人民法院提起请求撤销该处理决定的专利侵权行政诉讼的，在诉讼期间不停止该处理决定的执行。若侵权人对知识产权局作出的认定侵权行为成立的处理决定期满不起诉又不停止侵权行为的，作为专利权人或利害关系人的请求人可以

---

[1] 《专利行政执法办法》第四十四条规定："管理专利工作的部门作出认定专利侵权行为成立并责令侵权人立即停止侵权行为的处理决定后，被请求人向人民法院提起行政诉讼的，在诉讼期间不停止决定的执行。侵权人对管理专利工作的部门作出的认定侵权行为成立的处理决定期满不起诉又不停止侵权行为的，管理专利工作的部门可以申请人民法院强制执行。"

请求作出该处理决定的知识产权局向人民法院申请强制执行。

第六节 专利侵权行政处理与专利侵权诉讼的比较

专利侵权行政处理与专利侵权诉讼作为专利权人或者利害关系人在面对专利侵权行为时的两种救济途径，既存在相同点，也有诸多不同点。

一、相同点

专利侵权行政处理与专利侵权诉讼这两种权利救济方式的相同点在于：

（1）它们均可以责令侵权人停止侵权行为，如责令侵权人立即停止制造、使用、销售、许诺销售、进口等侵权行为。

（2）专利侵权行政处理中的知识产权局依职权进行调查取证，其类似于人民法院在认为必要的时候可依职权进行调查取证。

（3）专利侵权行政处理中请求人向知识产权局申请调查取证，其类似于专利侵权诉讼中的原告向人民法院申请证据保全。

二、不同点

专利侵权行政处理与专利侵权诉讼的不同点在于：

（1）两者适用的法律法规不同，专利侵权诉讼所依据的主要是《民事诉讼法》和《专利法》；而专利侵权行政处理所依据的则主要是《专利法》和《专利行政执法办法》。

（2）专利侵权诉讼中，原告请求人民法院判令侵权人销毁实施侵权行为的专用设备和模具的，由于《民法典》总则规定的十一种民事责任中没有销毁制造侵权产品的专用设备和模具的相关规定，因此人民法院的判决不会支持该诉请。但是专利权人可以在向人民法院申请强制执行时请求人民法院采取强制执行措施查封和销毁实施侵权行为的专用设备和模具，具体请参见第七章第八节“停止侵权的执行”的相关内容。而在专利侵权行政处理中，知识产权局可以根据《专利行政执法办法》第四十三条的规定作出责令销毁制造侵权产品的专用设备和模具的决定。

（3）专利侵权诉讼中原告可以向人民法院申请诉前禁令；而专利侵权行政处理中并没有诉前禁令这一程序，知识产权局不能作出诉前禁令。

（4）人民法院可以根据原告的请求，判决侵权人支付损害赔偿；知识产权局不能作出损害赔偿的决定，只有在进行专利侵权纠纷处理的过程中或者调解程序中就损害赔偿进行调解。

（5）民事诉讼当事人可以直接向人民法院请求强制执行生效的判决；而专利侵权行政处理中的专利权人只能通过作出专利侵权纠纷处理决定的知识产权局向人民法院申请强制执行已经生效的处理决定。

（6）民事诉讼实行两审终审制；而当事人不服知识产权局专利侵权行政处理决定的，可以提起撤销该行政决定的行政诉讼，行政诉讼亦是两审终审。

在实务中，专利权人可以根据案件的实际情况，决定采用专利侵权行政处理或者是通过专利侵权诉讼来制止专利侵权行为。

第十章　专利无效宣告请求和审理

专利无效宣告制度是指专利权被授予后，任何单位或者个人发现该专利权存在不符合授权条件的情形，均可请求国务院专利行政部门宣告其无效的制度。

根据《专利法》第四十七条，被宣告无效的专利权视为自始不存在。

专利无效宣告制度广泛地应用于企业的专利战略和专利侵权诉讼。企业通过专利无效宣告的手段消灭竞争企业的专利权或者缩小该专利权的保护范围，为自己的产品获取市场空间。被告被诉构成专利侵权时，为对抗原告通常都会提出专利无效宣告请求，以期消灭原告的专利权或者缩小该专利权的保护范围。

专利无效宣告请求的审查机构，是国家知识产权局专利局内设的复审和无效审理部，复审和无效审理部根据案件的技术领域组成合议组审理案件。

第一节　无效宣告请求的期限

《专利法》第四十五条规定："自国务院专利行政部门公告授予专利权之日起，任何单位或者个人认为该专利权的授予不符合本法有关规定的，可以请求国务院专利行政部门宣告该专利权无效。"无效宣告请求的客体应当是已经公告授权的专利，包括已经终止或者放弃（自申请日起放弃的除外）的专利。宣告专利权全部或部分无效的审查决定作出后，针对已被无效决定宣告无效的专利提出的无效宣告请求不予受理，但是该审查决定被人民法院生效判决撤销的除外。

在实务中，通常都是对在专利权存续期内有效的专利权提起专利无效宣告请求。专利无效宣告请求由复审和无效审理部受理和审查，并作出无效宣告审查决定，之后还可能涉及当事人对该决定不服而向法院提起请求撤销该无效决定的行政诉讼一审和二审，因此在无效决定正式生效前可能经历较长时间，为此有些在专利权有效期内提起的专利无效宣告请求案件的审理一直延续到专利权终止后才得出结论。

当然，法理上也会有对已终止的专利权提出专利无效宣告请求的案件。因为，对于专利权有效期间发生的专利侵权行为，专利权虽然终止但只要还在诉讼时效内，专利权人和利害关系人仍可以提起专利侵权诉讼并主张赔偿，此时被诉专利侵权的被告针对该已经终止的专利权提起专利无效宣告请求，一旦该专利被宣告无效，其被认为自始无效，这与专利因期限届满而终止或者因没有续费而终止的效力不同。

第二节　无效宣告请求人

根据《专利法》第四十五条的规定，任何单位或者个人均可以提起专利无效宣告请求。

根据《专利审查指南 2023》第四部分第三章第 3.2 节的规定，专利无效宣告请求人属于下列情形之一的，其专利无效宣告请求不予受理：

（1）请求人不具备民事诉讼主体资格的。

（2）以授予专利权的外观设计与他人在申请日以前已经取得的合法权利相冲突为理由请求宣告外观设计专利权无效，但请求人不能证明是在先权利人或者利害关系人的。其中，利害关系人是指有权根据相关法律规定就侵犯在先权利的纠纷向人民法院起诉或者请求相关行政管理部门处理的人。

（3）专利权人针对其拥有的专利权提出专利无效宣告请求且请求宣告专利权全部无效、所提交的证据不是公开出版物或者请求人不是共有专利权的所有专利权人的。

（4）多个请求人共同提出一件专利无效宣告请求的，但属于所有专利权人针对其共有的专利权提出的除外。

由上述规定可知，提出无效宣告请求的人可以是专利权人自己（全体）。除此以外，请求人只能单独提出无效宣告请求，也就是，一份请求只能有一个请求人；不过，根据《专利审查指南 2023》第四部分第三章第 4.5 节的规定，针对多个请求人分别针对同一项专利提出无效宣告请求的，复审和无效审理部可以合并审理。

专利无效宣告请求人的范围广泛，但由于专利具有很强的技术性和专业性，非相关领域的普通人很少关注该专利权的技术特征，更难以具备相关的专业知识，因此，在司法实践中，提起专利无效宣告请求的主体基本上为两类，即与该专利的技术领域有关的市场竞争者和专利侵权诉讼中涉嫌侵犯该专利权的被告。

在实务中，大多数专利无效宣告案件的请求人都是实名，但是也有些企业不想让专利权人知道自己是专利无效宣告请求人，以免影响二者关系，特意以其他自然人或者企业的名义提起专利无效宣告请求。

第三节　无效宣告请求及理由

《专利法实施细则》第六十九条规定："依照专利法第四十五条的规定，请求宣告专利权无效或者部分无效的，应当向国务院专利行政部门提交专利权无效宣告请求书和必要的证据一式两份。无效宣告请求书应当结合提交的所有证据，具体说明无效宣告请求的理由，并指明每项理由所依据的证据。

前款所称无效宣告请求的理由，是指被授予专利的发明创造不符合专利法第二条、第十九条第一款、第二十二条、第二十三条、第二十六条第三款、第二十六条第四款、第二十七条第二款、第三十三条或者本细则第十一条、第二十三条第二款、第四十九条第一款的规定，或者属于专利法第五条、第二十五条规定的情形，或者依照专利法第九条规定不能取得专利权。"

一、无效宣告请求书

专利无效宣告请求书特指国家知识产权局专门制定的《无效宣告请求书》表格，请求人应当按照表格的具体要求填写。该表格共分为十一项具体内容。

（1）案件编号；

（2）专利；

（3）无效宣告请求人；

（4）收件人；

（5）专利代理机构；

（6）固定用语，例如，根据《专利法》第四十五条及《专利法实施细则》第六十九条的规定，对上述专利权提出无效宣告请求；

（7）无效宣告请求的理由、范围及所依据的证据；

（8）结合证据对无效宣告请求理由的具体陈述意见；

（9）附件清单；

（10）无效宣告请求人或者专利代理机构签字或者盖章；

（11）复审和无效审理部处理意见。

其中，第（1）项和第（11）项由复审和无效审理部填写。

第（7）项为固定格式，包括理由、范围和证据三列，“理由”填写专利法或其细则的条款，“范围”填写理由所针对的具体权利要求项，“证据”可以填写证据编号。第（8）项即是无效宣告请求正文的部分，若在表格中填写不下，也可以制作单独的文件作为请求书的附页。

第（9）项的附件清单可以包括意见陈述书的正文、专利文本、无效宣告请求的证据、（委托专利代理机构的）委托书等。如果请求人是涉案专利侵权诉讼的被告，可以附上侵权诉讼的立案通知书，这样有利于复审和无效审理部加快处理无效宣告请求程序。

二、委托手续

专利无效宣告是同时涉及专利法等相关法律和相关专业技术领域的工作，委托有资质和相关专业背景的专利代理师、专利律师是非常必要的。

对于在中国没有经常居所或者营业所的外国人、外国企业或者外国其他组织为当事人的，按照《专利法》第十八条第一款的规定，必须委托有资质的专利代理机构，未按规定委托的，其无效宣告请求不予受理。

对于中国单位或个人，除了可以委托有资质的代理机构，也可以委托其近亲属或者工作人员或者有关社会团体推荐的公民代理，但是近亲属或者工作人员或者有关社会团体推荐的公民的代理权限仅限于在口头审理中陈述意见和接收当庭转送的文件。对于不具备专利代理师执业资格的律师需要经中华全国律师协会推荐，方可以代理无效宣告。

《专利审查指南2023》第四部分第三章第3.6节对专利代理师以外的代理人有如下进一步说明。

代理人为当事人的近亲属的，应当提交户口簿、结婚证、出生证明、收养证明、公安机关证明、居（村）委会证明、生效裁判文书或人事档案等与委托人身份关系的证明。代理人为当事人的工作人员的，应当提交劳动合同、社保缴费记录、工资支付记录等足以证明与委托人有合法人事关系的证明材料；当事人为机关事业单位的，应当提交单位出具的载明该工作人员的职务、工作期限的书面证明；代理人为有关社会团体推荐的公民的，参照人民法院民事诉讼中的相关规定办理。

请求人在无效宣告程序中委托专利代理机构的，应当提交无效宣告程序授权委托书，写明代理权限，若委托代理人代为和解或代为撤回无效宣告请求的事项的，应当特别注明。

请求人委托专利代理机构而未提交委托书或者委托书中未写明委托权限的，请求人会收到补正通知书要求其在指定期限内补正；期满未补正的，视为未委托。

对专利权人而言，即便此前已就其专利委托了在专利权有效期内的全程代理并继续委托该全程代理的机构的，也应当提交无效宣告程序授权委托书，并在委托书中写明委托权限仅限于办理无效宣告程序有关事务。专利权人也可以仅针对无效宣告程序委托新的代理机构，并在委托书中写明其委托权限仅限于办理无效宣告程序有关事务，此时就无须办理著录项目变更手续，无效宣告程序之外的相关事务仍由原代理机构继续处理。

专利权人委托新代理机构和代理人的，还需要由新的代理人针对无效宣告请求受理通知书答复意见，请求将后续通知和文件转送给新代理人，同时递交新代理机构的授权委托书。

专利权人授权代理人代为承认请求人的无效宣告请求、代为修改权利要求书，或者代为和解的，应当在委托书中特别注明上述权限。

三、无效宣告请求的理由、范围及证据

无效宣告请求理由必须符合《专利法实施细则》第六十九条第二款规定的理由，并且应当以《专利法》及其实施细则有关的条、款、项作为独立的理由提出，不属于该款规定的理由的无效宣告请求不予受理。

无效宣告请求范围指的是每个无效宣告请求理由（条款）具体针对的权利要求项，可以是一项，也可以是多项。《专利审查指南 2023》第四部分第三章第 3. 3 节规定，无效宣告请求应当明确无效宣告请求范围，未明确的且在补正通知期限届满未补正的，无效宣告请求视为未提出。

实务中，国家知识产权局备有固定的专利无效宣告请求书格式表格，需要按照专利无效宣告请求书第（7）项的固定格式，分三列分别写明无效宣告请求的理由（法律条款）、该无效理由的请求范围（对应的权利要求项），以及该无效理由所依据的证据（证据编号，如果有）。

请求人可以提供证据对其无效宣告请求所依据的事实加以证明，没有证据或者证据不足以证明所主张的事实的，应当承担不利后果。证据可以是书证，也可以是物证，在专利无效宣告请求程序中，用以主张专利不具备新颖性和/或创造性的在先专利文献和非专利文献（下称“对比文件”）是最为常见的证据形式。有多项证据的，可以对证据进行命名和编号，并填在专利无效宣告请求书第（9）项的附件清单一栏中。

根据《专利法实施细则》第六十九条第一款的规定，无效宣告请求书应当结合提交的所有证据，具体说明无效宣告请求的理由，并指明每项理由所依据的证据。

根据《专利审查指南2023》第四部分第三章第3.3节进一步规定，提交有证据的，应当结合提交的证据具体说明其无效宣告理由。请求人应当在专利无效宣告请求书的第（8）项一栏中结合相应的证据具体陈述无效宣告的理由和事实。

对于发明或者实用新型专利需要进行技术方案对比的，应当具体描述涉案专利和对比文件中相关的技术方案，并进行比较分析。对于外观设计专利需要进行对比的，应当具体描述涉案专利和对比文件中相关的图片或者照片表示的产品外观，并进行比较分析。

若请求人提交多份对比文件以证明权利要求不具备《专利法》第二十二条第三款所规定的创造性的，应当指明与其请求宣告无效的专利最接近的对比文件，以及是单独对比还是结合对比的对比方式，并且应具体描述涉案专利和对比文件的技术方案并分析对比。如果结合对比存在两种或者两种以上结合方式的，应当首先将最主要的结合方式进行比较分析。未明确最主要结合方式的，则默认第一组对比文件的结合方式为最主要结合方式。对于不同的独立权利要求，可以分别指明最接近的对比文件。

针对同一权利要求，不同的证据组合方式是作为不同的无效理由分别审理的，换句话说，对已有证据的重新组合，会被视为新的无效理由。如果新的证据组合方式是在一个月的补充无效理由期限之后提交的，合议组可以不予考虑。实务中，需要充分考虑已有证据的不同组合方式，对于同一权利要求有多种结合方式的，可以将多个对比文件的多种组合方式以列表展示，便于合议组确认无效宣告的范围和对应的证据并进行审理。

若请求人未具体说明无效宣告请求的理由，或者提交有证据但未结合所提交的所有证据具体说明无效宣告请求的理由，或者未指明每项理由所依据的证据的，该无效宣告请求将不被受理。

四、发明和实用新型专利权无效宣告请求的理由

专利无效宣告请求的理由是法定的，《专利法实施细则》第六十九条第二款明确列出了专利无效宣告请求的十余项理由。实务中，请求人可以为自己设定无效宣告请求的目标，包括针对哪（几）项权利要求，期望专利权人缩小权利要求范围到什么程度，或者希望专利权人对权利要求保护范围做出澄清或者

限制性描述；而后根据所明确的无效目标，结合专利本身的特点以及所能取得的证据，对多个无效理由有针对的选择和排序。本节主要介绍在实务中最常见的专利无效宣告请求理由。

（一）发明和实用新型不具备新颖性或者创造性

专利的新颖性、创造性最容易受到攻击，请求人多以不具备新颖性和创造性为由申请宣告专利权无效。

《专利法》第二十二条第一款至第三款规定："授予专利权的发明和实用新型，应当具备新颖性、创造性和实用性。新颖性，是指该发明或者实用新型不属于现有技术；也没有任何单位或者个人就同样的发明或者实用新型在申请日以前向国务院专利行政部门提出过申请，并记载在申请日以后公布的专利申请文件或者公告的专利文件中。创造性，是指与现有技术相比，该发明具有突出的实质性特点和显著的进步，该实用新型具有实质性特点和进步。"

判断发明或者实用新型专利的新颖性或者创造性所引用的证据必须是其申请日或者优先权日前已公开的对比文件或者公开使用的现有技术，具体的分析方法参见第二章第三节"专利权有效性分析"的相关内容。

缺少新颖性或者创造性，是实务中请求宣告专利权无效最常用的理由，因为即使专利权被维持有效，专利权人在抗辩专利无效宣告请求的理由时所作的任何说明都可以作为禁止反悔的根据，用以限制和缩小专利权的保护范围，这对于作为涉及侵权诉讼被告的请求人来说，具有现实意义。

（二）修改超范围

《专利法》第三十三条规定："申请人可以对其专利申请文件进行修改，但是，对发明和实用新型专利申请文件的修改不得超出原说明书和权利要求书记载的范围，对外观设计专利申请文件的修改不得超出原图片或者照片表示的范围。"《专利法实施细则》第四十九条第一款规定："依照本细则第四十八条规定提出的分案申请，可以保留原申请日，享有优先权的，可以保留优先权日，但是不得超出原申请记载的范围。"

此外，根据《专利审查指南2023》第三部分第二章第3.3节的规定，对于国际申请，《专利法》第三十三条所说的原说明书和权利要求书是指原始提交的国际申请的权利要求书、说明书及其附图，包含援引加入的项目或者部分。因此，原始提交的国际申请文件可以作为申请文件修改的依据。

在实务中，无效宣告请求的请求人可以查询专利审查档案，以确定专利申请在授权程序中做了哪些修改、修改的理由是什么，进而判断是否可以将修改超范围作为专利无效宣告请求的理由。修改超范围的分析方法参见第二章第三节之三中的“（一）修改超范围”的相关内容。

（三）说明书记载的技术方案不清楚、不完整和无法实现

《专利法》第二十六条第三款规定：“说明书应当对发明或者实用新型作出清楚、完整的说明，以所属技术领域的技术人员能够实现为准；必要的时候，应当有附图。摘要应当简要说明发明或者实用新型的技术要点。”

发明或者实用新型的说明书应当满足清楚、完整和记载的技术方案能够实现这三个条件，其分析方法参见第二章第三节之三中的“（二）说明书不清楚、不完整和发明无法实施”的相关内容。

在实务中，专利权人可以结合现有技术澄清说明书中描述的具体实施方式或具体手段，针对无效请求人指出说明书缺少的内容，可以引用申请日以前的文献以证明缺少的内容属于本领域的常规技术；但是专利权人应十分谨慎地应对，因为对应的说明或者解释，可能成为限制和缩小其专利保护范围的根据，所引用的现有技术也可能对发明的创造性构成威胁。

（四）权利要求得不到说明书的支持

《专利法》第二十六条第四款规定：“权利要求书应当以说明书为依据，清楚、简要地限定要求专利保护的范围。”

权利要求书应当以说明书为依据，即权利要求应当得到说明书的支持。权利要求书中的每一项权利要求通常由说明书记载的一个或者多个实施方式或者实施例概括而成，每一项权利要求所要求保护的技术方案应当是所属技术领域的技术人员能够从说明书充分公开的内容中得到或者概括得出的技术方案，且权利要求的概括应当不超出说明书公开的范围。

分析权利要求得不到说明书支持的方法，参见第二章第三节之三中的“（三）权利要求得不到说明书的支持”的相关内容。

功能性或者效果性表述的权利要求的保护范围与实现该功能或者该效果的具体手段有关，由于该无效宣告请求理由对解释和限制功能性或者效果性的权利要求的保护范围有十分实际的意义，因此实务中常被用到。

（五）独立权利要求缺少必要技术特征

《专利法实施细则》第二十三条第二款规定：“独立权利要求应当从整体上反映发明或者实用新型的技术方案，记载解决技术问题的必要技术特征。”

必要技术特征是指，发明或者实用新型为解决其技术问题所不可缺少的技术特征，其总和足以构成发明或者实用新型的技术方案，使之区别于背景技术中所述的其他技术方案。缺少必要的技术特征的更具体分析方法，参见第二章

第三节之三中的“（六）缺少必要的技术特征”的相关内容。

判断某一技术特征是否为必要技术特征，应当从所要解决的技术问题出发并考虑说明书整体描述的内容，不应简单地将说明书中有但独立权利要求中没有的技术特征直接认定为必要技术特征。在实务中需注意，不要将该无效宣告请求理由与得不到说明书支持的理由相混淆，即不要将功能性的权利要求缺少实现该功能的技术手段，当作独立权利要求缺少必要技术特征的无效理由。

缺少必要技术特征的审查对象是独立权利要求，但是无效程序中专利权人可能通过删除独立权利要求而使得原本的从属权利要求上升为独立权利要求。此时，请求人需要提前考虑从属权利要求是否也存在缺少必要技术特征的问题，以便在无效请求的最初一并提出。

（六）重复授权

《专利法》第九条第一款第一句规定：“同样的发明创造只能授予一项专利权。”

该条款规定了不能重复授予专利权的原则，禁止对同样的发明创造授予多项权利。两项发明专利、两项实用新型专利或者发明专利和实用新型专利的保护范围（权利要求）相同的，都可以成为请求宣告专利权无效的理由。

发明和实用新型重复授权的分析和判断方法，参见第二章第三节之三中的“（七）重复授权的排除”的相关内容。

（七）诚实信用原则

《专利法》第二十条第一款规定：“申请专利和行使专利权应当遵循诚实信用原则。不得滥用专利权损害公共利益或者他人合法权益。”与此对应，《专利法实施细则》第十一条规定：“申请专利应当遵循诚实信用原则。提出各类专利申请应当以真实发明创造活动为基础，不得弄虚作假。”

新修订的实施细则首次将诚实信用原则作为专利无效宣告请求的理由明确规定到细则第六十九条中。同时《专利审查指南2023》第四部分第三章第4.1节规定：“专利权的取得明显违背诚实信用原则的，合议组可以引入专利法实施细则第十一条的无效宣告理由进行审查。”因此，诚实信用原则不仅是请求人可以利用的无效理由，而且是国家知识产权局可以依职权进行审查的无效理由。

违反诚实信用原则的具体情形由《规范申请专利行为的规定》（国家知识产权局令第七十七号）第三条进行了列举，包括：①所提出的多件专利申请的发明创造内容明显相同，或者实质上由不同发明创造特征、要素简单组合形成的；②所提出专利申请存在编造、伪造、变造发明创造内容、实验数据或者技术效果，或者抄袭、简单替换、拼凑现有技术或者现有设计等类似情况的；③所提出专利申请的发明创造内容主要为利用计算机技术等随机生成的；④所提出专利申请的发明创造为明显不符合技术改进、设计常理，或者变劣、堆砌、非必要缩限保护范围的；⑤申请人无实际研发活动提交多件专利申请，且不能作出合理解释的；⑥将实质上与特定单位、个人或者地址关联的多件专利申请恶意分散、先后或者异地提出的；⑦出于不正当目的转让、受让专利申请权，或者虚假变更发明人、设计人的；⑧违反诚实信用原则、扰乱专利工作正常秩序的其他非正常申请专利行为。

实务中，专利权人应注意留存在发明创造、研发/实验过程中的相关记录等，以便在被指出违反诚实信用原则时，作为抗辩的证据提交。

五、外观设计专利权无效宣告请求的理由

在实务中，请求宣告外观设计专利权无效的常见理由为涉案外观设计专利权违反《专利法》第九条、第二十三条和第二十七条第二款的规定。

（一）外观设计专利是现有设计、现有设计的组合或者与在先权利相冲突

《专利法》第二十三条规定："授予专利权的外观设计，应当不属于现有设计；也没有任何单位或者个人就同样的外观设计在申请日以前向国务院专利行政部门提出过申请，并记载在申请日以后公告的专利文件中。授予专利权的外观设计与现有设计或者现有设计特征的组合相比，应当具有明显区别。授予专利权的外观设计不得与他人在申请日以前已经取得的合法权利相冲突。本法所称现有设计，是指申请日以前在国内外为公众所知的设计。"

《专利法》第二十三条规定了三种不能授予外观设计专利权的情形，即属于现有设计或存在抵触申请、相对于现有设计的组合没有明显区别，以及与在先权利冲突，这也是请求宣告外观设计专利权无效的理由。

分析涉案外观设计专利是否具有这三种情况的分析方法同分析外观设计专利权有效性的方法，具体的分析方法参见第二章第三节之四"外观设计专利权有效性分析"的相关内容。

专利权人在抗辩上述无效宣告请求理由时，必然要说明涉案外观设计专利与在先外观设计的区别或者涉案外观设计专利与在先权利的不同，其所作的任何说明都有可能成为禁止反悔的理由。在专利侵权诉讼中这些理由可被用来主张限制和缩小外观设计专利的保护范围。

（二）重复授权

《专利法》第九条第一款第一句规定："同样的发明创造只能授予一项专

利权。”

外观设计重复授权是指同样产品的相同外观设计被授予两项以上的外观设计专利权。

由于外观设计专利申请不进行实质性审查，重复授权的外观设计专利时有发生，以违反《专利法》第九条的规定，请求宣告重复授权的外观设计专利权无效的案件也不少见。

外观设计重复授权的分析方法同外观设计专利权有效性分析中的重复授权分析相同，具体分析方法参见第二章第三节之四中的“（二）外观设计重复授权的分析”的相关内容。

（三）外观设计专利的视图未清楚地显示产品的外观

《专利法》第六十四条第二款规定：“外观设计专利权的保护范围以表示在图片或者照片中的该产品的外观设计为准，简要说明可以用于解释图片或者照片所表示的该产品的外观设计。”

外观设计专利保护的是产品的外观，其保护范围以外观设计专利视图中的产品显示的外观设计为准。为此《专利法》第二十七条第二款规定：“申请人提交的有关图片或者照片应当清楚地显示要求专利保护的产品的外观设计。”

当外观设计专利的视图未能清楚显示要求保护的产品的外观时，就无法确认其保护范围，这也是请求宣告外观设计专利权无效的理由之一。

外观设计专利权的该无效宣告请求理由的分析方法同外观设计专利权有效性分析中的外观设计专利的视图是否清楚显示产品的外观设计的分析方法，具体分析方法参见第二章第三节之四中的“（三）外观设计专利的视图是否清楚显示产品的外观设计”的相关内容。

第四节　无效宣告请求的受理和无效理由的增加

本节主要介绍复审和无效审理部对专利无效宣告请求的受理以及对请求人增加理由或者补充证据的限制。

一、无效宣告请求的受理

复审和无效审理部收到专利无效宣告请求书后，应当进行形式审查并决定是否受理。对专利无效宣告请求书的形式审查包括无效宣告请求客体、无效宣告请求人资格、无效宣告请求的范围、理由和证据、请求书的格式、费用以及委托等相关事项。

复审和无效审理部对专利无效宣告请求书进行形式审查后的处理分为四种情形：

（1）发出补正通知；

（2）发出无效宣告请求视为未提出的通知书；

（3）发出不予受理通知书；

（4）发出受理通知书。

《专利法实施细则》第七十条、第七十二条以及《专利审查指南2023》第四部分第三章第3节规定：

（1）无效宣告请求经形式审查不符合专利法及其实施细则和审查指南有关规定需要补正的，复审和无效审理部应当发出补正通知书，要求请求人在收到通知书之日起十五日内补正。

（2）专利无效宣告请求存在下列情形的，复审和无效审理部将发出无效宣告请求视为未提出通知书或者无效宣告请求不予受理通知书：

① 无效宣告请求针对的不是已经公告授权的专利。

② 无效宣告请求针对的是被在先无效审查决定宣告专利权全部或者部分无效的专利权（权利要求），但是该在先无效决定被人民法院的生效判决撤销的除外。

③ 无效宣告请求的请求人不具备民事诉讼主体资格。

④ 专利无效宣告请求的理由不属于《专利法实施细则》第六十九条第二款规定的理由。

⑤ 在中国没有经常居所或者营业所的外国人、外国企业或者外国其他组织在中国请求宣告专利无效的，未委托依法设立的专利代理机构。

⑥ 在复审和无效审理部就专利无效宣告请求作出审查决定之后，又以同样的理由和证据请求宣告专利权无效的。

⑦ 以不符合《专利法》第二十三条第三款的规定为理由请求宣告外观设计专利权无效，即被授予专利权的外观设计与他人在申请日以前已经取得的合法权利相冲突，但未提交证明权利冲突的证据的。

⑧ 请求人未具体说明无效宣告理由，或者提交有证据但未结合提交的所有证据具体说明无效宣告理由，或者未指明每项理由所依据的证据的。

由上述②可知，已经被在先无效审查决定宣告无效的权利要求，无论该在先决定是否生效，对这些权利要求提出的新的无效请求不会被受理。只有当该在先决定被法院撤销，才能就相关权利要求提起新的无效请求。

对于修改后维持有效的权利要求，《专利法实施细则》第七十三条规定：国务院专利行政部门在修改后的权利要求基础上作出维持专利权有效或者宣告专利权部分无效的决定的，应当公告修改后的权利要求。也就是说，经修改后维持有效的权利要求会及时予以公告，而无需等待在先无效决定的行政诉讼程序终结。这意味着，针对修改后维持有效的专利，可以直接针对修改后的权利要求提出新的无效宣告请求，而无须等到在先决定生效。

专利无效宣告请求书符合法律相关规定的，复审和无效审理部应当向请求人和专利权人发出无效宣告请求受理通知书，并将专利无效宣告请求书和有关文件的副本转送专利权人，要求其在收到该通知书之日起一个月内陈述意见。

受理的无效宣告请求涉及专利侵权案件的，复审和无效审理部可以应人民法院、地方知识产权管理部门或者当事人的请求，向处理该专利侵权案件的人民法院或者地方知识产权管理部门发出无效宣告请求案件审查状态通知书。

二、送达文书和举证期限

《专利法实施细则》第七十二条规定：国务院专利行政部门应当将专利权无效宣告请求书和有关文件的副本送交专利权人，要求其在指定的期限内陈述意见。专利权人和无效宣告请求人应当在指定期限内答复国务院专利行政部门发出的转送文件通知书或者无效宣告请求审查通知书；期满未答复的，不影响国务院专利行政部门审理。

合议组根据案件审查需要将有关文件转送有关当事人，这通常包括向一方当事人转送对方当事人提交的文件，例如向专利权人转送无效宣告请求受理通知书、专利无效宣告请求书和相关证据，以及请求人后续可能提交的补充无效理由或者针对专利权人意见陈述再次提交的意见等；向无效请求人转送专利权人针对无效宣告请求的意见陈述、权利要求修改案或者反证等。

对于向一方当事人转送对方当事人提交的文件，合议组指定的答复期限一般为一个月。当事人期满未答复的，视为当事人已得知转送文件中所涉及的事实、理由和证据，并且未提出反对意见。不过，即便专利权人或者请求人未在指定期限内提交意见陈述的，仍有机会在无效口头审理当庭发表意见，但是需注意如果有证据要提交的话，仍需要满足上述指定期限要求。

专利权人就其专利已委托专利代理机构在专利有效期内全程代理的，合议组应当将相关文书转送该专利代理机构，专利代理机构应及时转送专利权人，因为专利权人针对受理通知书的答复期通常只有一个月；专利权人没有委托专利代理机构的，合议组应当将相关文书直接转送专利权人。专利权人应当在指定的答复期限内提交证据，并对提交的证据具体说明，证据是外文的，应提交中文译文，其期限适用该指定期限；但对于技术词典、技术手册和教科书等所属技术领域中的公知常识性证据或者用于完善证据法定形式的公证文书、原件等证据，可以在口头审理辩论终结前补充。

专利权人提交或者补充证据不符合上述期限规定或者未在上述期限内对所提交或者补充的证据具体说明的，合议组不予考虑。

三、增加专利无效宣告请求理由和补充证据的限制

《专利法实施细则》第七十一条规定："在国务院专利行政部门受理无效宣告请求后，请求人可以在提出无效宣告请求之日起1个月内增加理由或者补充证据。逾期增加理由或者补充证据的，国务院专利行政部门可以不予考虑。"

《专利审查指南2023》第四部分第三章第4.2节中规定：

（1）请求人在提出无效宣告请求之日起一个月内增加无效宣告理由的，应当在该期限内对所增加的无效宣告理由具体说明；否则，合议组不予考虑。

（2）请求人在提出专利无效宣告请求之日起一个月后增加理由的，合议组一般不予考虑，但下列情形除外：①针对专利权人以删除以外的方式修改的权利要求，在合议组指定期限内针对修改内容增加无效宣告理由，并在该期限内对所增加的无效宣告理由具体说明的；②对明显与提交的证据不相对应的无效宣告理由进行变更的。

《专利审查指南2023》第四部分第三章第4.3.1节中规定：

（1）请求人在提出无效宣告请求之日起一个月内补充证据的，应当在该期限内结合该证据具体说明相关的无效宣告理由，否则，合议组不予考虑。

（2）请求人在提出专利无效宣告请求之日起一个月后补充证据的，合议组一般不予考虑，但下列情形除外：①针对专利权人提交的反证，请求人在合议组指定的期限内补充证据，并在该期限内结合该证据具体说明相关专利无效宣告理由的；②在口头审理辩论终结前提交技术词典、技术手册和教科书等所属技术领域中的公知常识性证据或者用于完善证据法定形式的公证文书、原件等证据，并在该期限内结合该证据具体说明相关专利无效宣告理由的。

同时专利审查指南为请求人增加无效理由的一个月期限设定了例外情形，原因是如果专利权人在无效程序中修改的权利要求对于请求人来说是难以预期的（通常是删除以外的其他修改方式，例如，在独立权利要求中增加某项从属权利要求的某个特征），那么就应该给予请求人针对修改后的权利要求增加或者

变更无效理由的机会，否则对于请求人来说是不公平的。不过，在这种情况下，请求人并不能增加新的证据，例如通过再次检索找到新的对比文件，因为这种证据并不属于审查指南第四部分第三章第4.3.1节规定的一个月后可以补交的证据。

也就是说，针对专利权人非删除的修改，请求人可以增加新的无效理由，调整原有证据的组合方式，但不可以增加新的证据。因此，在提出无效宣告时，请求人应尽可能针对权利要求书中涉及的所有技术特征进行检索，并预判专利权人可能的修改方式，一旦专利权人对权利要求进行修改，请求人仍可使用已有的证据评价修改后权利要求的专利性，避免因无效审查基础发生变化而处于被动的局面。

此外，如果请求人有证据表明其因无法克服的困难，不能在1个月的期限内提交证据的，请求人可以在上述期限内书面请求延期提交。若不允许延期提交明显不公平的，应当允许延期提交。

四、逾期发现新证据和拟增加无效宣告请求理由的应对措施

无效宣告请求人对专利无效宣告请求提出新的理由和补充证据的期限为自提出无效宣告请求之日起1个月内，若请求人逾期发现新的理由或者新证据而向合议组申请补充证据的，除了本节之三“增加专利无效宣告请求理由和补充证据的限制”中提及的除外情形，合议组将不予考虑。

但如果请求人有证据表明其因无法克服的困难在1个月的期限内不能提交相关补充证据，请求人可以在上述期限内书面请求延期提交。若不允许延期提交明显不公平的，应当允许延期提交。

若无效宣告请求人逾期发现的新证据既不属于《专利审查指南2023》规定的除外情形，也不属于因无法克服的困难在1个月的期限内不能提交的情形，请求人可对该专利权另行提出专利无效宣告请求，通过提出新的无效宣告请求来提交新证据，并且请求合并两个案一同审理。在实务中，这种方法并不少见。

五、案件的合并审理

为了提高审查效率和减少当事人负担，复审和无效审理部可以对案件合并审理。合并审理的情形通常包括：

（1）针对一项专利权的多个无效宣告案件，尽可能合并口头审理；

（2）针对不同专利权的无效宣告案件，部分或者全部当事人相同且案件事实相互关联的，可以依据当事人书面请求或者自行决定合并口头审理。

合并审理的各无效宣告案件的证据不得相互组合使用。

第五节 无效宣告请求审理的原则

《专利审查指南 2023》第四部分第一章规定了无效宣告请求审查程序中普遍适用的原则，包括合法原则、公正执法原则、请求原则、依职权审查原则、听证原则和公开原则。此外，第四部分还规定有一事不再理原则、当事人处置原则、保密原则和回避制度与从业禁止。

一、合法原则

复审和无效审理部应当依法进行行政审查，无效宣告请求案件的审查程序和审查决定应当符合法律、法规、规章等有关规定。

二、公正执法原则

复审和无效审理部以客观、公正、准确、及时为原则，坚持以事实为根据，以法律为准绳，独立地履行审查职责，不徇私情，全面、客观、科学地分析判断，作出公正的决定。

三、请求原则

无效宣告程序应当基于当事人的请求启动。请求人在复审和无效审理部作出无效宣告请求审查决定前撤回其请求的，已启动的审查程序将终止；但复审和无效审理部认为根据已进行的审查工作能够作出宣告专利权全部无效或者部分无效的决定的除外。

请求人在审查决定的结论已宣布或者书面决定已经发出之后撤回请求的，不影响审查决定的有效性。

四、依职权审查原则

复审和无效审理部可以对所审查的案件依职权进行审查，而不受当事人请求的范围和提出的理由、证据的限制。

在无效宣告程序中，合议组通常仅针对当事人提出的无效宣告请求的范围、理由和提交的证据进行审查，必要时也可以对请求人未提出的理由依职权进行审查，但不承担全面审查专利有效性的义务。《专利审查指南2023》第四部分第三章第4.1节规定了合议组可以依职权审查的情形包括：

（1）专利权的取得明显违背诚实信用原则的，合议组可以引入《专利法实施细则》第十一条的无效宣告理由进行审查。

（2）请求人提出的无效宣告理由明显与其提交的证据不相对应的，合议组可以告知其有关法律规定的含义，允许其变更或者依职权变更为相对应的无效宣告理由。例如，请求人提交的证据为同一专利权人在专利申请日前申请并在专利申请日后公开的中国发明专利文件，而无效宣告理由为不符合《专利法》第九条第一款的，合议组可以告知请求人《专利法》第九条第一款和第二十二条第二款的含义，允许其将无效宣告理由变更为该专利不符合《专利法》第二十二条第二款，或者依职权将无效宣告理由变更为该专利不符合《专利法》第二十二条第二款。

（3）专利权存在请求人未提及的明显不属于专利保护客体的缺陷，合议组可以引入相关的无效宣告理由进行审查。

（4）专利权存在请求人未提及的缺陷而导致无法针对请求人提出的无效宣告理由进行审查的，合议组可以依职权针对专利权的上述缺陷引入相关无效宣告理由并进行审查。例如，无效宣告理由为独立权利要求1不具备创造性，但该权利要求因不清楚而无法确定其保护范围，从而不存在审查创造性的基础的情形下，合议组可以引入涉及《专利法》第二十六条第四款的无效宣告理由并进行审查。

（5）请求人请求宣告权利要求之间存在引用关系的某些权利要求无效，而未以同样的理由请求宣告其他权利要求无效，不引入该无效宣告理由将会得出不合理的审查结论的，合议组可以依职权引入该无效宣告理由对其他权利要求进行审查。例如，请求人以权利要求1不具备新颖性、从属权利要求2不具备创造性为由请求宣告专利权无效，如果合议组认定权利要求1具备新颖性，而从属权利要求2不具备创造性，则可以依职权对权利要求1的创造性进行审查。

（6）请求人以权利要求之间存在引用关系的某些权利要求存在缺陷为由请求宣告其无效，而未指出其他权利要求也存在相同性质的缺陷，合议组可以引入与该缺陷相对应的无效宣告理由对其他权利要求进行审查。例如，请求人以权利要求1增加了技术特征而导致其不符合《专利法》第三十三条的规定为由请求宣告权利要求1无效，而未指出从属权利要求2也存在同样的缺陷，合议组可以引入《专利法》第三十三条的无效宣告理由对从属权利要求2进行审查。

（7）请求人以不符合《专利法》第三十三条或者《专利法实施细则》第四

十九条第一款的规定为由请求宣告专利权无效，且对修改超出原申请文件记载范围的事实进行了具体的分析和说明，但未提交原申请文件的，合议组可以引入该专利的原申请文件作为证据。

（8）合议组可以依职权认定技术手段是否为公知常识，并可以引入技术词典、技术手册、教科书等所属技术领域中的公知常识性证据。

五、听证原则

在作出审查决定之前，应当给予审查决定对其不利的当事人针对审查决定所依据的理由、证据和认定的事实陈述意见的机会，即审查决定对其不利的当事人已经通过通知书、转送文件或者口头审理被告知过审查决定所依据的理由、证据和认定的事实，并且具有陈述意见的机会。

作出审查决定之前，在已经根据人民法院或者地方知识产权局作出的生效的判决或者调解决定变更专利申请人或者专利权人的情况下，应当给予变更后的当事人陈述意见的机会。

在实务中，合议组要求专利权人针对无效宣告请求陈述意见，要求无效宣告请求人针对专利权人修改权利要求或者提交的反证陈述意见，以及口头审理过程中双方当事人发表意见都属于听证过程。对于一方当事人在口头审理当庭提供的公知常识性证据，要求对方当事人当庭答复明显不公平，通常应给对方当事人在庭审结束后的指定答辩期内以书面形式答复的机会，以符合听证原则。

同样地，合议组依职权引入无效宣告请求之外的理由或者引入公知常识性证据进行审查的，也应当告知专利权人，并给予陈述意见的机会。

六、公开原则

除了根据国家法律、法规等规定需要保密的案件以外，无效案件的口头审理应当公开举行，审查决定应当公开。

七、一事不再理原则

对已作出审查决定的无效宣告案件涉及的专利权，以同样的理由和证据再次提出无效宣告请求的，不予受理和审理。

如果再次提出的无效宣告请求的理由或者证据因时限等原因未被在先的无效宣告请求审查决定所考虑，则该请求不属于上述不予受理和审理的情形。

八、当事人处置原则

无效宣告请求人可以放弃全部或者部分无效宣告请求的范围、理由及证据。对于无效宣告请求人放弃的无效宣告请求的范围、理由和证据，合议组通常不再审查。

在无效宣告程序中，当事人有权自行与对方和解。对于无效宣告请求人和专利权人均向合议组表示有和解愿望的，合议组可以给予双方当事人一定的期限进行和解，并暂缓作出审查决定，直至任何一方当事人要求合议组作出审查决定，或者合议组指定的期限已届满。实务中，合议组会在无效口头审理开始时向双方当事人询问和解意愿，合议组首先向无效请求人询问是否有和解意愿，如果请求人没有和解意愿则不再询问专利权人而直接进入后续的审查。

在无效宣告程序中，专利权人针对无效宣告请求人提出的无效宣告请求主动缩小专利权保护范围且相应的修改文本已被合议组接受的，视为专利权人承认大于该保护范围的权利要求自始不符合专利法及其实施细则的有关规定，并且承认无效宣告请求人对该权利要求的无效宣告请求，从而免去无效宣告请求人对请求宣告该权利要求无效这一主张的举证责任。

在无效宣告程序中，专利权人声明放弃权利要求或者外观设计的，视为专利权人承认该项权利要求或者外观设计自始不符合《专利法》及其实施细则的有关规定，并且承认无效宣告请求人对该项权利要求或者外观设计的无效宣告请求，从而免去无效宣告请求人对宣告该项权利要求或者外观设计无效这一主张的举证责任。专利权人放弃专利权不妨碍他人合法权益和公众利益的，由无效宣告审查决定对该权利处分行为予以确认。

九、保密原则

在作出审查决定之前，合议组的成员不得私自将自己、其他合议组成员、负责审批的部门负责人对该案件的观点明示或者暗示给任何一方当事人。为了保证公正执法和保密，合议组成员原则上不得与一方当事人会晤。

十、回避制度与从业禁止

复审或者无效宣告案件合议组成员有《专利法实施细则》第四十二条规定的情形之一的，应当自行回避；合议组成员应当自行回避而没有回避的，当事人有权请求其回避。《专利法实施细则》第四十二条规定的情形包括：

（1）是当事人或者其代理人的近亲属的；

（2）与专利申请或者专利权有利害关系的；

（3）与当事人或者其代理人有其他关系，可能影响公正审查和审理的；

（4）复审或者无效宣告程序中，曾参与原申请的审查的。

当事人请求回避的，应当以书面方式提出，并且说明理由，必要时附具有关证据。复审和无效审理部对当事人提出的请求，应当以书面方式作出决定，并通知当事人。

第六节　权利要求的修改

在发明或者实用新型专利无效宣告请求的审查阶段，专利权人仅可以对权利要求进行修改，《专利审查指南 2023》第四部分第三章第 4.6 节对权利要求修改的原则、方式以及限制做了具体规定。

无效审查程序中，在合议组对无效范围、理由和证据开始调查之前，首先要确定的是审查的文本，如果专利权人修改了权利要求，则需要审查该修改是否符合《专利审查指南 2023》的相关规定，期间双方当事人也可以发表意见。实务中，权利要求的修改问题常常成为无效的双方当事人争议的焦点，对于后续无效理由的审查产生重要影响。

一、修改原则

发明或者实用新型专利文件的修改仅限于权利要求书，且应当针对无效宣告理由或者合议组指出的缺陷进行修改，其原则是：

（1）不得改变原权利要求的主题名称；

（2）与授权的权利要求相比，不得扩大原专利的保护范围；

（3）不得超出原说明书和权利要求书记载的范围；

（4）一般不得增加未包含在授权的权利要求书中的技术特征，外观设计专利的专利权人不得修改其专利文件；

（5）同时，对权利要求的修改还应当符合《专利法》第三十三条的规定，即修改不应超出原说明书和权利要求书记载的范围。原说明书和权利要求书记载的范围包括原说明书和权利要求书文字记载的内容和根据原说明书和权利要求书文字记载的内容以及说明书附图能直接地、毫无疑义地确定的内容。如果修改后的权利要求与原申请记载的信息不同，而且又不能从原申请记载的信息中直接地、毫无疑义地确定，那么，这种修改就是不允许的；

（6）需要注意的是，原申请的内容并不包括申请文件的外文文本或优先权文件中的内容。但是，对于进入国家阶段的国际申请，由于中国承认其作为国家申请的效力，其原始提交的外文文本属于上述原申请的范畴，可以作为修改的依据。不过，虽然可以根据国际申请外文文本修改权利要求，但仍需要满足上述第（2）项要求，不得扩大原权利要求保护范围。

二、修改方式

《专利审查指南 2023》进一步规定，在满足上述修改原则的前提下，修改权利要求书的具体方式一般限于权利要求的删除、技术方案的删除、权利要求的进一步限定和明显错误的修正。

权利要求的删除是指从权利要求书中去掉某项或者某些项权利要求，例如独立权利要求或者从属权利要求。独立权利要求删除后，直接引用该独立权利的从属权利要求实际上就上升为新的独立权利要求。如果直接引用该独立权利要求的从属权利要求有两项时，就会出现两项并列的新的独立权利要求。这两项新的独立权利要求有可能会有发生专利单一性的问题，但是专利单一性不是专利无效的理由，因此，新的独立权利要求间即使有单一性问题，也不影响其有效性。

技术方案的删除是指从同一权利要求中并列的两种以上技术方案中删除一种或者一种以上技术方案。

权利要求的进一步限定是指在权利要求中补入其他权利要求中记载的一个或者多个技术特征，以缩小保护范围。

这种修改通常是将从属权利要求中的部分技术特征添加到所引用的独立权利要求中，以对独立权利要求做进一步的限定。这里的“其他权利要求”通常应理解为当前拟修改的权利要求的从属权利要求，而不是与该权利要求没有从属关系的其他独立权利要求及其从属权利要求。将与拟修改的权利要求没有从属关系的权利要求中的某个特征添加到当前权利要求中，也就是将不同技术方案中选取特定技术特征而构建新的组合，从而得到原申请中不曾出现过的新技术方案，那么会违反《专利法》第三十三条关于修改不能超出原申请范围的规定。

因此，实务中，针对专利权人修改的权利要求，无效请求人不仅应判断其形式上是否符合《专利审查指南 2023》关于无效阶段权利要求修改方式的规定，还要按照《专利审查指南 2023》对于修改超范围的规定，判断其实质上是否符合《专利法》第三十三条的规定。

明显错误的修正，一般是指一些明显的打字错误的修正，以及通过上下文或者阅读说明书可以明显导出唯一正确结论的错误的更正。在实务中，除明显的打字错误外，其他错误的修改十分困难，因为除了要证明确实有错误外，还要证明正确结论的唯一性。对于进入中国国家阶段的原始申请为外文的国际申请，可能因为翻译不当导致中文文本错误，如果该翻译错误属于明显错误的，也可以基于原始提交的外文文本进行修改。

显然，在专利无效宣告请求的审理阶段，专利权人对权利要求的修改方式是非常受限的，而且不可以将权利要求书不包含而仅在专利说明书中包含的特征加入到权利要求中，其原因是专利在授权之后，作为确定专利权保护范围的权利要求书应当具有确定性，即便其可能因为无效程序而发生变化，这种变化对于公众以及无效请求人来说，都应当是能够预期的。反过来说，如果专利权人对权利要求的修改超出了无效请求人或者公众对权利范围的预期，那么这种修改是不被允许的。

三、修改方式的限制

在审查决定作出之前，专利权人可以删除权利要求或者权利要求中包括的技术方案。删除权利要求或者权利要求中包括的技术方案，可认为是专利权人对某项权利的放弃，因此，删除权利要求或者权利要求中包括的技术方案不受时间的限制。

仅在下列三种情形的答复期限内，专利权人可以以删除以外的方式修改权利要求书：

（1）针对无效宣告请求书；

（2）针对请求人增加的无效宣告请求理由或者补充的证据；

（3）针对合议组引入的请求人未提及的无效宣告请求理由或者证据。

合议组对上述三种情形指定的答复期限通常仅为一个月。原因是无效请求程序是双方当事人参与的行政程序，对于专利权人以删除以外方式修改权利要求的，无效请求人有权知晓并发表意见，以符合听证原则。

在实务中，专利权人在收到无效宣告请求书之后，应当立刻评估权利要求修改的必要性，以及修改在形式上和实质上能被接受的可能性。如果超过了上述规定的答复期限，或者修改因不符合规定而不被接受，那么无效宣告的审查将基于原始授权公告的文本进行，专利权人将丧失通过修改获得更稳定、难于被无效的权利要求的机会，这将给专利权人带来非常不利的后果。

对请求人而言，应对权利要求的修改方式和修改时机是否符合上述要求进行确认。此外，如本章第三节讨论的，针对权利要求的修改，虽然请求人可以补充无效理由但不能提交新的证据，因此请求人在准备无效理由和证据时，就应当预判专利权人可能的权利要求修改方式，并针对权利要求书中涉及的所有技术特征进行检索和确定无效证据，以便有充分和有力的证据应对专利权人的修改。

第七节　口头审理

专利无效宣告案件的审理是双方当事人参与的行政程序，口头审理是根据《专利法实施细则》第七十四条的规定而设置的行政听证程序，其目的在于查清事实，给当事人当庭陈述意见的机会。

《专利法实施细则》第七十四条第一款规定："国务院专利行政部门根据当事人的请求或者案情需要，可以决定对无效宣告请求进行口头审理。"《专利审查指南2023》第四部分第三章第4.4节规定，在无效宣告程序中，合议组根据案件的具体情况，可以采取口头审理、书面审理或者口头审理与书面审理相结合的方式进行审查。

本节根据《专利法实施细则》第七十四条和《专利审查指南2023》第四部分第四章的规定，介绍口头审理的相关流程。

一、口头审理的启动

专利无效宣告案件的口头审理有两种启动方式，一是依当事人的申请启动，二是复审和无效审理部依职权启动。

当事人申请口头审理的，应当以书面方式向复审和无效审理部提出进行口头审理的请求，并说明理由。当事人可以根据下列理由请求进行口头审理：

（1）一方当事人要求同对方当事人当面质证和辩论。

（2）需要当面向合议组说明事实。

（3）需要进行实物演示。

（4）需要已出具过证言的证人出庭作证。

对于无效宣告案件，合议组在审查决定作出前收到当事人依据上述理由以书面方式提出口头审理请求的，合议组应当同意，但是合议组认为确无必要进行口头审理的除外。

合议组可以根据案情需要自行决定进行口头审理；针对同一案件已经进行过口头审理的，必要时可以再次进行口头审理。在下列情形下，合议组通常应当依职权启动口头审理：

（1）合议组已将无效宣告请求文件转送专利权人，无论专利权人是否答复，合议组认为请求人请求宣告无效的范围部分成立，可能会作出宣告专利权部分无效的决定的。

（2）合议组已将无效宣告请求文件转送专利权人，在指定答复期限内专利权人已经答复，合议组认为专利权人提交的意见陈述理由充分，将会作出维持专利权的决定的。

（3）合议组已将无效宣告请求文件转送专利权人，在指定答复期限内专利权人没有答复，合议组认为请求人提交的证据不充分，其请求宣告专利权无效的理由不成立，将会作出维持专利权的决定的。

鉴于无效宣告审查是对立双方当事人参与的行政程序，在实务中，一般都进行口头审理，采用仅书面审理的方式较为少见。

二、口头审理的通知

需要对专利无效宣告案件进行口头审理的，合议组应当向当事人发出口头审理通知书，告知进行口头审理的日期和地点等事项。口头审理通知可以通过电子专利申请系统发送，也可以采取邮寄、传真、电子邮件、电话、短信等方式告知当事人。口头审理的日期和地点需要改动的，需经双方当事人同意或者经部门负责人批准。

无效宣告程序中，口头审理通知指定的答复期限一般不超过七日。口头审理通知回执中应当有当事人的签名或者盖章。表示参加口头审理的，应当写明参加口头审理人员的姓名。要求委派出具过证言的证人就其证言出庭作证的，应当在口头审理通知回执中声明，并且写明该证人的姓名、工作单位（或者职业）和要证明的事实。

参加口头审理的每方当事人及其代理人的数量不得超过四人。回执中写明的参加口头审理人员不足四人的，可以在口头审理开始前指定其他人参加口头审理。一方有多人参加口头审理的，应当指定其中之一作为第一发言人进行主要发言。

当事人依照《专利法》第十八条规定委托专利代理机构代理的，该机构应当指派专利代理师参加口头审理。

当事人应当在口头审理通知指定的答复期限内提交回执明确表示是否参加

口头审理，逾期未答复的，视为不参加口头审理，无效宣告口头审理当庭当事人出席的除外。若无效宣告请求人期满未提交回执，并且不参加口头审理的，其专利无效宣告请求视为撤回，专利无效宣告程序随即终止，但合议组认为依据已进行的审查工作能够作出宣告专利权全部无效或者部分无效的审查决定的除外；若专利权人不参加口头审理的，可以缺席审理。

三、口头审理的进行

口头审理包括线下审理、线上审理以及线下与线上审理相结合等方式。

口头审理应当公开进行，但依据法律、法规等规定需要保密的除外。

口头审理通常由合议组组长主持。对于审理事实清楚、争议焦点明确的简单案件，经合议组一致同意，也可以由主审员代表合议组出席并主持口头审理。

在口头审理开始前，合议组应当核对参加审理的人员的身份，确认其是否有参加口头审理的资格。

口头审理中允许旁听，旁听者无发言权；未经批准，不得拍照、录音和录像，也不得向参加口头审理的当事人传递有关信息。

（一）口头审理的开始阶段

合议组宣布口头审理并介绍合议组成员，接着由当事人介绍出席口头审理的人员，合议组询问双方当事人对于对方出席人员的资格是否有异议，合议组宣读当事人的权利和义务，询问当事人是否请求合议组人员回避，以及是否请证人作证或者请求演示物证。

合议组还应当询问双方当事人是否有和解的意向。若双方当事人均有和解意愿并希望当庭协商的，应当暂停口头审理；若双方的和解条件差异较小的，可以中止口头审理；若双方的和解条件差异大并且难以在短时间内达成和解协议的，或者有任何一方不希望进行和解的，口头审理则继续进行。

（二）当事人的缺席或者中途退庭

在口头审理中，若有当事人未出席的，只要一方当事人的出庭符合规定，合议组即按照规定的程序进行口头审理。

在口头审理中，未经合议组的许可，当事人不得中途退庭。若当事人未经合议组许可而中途退庭的，或者因妨碍口头审理的进行而被合议组责令退庭的，合议组可以缺席审理，但应当记录该当事人已经陈述的内容及其中途退庭或者被责令退庭的事实，并由该当事人或者合议组签字确认。

（三）口头审理的调查阶段

口头审理的调查阶段依以下步骤进行：

（1）无效宣告请求人陈述请求专利无效宣告请求的范围及理由，并简要陈述相关的事实和证据，再由专利权人进行答辩。

（2）请求人陈述请求首先应明确无效宣告请求所针对的权利要求项、就该权利要求提出的无效理由以及所依据的证据，此时针对每一条无效理由一般不需要进行详细说明。针对请求人的陈述，专利权人可以进行简单的答辩，而将详细的反驳理由放在之后的质证或辩论阶段中陈述。

（3）合议组核对无效宣告请求的范围和理由以及双方当事人提交的证据，确定口头审理的范围。如果专利权人提交了权利要求修改的，应当审查修改是否符合相关规定，给予无效请求人就修改发表意见的机会，并由专利权人答辩；必要时，可以暂时休庭，由合议组合议确定审查文本后继续口头审理。

（4）当事人当庭增加理由或者补充证据的，合议组应当判断该理由或者证据是否予以受理；决定予以受理的，合议组应当给予首次得知该理由或者证据的对方当事人选择当庭口头答辩或者以后进行书面答辩的权利。

（5）无效宣告的请求人就其提出的无效宣告请求的理由、事实及证据进行举证，再由专利权人进行质证；若专利权人提出反证的，则由请求人进行质证。出具过证言并在口头审理通知书回执中写明有证人参加的，证人可以就其证言出庭作证，但出庭作证的证人不得旁听案件的审理；询问证人时，其他证人不得在场。合议组可以对证人进行提问，双方当事人可以对证人进行交叉提问；证人对合议组提出的问题应当作出明确回答，对于当事人提出的与案件无关的问题可以不回答。

（6）若专利无效宣告案件存在多个无效宣告请求理由、待证事实或者证据的，合议组可以要求当事人按照无效宣告请求理由和待证事实逐个举证和质证。

（7）合议组成员可以就相关事实和证据向当事人或者证人提问，或者要求当事人或者证人作出解释。

（四）口头审理的辩论阶段

在双方当事人均对案件的证据和事实无争议的情况下，可以在双方当事人对证据和事实予以确认的基础上直接进行口头审理的辩论。

在口头审理的辩论阶段，由当事人就证据所表明的事实、争议的问题和适用的法律各自陈述意见并进行辩论。在辩论时，合议组成员可以进行提问，但不得发表自己的倾向性意见，也不得与任何一方当事人辩论。

在辩论中，当事人提出先前提交过但未经调查的事实或者证据的，合议组可以中止辩论，恢复口头审理的调查，待调查结束后再继续进行辩论。实务中，合议组常常会将口头审理的调查阶段和辩论阶段合并进行，在调查事实和证据的同时，双方当事人就事实或证据所要证明的主张发表意见和辩论。

（五）口头审理的最后陈述阶段

在双方当事人的辩论意见均表达完毕后，合议组宣布辩论终结，由双方当事人作最后陈述。

在最后陈述中，无效宣告请求人可以坚持专利无效宣告请求；也可以请求撤回专利无效宣告请求；还可以放弃专利无效宣告请求的部分无效请求理由及相应证据，或者缩小专利无效宣告请求的范围。专利权人可以坚持要求驳回无效宣告请求人的专利无效宣告请求，也可以声明缩小专利保护范围或者放弃部分或全部权利要求。

（六）口头审理的中止

有下列情形之一的，合议组可以宣布中止口头审理，并在必要时确定继续进行口头审理的日期：

（1）当事人请求审案人员回避的；

（2）因和解需要协商的；

（3）需要对发明创造进一步演示的；

（4）合议组认为必要的其他情形。

（七）口头审理的合议与终止

在口头审理的过程中，合议组可以根据案情的需要进行休庭合议，休庭后重新开始口头审理，合议组宣布口头审理结论，该结论可以是对专利无效宣告请求的审查决定，也可以是其他结论，如案件事实已经查清，可以作出审查决定等结论。

在下列三种情形下，合议组可以宣布口头审理终止：

（1）对于事实已经调查清楚、可以作出审查决定且不属于需要经过部门负责人审核批准的案件，合议组可以当场宣布审查决定的结论。

（2）对于经过口头审理拟当场宣布审查结论的案件，需要经部门负责人审核批准的，应当在批准后宣布审查决定的结论。

（3）合议组不当场宣布审查决定结论，应作简要说明。

最后，在一定的期限内，将审查决定的全文以书面形式送达当事人。

第八节　审查决定及其对专利侵权诉讼的影响

《专利法》第四十六条第一款第二句规定，宣告专利权无效的决定，由国家知识产权局登记和公告。《专利法》第四十七条第一款规定，宣告无效的专利权视为自始即不存在。《专利法实施细则》第七十三条第一款第二句规定，国务院专利行政部门在修改后的权利要求基础上作出维持专利权有效或者宣告专利权部分无效的决定的，应当公告修改后的权利要求。

一、专利无效宣告请求审查决定书

复审和无效审理部对专利无效宣告请求进行审查并作出决定后，会出具专利无效宣告请求审查决定书。

无效宣告请求审查决定书的首页写明审查决定的三种结果之一，即宣告专利权全部无效，或者宣告专利权部分无效，或者维持专利权有效，并写明合议组成员。如果请求人针对一件发明或者实用新型专利的部分权利要求的无效宣告理由成立，针对其余权利要求的无效宣告理由不成立，则无效宣告请求审查决定应当宣告相对于该无效宣告理由成立的部分权利要求无效，并且维持其余的权利要求有效。

无效宣告请求审查决定书自第 2 页起为正文。在正文部分，无效宣告请求审查决定书的著录项目主要包括案件编号、决定日、发明创造名称、国际分类号（或者外观设计分类号）、无效宣告请求人、专利权人、专利号、申请日、授权公告日、无效宣告请求日、法律依据和决定要点。其后主要分为案由、决定的理由和决定三部分进行具体论述。

专利无效宣告请求审查决定作出后，决定会及时送达双方当事人。对于涉及侵权案件的无效宣告请求，在无效宣告请求审理开始之前曾通知有关人民法院或者地方知识产权管理部门的，作出决定后，应当将审查决定和无效宣告审查结案通知书送达有关人民法院或者地方知识产权管理部门。对于涉及权属纠纷的无效宣告请求，合议组作出决定后，应当将审查决定送达被准予参加无效宣告程序的权属纠纷当事人。根据《专利法》第四十六条的规定，宣告专利权无效（包括全部无效和部分无效）的审查决定后，当事人未在收到该审查决定之日起三个月内向人民法院起诉，或者人民法院生效判决维持该审查决定的，由专利局予以登记和公告。任一方当事人对宣告专利权无效或者维持专利权有效的决定不服，可以自收到该审查决定之日起三个月内向人民法院起诉，在人民法院判决生效前，无效宣告审查决定不生效。

《专利审查指南 2023》第四部分第一章第 6.3 节规定，复审和无效宣告请求审查决定的正文，除所针对的专利申请未公开的情况以外，应当全部公开。

二、审查决定对专利侵权诉讼的影响

在专利无效宣告请求案件中，由于绝大部分的请求人和被请求人均为专利侵权诉讼中的当事人，因此国家知识产权局对专利无效宣告请求作出的宣告专利权无效或者维持专利权有效的审查决定将直接影响该专利侵权诉讼。

（一）对尚在审判中的专利侵权诉讼的影响

《专利解释（二）》第二条第一款和第二款规定："权利人在专利侵权诉讼中主张的权利要求被国务院专利行政部门宣告无效的，审理侵犯专利权纠纷案件的人民法院可以裁定驳回权利人基于该无效权利要求的起诉。有证据证明宣告上述权利要求无效的决定被生效的行政判决撤销的，权利人可以另行起诉。"

对于尚在审理中的专利侵权诉讼，被告在答辩期内向国家知识产权局提出专利无效宣告请求的同时请求人民法院中止该专利侵权诉讼的，人民法院判断是否接受被告中止专利侵权诉讼的申请，可以参见第四章第七节之三"诉讼中止"的相关内容；而国家知识产权局一旦作出宣告涉案专利权无效的审查决定，人民法院将依据该审查决定直接驳回权利人的起诉。

（二）对已判决或者已调解且已执行的专利侵权诉讼的影响

《专利法》第四十七条规定："宣告无效的专利权视为自始即不存在。宣告专利权无效的决定，对在宣告专利权无效前人民法院作出并已执行的专利侵权的判决、调解书，已经履行或者强制执行的专利侵权纠纷处理决定，以及已经履行的专利实施许可合同和专利权转让合同，不具有追溯力。但是因专利权人的恶意给他人造成的损失，应当给予赔偿。依照前款规定不返还专利侵权赔偿金、专利使用费、专利权转让费，明显违反公平原则的，应当全部或者部分返还。"

对于已判决或者已调解并且已执行或者履行完毕的专利侵权诉讼，与该判决有关的专利权被宣告无效，原则上是不具有追溯力的，即专利权人不因专利权被宣告无效而需返还给被告因判决或者调解取得的财产性赔偿，但有两种情况例外：

一是因专利权人的恶意给他人造成的损失应当给予赔偿。

现有法律和司法解释中没有定义"恶意"，通常可以理解为以损害他人为目的，在明知没有事实和法律依据的情况下故意提起诉讼，使相对人因诉讼而遭受损害的行为。其本质上属于侵权行为，可以适用《民法典》侵权责任的过错责任原则。在实务中，恶意行为除了恶意提起专利侵权诉讼之外，还可以是恶意申请专利侵权诉讼前的诉前禁令。构成恶意诉讼的要件包括：

（1）提起专利诉讼，无事实或者法律依据；

（2）主观上具有恶意；

（3）对他人造成损害且具有因果关系。

在司法实践中，属于恶意的典型情形例如，权利人明知专利权基础存在瑕疵仍提起专利侵权诉讼，明知对方不侵权却仍然提起专利侵权诉讼。例如，专利权人明知其获得专利权的技术或者设计属于现有技术或者现有设计，而恶意指控他人侵犯其专利权并向人民法院起诉或者请求地方知识产权局处理的，以及恶意申请诉前禁令的，被控侵权人可以请求人民法院责令专利权人赔偿由此给其造成的损失。这类情形较可能发生在实用新型专利权或者外观设计专利权中，因为中国对实用新型专利申请和外观设计专利申请并不进行实质审查。又例如，明知他人拥有在先合法的著作权或商标权，而将其外观申请为专利。又或者，基于专利权人在专利无效宣告程序中主动放弃的权利要求提起专利侵权诉讼的行为。

二是若原告不返还专利侵权赔偿金、专利使用费、专利转让费明显违反公平原则的，应当全部或者部分返还。

现有法律和司法解释同样没有“违反公平”的定义，在实务中，除上述的恶意情形外，还包括一些实际上实施该技术的时间很短就被判专利侵权，或者专利实施许可合同或专利转让合同签订不久，被许可人或者受让人还未实施或者刚开始实施合同约定的专利技术，该专利权即被宣告无效的情形。

这些被判侵权的专利侵权人、被许可人或者受让人还未从专利技术的实施中取得实际利益，或者其取得的利益与支付的侵权赔偿金、专利许可使用费或者专利转让费相差较大而明显不公平的，可以要求权利人返还全部或者部分的专利侵权赔偿金、专利许可使用费或者专利转让费。

（三）对已判决或者已调解但未执行的专利侵权诉讼的影响

《专利解释（二）》第二十九条第一款规定：“宣告专利权无效的决定作出后，当事人根据该决定依法申请再审，请求撤销专利权无效宣告前人民法院作出但未执行的专利侵权的判决、调解书的，人民法院可以裁定中止再审审查，并中止原判决、调解书的执行。”

对于已作出但尚未执行的专利侵权判决或者调解书，宣告专利权无效的审查决定可以中止或者终结该判决或者调解书的执行。

《专利解释（二）》第二十九条第二款进一步规定：“专利权人向人民法院提供充分、有效的担保，请求继续执行前款所称判决、调解书的，人民法院应当继续执行；侵权人向人民法院提供充分、有效的反担保，请求中止执行的，人民法院应当准许。人民法院生效裁判未撤销宣告专利权无效的决定的，专利权人应当赔偿因继续执行给对方造成的损失；宣告专利权无效的决定被人民法院生效裁判撤销，专利权仍有效的，人民法院可以依据前款所称判决、调解书直接执行上述反担保财产。”

《专利解释（二）》第三十条规定：“在法定期限内对宣告专利权无效的决定不向人民法院起诉或者起诉后生效裁判未撤销该决定，当事人根据该决定依法申请再审，请求撤销宣告专利权无效前人民法院作出但未执行的专利侵权的判决、调解书的，人民法院应当再审。当事人根据该决定，依法申请终结执行宣告专利权无效前人民法院作出但未执行的专利侵权的判决、调解书的，人民法院应当裁定终结执行。”

三、专利无效宣告请求的撤回

在合议组对专利无效宣告请求作出审查决定之前，请求人可以撤回其专利无效宣告请求。但请求人对其请求的撤回并不必然导致专利无效宣告请求的审查程序的终止。

《专利法实施细则》第七十六条第二款规定：“国务院专利行政部门作出决定之前，无效宣告请求人撤回其请求或者其无效宣告请求被视为撤回的，无效宣告请求审查程序终止。但是，国务院专利行政部门认为根据已进行的审查工作能够作出宣告专利权无效或者部分无效的决定的，不终止审查程序。”

请求人未在指定的期限内答复口头审理通知书，并且不参加口头审理，其无效宣告请求被视为撤回的，无效宣告程序终止，但合议组认为根据已进行的审查工作能够作出宣告专利权无效或者部分无效的决定的除外。

第九节　请求撤销无效宣告请求审查决定的行政诉讼

不服国家知识产权局宣告专利无效的审查决定提起的请求撤销该审查决定的行政诉讼适用《行政诉讼法》。提起行政诉讼的必要条件、一审原被告的适格性和第三人的规定、人民法院的受理和审理以及行政上诉等的相关内容，请求撤销无效宣告请求审查决定的行政诉讼与不服地方知识产权局专利侵权纠纷处理决定而进行的行政诉讼相同，请参见第九章第四节“专利侵权行政诉讼”的相关内容。

本节主要介绍的是起诉期限、一审和二审的管辖法院以及证据等一些需特别注意的内容。

一、提起请求撤销无效宣告请求审查决定的行政诉讼的期限

当事人对国家知识产权局作出的专利无效宣告请求审查决定不服的，可以在法定期限内向人民法院提起行政诉讼。

《专利法》第四十六条第二款规定："对国务院专利行政部门宣告专利权无效或者维持专利权的决定不服的，可以自收到通知之日起三个月内向人民法院起诉。人民法院应当通知无效宣告请求程序的对方当事人作为第三人参加诉讼。"

原则上，当事人提起行政诉讼期限的起算点是其实际收到无效宣告决定的日期。对于以邮寄方式发送专利无效宣告决定的，虽然《专利法实施细则》第四条第四款规定了："国务院专利行政部门邮寄的各种文件，自文件发出之日起满 15 日，推定为当事人收到文件之日。当事人提供证据能够证明实际收到文件的日期的，以实际收到日为准。"但在实务中，北京知识产权法院立案庭受理案件时会要求当事人提供实际收到日期的证明，否则会以无效宣告请求审查决定中示明的发文日期为起算日来判断是否超过起诉期限，因此，当事人应准备充足证据证明其实际收到日。

对于以电子文件形式发送专利无效宣告决定的，《专利法实施细则》第四条第七款规定："国务院专利行政部门以电子形式送达的各种文件，以进入当事人认可的电子系统的日期为送达日。"上述进入电子系统的日期也即决定书载明的发文日。因此，除非当事人有证据表明决定书进入电子系统的日期并非发文日，否则北京知识产权法院立案庭受理案件时仍以决定书中载明的发文日期作为起诉期限的起算点，需要特别注意。

二、行政诉讼一审和二审的管辖

请求撤销国家知识产权局作出的无效宣告请求审查决定书的第一审专利行政诉讼案件均由北京知识产权法院管辖。

对北京知识产权法院作出的一审行政判决不服提起上诉的二审案件，均由最高人民法院知识产权法庭管辖。

三、证　据

关于不服国家知识产权局的无效宣告请求审查决定，提起请求撤销该审查

决定的行政诉讼中使用的证据，诉讼当事人原则上都应该采用请求人或者被请求人在国家知识产权局行政审理过程中已提交的证据。人民法院通常不接受新证据，即使该证据是在行政决定作出后发现的可以影响涉案专利新颖性、创造性和实用性的新的对比文件，也一般不予接受。因为在行政诉讼中，人民法院要判明的是行政机关作出行政决定时所认定的事实、适用的法律和程序是否正确，这些都必须根据专利无效宣告请求的行政审查阶段中原来已有的证据来进行认定。无效宣告请求人若发现可影响涉案专利权新颖性、创造性和实用性的新证据，可以依据这些新证据另行向国家知识产权局提起专利无效宣告请求。国家知识产权局将依据请求人的请求，另行进行审查和作出新的审查决定。

对于合并两个以上专利无效宣告案件进行的审查，国家知识产权局审查的是该请求人的无效宣告请求理由及其所提供的证据，而通常不会结合其他请求人的证据来审查该请求人的无效宣告请求的理由。在对该审查决定不服提出撤销该审查决定的行政诉讼中，作为原告一方的无效宣告请求人通常应引用自己在无效宣告请求审理时提供的证据。

在行政诉讼中，作为无效宣告请求人之一的原告，引用其他无效宣告请求人已向国家知识产权局提供的对比文件来主张和解释自己的理由和观点的，人民法院通常也不会认可，因为人民法院要判明国家知识产权局在作出行政决定时认定的事实和依据的证据是否正确。原告引用其他无效宣告请求人提供的对比文件来主张和解释自己的理由和观点，是一种新的无效理由，其未经过国家知识产权局的行政审查，人民法院一般不会认可。另外，国家知识产权局审查专利无效宣告案件时不结合其他请求人提供的对比文件来评价另一位请求人的无效宣告请求理由，符合《专利审查指南2023》关于合并案件审理的规定，况且原告完全可以利用其他请求人提供的对比文件结合自己的无效宣告请求理由，另行提出新的无效宣告请求。

四、第一审诉讼当事人

请求撤销无效宣告请求审查决定的行政诉讼的第一审当事人包括原告、被告和第三人。无效请求人作为原告提起诉讼时，需在起诉状中将专利权人列为第三人，反之专利权人作为原告提起诉讼时，需将无效请求人列为第三人；无效请求人和专利权人互为原告或第三人时，国家知识产权局为被告。相关内容可以参见第九章第四节“专利侵权行政诉讼”，本节不另行展开。

但对于国家知识产权局合并案件作出的无效宣告请求审查决定，在请求撤销该审查决定的行政诉讼的诉讼当事人中，除该审查决定涉及的专利权人和国家知识产权局外，还有多位分别提出专利无效宣告请求的无效宣告请求人。提出撤销审查决定的行政诉讼的原告是专利权人的，被告是国家知识产权局，原告可以将所有的无效宣告请求人都列为第三人，也可仅将提出被审查决定书采纳的对涉案专利不利的无效宣告请求理由和证据的无效宣告请求人列为第三人，因为专利权人提出的该行政诉讼不涉及其他无效宣告请求人的理由和证据。而原告为无效宣告请求人之一的，被告是国家知识产权局，专利权人是第三人，其他无效宣告请求人的无效宣告请求理由和证据与该被告无关，为其他诉讼参加人。

第十一章　知识产权海关保护

第一节　中国知识产权海关保护简介

一、历史和现状

知识产权海关保护，是指海关依据国家法律的授权，在边境依法制止侵犯受国家法律或者行政法规保护的知识产权的货物进出口的措施。

知识产权海关保护是世界贸易组织法律制度中关于知识产权保护的一项极为重要的法律措施。在世界贸易组织管辖的《与贸易有关的知识产权协定》（*Agreement on Trade – Related Aspects of Intellectual Property Rights*，TRIPS）中，知识产权海关保护被称为知识产权的边境措施（Border Measures）。

中国海关对于知识产权的保护最早可追溯到清末、北洋时期的海关商标挂号制度，但就当时制度的内容而言并未包括知识产权边境保护。新中国成立后，中国政府自1994年中美知识产权谈判起才开始逐步建立真正意义上的知识产权海关保护制度。1994年9月1日，中国海关开始承担知识产权保护工作，自此知识产权边境执法已成为中国海关一项日益重要的工作内容。

目前，中国知识产权海关保护的两大核心法律文件为：《知识产权海关保护条例》和《知识产权海关保护条例实施办法》。其中，《知识产权海关保护条例》属于行政法规，《知识产权海关保护条例实施办法》属于部门规章，《知识产权海关保护条例实施办法》是对《知识产权海关保护条例》的细化和补充。

（一）《知识产权海关保护条例》

《知识产权海关保护条例》于1995年7月5日首次发布；第一次修订于2010年3月24日经国务院第103次常务会议审议通过，自2010年4月1日起施行；于2018年3月19日根据《国务院关于修改和废止部分行政法规的决定》进行了修改。

2003 年 12 月 2 日，国务院公布的《知识产权海关保护条例》主要在以下五个方面进行了修订，进一步完善了知识产权海关保护的法律制度，为继续提升中国海关的知识产权保护水平奠定了良好的法律基础。

（1）关于变更、注销知识产权备案的规定（参见《知识产权海关保护条例》第十一条）。

（2）关于申请财产保全裁定的法律依据问题（参见《知识产权海关保护条例》第二十三条）。

（3）关于权利人撤回保护申请的规定（参见《知识产权海关保护条例》第二十四条）。

（4）关于拍卖侵权货物的规定（参见《知识产权海关保护条例》第二十七条）。

（5）关于个人携带或者邮寄进出境侵权物品的处理问题（参见《知识产权海关保护条例》第三十一条）。

现行《知识产权海关保护条例》相较于 2010 年的第一次修订，差别仅为明确取消了海关备案的费用，并删除了第三十二条。

（二）《知识产权海关保护条例实施办法》

现行《知识产权海关保护条例实施办法》于 2009 年 2 月 17 日经海关总署署务会议审议通过，2009 年 7 月 1 日起施行。

2004 年 5 月 25 日海关总署公布的《知识产权海关保护条例实施办法》主要在以下八个方面进行了修订，不仅增加了海关执法的规范性和透明度，也进一步平衡各方利益，合理规定海关、权利人和收发货人的权利义务：

（1）扩大了《知识产权海关保护条例实施办法》的适用范围，增加了有关奥林匹克标志和世界博览会标志保护的规定（参见《知识产权海关保护条例实施办法》第三十七条）。

（2）关于知识产权海关保护备案制度的调整（参见《知识产权海关保护条例实施办法》第二章）。

（3）调整、完善了依申请保护制度，强化了其被动保护的特征（参见《知识产权海关保护条例实施办法》第十六条、第十八条等）。

（4）关于启动依职权保护的条件（参见《知识产权海关保护条例实施办法》第二十一条）。

（5）关于知识产权权利人与收发货人和解后的处理（参见《知识产权海关保护条例实施办法》第二十七条）。

（6）关于当事人放弃涉嫌侵权物品的规定（参见《知识产权海关保护条例

实施办法》第三十一条）。

（7）关于在当事人无法查清时收缴侵权货物或者物品的规定（参见《知识产权海关保护条例实施办法》第三十二条）。

（8）关于海关向知识产权权利人送达部分书面通知的方式（参见《知识产权海关保护条例实施办法》第四十条）。

二、保护方式

中国海关对知识产权的保护可以划分为“依申请”和“依职权”两种保护方式。

（一）依申请保护方式

依申请保护，是指知识产权权利人发现侵权嫌疑货物即将进出口时，根据《知识产权海关保护条例》第十二条[1]、第十三条[2]和第十四条[3]的规定向海关提出采取保护措施的申请，由海关对侵权嫌疑货物实施扣留的措施。

在依申请保护方式中，由于海关对依申请扣留的侵权嫌疑货物不进行调查，知识产权权利人需向人民法院起诉，待法院判决确定侵权后，海关再作出处罚决定，所以依申请保护也被称作海关对知识产权的“被动保护”方式。

依申请保护有以下特征：

（1）依申请保护的启动主体为知识产权权利人；

（2）知识产权权利人向货物的进出境地海关申请扣留，无须事先将其知识产权向海关总署备案；

（3）申请人应当向海关提供相当于侵权嫌疑货物价值的担保；

（4）海关扣留侵权嫌疑货物并将扣留决定通知知识产权权利人和进出口货物收发货人；

---

[1] 《知识产权海关保护条例》第十二条规定：“知识产权权利人发现侵权嫌疑货物即将进出口的，可以向货物进出境地海关提出扣留侵权嫌疑货物的申请。”

[2] 《知识产权海关保护条例》第十三条规定：“知识产权权利人请求海关扣留侵权嫌疑货物的，应当提交申请书及相关证明文件，并提供足以证明侵权事实明显存在的证据。申请书应当包括下列主要内容：（一）知识产权权利人的名称或者姓名、注册地或者国籍等；（二）知识产权的名称、内容及其相关信息；（三）侵权嫌疑货物收货人和发货人的名称；（四）侵权嫌疑货物名称、规格等；（五）侵权嫌疑货物可能进出境的口岸、时间、运输工具等。侵权嫌疑货物涉嫌侵犯备案知识产权的，申请书还应当包括海关备案号。”

[3] 《知识产权海关保护条例》第十四条规定：“知识产权权利人请求海关扣留侵权嫌疑货物的，应当向海关提供不超过货物等值的担保，用于赔偿可能因申请不当给收货人、发货人造成的损失，以及支付货物由海关扣留后的仓储、保管和处置等费用；知识产权权利人直接向仓储商支付仓储、保管费用的，从担保中扣除。具体办法由海关总署制定。”

（5）涉嫌侵犯专利权货物的收发货人可以向海关提交担保金，请求海关放行被扣留的货物；

（6）知识产权权利人应当向人民法院申请采取责令停止侵权行为或者财产保全的措施；

（7）如果人民法院在海关扣留货物后20个工作日内通知海关协助执行有关责令停止侵权行为或者财产保全的裁定，海关应当协助执行，否则应当放行被扣留的货物；

（8）海关和知识产权权利人办理支付仓储和保管费用以及退还担保的手续。

（二）依职权保护方式

依职权保护，是指海关在监管过程中发现进出口货物有侵犯在海关总署备案的知识产权的嫌疑时，根据《知识产权海关保护条例》第十六条❶的规定，主动中止货物的通关程序并通知有关知识产权权利人，并根据知识产权权利人的申请对侵权嫌疑货物实施扣留的措施。

在依职权保护方式中，由于海关依职权扣留侵权嫌疑货物属于主动采取制止侵权货物进出口，而且海关还有权对货物的侵权状况进行侵权判断和对有关侵权当事人进行处罚，所以依职权保护也被称作海关对知识产权的“主动保护”方式。

依职权保护有以下特征：

（1）依职权保护的启动主体为海关；

（2）知识产权权利人应当事先将其知识产权向海关总署备案；

（3）海关发现涉嫌侵犯备案知识产权的进出口货物，应当中止放行，并书面通知有关知识产权权利人；

（4）知识产权权利人要求海关扣留侵权嫌疑货物的，应当在3个工作日内提出申请，并提供担保；知识产权权利人应当向海关提供不超过人民币10万元的担保，经海关总署核准，可以提供总担保；

（5）对知识产权权利人提出申请并提供担保的，海关应当扣留货物；

（6）海关应当对货物的侵权状况进行调查和认定；对不能认定货物侵权状

---

❶ 《知识产权海关保护条例》第十六条规定：“海关发现进出口货物有侵犯备案知识产权嫌疑的，应当立即书面通知知识产权权利人。知识产权权利人自通知送达之日起3个工作日内依照本条例第十三条的规定提出申请，并依照本条例第十四条的规定提供担保的，海关应当扣留侵权嫌疑货物，书面通知知识产权权利人，并将海关扣留凭单送达收货人或者发货人。知识产权权利人逾期未提出申请或者未提供担保的，海关不得扣留货物。”

况的，海关应当通知知识产权权利人；

（7）海关对其认定侵权的货物，有权予以没收并对侵权货物的收发货人给予行政处罚。对构成犯罪的还应当向公安机关移送；

（8）对没收的侵权货物，海关有权依法进行处置；

（9）海关和知识产权权利人办理费用结算和退还担保的手续。

（三）两种保护方式与知识产权海关保护备案之间的关系

知识产权海关保护备案是依职权保护的前提。换言之，海关仅对经备案的知识产权进行依职权保护。

无论知识产权是否在海关总署备案，知识产权权利人均可采用依申请保护的方式获得保护。在依申请保护方式下，备案与否的差别仅在于知识产权权利人在启动保护程序时所需提交的申请文件的多少，即：如果有关知识产权未在海关总署备案，知识产权权利人除了需要提交已备案时应当提交的文件外，还应当随附主体资格证明文件（如工商营业执照复印件）、权利证书（如“商标注册证”复印件）等，参见本章第四节之一中的“（一）申请书及相关证明文件”的相关内容。

第二节　知识产权海关保护的对象

根据《知识产权海关保护条例》第二条[1]的规定，我国海关保护的知识产权应当是与进出口货物有关并受中华人民共和国法律、行政法规保护的商标专用权、专利权以及著作权和与著作权有关的权利。此外，根据《奥林匹克标志保护条例》和《世界博览会标志保护条例》的规定，中国海关也应当对奥林匹克标志和世界博览会标志实施保护。

因此，以下知识产权可以向海关申请备案保护：

（1）国家知识产权局商标局核准注册的商标（服务商标除外）；

（2）在世界知识产权组织注册并延伸至中国的国际注册商标（服务商标除外）；

（3）国家知识产权局（包括原中国专利局）授予专利权的发明、外观设计、实用新型专利；

[1] 《知识产权海关保护条例》第二条规定：“本条例所称知识产权海关保护，是指海关对与进出口货物有关并受中华人民共和国法律、行政法规保护的商标专用权、著作权和与著作权有关的权利、专利权（以下统称知识产权）实施的保护。”

（4）《保护文学和艺术作品伯尔尼公约》成员国的公民或者组织拥有的著作权和与著作权有关的权利；

（5）奥林匹克标志和世界博览会标志。

第三节　知识产权海关保护备案

知识产权海关保护备案，是指知识产权权利人按照《知识产权海关保护条例》的规定将其知识产权的法律状况、有关货物的情况、知识产权合法使用情况和侵权货物进出口情况以书面形式报备海关总署，以便全国各地海关在对进出口货物监管过程中能够主动对有关知识产权实施保护。

根据1995年颁布的《知识产权海关保护条例》，知识产权备案是知识产权权利人向海关寻求保护的前提条件。2003年12月修订的《知识产权海关保护条例》对此进行了修改，不再要求知识产权权利人在向海关申请保护前必须进行知识产权备案。但是，对某些知识产权权利人而言，例如商标专用权人，备案与否有很大的差异，主要体现在以下四个方面。

（1）知识产权备案是海关采取主动保护措施的前提条件。知识产权权利人如果事先未将其知识产权向海关备案，海关发现侵权货物即将进出境时，既无权主动中止其进出口，也无权对侵权货物进行调查处理。

（2）知识产权备案有助于海关发现侵权货物。尽管知识产权权利人在进行备案后仍然需要在发现侵权货物即将进出境时向有关海关提出采取保护措施的申请，但是，从实践来看，海关能否发现侵权货物，主要依赖于海关在日常监管过程中对有关货物的查验。由于知识产权权利人在备案时，提供了有关知识产权的法律状况、权利人的联系方式、合法使用知识产权情况、侵权嫌疑货物情况、有关图片和照片等情况，使海关有可能在日常监管过程中便于发现侵权嫌疑货物并主动予以扣留。所以，事先进行知识产权备案，可以使权利人的合法权益得到及时的保护。

（3）知识产权备案能减轻知识产权权利人的经济负担。在海关依职权保护方式下，知识产权权利人向海关提供的担保最高不超过人民币10万元。如果知识产权权利人事先未进行知识产权备案，则不能享受上述待遇，必须提供与其要求扣留的货物等值的担保。

（4）知识产权备案可以对侵权人产生震慑作用。由于海关能针对性地对进出口侵权货物进行查验、对侵权货物予以没收，并给予进出口企业行政处罚，因此，尽早进行知识产权备案可以对那些非法从事侵权货物进出口业务的企业产生警告和震慑作用，促使其自觉地尊重有关知识产权。此外，有些并非恶意进出口侵权产品的企业也可能通过查询备案，了解其承揽加工和进出口的货物是否可能构成侵权。

一、知识产权海关保护备案的申请

（一）申请主体

只有知识产权权利人可以申请知识产权海关保护备案。这里“知识产权权利人”指中国《商标法》《专利法》和《著作权法》中规定的商标注册人、专利权人、著作权人和与著作权有关的权利人。

使用知识产权的被许可人不能以自己的名义申请知识产权备案，但是可以接受商标注册人、专利权人、著作权人和与著作权有关的权利人的委托，以其代理人的身份提出申请。

知识产权权利人请求海关采取知识产权保护措施或者向海关总署办理知识产权海关保护备案的，境内知识产权权利人可以直接或者委托境内代理人提出申请，境外知识产权权利人可以委托其在境内设立的办事机构或者境内代理人提出申请。知识产权权利人委托境内代理人提出申请的，应当出具规定格式的授权委托书。

（二）申请材料

知识产权权利人办理知识产权海关保护备案，应当向海关总署提交规定格式的申请书。知识产权权利人应当就其申请备案的每一项知识产权单独提交一份申请书。知识产权权利人申请国际注册商标备案的，应当就其申请的每一类商品单独提交一份申请书。

申请书应当包括以下内容。

（1）知识产权权利人的名称或者姓名、注册地或者国籍、通信地址、联系人姓名、电话和传真号码、电子邮箱地址等。

（2）注册商标的名称，核定使用商品的类别和商品名称，商标图形，注册有效期，注册商标的转让、变更、续展情况等；作品的名称、创作完成的时间、作品的类别、作品图片、作品转让、变更情况等；专利权的名称、类型、申请号和申请日、专利权转让、变更情况等。

（3）被许可人的名称、许可使用商品、许可期限等。

（4）知识产权权利人合法行使知识产权的货物的名称、产地、进出境地海关、进出口商、主要特征、价格等。

(5) 已知的侵犯知识产权货物的制造商、进出口商、进出境地海关、主要特征、价格等。

知识产权权利人向海关总署提交备案申请书，还应当随附以下文件、证据：

(1) 知识产权权利人个人身份证件的复印件、工商营业执照的复印件或者其他注册登记文件的复印件。

(2) 国家知识产权局签发的《商标注册证》的复印件。申请人经核准变更商标注册事项、续展商标注册、转让注册商标或者申请国际注册商标备案的，还应当提交国家知识产权局出具的有关商标注册的证明；著作权登记部门签发的著作权自愿登记证明的复印件和经著作权登记部门认证的作品照片。申请人未进行著作权自愿登记的，提交可以证明申请人为著作权人的作品样品以及其他有关著作权的证据；国家知识产权局签发的专利证书的复印件。专利授权自公告之日起超过1年的，还应当提交国家知识产权局在申请人提出备案申请前6个月内出具的专利登记簿副本；申请实用新型专利或者外观设计专利备案的，还应当提交由国家知识产权局作出的专利权评价报告。

(3) 知识产权权利人许可他人使用注册商标、作品或者实施专利，签订许可合同的，提供许可合同的复印件；未签订许可合同的，提交有关被许可人、许可范围和许可期限等情况的书面说明。

(4) 知识产权权利人合法行使知识产权的货物及其包装的照片。

(5) 已知的侵权货物进出口的证据。知识产权权利人与他人之间的侵权纠纷已经人民法院或者知识产权主管部门处理的，还应当提交有关法律文书的复印件。

(6) 海关总署认为需要提交的其他文件或者证据。

(三) 申请费用

知识产权权利人向海关总署申请办理知识产权海关保护备案或者在备案失效后重新向海关总署申请备案的，应当缴纳备案费。

知识产权权利人申请备案续展或者变更的，无须再缴纳备案费。

(四) 受理机关

知识产权海关保护备案申请的受理机关为：海关总署政策法规司知识产权保护处。

二、知识产权海关保护备案的核准

海关总署应当自收到全部申请文件之日起30个工作日内作出是否准予备案

的决定，并书面通知申请人；不予备案的，应当说明理由。

有下列情形之一的，海关总署不予备案：

（1）申请文件不齐全或者无效的；

（2）申请人不是知识产权权利人的；

（3）知识产权不再受法律、行政法规保护的。

三、知识产权海关保护备案的有效期及续展、变更、注销、撤销事宜

（一）备案的有效期

知识产权海关保护备案自海关总署准予备案之日起生效，有效期为10年。自备案生效之日起知识产权的有效期不足10年的，备案的有效期以知识产权的有效期为准。

（二）备案的续展

知识产权有效的，知识产权权利人可以在知识产权海关保护备案有效期届满前6个月内，向海关总署申请续展备案。海关总署自收到全部续展申请文件之日起10个工作日内作出是否准予续展的决定，并书面通知知识产权权利人；不予续展的，说明理由。

续展备案的有效期自上一届备案有效期满次日起算，有效期为10年。知识产权的有效期自上一届备案有效期满次日起不足10年的，续展备案的有效期以知识产权的有效期为准。

知识产权海关保护备案有效期届满而不申请续展或者知识产权不再受法律、行政法规保护的，知识产权海关保护备案随即失效。

（三）备案的变更、注销

知识产权备案情况发生改变的，知识产权权利人应当自发生改变之日起30个工作日内，向海关总署办理备案变更或者注销手续。

知识产权权利人未依照前述规定办理变更或者注销手续，给他人合法进出口或者海关依法履行监管职责造成严重影响的，海关总署可以根据有关利害关系人的申请撤销有关备案，也可以主动撤销有关备案。

（四）备案的撤销

海关发现知识产权权利人申请知识产权备案未如实提供有关情况或者文件的，海关总署可以撤销其备案。由此被海关总署撤销备案的，知识产权权利人自备案被撤销之日起1年内就被撤销备案的知识产权再次申请备案的，海关总

署可以不予受理。

第四节　知识产权海关保护措施——依申请保护方式

一、知识产权权利人的保护申请及证据

知识产权权利人发现侵权嫌疑货物即将进出口，无论其知识产权是否已在海关总署备案，均可以向货物的进出境地海关（包括转关运输货物的境内指运地或者启运地海关）提出扣留侵权嫌疑货物的申请。知识产权权利人请求海关扣留侵权嫌疑货物的，应当提交申请书及相关证明文件，并提供足以证明侵权事实明显存在的证据。

（一）申请书及相关证明文件

知识产权权利人向海关提交的申请书应当包括以下内容（侵权嫌疑货物涉嫌侵犯备案知识产权的，申请书还应当包括海关备案号）：

（1）知识产权权利人的名称或者姓名、注册地或者国籍等；

（2）知识产权的名称、内容及其相关信息；

（3）侵权嫌疑货物收货人和发货人的名称；

（4）侵权嫌疑货物名称、规格等；

（5）侵权嫌疑货物可能进出境的口岸、时间、运输工具等。

有关知识产权未在海关总署备案的，知识产权权利人还应当随附以下相关证明文件。

（1）知识产权权利人个人身份证件的复印件、工商营业执照的复印件或者其他注册登记文件的复印件。

（2）国家知识产权局签发的《商标注册证》的复印件。申请人经核准变更商标注册事项、续展商标注册、转让注册商标或者申请国际注册商标备案的，还应当提交国家知识产权局出具的有关商标注册的证明。著作权登记部门签发的著作权自愿登记证明的复印件和经著作权登记部门认证的作品照片。申请人未进行著作权自愿登记的，提交可以证明申请人为著作权人的作品样品以及其他有关著作权的证据。国家知识产权局签发的专利证书的复印件。专利授权自公告之日起超过1年的，还应当提交国家知识产权局在申请人提出备案申请前6个月内出具的专利登记簿副本；申请实用新型专利或者外观设计专利备案的，还应当提交由国家知识产权局作出的专利权评价报告。

（二）证　据

知识产权权利人还应当向海关提交足以证明侵权事实明显存在的证据。知识产权权利人提交的证据，应当能够证明以下事实：

（1）请求海关扣留的货物即将进出口。

（2）在货物上未经许可使用了侵犯其商标专用权的商标标识、作品或者实施了其专利。

二、申请保护所需的担保

知识产权权利人请求海关扣留侵权嫌疑货物的，应当在海关规定的期限内向海关提供相当于货物价值的担保，用于赔偿可能因申请不当给收货人、发货人造成的损失，以及支付货物由海关扣留后的仓储、保管和处置等费用；知识产权权利人也可以直接向仓储商支付仓储和保管费用。

在依申请保护方式中，知识产权权利人不能申请总担保（参见本章第五节之四中的“（二）总担保”的相关内容）。

三、海关扣留侵权嫌疑货物

（一）海关扣留

知识产权权利人申请扣留侵权嫌疑货物，提交了申请书及相关证明文件、提供了足以证明侵权事实明显存在的证据，并按照规定提供了担保的，海关应当扣留侵权嫌疑货物。

（二）海关通知当事人

海关应当将货物的名称、数量、价值、收发货人名称、申报进出口日期、海关扣留日期等情况书面通知知识产权权利人，同时应当将扣留货物的决定以及扣留凭单送达收发货人。经海关同意，知识产权权利人和收发货人均可以查看海关扣留的货物。

四、收发货人申请放行涉嫌侵犯专利权的货物

根据《知识产权海关保护条例》第十九条[1]的规定，涉嫌侵犯专利权货物

[1] 《知识产权海关保护条例》第十九条规定：“涉嫌侵犯专利权货物的收货人或者发货人认为其进出口货物未侵犯专利权的，可以在向海关提供货物等值的担保金后，请求海关放行其货物。知识产权权利人未能在合理期限内向人民法院起诉的，海关应当退还担保金。”

的收货人或者发货人认为其进出口货物未侵犯专利权的，可以在向海关提供与货物等值的担保金后，请求海关放行其货物，海关应当放行被扣留的侵权嫌疑货物。

海关决定放行涉嫌侵犯专利权的货物，应当书面通知知识产权权利人。知识产权权利人应当就有关专利侵权纠纷向人民法院起诉，并在海关书面通知送达之日起30个工作日内向海关提交人民法院受理案件通知书的复印件；逾期未提交的，海关应当向收发货人退还担保金；按期提交的，海关应当根据人民法院的判决结果处理收发货人提交的担保金。

五、知识产权权利人向人民法院申请采取相关措施及海关的相应处理

在依申请保护方式中，知识产权权利人应当在收到海关发出的扣留通知后，依照《商标法》《著作权法》《专利法》或者其他有关法律的规定，就被扣留的侵权嫌疑货物立即向人民法院申请采取责令停止侵权行为或者财产保全的措施。

海关自扣留侵权嫌疑货物之日起20个工作日内，收到人民法院协助扣押有关货物书面通知的，应当予以协助；未收到人民法院协助扣押通知或者知识产权权利人要求海关放行有关货物的，海关应当放行货物。

第五节　知识产权海关保护措施——依职权保护方式

一、海关发现侵权嫌疑货物

海关在通关过程中发现进出口货物涉及备案知识产权的，有权采取以下措施。

（1）核实进出口商或者制造商是否属于在海关总署备案的合法使用人，或者要求收发货人在规定期限内申报货物的知识产权状况和提交相关证明文件。

（2）对进出口商或者制造商不属于在海关总署备案的合法使用人、收发货人未能申报货物知识产权状况和提交相关证明文件或者海关有理由认为货物涉嫌侵犯在海关总署备案的知识产权的，海关应当中止货物的通关。

（3）按照备案的通信方式将中止货物通关的情况书面通知知识产权权利人。

二、收货人或者发货人答辩

收发货人应当在规定期限内申报货物的知识产权状况和提交相关证明文件。收发货人未按照规定申报货物知识产权状况、提交相关证明文件或者海关有理由认为货物涉嫌侵犯在海关总署备案的知识产权的，海关应当中止放行货物并书面通知知识产权权利人。

三、知识产权权利人回复

知识产权权利人应当在海关书面通知送达之日起 3 个工作日内按照下列规定予以回复。

（1）认为有关货物侵犯其在海关总署备案的知识产权并要求海关予以扣留的，向海关提出扣留侵权嫌疑货物的书面申请并按照规定提供担保。

（2）认为有关货物未侵犯其在海关总署备案的知识产权或者不要求海关扣留侵权嫌疑货物的，向海关书面说明理由。

经海关同意，知识产权权利人可以查看有关货物。

四、申请保护的担保

（一）一般担保

知识产权权利人请求海关扣留侵权嫌疑货物的，应当按照以下规定向海关提供担保，用于赔偿可能因申请不当给收货人、发货人造成的损失，以及支付货物由海关扣留后的仓储、保管和处置等费用；知识产权权利人直接向仓储商支付仓储、保管费用的，从担保中扣除。

（1）货物价值不足人民币 2 万元的，提供相当于货物价值的担保。

（2）货物价值为人民币 2 万至 20 万元的，提供相当于货物价值 50% 的担保，但担保金额不得少于人民币 2 万元。

（3）货物价值超过人民币 20 万元的，提供人民币 10 万元的担保。

（4）担保方式限担保金或者金融机构的保函。

（二）总担保

根据《知识产权海关保护条例实施办法》第二十四条的规定，在海关总署备案的商标权人，可以向海关总署申请提供总担保：

在海关总署备案的商标专用权的知识产权权利人，经海关总署核准可以向海关总署提交银行或者非银行金融机构出具的保函，为其向海关申请商标专用权海关保护措施提供总担保。

总担保的担保金额应当相当于知识产权权利人上一年度向海关申请扣留侵权嫌疑货物后发生的仓储、保管和处置等费用之和；知识产权权利人上一年度未向海关申请扣留侵权嫌疑货物或者仓储、保管和处置等费用不足人民币 20 万元的，总担保的担保金额为人民币 20 万元。

自海关总署核准其使用总担保之日至当年 12 月 31 日，知识产权权利人根据《知识产权海关保护条例》第十六条的规定请求海关扣留涉嫌侵犯其已在海关总署备案的商标专用权的进出口货物的，无须另行提供担保，但知识产权权利人未按照《知识产权海关保护条例》第二十五条[1]的规定支付有关费用或者未按照《知识产权海关保护条例》第二十八条[2]的规定承担赔偿责任的，以及海关总署向担保人发出履行担保责任通知的除外。

五、海关扣留侵权嫌疑货物

（一）海关扣留

与依申请保护方式相同，知识产权权利人自通知送达之日起 3 个工作日内提出扣留侵权嫌疑货物的书面申请并按照规定提供担保的，海关应当扣留侵权嫌疑货物。

（二）海关通知当事人

与依申请保护方式相同，海关应当将扣留的货物名称、数量、价值、收发货人名称、申报进出口日期、海关扣留日期等情况书面通知知识产权权利人，同时应当将扣留货物的决定以及扣留凭单送达收发货人。经海关同意，知识产权权利人和收发货人均可以查看海关扣留的货物。

（三）海关调查、认定

海关发现进出口货物有侵犯备案知识产权嫌疑并通知知识产权权利人后，

[1] 《知识产权海关保护条例》第二十五条规定：“海关依照本条例的规定扣留侵权嫌疑货物，知识产权权利人应当支付有关仓储、保管和处置等费用。知识产权权利人未支付有关费用的，海关可以从其向海关提供的担保金中予以扣除，或者要求担保人履行有关担保责任。侵权嫌疑货物被认定为侵犯知识产权的，知识产权权利人可以将其支付的有关仓储、保管和处置等费用计入其为制止侵权行为所支付的合理开支。”

[2] 《知识产权海关保护条例》第二十八条规定：“海关接受知识产权保护备案和采取知识产权保护措施的申请后，因知识产权权利人未提供确切情况而未能发现侵权货物、未能及时采取保护措施或者采取保护措施不力的，由知识产权权利人自行承担责任。知识产权权利人请求海关扣留侵权嫌疑货物后，海关不能认定被扣留的侵权嫌疑货物侵犯知识产权权利人的知识产权，或者人民法院判定不侵犯知识产权权利人的知识产权的，知识产权权利人应当依法承担赔偿责任。”

知识产权权利人请求海关扣留侵权嫌疑货物的，海关应当自扣留之日起30个工作日内对被扣留的侵权嫌疑货物是否侵犯知识产权进行调查、认定。

海关经过调查：

（1）认定货物侵犯有关知识产权的，应当继续对与侵权货物有关的其他违法事实进行调查。

（2）认为货物未侵犯有关知识产权的，放行货物。

（3）不能认定货物是否侵犯有关知识产权的，应当自扣留侵权嫌疑货物之日起30个工作日内书面通知知识产权权利人和收发货人。货物涉嫌侵犯专利权的，收发货人可以向海关提供相当于货物价值的担保后，请求海关放行货物。知识产权权利人可以向人民法院申请采取责令停止侵权行为或者财产保全的措施。海关自扣留侵权嫌疑货物之日起50个工作日内未收到人民法院协助扣押有关货物书面通知的，应当放行货物。

海关进行调查，可以请求知识产权主管部门提供咨询意见。知识产权权利人和收发货人应当对海关调查予以配合。知识产权权利人与收发货人就海关扣留的侵权嫌疑货物达成协议，向海关提出书面申请并随附相关协议，要求海关解除扣留侵权嫌疑货物的，海关除认为涉嫌构成犯罪外，可以终止调查。

六、海关不能认定货物是否侵权时的处理

（一）海关通知当事人

海关对扣留的侵权嫌疑货物进行调查，不能认定货物是否侵犯有关知识产权的，应当自扣留侵权嫌疑货物之日起30个工作日内书面通知知识产权权利人和收发货人。

（二）知识产权权利人向人民法院申请采取相关措施

对海关不能认定有关货物是否侵犯其知识产权的，知识产权权利人可以依照《商标法》《著作权法》《专利法》或者其他有关法律的规定，就被扣留的侵权嫌疑货物向人民法院申请采取责令停止侵权行为或者财产保全的措施。

海关自扣留侵权嫌疑货物之日起50个工作日内收到人民法院协助扣押有关货物书面通知的，应当予以协助；未收到人民法院协助扣押通知或者知识产权权利人要求海关放行有关货物的，海关应当放行货物。

（三）收发货人申请放行涉嫌侵犯专利权的货物

海关不能认定货物是否侵犯有关专利权的，收发货人向海关提供相当于货物价值的担保后，可以请求海关放行货物。

海关根据《知识产权海关保护条例》第十九条的规定放行被扣留的涉嫌侵犯专利权的货物后，知识产权权利人向海关提交人民法院受理案件通知书复印件的，海关应当根据人民法院的判决结果处理收发货人提交的担保金；知识产权权利人未提交人民法院受理案件通知书复印件的，海关应当退还收发货人提交的担保金。

七、海关认定货物不侵权时的处理

海关认为收货人或者发货人有充分的证据证明其货物未侵犯知识产权权利人的知识产权的，海关应当放行被扣留的侵权嫌疑货物。

八、海关认定货物侵权时的处理

（一）作出处罚决定

被扣留的侵权嫌疑货物，经海关调查后认定侵犯有关知识产权的，由海关予以没收并处收发货人货物价值30%以下的罚款。涉嫌构成犯罪的，应当依法移送公安机关处理。

海关作出没收侵权货物决定的，应当将下列已知的情况书面通知知识产权权利人：

（1）侵权货物的名称和数量。

（2）收发货人名称。

（3）侵权货物申报进出口日期、海关扣留日期和处罚决定生效日期。

（4）侵权货物的启运地和指运地。

（5）海关可以提供的其他与侵权货物有关的情况。

人民法院或者知识产权主管部门处理有关当事人之间的侵权纠纷，需要海关协助调取与进出口货物有关的证据的，海关应当予以协助。

（二）侵权货物的处置

对被没收的侵权货物，由海关区分不同情况加以处理：

（1）被没收的侵犯知识产权货物可以用于社会公益事业的，海关应当转交给有关公益机构用于社会公益事业。

（2）知识产权权利人有收购意愿的，海关可以有偿转让给知识产权权利人。

（3）被没收的侵犯知识产权货物无法用于社会公益事业且知识产权权利人无收购意愿的，海关可以在消除侵权特征后依法拍卖，但对进口假冒商标货物，除特殊情况外，不能仅清除货物上的商标标识即允许其进入商业渠道。

（4）侵权特征无法消除的，海关应当予以销毁。

（三）不服海关处罚决定的行政复议程序

自然人、法人或者其他组织对海关的具体行政行为（如海关作出的扣留侵权嫌疑货物的强制措施、海关作出的没收侵权货物的行政处罚）有异议的，可以自知道该具体行政行为之日起60日内向上一级海关提出行政复议申请。上一级海关应当自受理申请之日起60日内作出行政复议决定。

（四）不服海关处罚决定的行政诉讼程序

自然人、法人或者其他组织对海关的具体行政行为有异议的，可以先向上一级海关申请复议，对复议不服的，再向人民法院提起诉讼；也可以直接向人民法院提起诉讼。

自然人、法人或者其他组织向上一级海关申请复议的，上一级海关应当自受理申请之日起60日内作出行政复议决定。申请人不服复议决定的，可以在收到复议决定书之日起15日内向人民法院提起诉讼。复议机关逾期不作决定的，申请人可以在复议期满之日起15日内向人民法院提起诉讼。

自然人、法人或者其他组织直接向人民法院提起诉讼的，应当自知道或者应当知道作出具体行政行为之日起6个月内提出。

不服海关处罚决定的第一审行政案件一律由中级人民法院管辖。

九、海关在知识产权保护中的相关免责规定

海关接受知识产权保护备案和采取知识产权保护措施的申请后，因知识产权权利人未提供确切情况而未能发现侵权货物、未能及时采取保护措施或者采取保护措施不力的，由知识产权权利人自行承担责任。

知识产权权利人请求海关扣留侵权嫌疑货物后，海关不能认定被扣留的侵权嫌疑货物侵犯知识产权权利人的知识产权，或者人民法院判定不侵犯知识产权权利人的知识产权的，知识产权权利人应当依法承担赔偿责任。

第六节　海关认定侵权案件的民事赔偿

一、海关处罚决定的效力

经海关调查后认定侵犯有关知识产权且作出的行政处罚决定发生效力后，

该行政决定认定的收发货人侵犯相关知识产权的事实，可以用作与该案件有关的民事赔偿案件的证据。

然而，根据《证据规定》第十条[1]的规定，行政机关作出的行政决定所确认的事实并非属于当事人无须举证证明的事实。因此，在知识产权民事侵权纠纷案件中，知识产权权利人仍需提供其他证据，与该行政决定形成证据链，一并用以证明收发货人的行为侵犯了其相关知识产权。

二、海关专利侵权案件的法院管辖

如前面所述，海关依职权或申请扣押嫌疑专利侵权货物后，申请人通常可采取如下三种方法之一的司法救济措施，

（1）嫌疑专利侵权货物收发货人没有提出任何异议，海关作出处罚决定后，申请人依据海关处罚决定向有管辖权的人民法院提出民事赔偿请求；

（2）嫌疑专利侵权货物收发货人提出专利不侵权异议时，申请人可以向有管辖权的人民法院申请财产保全；

（3）或者，直接向有管辖权的人民法院提出责令停止侵权行为的专利侵权诉讼。

上述三种情况的司法救济措施均涉及人民法院的管辖。本书第四章第二节诉讼管辖章节中已介绍了被告住所地人民法院和侵权行为地人民法院对专利侵权诉讼均有管辖权，司法解释又进一步明确规定了侵权行为地包括“……进口等行为的实施地”。

显然，专利侵权嫌疑货物收发人作为被告时，其住所地人民法院具有管辖权；专利侵权嫌疑货物的通关海关作为进口等行为的实施地，扣押嫌疑专利侵权货物的海关所在地人民法院亦具有管辖权。因此申请人（专利权人）可采取上述司法救济措施，向嫌疑专利侵权货物的收发货人住所地人民法院，或者扣押嫌疑专利侵权货物海关住所地人民法院提起诉讼。

---

[1] 《最高人民法院关于民事诉讼证据的若干规定》第十条规定：“下列事实，当事人无须举证证明：（一）自然规律以及定理、定律；（二）众所周知的事实；（三）根据法律规定推定的事实；（四）根据已知的事实和日常生活经验法则推定出的另一事实；（五）已为仲裁机构的生效裁决所确认的基本事实；（六）已为人民法院发生法律效力的裁判所确认的基本事实；（七）已为有效公证文书所证明的事实。前款第二项至第五项事实，当事人有相反证据足以反驳的除外；第六项、第七项事实，当事人有相反证据足以推翻的除外。”

三、海关专利侵权案件的民事赔偿

申请人（专利权人）依据海关的处罚决定或者海关扣押的专利侵权嫌疑货物作为侵权证据向人民法院提起专利侵权诉讼，请求损害赔偿时，损害赔偿的计算方法同专利侵权诉讼，具体方法参见第二章第五节“损害赔偿”。

附录一　专利侵权诉讼涉及的流程

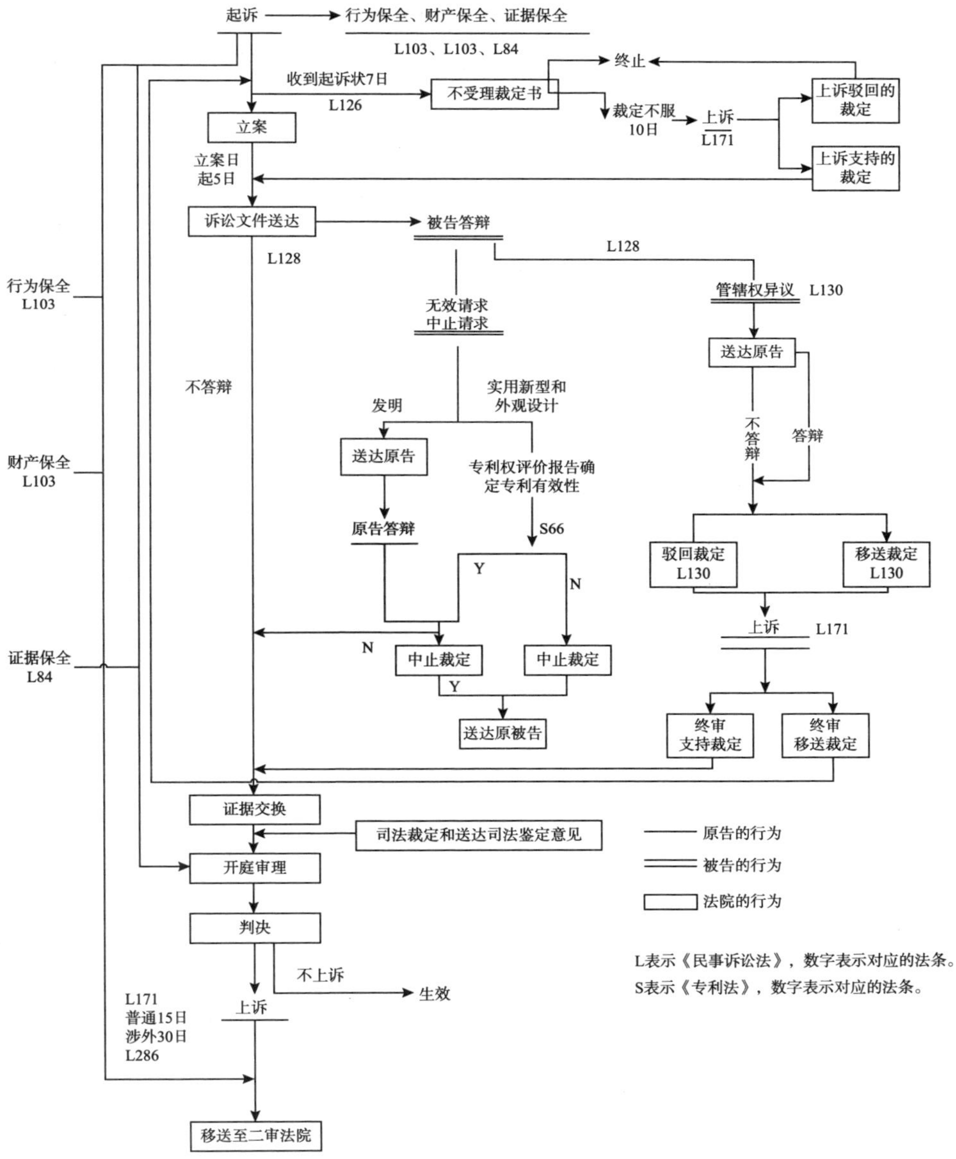

附图1　专利侵权诉讼一审程序流程

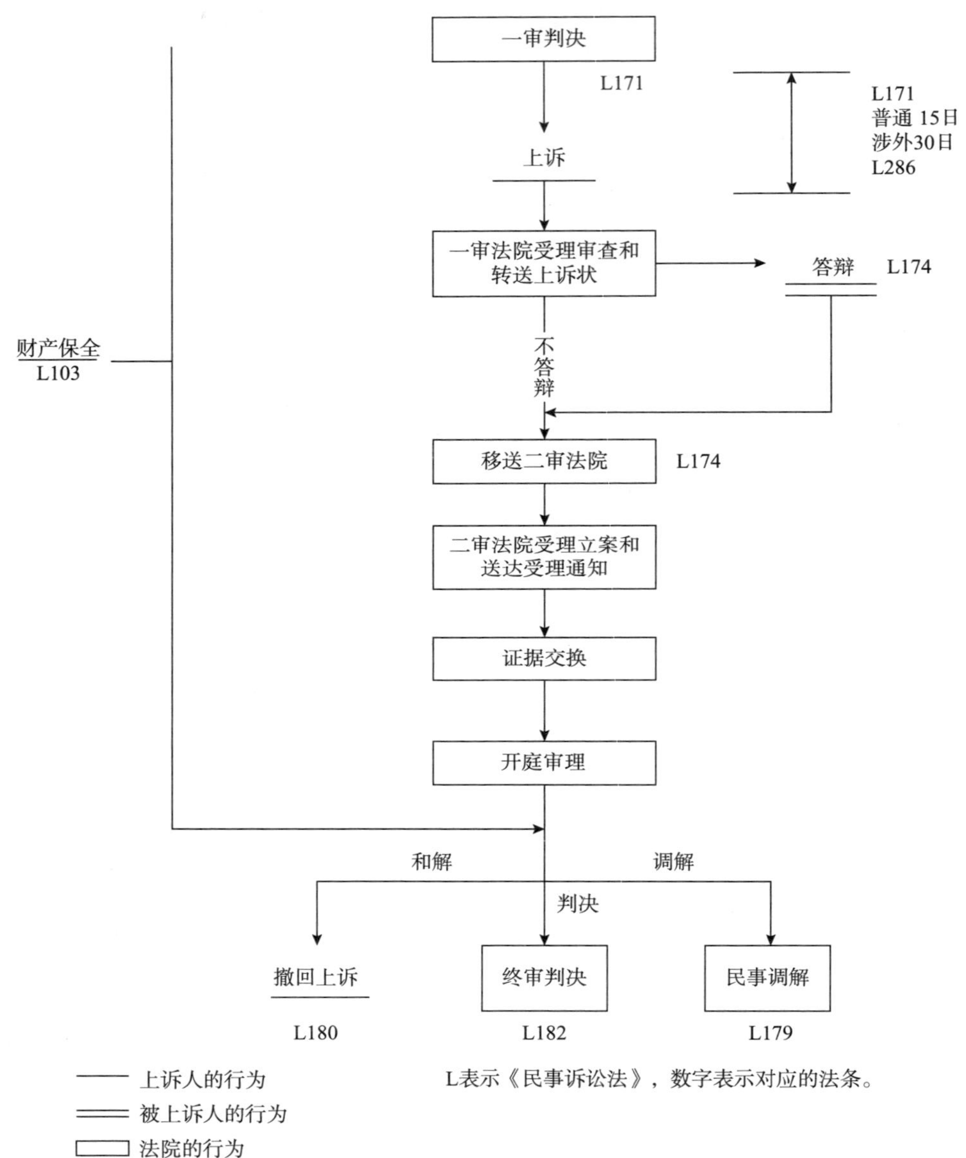

附图2　专利侵权诉讼二审程序流程

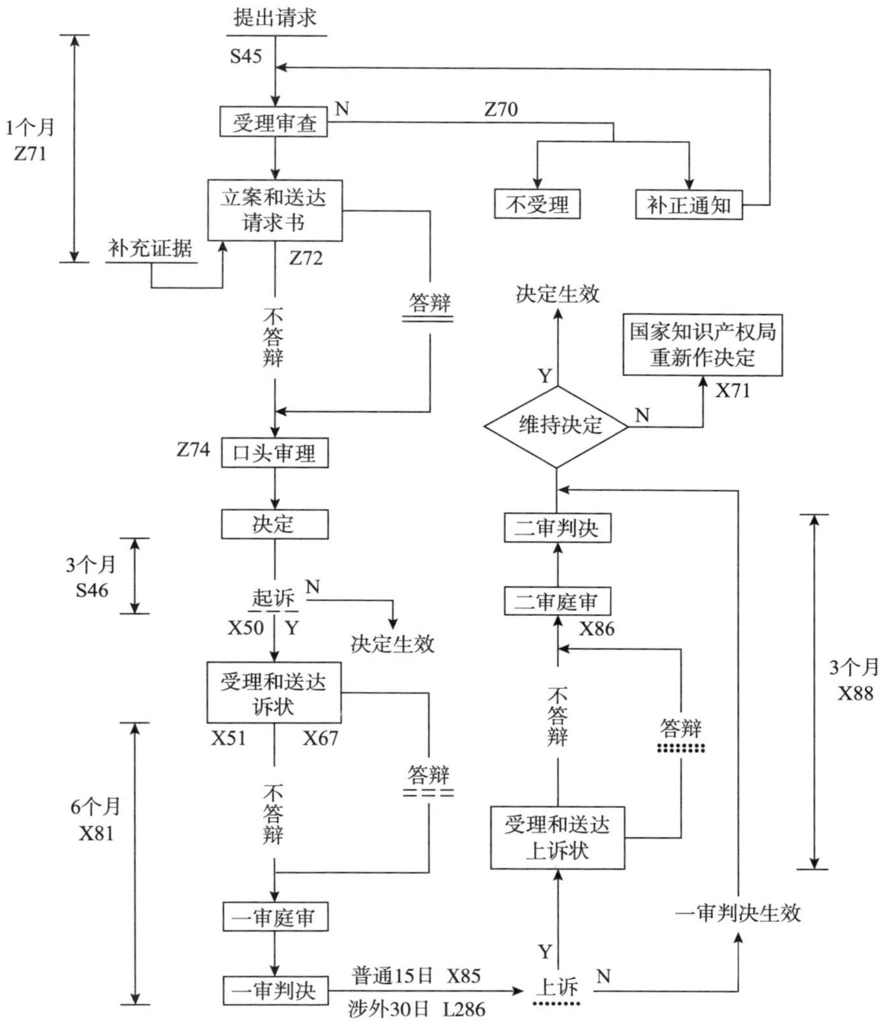

—— 请求人的行为

══ 被请求人的行为

－－－ 请求人或被请求人作为原告的行为

＝＝＝ 被告国家知识产权局或者第三人的行为

········ 一审诉讼当事人之一的行为

⁝⁝⁝⁝⁝⁝ 其他一审诉讼当事人的行为

▭ 国家知识产权局或者法院的行为

X 表示《行政诉讼法》，数字表示对应的法条。

S 表示《专利法》，数字表示对应的法条。

Z 表示《专利法实施细则》，数字表示对应的法条。

附图 3　专利无效宣告请求审查和行政诉讼流程

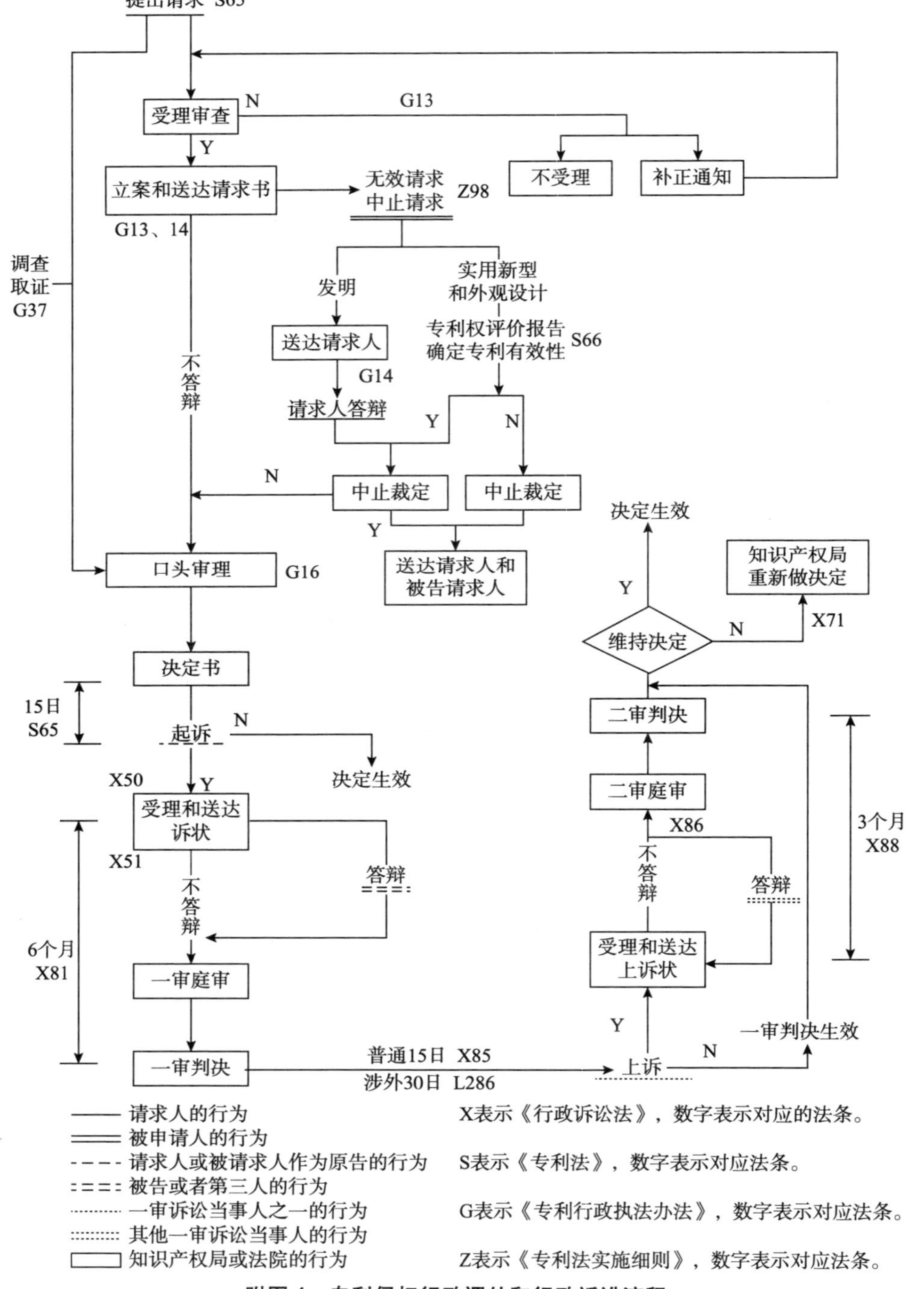

附图4　专利侵权行政调处和行政诉讼流程

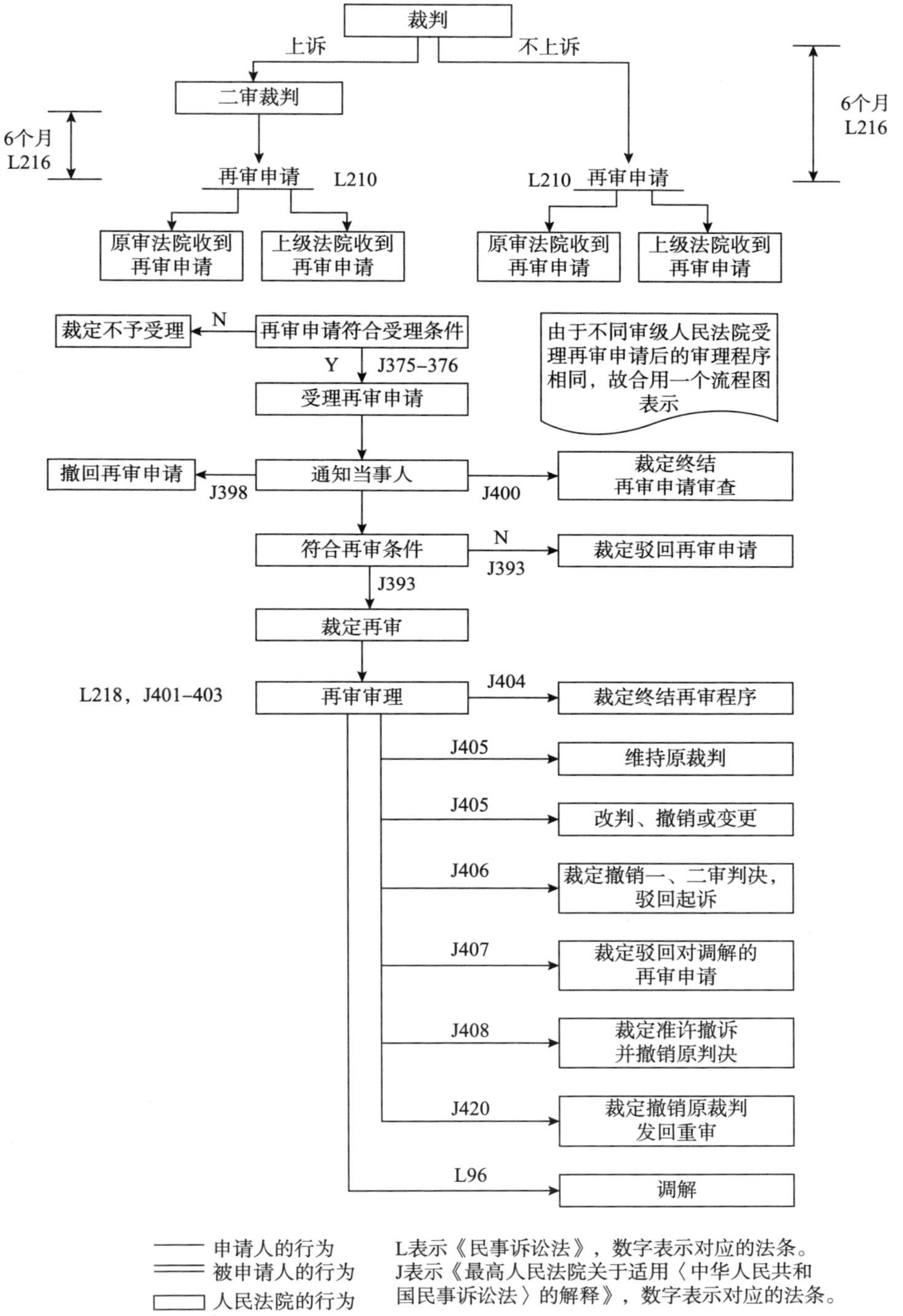

附图5　当事人申请再审程序流程

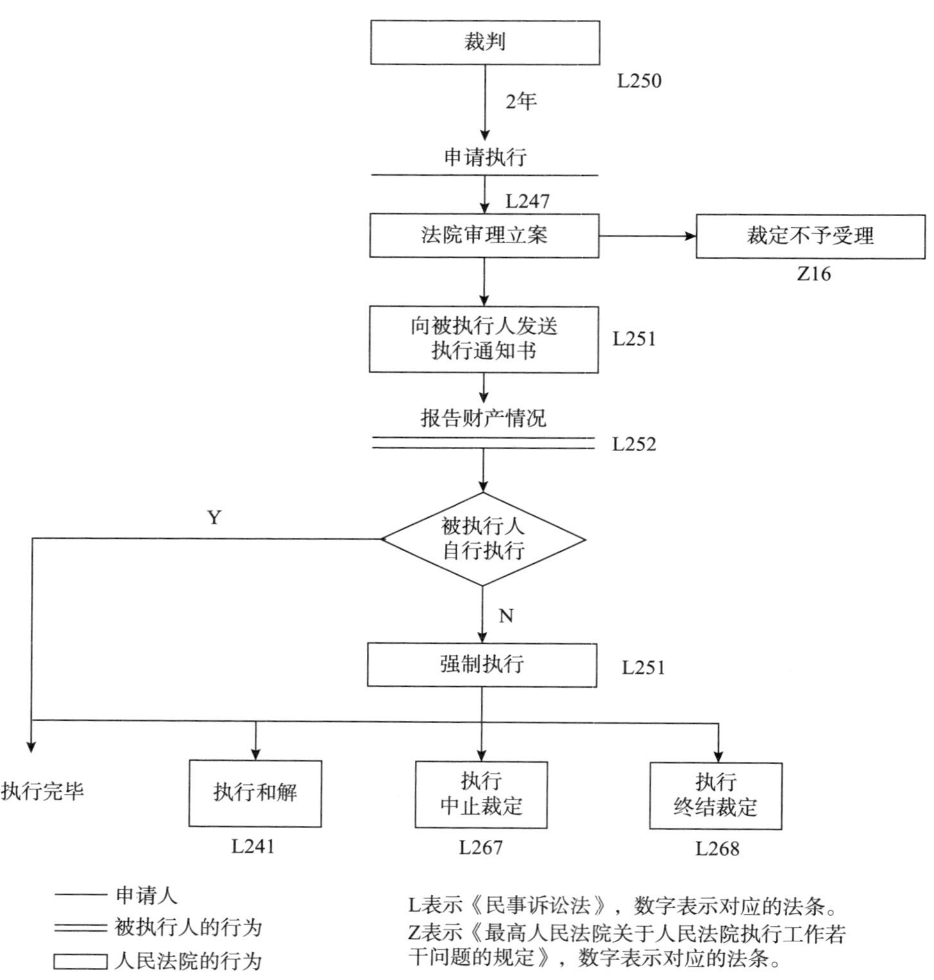

附图6　强制执行程序流程

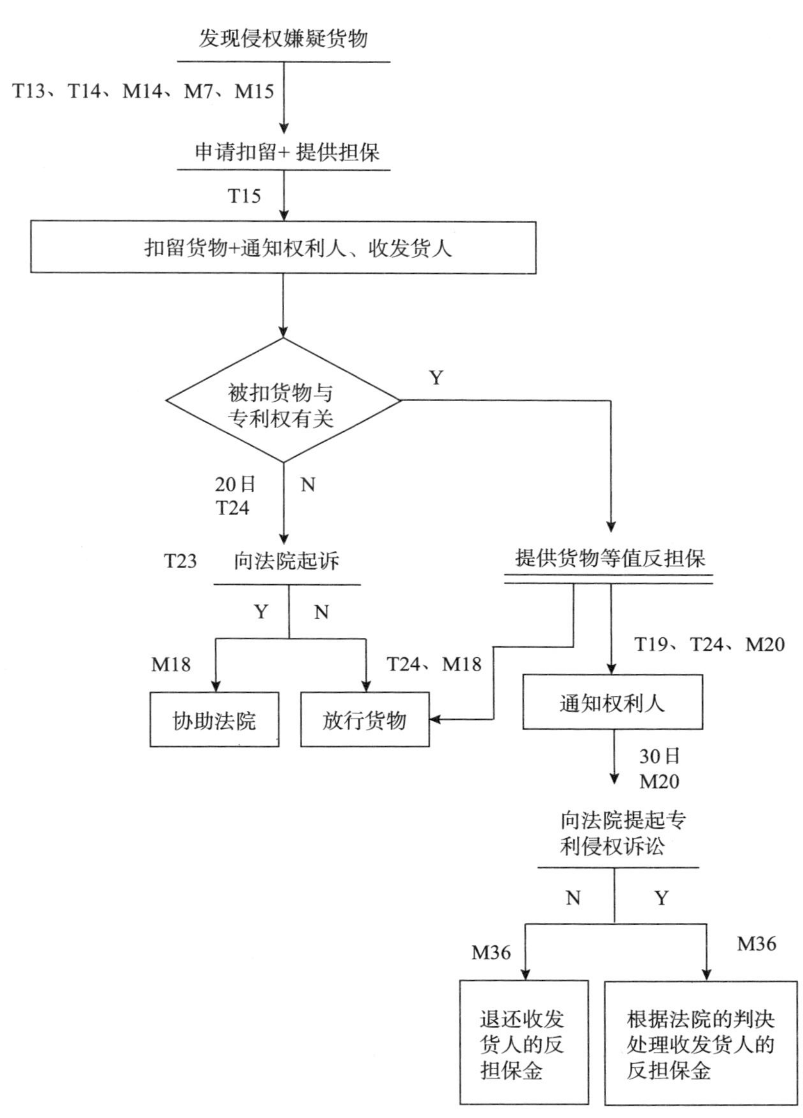

权利人的行为　　T 表示《知识产权海关保护条例》，数字表示对应的法条。

收发货人的行为　　M 表示《知识产权海关保护条例实施办法》，数字表示对应的法条。

收发货人的行为

附图 7　申请海关保护知识产权流程

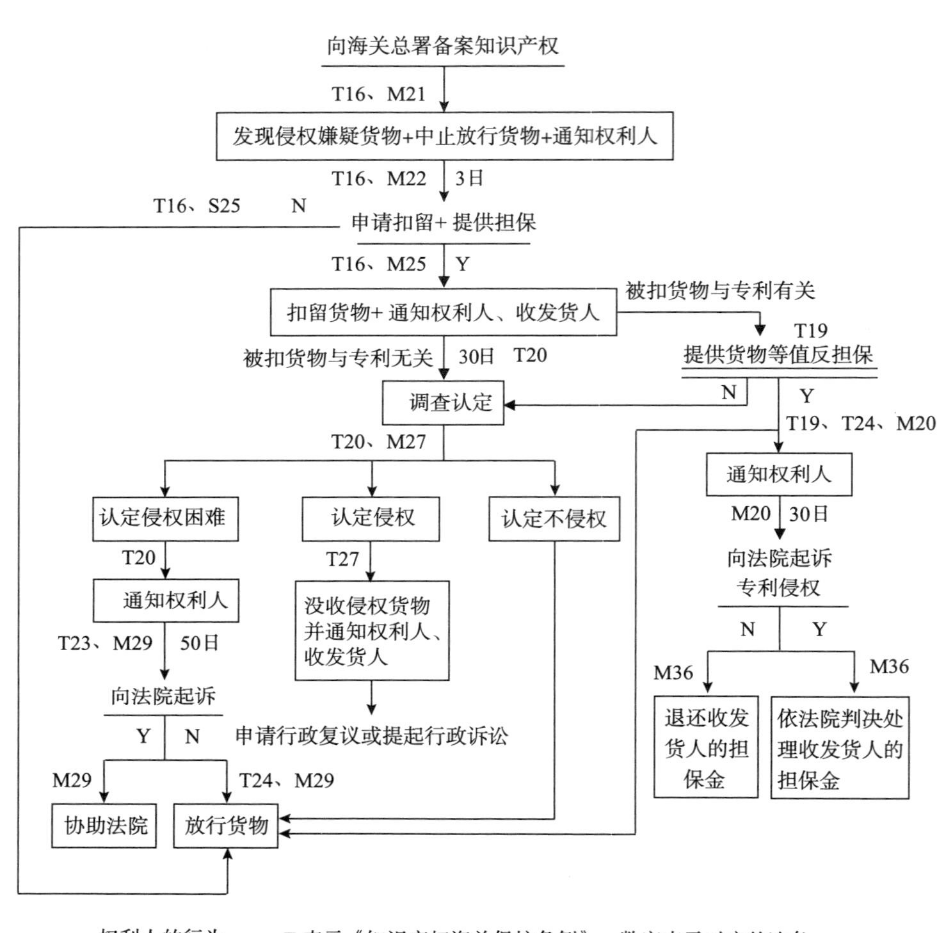

附图 8　海关依职权保护知识产权流程

附录二　全国知识产权法院/法庭[1]

序号	法院名称、地址和电话	管辖范围
1	最高人民法院知识产权法庭 地址：北京市丰台区汽车博物馆东路2号院3号楼 电话：12368	全国
2	北京知识产权法院 地址：北京市海淀区彰化路18号 电话：010－89082000	北京市
3	天津知识产权法庭 地址：天津市空港经济区含章路16号 电话：022－84969066	天津市
4	上海知识产权法院 地址：上海市浦东新区张衡路988号 电话：021－58951988	上海市
5	南京知识产权法庭 地址：南京市鼓楼区广州路35号 电话：025－83522456	南京市、镇江市、扬州市、泰州市、盐城市、淮安市
6	苏州知识产权法庭 地址：苏州市虎丘区科普路36号 电话：0512－68553902	苏州市、常州市、南通市
7	杭州知识产权法庭 地址：杭州市上城区鲲鹏路52号 电话：0571－12368	杭州市、湖州市、衢州市
8	宁波知识产权法庭 地址：宁波市鄞州区兴宁东路568号 电话：0574－12368	宁波市、嘉兴市、绍兴市、台州市、舟山市

[1] 本附录源于2024年12月2日官方公开信息，仅供参考，建议读者在需要时通过当地12368或其他方式确认。

续表

序号	法院名称、地址和电话	管辖范围
9	合肥知识产权法庭 地址：安徽省合肥市包河区东流路868号附近 电话：0551－12368	安徽省
10	福州知识产权法庭 地址：福州市鼓楼区江滨西大道58号 电话：0591－87073008	福州市、南平市、宁德市、莆田市、三明市和平潭综合实验区
11	济南知识产权法庭 地址：济南市市中区纬二路66号院内南楼 电话：0531－68935800	济南市、淄博市、枣庄市、济宁市、泰安市、莱芜市、滨州市、德州市、聊城市、临沂市、菏泽市
12	青岛知识产权法庭 地址：青岛市崂山区东海东路99号 电话：0532－83099188	青岛市、东营市、烟台市、潍坊市、威海市、日照市
13	南昌知识产权法庭 地址：南昌市红谷滩区碟子湖大道1969号 电话：0791－88162561	南昌市、萍乡市、新余市、赣州市、宜春市、吉安市、抚州市
14	武汉知识产权审判庭 地址：武汉市东湖新技术产业开发区光谷资本大厦 电话：027－12368	湖北省
15	郑州知识产权法庭 地址：郑州市金水区金水东路19号 电话：0371－86567675	河南省
16	长沙知识产权法庭 地址：湖南省长沙市岳麓区梅溪湖路南81号梅溪湖智城数控中心 电话：0731－85798381	湖南省
17	广州知识产权法院 地址：广州市黄埔区开创大道2662号 电话：020－12368	广东省内（深圳除外）

续表

序号	法院名称、地址和电话	管辖范围
18	深圳知识产权法庭 地址：深圳市南山区卓越前海壹号 T1 栋 26 楼 电话：0755 – 12368	深圳市
19	成都知识产权法庭 地址：成都市双流区湖畔路西段 661 号 电话：028 – 12368	四川省
20	西安知识产权法庭 地址：陕西省西安市灞桥区国际港务区港务大道 1 号 电话：029 – 12368	陕西省
21	兰州知识产权法庭 地址：兰州市城关区雁南路 279 号 电话：0931 – 12368	甘肃省
22	乌鲁木齐知识产权法庭 地址：乌鲁木齐市水磨沟区南湖东路南一巷 26 号 电话：0991 – 4687639	新疆维吾尔自治区
23	长春知识产权法庭 地址：长春市宽城区天拓路与北湾中街交叉口 电话：0431 – 12368	吉林省
24	海南自由贸易港知识产权法院 地址：海南省海口市秀英区长怡路 8 号 电话：0898 – 65229515	海南省
25	无锡知识产权法庭 地址：江苏省无锡市新吴区和凤路 32 号江业商务广场 6 号楼 电话：0510 – 82226852、0510 – 82226854	无锡市
26	徐州知识产权法庭 地址：徐州市泉山区中国矿业大学国际大学科技园集群路 C – 1 – B 楼 电话：0516 – 83598700、0516 – 83598713	徐州市、宿迁市、连云港市
27	温州知识产权法庭 地址：浙江省温州市鹿城区温州大道华星大厦 电话：0577 – 12368	温州市、金华市、丽水市

续表

序号	法院名称、地址和电话	管辖范围
28	厦门知识产权法庭 地址：福建省厦门市湖里区象兴一路15号 联系电话：0592－5302091、0592－5302092	厦门市、漳州市、龙岩市
29	景德镇知识产权法庭 地址：江西省景德镇市紫晶路159号 电话：0798－8389673	景德镇市、九江市、鹰潭市、上饶市
30	重庆知识产权法庭 地址：重庆市渝北区龙塔街道紫薇支路36号 电话：023－67679000	重庆市
31	沈阳知识产权法庭 地址：沈阳市浑南区智慧二街沈阳创新天地 电话：024－12368	辽宁省（大连市除外）
32	呼和浩特知识产权法庭	内蒙古自治区
33	泉州知识产权法庭 地址：福建省泉州市丰泽区田淮街60号（原泉州市科技馆） 电话：0595－12368	泉州市